Gerlinde Günther-Boemke

Reflexion der Praxis – Praxis wissenschaftlicher Reflexion

Qualitätssicherung
in Erziehungswissenschaft
und pädagogischen Feldern

herausgegeben von

Prof. Dr. Annette Stroß
(Hochschule Vechta)
und
Prof. Dr. Edwin Keiner
(Universität Bochum)

Band 2

LIT

Gerlinde Günther-Boemke

Reflexion der Praxis – Praxis wissenschaftlicher Reflexion

Methoden der Selbstevaluation zur Qualitätssicherung
nach dem EFQM-Modell: Peer-Review,
Schülerzufriedenheit und Lehrerforschung
im Fach Gesundheitswissenschaften
am Bielefelder Oberstufen-Kolleg

LIT

Umschlagbild: F. K. Waechter, aus: „Wahrscheinlich guckt wieder
kein Schwein"
Copyright © 1978 Diogenes Verlag AG Zürich

Die Arbeit wurde im Juli 2003 als Dissertation in der Fakultät für Pädagogik an der Universität Bielefeld angenommen.

Zwei Hinweise zur Schreibweise:
Um das generalisierende Masculinum in der Schreibweise zu vermeiden und doch die Lesbarkeit nicht zu erschweren wurde die männliche und weibliche Form durch ein großes I ausgedrückt (z. B. KollegiatInnen).
Die Begriffe „Problem- und Erfahrungsorientierter Unterricht" und „Forschendes Lernen" wurden als Eigennamen groß geschrieben.

Bibliografische Information der Deutschen Nationalbibliothek
Die Deutsche Nationalbibliothek verzeichnet diese Publikation in der Deutschen Nationalbibliografie; detaillierte bibliografische Daten sind im Internet über http://dnb.d-nb.de abrufbar.

ISBN 3-8258-9098-8
Zugl.: Bielefeld, Univ., Diss., 2003

©LIT VERLAG Dr. W. Hopf Berlin 2006
Verlagskontakt:
Fresnostr. 2 D-48159 Münster
Tel. +49 (0) 2 51-620 32 22 Fax +49 (0) 2 51-922 60 99
e-Mail: lit@lit-verlag.de http://www.lit-verlag.de
Auslieferung:
Deutschland: LIT Verlag Fresnostr. 2, D-48159 Münster
Tel. +49 (0) 2 51-620 32 22, Fax +49 (0) 2 51-922 60 99, e-Mail: vertrieb@lit-verlag.de
Österreich: Medienlogistik Pichler-ÖBZ GmbH & Co KG
IZ-NÖ, Süd, Straße 1, Objekt 34, A-2355 Wiener Neudorf
Tel. +43 (0) 22 36-63 53 52 90, Fax +43 (0) 22 36-63 53 52 43, e-Mail: mlo@medien-logistik.at
Schweiz: B + M Buch- und Medienvertriebs AG
Hochstr. 357, CH-8200 Schaffhausen
Tel. +41 (0)52-643 54 85, Fax +41 (0)52-643 54 35, e-Mail: order@buch-medien.ch

Reihe „Qualitätssicherung in Erziehungswissenschaft und pädagogischen Feldern"

Qualitätsentwicklung, -sicherung, -management, Evaluation und Leistungsberichterstattung, Profilbildung und Wettbewerb sind Stichworte und Erwartungen, die gegenwärtig an die Erziehungswissenschaft und pädagogische Handlungsfelder gerichtet werden. Ihnen liegt ein Autonomieverständnis zugrunde, das als Gestaltungsauftrag verstanden werden kann. Verbunden mit Begriffen wie Rechenschaftspflicht, Verantwortlichkeit für die Klientel, Verpflichtung zur Reform, zur effizienten Produktion von Wissen, zur Auseinandersetzung mit gesellschaftlichen Leistungserwartungen und dem Ausweis eines funktionierenden internen Steuerungs- und Allokationsmechanismus stehen Qualität, Standards und Vergleichbarkeit zugleich im Mittelpunkt bildungs- und wissenschaftspolitischer Erwartungen.

Die Reihe will dazu beitragen, diese komplexe, oft normativ aufgeladene Gemengelage unter distanzierter erziehungswissenschaftlicher Perspektive zu entflechten, theoretisch zu strukturieren und empirisch aufzuhellen. Sie richtet ihren Blick dabei nicht nur auf die Erziehungswissenschaft selbst und ihre Beiträge zur Qualitätsdiskussion, sondern auch auf pädagogische Felder und ihren qualitätsbezogenen Forschungs- und Gestaltungsbedarf; sie bewegt sich somit im Schnittfeld von Wissenschafts-, Wissens-, Professions- und Verwendungsforschung der Erziehungswissenschaft und weiterer Disziplinen.

Die Reihe richtet sich an Studierende der Erziehungswissenschaft, zu deren beruflichem Alltag 'Qualitätssicherung' künftig gehören wird, an Pädagoginnen und Pädagogen, deren Alltag bereits von professionellem Qualitätsverständnis geprägt und von Qualitätserwartungen durchsetzt ist, und an den Bereich der Erziehungs- und Sozialwissenschaften, der damit verbundene Prozesse nicht nur forschend begleitet oder in der Lehre umsetzt, sondern selbst Gegenstand der Qualitätsdiskurse wird.

Edwin Keiner   Annette M. Stroß

Zu diesem Band

Auf welches Interesse antwortet dieses Buch? Auf ein doppeltes: an inhaltlichen und methodischen Mustern. Das Oberstufen-Kolleg an der Universität Bielefeld, in dessen Kontext es entstanden ist, war und ist eine Versuchsschule, dazu eingerichtet, neue Inhalte und Formen des Lehrens und Lernens zu entwickeln und zu erproben. Der dort entwickelte Ausbildungsgang Gesundheitswissenschaften, auf den es sich inhaltlich bezieht, ist, zumal auf dieser Stufe, eine solche Innovation. Auf diese wiederum wird mit einer systematischen Selbstevaluation eine bestimmte Methode der Qualitätssicherung, abgekürzt: EFQM, exemplarisch angewandt. Insofern verspricht diese Arbeit auf zwei Ebenen etwas zu leisten:
- Erkenntnisse über den zugrundeliegenden Gegenstand der Evaluation, eben jenen Studiengang und
- Erkenntnisse über das methodische Verfahren dieser Selbstevaluation

zu vermitteln und so zu einer qualifizierten Empfehlung zu beidem, Studiengang und Evaluationsverfahren, an andere Bildungseinrichtungen zu kommen. Besonderes Interesse bei diesen wie überhaupt im Feld von Fachdidaktik, Schulentwicklung und Bildungspolitik ist anzunehmen sowohl wegen der vielfältigen Motive, die wie am Oberstufen-Kolleg und der Universität Bielefeld, so auch anderswo für ein Bildungsangebot Gesundheitswissenschaften sprechen, als auch wegen der großen Bedeutung, die in der jüngeren bildungspolitischen Diskussion Themen wie Qualität (von Schule, der Lehre), „Qualitätsmanagement", „-sicherung" oder „-entwicklung" einerseits, Evaluation, Selbstevaluation, Rückmeldung oder Reflexion (des Unterrichts, der Lehre) andererseits beigemessen wird.

Das Buch ruft diese Diskussion facettenreich und in vielfältigen Bezügen zur einschlägigen Literatur in Erinnerung; es stellt die Wurzeln der ‚Qualitäts'-Debatte, vor allem aber auch die wachsende Bedeutung von Evaluation, prinzipiell und praktisch, in Schul- und Hochschulpolitik und -gestaltung heraus. Hier wie im weiteren noch oft erweist es sich als besonderer Vorzug dieser Arbeit, dass die Autorin Schule und Hochschule überblickt und einbezieht und so Parallelen sichtbar machen kann. Dabei rückt die Frage nach der Relevanz der Evaluationsverfahren für die jeweils betroffenen Praktiker mehr und mehr ins Zentrum und mit ihr die kritische Folgerung, dass der Focus der Evaluation auf den Prozess der „Transaktion" zwischen Theorie und Praxis eingestellt werden muss.

Ihr eigenes Modell dafür findet sie bei dem besagten Modell des EFQM (European Foundation for Quality Management). Dies ist ja ursprünglich für den Wirtschaftsbereich entwickelt worden: dass es auch für den Bildungsbereich geeignet ist, davon kann sich der Leser hier durch gute Gründe überzeugen lassen. In der Heranziehung und Adaptation dieses Modells für eine Selbstevaluation liegt zweifellos ein besonderes Verdienst und Interesse dieser Arbeit zugleich.

Mit der Darstellung des Evaluationsgegenstandes, des Bildungsganges Gesundheitswissenschaften im Oberstufen-Kolleg, ist Günther-Boemke natürlich als Mitgründerin gewissermaßen in ihrem Element. Sie vermag die Einführung des neuen „Faches" aus dem Auftrag der Wissenschaftspropädeutik zu begründen und deutlich zu machen, warum dieses Vorhaben so viel Aufmerksamkeit und Evaluation verdient, und sie charakterisiert das Curriculum durch die Merkmale „Multidisziplinäre Fachsystematik" (mit interessanten Ausführungen zum Begriff „Fach", die auch in anderen Diskussionen beherzigenswert wären), „Problem- und Erfahrungsorientiertes Lernen" und „Forschendes Lernen" in einer Weise, die auch für andere Bildungsgänge auf dieser Stufe anregend sein dürfte.

Was die Anlage der im Mittelpunkt stehenden empirischen Untersuchung angeht, so verortet sie die Autorin grundsätzlich im Paradigma qualitativer Sozialforschung. Diese erscheint hier als das für ein solches Vorhaben wie (Selbst-)Evaluation einer Einrichtung bzw. Maßnahme, für eine Fallstudie an einem einzelnen Objekt und für ein Ziel wie das eingangs entwickelte der wissenschaftlich fundierten Reflexion einer Praxis Angemessene. Und sie erweist sich als fruchtbar: durch eine Fülle von Einzelergebnissen hindurch werden Urteile und Urteilsfähigkeit der KollegiatInnen ebenso sichtbar wie in den Expertenurteilen ein ganzes Spektrum von persönlichen Fach- und Lehrkonzepten oder anders: von wissenschaftlichen Profilen der Personen, das der Ausgangspunkt einer Typologie sein könnte. Schließlich ist von besonderem Interesse die Wiedergabe einer Diskussion unter den Lehrenden der betroffenen Fachkonferenz Gesundheitswissenschaften, die zugleich als eine *kommunikative Validierung* der Ergebnisse und als *Lernsituation der Lehrenden* betrachtet werden kann; deutlich wird dabei, dass auf diese Weise Evaluation praktische Folgen in einer Reihe von Veränderungen schon für den nächsten Durchgang der Ausbildung haben kann. Dies ist dann auch die Basis für die abschließenden Empfehlungen zur *Übertragung eines solchen Verfahrens der Selbstevaluation*, also der Sequenz der Schritte nach dem EFQM-Modell, in andere Einrichtungen: eine Einladung an andere Lehrende und Ratschläge dazu, sich auf ein solches Wechselspiel von theoretischer Reflexion, praktischen Folgerungen und im Maße des Möglichen empirischer Überprüfung einzulassen und daraus für die Weiterentwicklung der Profession und sich selbst Gewinn zu ziehen.

Bielefeld, im Oktober 2005-   Ludwig Huber

Inhalt

Vorwort 11

1. Einleitung 13

   1.1 Entwicklung und Implementation des neuen
Studienfachs Gesundheitswissenschaften 13
   1.2 Ziele, Problembereiche, Fragestellungen der Arbeit 16

**2. Selbstevaluation als Chance zur Qualitätssicherung in
Schule und Hochschule** 27

   2.1 Vorstellungen und Forderungen für Schule und Hochschule 27
      2.1.1 Evaluation und Qualitätssicherung 27
      2.1.2 Evaluation und Selbstevaluation an Schulen und
Hochschulen 35
      2.1.3 Qualität, Qualitätsentwicklung,
Qualitätssicherung: Begriffsverständnis 41
   2.2 Selbstevaluation im Prozess hoch- / schulpädagogisch-
didaktischer Reflexion 47
      2.2.1 Das Oberstufen-Kolleg als lernende Organisation 48
      2.2.2 Hoch- / schulpädagogisch-didaktische Reflexion 54
      2.2.3 Evaluationsmodelle und Selbstevaluation 61
   2.3 Das EFQM-Modell und der Prozess der Selbstevaluation 70
      2.3.1 Das EFQM-Modell als Evaluationsstrategie 72
      2.3.2 Die Anpassung des Modells für die Selbstevaluation
im Fach Gesundheitswissenschaften 82
      2.3.3 Der Prozess der Selbstevaluation 89

**3. Curriculare Entscheidungen und die Ziele der
Qualitätssicherung** 99

   3.1 Wissenschaftsdidaktik als Bezugspunkt der
Curriculumentwicklung und Leitbild der Institution 99
   3.2 Das Curriculum des Fachs Gesundheitswissenschaften 105
   3.3 Theoretische Bezüge ausgewählter Curriculumbausteine und die Ziele der Qualitätssicherung 116
      3.3.1 Die multidisziplinäre Fachsystematik und das Ziel
der Entwicklung eines gesundheitswissenschaftlichen
Fachverständnisses 117

3.3.2 Problem- und Erfahrungsorientierter Unterricht und
Ziel der Integration / Differenzierung von
Alltagserfahrung und wissenschaftlichen Theorien ... 131
3.3.3 Forschendes Lernen und das Ziel des Erwerbs
methodischer Qualifikationen ... 143
3.4 Selbstevaluation zur internen Professionalisierung als
Teil der Arbeitskultur und als Prüfprozess der
Transaktion zwischen Theorie und Praxis ... 151
3.5 Zusammenfassung ... 165

4. **Planung und Durchführung der Untersuchungen
zur Selbstevaluation** ... 167
4.1 Planung der Untersuchungen ... 167
4.1.1 Methodologische Überlegungen ... 168
4.1.2 Evaluationsdesign: Qualitätsindikatoren für die
Zufriedenheit der Akteure ... 172
4.1.3 Untersuchungsinstrumente ... 203
4.1.4 Auswertungsstrategien ... 208
4.1.5 Auswahl der KollegiatInnen und der ExpertInnen,
Bildung des Samples für die Inhaltsanalysen ... 218
4.2 Durchführung der Untersuchungen ... 218
4.2.1 Zeit und Ort der Untersuchung ... 218
4.2.2 Beteiligte KollegiatInnen, ExpertInnen und
Lehrende, Sample für die Inhaltsanalysen ... 220
4.2.3 Datenerhebung und Auswertungen ... 222

5. **Ergebnisse der Untersuchungen der Evaluationsbereiche** ... 225
5.1 Untersuchungsergebnisse zur Fachsystematik ... 225
5.1.1 Fragebogen- und Interviewaussagen von
KollegiatInnen ... 225
5.1.2 Die ExpertInnenbefragung: Meinungen von außen ... 243
5.1.3 Inhaltsanalyse von Leistungsnachweisen ... 261
5.2 Untersuchungsergebnisse zum Problem- und
Erfahrungsorientierten Lernen ... 272
5.2.1 Fragebogen- und Interviewaussagen von
KollegiatInnen ... 272
5.2.2 Die ExpertInnenbefragung: Meinungen von außen ... 287
5.2.3 Inhaltsanalyse von Leistungsnachweisen ... 295

5.3 Untersuchungsergebnisse zum Forschenden Lernen 304
    5.3.1 Inhaltsanalyse der Kursrückmeldungen von
        KollegiatInnen 304
    5.3.2 Inhaltsanalyse von Leistungsnachweisen 312

6. Bewertung der Ergebnisse zur Zufriedenheit der Akteure 317

  6.1 Die multidisziplinäre Fachsystematik und das Ziel der
      Entwicklung eines gesundheitswissenschaftlichen
      Fachverständnisses 319
    6.1.1 Zur Zufriedenheit der KollegiatInnen 319
    6.1.2 Zur Zufriedenheit der ExpertInnen 327
    6.1.3 Zur Zufriedenheit der Lehrenden 334
  6.2 Problem- und Erfahrungsorientierter Unterricht und das Ziel
      der Integration / Differenzierung von Alltagserfahrungen
      und wissenschaftlichen Theorien 337
    6.2.1 Zur Zufriedenheit der KollegiatInnen 338
    6.2.2 Zur Zufriedenheit der ExpertInnen 345
    6.2.3 Zur Zufriedenheit der Lehrenden 354
  6.3 Forschendes Lernen und das Ziel des Erwerbs methodischer
      Qualifikationen 357
    6.3.1 Zur Zufriedenheit der KollegiatInnen 357
    6.3.2 Zur Zufriedenheit der Lehrenden 361

7. Zufriedenheit der Fachkonferenz mit der Selbstevaluation 367

  7.1 Rückwirkung auf die Curriculumrevision, auf die Reflexion
      der Praxis und Potentiale zu ihrer Veränderung 367
  7.2 Effektivität und Funktionalität der Methoden und Verfahren
      der Selbstevaluation 379
  7.3 Möglichkeiten und Bedingungen eines reflexiven Verfahrens
      der Selbstevaluation für andere Fächer und Institutionen 396

8. Zusammenfassende Einschätzung und Ausblick 403

Literaturverzeichnis 409

Anhang 441

VORWORT

Das Oberstufen-Kolleg, Versuchsschule des Landes NRW und Wissenschaftliche Einrichtung der Universität Bielefeld, war bis zum Jahre 2001 eine Art College. Es verband die dreijährige gymnasiale Oberstufe mit den ersten Semestern eines grundständigen Studiums in einem somit Allgemeinbildung und Spezialisierung integrierenden Angebot einer Ausbildung in 25 Studienfächern, die jeweils durch allgemeinbildende Kurse ergänzt wurde. Eröffnet 1974 nach Plänen von einer von Hartmut von Hentig geleiteten Aufbaukommission und basierend auf seinen Ideen einer nach angloamerikanischem Vorbild neu gestalteten vierjährigen Tertiärstufe zum Übergang von Schule zur Hochschule, konnten die an dieser Einrichtung studierenden KollegiatInnen nach ihrer Abschlussprüfung in vielen Fächern in einem höheren Semester ihres Studienfachs an einer Universität weiter studieren. Da die Abschlussprüfung auch den Vorgaben einer Abiturprüfung genügte, wurde mit diesem Zertifikat auch die allgemeine Hochschulreife erteilt.

Die Lehrenden am Oberstufen-Kolleg rekrutierten sich aus dem Schul- wie aus dem Hochschulbereich und hatten die Aufgabe, in ihren Fächern reformierte studienorientierte Curricula zu entwickeln, die die Kritik an der ungenügenden gymnasialen Vorbereitung für ein selbständiges und motiviertes Studium junger Menschen aufnehmen und konstruktiv umsetzen sollten.

Mit der Neuentwicklung von interdisziplinären Studienangeboten in den Bereichen Umwelt (Umweltwissenschaften), Frauen (Frauenstudien) und Gesundheit (Gesundheitswissenschaften) am Oberstufen-Kolleg und an der Universität bot sich Ende der achtziger Jahre für Lehrende des Oberstufen-Kollegs eine neue Chance zur Integration in schulische und hochschulische Diskurse über Fachangebote zu diesen Themen. Gleichzeitig konnte die Aufgabe zur Entwicklung neuer Curricula in die Verpflichtung zur Evaluation, Qualitätsentwicklung und Qualitätssicherung eingebunden werden, die für Schulen und Hochschulen angemahnt wurden und für das Oberstufen-Kolleg zur Regel gehörten.

Die Verortung zwischen Schule und Hochschule hat auch den Rahmen dieser Arbeit bestimmt. Sie umfasst so unterschiedliche Themenbereiche wie die Curriculumentwicklung in dem neu zu begründenden Studienfach Gesundheitswissenschaften, den didaktischen-methodischen Ansatz der Problem- und Erfahrungsorientierung, das

Vorwort

Bemühen um die Umsetzung des Lehrer-Forscher-Modells und das Ringen um ein angemessenes Evaluationsmodell, das mit dem EFQM-Modell gefunden wurde. Folgende Lesehinweise können eine Orientierung erleichtern:
- das 2. Kapitel empfiehlt sich bei allgemeinem Interesse an der Auseinandersetzung um Evaluation und an der Adaptation des EFQM-Modells für die individuelle Praxis.
- Kapitel 3.1 bis 3.3 empfehlen sich bei fachspezifischem Interesse an den Ausbildungsinhalten im Fach Gesundheitswissenschaften und an den Begründungen für das didaktisch-methodische Vorgehen der Erfahrungs- und Problemorientierung und dem Forschenden Lernen;
- In Kapitel 3.4 (Selbstevaluation zur internen Professionalisierung) und Kapitel 7.1 (Rückwirkung auf die Reflexion der Praxis) kann ein Eindruck vom Prozess der Selbstevaluation gewonnen werden;
- Kapitel 4.1 ist für InteressentInnen zu empfehlen, die konkrete Anregungen für die Selbstevaluation suchen und an Operationalisierungen, Indikatoren und Merkmalen interessiert sind;
- Kapitel 5 und der Anhang empfiehlt sich nicht nur bei Interesse an empirischer Überprüfung von Leistungen mit sowohl quantitativer wie auch qualitativer Auswertung, auch die Einschätzungen der Peers und das gesamte Verfahren des Peer - Review wird hier nachvollziehbar;
- Kapitel 6 könnte in Verbindung mit Kapitel 7 für diejenigen von Bedeutung sein, die an Lehrerforschung, an der Interpretation der erzielten Ergebnisse auf dem Hintergrund pädagogisch-psychologischer Erkenntnisse, ihrer Einschätzung für die Curriculumrevision und am gesamten Prozess der Selbstevaluation Interesse haben.

Dem ehemaligen Wissenschaftlichen Leiter des Oberstufen-Kollegs, Prof. em. Dr. Ludwig Huber, Prof. Dr. Christian Palentien, meinen Fachkolleginnen Dr. Agnes Schneider, Dr. A. Bettina Kobusch, Dipl. Gesundheitswissenschaftlerin Gisela Quentin und meinem Kollegen Dr. Horst Rühaak, sei an dieser Stelle für geduldige Unterstützung, kritische Rückmeldungen und nicht nachlassende Ermunterung gedankt.

Gerlinde Günther-Boemke

1. Einleitung

1.1 Entwicklung und Implementation des neuen Studienfachs Gesundheitswissenschaften

Am Oberstufen-Kolleg wurde ab 1985 ein neuer Studiengang Gesundheitswissenschaften entwickelt. Er sollte ein attraktives Studienangebot bieten und Interessen aufgreifen, die sich im medizinkritischen Diskurs in Deutschland (Hurrelmann, K., Laaser, U., 1993, S.4 ff) im Anschluss an internationale Entwicklungen (vgl. u.a. McKeown, Th., 1982) herausbildeten mit dem Ziel, das Thema „Gesundheit" als Gegenstand der Lehre und Forschung ergänzend zur Medizin zu etablieren.

Derartige Ansätze waren zu der Zeit in Deutschland noch nicht sehr verbreitet (vgl. Hoffmann-Markwald, A., Reschauer, G., Troschke, J. v., 1994, S.117, S.133), dagegen gab es im europäischen Ausland (ebd., S.155) und in den USA bereits vielfältige Studienangebote für „Public Health" oder „Health Sciences" an Colleges und an Universitäten. Hochaktuell waren in diesen Jahren die Aktionen und Publikationen der Weltgesundheitsorganisation WHO[1], die 1982 bereits mit der Veröffentlichung des Buches „Gesundheit 2000" zentrale Probleme gesundheitlicher Versorgung und kurativer Medizin aufgegriffen hatte (O'Neill, P., 1983).

Auch in den Medien war das Thema „Gesundheit" permanent präsent. Fernsehen, Zeitungen und Zeitschriften machten mehr oder minder akzeptable „Aufklärungskampagnen" (Fuesser-Novy, B., 1987), bald war der Begriff „Risikofaktor" in aller Munde und über Cholesterin und Diäten wurde kontrovers diskutiert (Lenzen, D., 1991, S.121 ff).

Die an der Konzeptentwicklung beteiligten Lehrenden des Oberstufen-Kollegs, die als Fachvertreter oder Fachvertreterinnen für medizinische Propädeutik, Sportwissenschaften, Philosophie, Musikwissenschaft, Theologie, Soziologie und Psychologie tätig waren, erarbeiteten sich sukzessive Zugang

---

[1] So z.B. WHO 1985, World Directory of schools of public Health and postgraduate training programmes in public health / World Health Organization, Genf

zum Thema „Gesundheit" oder bauten auf vorhandenen Erfahrungen und Kenntnissen auf (Göpel, E., Günther-Boemke, G., Schneider, A., 1992), und reflektierten ihre Positionen auf Tagungen (vgl. Friedrich, W., 1988). Im Wintersemester 1987 wurde mit dem Studiengang begonnen. Mit der ministeriellen Genehmigung im Jahr 1988, den Studiengang für fünf Jahre zu erproben, begann die Arbeitsgruppe die Ausbildung zu evaluieren und legte 1992 den Abschlussbericht für das Curriculumentwicklungsprojekt vor (Göpel, E., Günther-Boemke, G., Schneider, A., Bielefeld 1992).

Während dieser fünf Jahre veränderte sich der Diskussionskontext um das Thema Gesundheit, und die öffentliche Aufmerksamkeit für Probleme gesundheitlicher Versorgung und Grenzen der Medizin fand bald Resonanz in der bundesdeutschen scientific community, die zu neuen Entwicklungen in Lehre und Forschung an Universitäten und Fachhochschulen führten. An der Bielefelder Universität wurde 1994 eine Fakultät für Gesundheitswissenschaften eröffnet (Hurrelmann, K., Kolip, P., 1995). Bundesweit wurden von hochschulischer Seite Forschungsverbünde für „Public Health" institutionalisiert (vgl. Hoffmann-Markwald, A., Reschauer, G., Troschke, J. v., 1994), Postgraduiertenstudiengänge wurden entwickelt, Aufbau-, Zusatz- und Ergänzungsstudiengänge wurden an zahlreichen Universitäten und Fachhochschulen angeboten (vgl. Kälble, K., Troschke, J. v., 1997). Das Thema „Gesundheit" gewann auch in den allgemeinbildenden Schulen immer größere Bedeutung. Suchtprävention stand hier zwar im Vordergrund, aber auch Gesundheitserziehung als Intervention oder Themenangebot wurde erprobt, und das Schulfach „Gesundheit" wurde in Betracht gezogen. „Gesundheitsförderung im schulischen Alltag" wurde u.a. ein Modellversuch der Bund-Länder-Kommission für Bildungsplanung und Forschungsförderung (vgl. Barkholz, U., Homfeldt H.-G., 1992).

Die Arbeitsgruppe, die ihre ersten Erfahrungen mit der Ausbildung von Kollegiatinnen und Kollegiaten gemacht hatte, wurde in ihrer Arbeit durch dieses Umfeld bestätigt und durch die Institution motiviert, den Studiengang weiter anzubieten und sich als Fachkonferenz zu konstituieren[2]. Eine Genehmigung, den Studiengang als sog. Wahlfach auf Probe[3] für 5 Jahre unter gleichen Bedingungen weiterzuführen, erging 1994. Anfang 1998 wurde die erste Evaluationsstudie zur Entwicklung des Curriculums von 1987 bis 1992 im Rahmen einer Dissertation fertiggestellt (Schneider, A., 1998). Im Wintersemester 1999 wurde der Abschlussbericht über den zweiten Erprobungszeitraum von 1994 – 1999 verfasst (Günther-Boemke, G., Kobusch, A.B., Quentin, G., Schneider, A., Bielefeld 1999). Eine Expertengruppe[4] aus Vertretern von Schule und Hochschule begleitete den Versuch seit 1996 mit jeweils einer Besprechung im Semester, und von dieser Gruppe waren gutachterliche Stellungnahmen für den Abschlussbericht an das Kultus- und Wissenschaftsministerium[5] abgegeben worden.

Die Fachkonferenz[6] Gesundheitswissenschaften beschloss 1996 im Rahmen der institutionellen Forschungsaufgaben, zusätzliche Maßnahmen zur Evaluation des neuen Studiengangs zu ergreifen. So wurde eine Studie zum Verbleib der KollegiatInnen (Schneider, A., 1999) und eine jährliche Befragung der KollegiatInnen zur Qualität der Lehre durchgeführt (Günther-Boemke, G., 1997-1999).

Die Bewertung der Qualität der Lehre durch die KollegiatInnen, deren Ergebnisse von den Mitgliedern der Fachkonferenz sehr kritisch kommentiert und in ihrer Zuverlässigkeit und Gültigkeit in Frage gestellt wurden, moti-

---

[2] Mitglieder der Fachkonferenz: Adriane-Bettina Kobusch, Gisela Quentin, Agnes Schneider, Gerlinde Günther-Boemke
[3] Das Oberstufen-Kolleg bot 25 Wahlfächer als Studienfächer an, deren Curriculum jeweils durch die Fachaufsicht des Kultusministeriums genehmigt werden musste.
[4] Begleitende Arbeitsgruppe: Prof. Dr. mult. Hörmann (Universität Bamberg), Dr. Jennessen (Landesinstitut für Schule und Weiterbildung), OSD Klemens (Kollegschule Bethel), LRSD Knoblauch (RP Münster), Prof.'in Dr. Rennen-Allhoff (Fachhochschule Bielefeld), Prof. Dr. Schnabel (Universität Bielefeld)
[5] Das Oberstufen-Kolleg unterliegt als Versuchsschule in seinem curricularen Angebot der Fachaufsicht des Kultusministeriums, als Zentrale Wissenschaftliche Einrichtung der Universität Bielefeld unterliegt es der Dienstaufsicht des Wissenschaftsministeriums.
[6] Dipl. Psych. Gerlinde Günther-Boemke, Dr. Adriane Bettina Kobusch, Dipl. Ges.wiss. Gisela Quentin, Dr. Agnes Schneider

vierte die Verfasserin, über bisher gelieferte Zahlen und die offiziellen Dokumente hinaus genauer in die Art und Weise des Lehrens und Lernens und der Selbstevaluation des Curriculums Einblick zu nehmen. Auch Kritikpunkte von Mitgliedern des Hauses und der begleitenden Arbeitsgruppe, wie der zu komplexe interdisziplinäre Anspruch des Faches, die mangelnde Systematik, die möglicherweise überbetonte Bedeutung individueller Gesundheitserfahrungen und die vermeintlich nicht mögliche Einführung in die Wissenschaft, die sich zudem als Disziplin erst konstituierte, unterstützten das Interesse an einer Untersuchung des Curriculums und der Lehre. Hinzukam die Aufforderung der Institution, dass die durch die Fachkonferenz gesammelten Erfahrungen mit Selbst- und Fremdevaluation in der zweiten Phase der Curriculumentwicklung für Transferaspekte ausgewertet und veröffentlicht werden sollten.

Die Ansätze der Selbstevaluation, die in dieser Arbeit dargestellt und einer kritischen Reflexion unterzogen werden, erfolgten im Zeitraum von 1997 bis 2000.

1.2 Ziele, Problembereiche, Fragestellungen der Arbeit

Für diese Phase der Selbstevaluation, durch die wesentliche Aspekte des Curriculums und die unterrichtliche Praxis nach 10 Jahren Erfahrung neu evaluiert werden sollten, musste berücksichtigt werden, dass sich der bildungspolitische Kontext seit 1987 verändert hatte. Es gab einerseits neue Möglichkeiten zum Studium der Gesundheitswissenschaften, andererseits erreichten die aktuellen Auseinandersetzungen um die Leistungsfähigkeit des Bildungssystems auch das Oberstufen-Kolleg. Es lag daher nahe, im Rahmen der Selbstevaluation einige der das Oberstufen-Kolleg als Versuchsschule und mit ihm auch das Studienfach Gesundheitswissenschaften fast existenziell[7] tangierenden Probleme in den Blick zu nehmen. Hierzu gehörte

---

[7] Der Status des Oberstufen-Kollegs als vierjähriges College (Versuchsschule und wissenschaftliche Einrichtung) wurde in 2001 einer ministeriellen Überprüfung unterzogen. Das

das Problem des Übergangs der KollegiatInnen vom Oberstufen-Kolleg an die Universität, da wie im gesamten Regelschulbereich die Qualität des Unterrichts und damit die Anschlussfähigkeit der Fächer an einen universitären Studiengang in Frage gestellt wurde.[8]. Zur Diskussion stand damit auch die Fähigkeit der Lehrenden zur Selbstreflexion und damit zur inhaltlichen und organisatorischen Veränderung der curricularen Praxis.

Als Einrichtung, die zwischen Schule und Hochschule angesiedelt war, musste sich das Oberstufen-Kolleg nach beiden Seiten hin orientieren und die Entwicklungen für sich rezipieren und adaptieren. So wurde wahrgenommen, dass Schulen und Hochschulen unter dem neuen Schlagwort „lernende Organisationen" Qualitätsentwicklung betreiben und die Qualität des Unterrichts bzw. der Lehre sichern sollten.

Die schon vorhandene Überbelastung und die knappen Zeitressourcen im Blick, kam es den Lehrenden im Oberstufen-Kolleg vor allem darauf an, dass sich die in Qualitätsentwicklung investierte Arbeit auszahlen sollte. Einen Gewinn erhofften sie sich dadurch, dass die Ergebnisse der Selbstevaluation nach innen und außen wirksam sein würden. Ergebnisse von Evaluation sollten nach innen vor allem Rückwirkungen haben auf die Lehrenden selbst, zu einer fundierten Vergewisserung über die erreichten Standards führen und so die Qualität des Unterrichts- bzw. Lehrangebots verbessern helfen. Eine Wirksamkeit nach außen sollte dann gegeben sein, wenn die kritische Fachöffentlichkeit zum Curriculum und seiner Umsetzung konstruktive Rückmeldungen abgibt, und wenn der Prozess und die Ergebnisse der Selbstevaluation als methodisch angemessen gewürdigt werden könnten, denn damit würde der Transfer von evaluativen Verfahren und Erfahrungen für andere Bildungsinstitutionen diskutierbar.

In der öffentlichen Diskussion um evaluative Verfahren war nun gerade die

---

College-Modell wurde ab Wintersemester 2002 zugunsten einer dreijährigen gymnasialen Oberstufe mit Versuchsauftrag aufgegeben.

[8] Bei Gymnasien wird entsprechend die Frage gestellt, ob das Abitur eine Studierfähigkeit zur Folge habe.

Hoffnung auf Rückwirkung der Selbstevaluation nach innen in Frage gestellt worden. Insbesondere wurde bezweifelt, dass Ergebnisse überhaupt aufgenommen, diskutiert und zu handlungsleitenden Strategien der Veränderung führen würden. Ergebnisse z.B. über die Beurteilung der Lehre oder den Unterricht brächten nicht bereits per se Verbesserungen, „sie können bei Zunahme der Diskussionsfreude über Fragen der Lehre möglicherweise Anstoß zu ihrer Verbesserung geben. Ob eine Verbesserung der Qualität der Lehre dann tatsächlich eintritt, kann und wird sowohl von Teilnehmern an Lehrevaluationen als auch von den Evaluierenden selbst bezweifelt" (Winkler, H., 1995, S.854)[9]. Eine Voraussetzung für die Wirksamkeit der Selbstevaluation nach innen ist immer die Bereitschaft der Lehrenden zum Diskurs untereinander und mit den SchülerInnen / KollegiatInnen[10] oder Studierenden, und vor allem dazu, Mittel und Wege zur Mängelbeseitigung zu suchen und finden zu wollen (Richter, R., 1994/5, S.229).

Dieser Diskurs setzt die Beteiligten der Situation aus, öffentlich kritisiert zu werden und auf dem Prüfstand zu stehen (Burkard, C., 1999, S.184). Um eine solche Situation nicht von vornherein als Gefährdung der eigenen Arbeit und Integrität zu erleben und um tatsächlich Verbesserungen zu erreichen, muss unter den Akteuren der Selbstevaluation geklärt werden können, wie die Ergebnisse im Kontext zu verstehen sind und wie sie zu verwerten sind. Trotz verschiedenster Interpretationsmöglichkeiten ist letztlich eine konsensuelle Entscheidung nötig oder neue Untersuchungen müssen geplant werden. Und wenn auch Handlungsspielräume für individuelle und organisatorische Umsetzungen von Entscheidungen vorhanden sind, wird es nicht den einen „richtigen" Weg geben.

Die Anerkennung der Unterschiedlichkeit von Lehrenden und SchülerInnen /

---

[9] Winkler zitiert hierzu die Äußerung eines Studenten: „Der Anspruch, Studienbedingungen durch Ankreuzen von Fragebögen zu verbessern, ist ebenso realitätsfern wie lächerlich" (ebd.).
[10] Am Oberstufen-Kolleg werden die SchülerInnen oder Studierenden als KollegiatInnen bezeichnet.

KollegiatInnen bzw. Studierenden bei ihren Versuchen, die Ziele der Qualitätsentwicklung zu erreichen, ist grundlegende Bedingung einer Selbstevaluation, ebenso wie die Verfügung über materielle Ressourcen und Zeitressourcen für Maßnahmen zur Neugestaltung des Curriculums. Eine gewisse „Autonomie" der einzelnen Schule bzw. Hochschule wird dabei vorausgesetzt, ist aber real oft nicht erreichbar oder wird nicht konzediert (Buhren, C. G., Killus, D., Müller S., 1998, S.24, S.30 ff).

Der Wunsch nach konstruktiver Rückmeldung durch die kritische Fachöffentlichkeit geht parallel mit der Forderung der Bildungsadministration, die Selbstevaluation zu ergänzen durch den "fremden Blick", d. h. die Einbindung in den Bewertungsmaßstab der "peers" als Rückbindung an gesellschaftliche und wissenschaftliche Bildungsstandards (Klockner, C., 1999, S.20). Die Evaluation durch sog. „peer-reviews" erzeugt bei den Betroffenen aber nicht nur Akzeptanz. Es wird einerseits ein konstruktiver Umgang mit den curricularen Produkten vorausgesetzt, gleichzeitig induziert aber allein die Vorstellung einer Bewertung durch diese „geballte Fachkompetenz" vielfältige Phantasien über Vorurteile, die in der Bewertung zum Ausdruck kommen und dem eigenen Ansehen schaden könnten.

So wurde auch am Oberstufen-Kolleg einerseits vorausgesetzt, dass ein peer-review zur Überprüfung der Angemessenheit eines Ausbildungsangebots für den Übergang in einen hochschulischen Studiengang durch Vertreter und Vertreterinnen der Hochschule „objektive" Beurteilungen liefert, andererseits wurde aber die Meinung geäußert, dass diese Beurteilungen tatsächlich von so vielen Bedingungen abhängig seien, dass sie, wenn überhaupt, nur eingeschränkt verwertbar seien. Gründe für Voreinstellungen gegenüber dem Curriculum wurden z.B. auf dem Hintergrund des Meinungsstreits um die öffentliche und wissenschaftliche Bedeutung von Angeboten der Einrichtung vermutet, und es wurde sogar die Relativierung der Relevanz der Institution überhaupt befürchtet.

Auch in der Literatur wird über Voreingenommenheiten gegenüber einem peer-review berichtet. Befürchtetet wird z.B., es könnte zu einer nur selektiven Verwertung der curricularen Ergebnisse kommen, oder sie könnten aus dem Kontext gelöst und in falschen Zusammenhängen interpretiert, übertrieben oder ignoriert werden (Christie, C. A., Alkin, M. C., 1999). Ob externe Evaluatoren „als Spiegel" bei der Beurteilung der Curricula oder zum Aufdecken „blinder Flecken" dienen und damit eine konstruktive interne Funktion erhalten können, ist folglich eine offene Frage, und es sollte deshalb bedacht werden, die Einstellungen der „peers" mit in die Befragung einzubeziehen.

Für den gesamten Vorgang der Selbstevaluation besteht nach Meinung einiger AutorInnen für die Akteure eine Chance darin, selbst Expertise zu gewinnen bei der Entwicklung und Anwendung von sozialwissenschaftlichen Methoden der Datengewinnung und -verarbeitung (Buhren, C. G., Killus, D., Müller S., 1998). Als Gefahr wird aber auch aufgezeigt, dass diese Akteure eine blinde Datengläubigkeit erleiden könnten, die jenseits jeden methodenkritischen Selbstverständnisses zu falschen Schlussfolgerungen und Interpretationen führen kann[11]. Diese Gefahr ist deshalb besonders groß, weil ein „strenger Empirismus" an Selbstevaluation nicht angelegt werden kann. Und wenn das Problem wissenschaftlicher Erkenntnisgewinnung nicht bearbeitet wird und eine Schein-Objektivität „Wahrheiten" suggeriert, könnte dies zu einem Missbrauch bei der Verwertung der Ergebnisse führen. Von manchen AutorInnen wird deshalb empfohlen, dass Praktiker bei der Selbstevaluation nicht „Forscher" werden sollen, denn: "Wissenschaftliches Vorgehen gründet auf erkenntnisleitenden Interessen und ist an das strenge inhaltliche Moment der ‚Wahrheitsfähigkeit' von Erkenntnissen und Einsichten geknüpft, während die Fachkräfte in ihrer täglichen Arbeit handlungsleitenden Interes-

---

[11] Die genannten AutorInnen geben in ihrem Buch eine kurze und knappe, durchaus praktikable Einführung in die Arbeit mit sozialwissenschaftlichen Methoden, in der allerdings methodische und methodologische Probleme ausgespart wurden.

sen folgen und ihren beruflichen Alltag möglichst gut bewältigen wollen" (Spiegel, H. v., 1993, S.125)[12].
Eine gegenteilige Empfehlung resultiert aus dem sog. Lehrer-Forscher-Konzept am Oberstufen-Kolleg, das die Selbstevaluation als institutionalisierten Prozess der Entwicklung der Organisation begreift. Aber auch in diesem Konzept ist eine der grundlegenden Fragen die nach der „Wahrheitsfähigkeit" empirischer Ergebnisse, d.h., wie man Objektivität, Reliabilität und Validität von Ergebnissen sichern kann.

Ein weiterer Kritikpunkt kommt in der Diskussion zur Evaluation der Qualität der Lehre an Hochschulen zum Ausdruck: In den Fragebögen zur Beurteilung der Lehre durch Studierende werden solche Fragestellungen für die Beurteilung von Lehrenden kritisiert, die nur einen bestimmten Realitätsausschnitt der Lehrsituation enthalten (z.B. Brämer, R., 1991, S.160). Ein solcher Ausschnitt könne zwar den Blick fokussieren, aber oft verenge er ihn auch und vernachlässige solche Zusammenhänge wie den Einfluss von inhaltlichem Interesse auf die Bewertung von Lehrveranstaltungen (Kriszio, M., 1992; Krempkow, R., 1998).

Was überhaupt gute Lehre ist, ob sich ihre Qualität auf den Lehrprozess richtet oder auf den Lernerfolg, woran die Güte der Lehre gemessen wird, wer über die Güte der Ergebnisse entscheidet – die Einwände der Fachwissenschaftler gegen Maßnahmen der Selbst- und Fremdevaluation sind erheblich. So wird die methodische Unklarheit von Lehrevaluation durch Befragungen von Studierenden kritisiert, bei denen zu vermuten ist, dass sie nur „gewöhnliche Umfrageforschung" sind und deshalb aus messtheoretischen Gründen eben nicht unter den Begriff "Evaluation" fallen würden (so z.B. Kromrey, H. 1995, S.813). Dass unabhängig von methodischen Problemen Befragungen trotzdem einen Stellenwert für die Selbstevaluation haben können, wenn sie Gegenstand gemeinsamer Reflexion werden, ist die ursprüngliche Idee

---

[12] Diese Aussage, die für Fachkräfte in der sozialen Arbeit gemacht wurde, ist durchaus für Lehrkräfte zu verallgemeinern, weil es um methodische Prinzipien der Erfolgskontrolle der eigenen Arbeit geht.

der Hochschuldidaktik. Schon in den siebziger Jahren forderte sie, die Selbstevaluation als Katalysator für die notwendige Auseinandersetzung um Studium und Lehre zwischen Lehrenden und Studierenden einzusetzen (Meyer-Althoff, M., 1978, S. XIII). Heute wird diese Idee wieder aufgegriffen, aber ihre Funktion wird erweitert durch den Blick auf die Qualitätsentwicklung und die Entwicklung der Organisation.

Entscheidend für die methodischen Ansprüche an den Prozess der selbstkritischen Überprüfung ist die Frage, wer der Adressat der Evaluation ist. Denn die Adressaten der Evaluation bestimmen insofern die Methoden, als z. B. für die Bildungsverwaltung ein höherer Grad an Generalisierbarkeit von Ergebnissen nötig wäre als für die kleine Gruppe einer Fachkonferenz. Für große Schulvergleichsuntersuchungen müsste eine wissenschaftlichen Kriterien genügende Datenerhebung und -verarbeitung vorausgegangen sein (Wottawa, H., 1998, S.38), was wiederum den Einsatz professioneller EvaluatorInnen oder zumindest den von wissenschaftlichen BeraterInnen erfordert.

Unter der Bedingung aber, dass brauchbare Untersuchungsmethoden für selbstevaluative Zwecke umgearbeitet werden könnten (Spiegel, H. v., 1993, S.125), wird die folgende Annahme gemacht: Selbstevaluation sei „wissenschaftlich mit einem Gewicht auf sorgfältiger Beobachtung und vorsichtiger Untersuchung der Auswirkung eigener Aktionen ... Im gewissen Sinne versuchen wir ... [die Fachkräfte] dazu zu bringen, wissenschaftlich über ihre eigenen Aktionen zu denken und weniger aus der Sicht von Vorurteilen, mehr auf der Basis beobachteter Daten zu arbeiten" (Schein, E. H., 1990, S.418, zitiert nach Spiegel, H. v., 1993, S.126). Diese These gilt auch für das Lehrer-Forscher-Konzept als Basis der evaluativen Arbeit am Oberstufen-Kolleg.

Die Frage, ob das Vorgehen der Selbstevaluation auf andere Einrichtungen übertragbar sein könnte, hängt vor allem davon ab, ob Ziele des Prozesses so definiert werden, dass sie in anderen Einrichtungen ebenfalls als erstrebenswert angesehen werden. Erst dann kann über eine Adaptation der Wege und

Mittel nachgedacht werden. Da Selbstevaluation an Schulen in den deutschsprachigen Ländern konzeptionell noch nicht weit entwickelt ist und daher nach Buhren u.a. wenig Erfahrungen vorliegen[13] und „Forschung über die Effekte einer solchen Selbstbewertung" ebenso dürftig sei (Buhren, C. G., Killus, D., Müller, 1999, S.23), wäre mit einer Dokumentation und Reflexion selbstevaluativer Arbeit ein Beitrag zu leisten, der (vermeidbare) Fehler transparent machen und Hilfen für die eigene Arbeit anbieten könnte.

Dem in bezug auf die Einrichtung Oberstufen - Kolleg erwartbaren Einwand, „dass Pilotprojekte unter besonderen Bedingungen arbeiten und häufig externe Unterstützung erhalten, was eine Übertragung von Forschungsergebnissen und -erkenntnissen auf die Alltagspraxis von Schulen zumindest erschwert" (ebd.), kann dadurch begegnet werden, dass es nicht um die unmittelbare Übertragung von Ergebnissen und Erkenntnissen gehen kann, sondern darum, Probleme transparent zu machen, aus Erfahrungen zu lernen und aus Ergebnissen und Erkenntnissen ggf. ein Vademekum abzuleiten, das angemessen, brauchbar, machbar, akkurat (Burns, C. W., 1999, S.139)[14] und ökonomisch ist.

Deutlich ist geworden, dass zahlreiche Meinungen, kontroverse Positionen und zum Teil äußerst kritische Diskussionen um die Relevanz und Funktion von Selbst- und Fremdevaluation im schulischen und hochschulischen Kontext zu relativ grundlegenden Fragen der Reflexion von Lehr- und Unterrichtspraxis führen. Wenn also, wie oben gefordert, sich das Bemühen um eine Qualitätssicherung durch Selbstbewertung und peer-review lohnen soll, wenn die Ergebnisse wirksam sein sollen nach innen und nach außen, wenn sie die Qualität des Curriculums verbessern helfen sollen und wenn geprüft werden soll, ob ein Modell der Selbstevaluation transferierbar ist für andere

---

[13] Vgl. hierzu die Internet-Kurzfassung des Modellversuchs der Bund-Länder-Kommission "Selbstevaluation als Instrument einer höheren Selbständigkeit von Schule" vom Institut für Schulentwicklungsforschung in Dortmund, das diesen Versuch durchführt (URL: http://www.ifs.uni-dortmund.de/Projekte/P%2057.htm).

[14] Im englischen Original lauten die Kategorien, die als Maßstab für Evaluationsstudien zur Lehrqualifikation dienen sollen, „propriety, utility, feasability and accuracy".

Fachgruppen oder Organisationen, dann müsste die Beantwortung folgender Fragestellungen durch diese Arbeit erfolgen:
- Kann ein Prozess der Selbstevaluation zu relevanten Ergebnissen für die eigene Unterrichtspraxis führen? Welchen Einfluss haben die Ergebnisse interner Selbstevaluation in Verbindung mit denen externer Evaluation auf die Reflexion der Unterrichtspraxis der Lehrenden?
- Sind Modelle und Methoden der Selbstevaluation brauchbar? Welche Rolle hat die Funktion der Lehrenden als „Lehrer - Forscher" in bezug auf die Erkenntnis- und Ergebnisgewinnung?
- Welche Verfahren und Methoden der Selbstevaluation können trotz der besonderen Arbeitsbedingungen des Oberstufen-Kollegs auf andere Bildungseinrichtungen transferiert werden?

Nachdem nun Anlass und Motiv für die Selbstevaluation erläutert und die Problembereiche angedeutet wurden, wird der Verlauf der Arbeit zur Beantwortung der Fragestellung beschrieben:

Die Einordnung des Themas Selbstevaluation in die aktuelle Diskussion um Evaluation und Qualitätssicherung im Schul- und Hochschulbereich erfolgt in Abschnitt 2.1. Die begriffliche und theoretische Abklärung der Praxis der Reflexion von Lehr- und Lernprozessen in einer Reformeinrichtung wie dem Oberstufen-Kolleg ist notwendige Voraussetzung zum Verständnis der Studie, weshalb in Abschnitt 2.2 das Oberstufen-Kolleg als lernende Organisation und insbesondere das Prinzip des „Lehrer-Forschers" in das Spannungsfeld von Selbstevaluation und Handlungsforschung eingebunden wird.

Ein erstes Ergebnis der Auseinandersetzung um eine dem Versuch Oberstufen-Kolleg und der Studiengangsentwicklung angemessene Form der Qualitätssicherung durch Selbstevaluation ist der Versuch, das Modell der European Foundation for Quality Management (EFQM-Modell) als Ansatz zur prozessorientierten didaktisch-reflexiven Bewertung nutzbar zu machen. Dieses Modell, das im Rahmen eines "Self-assessments" bisher vornehmlich von Wirtschaftsbetrieben benutzt wurde, dient aktuell als Ansatz zur Qualitätsentwicklung im Schul- und Hochschulbereich und soll auf die Selbsteva-

luation des Studiengangs Gesundheitswissenschaften angewendet werden. Das Modell strukturiert den Prozess der Selbstevaluation, es wird in Abschnitt 2.3 dargestellt.
Voraussetzung erfolgreicher Evaluation sind klare Zielsetzungen des Curriculums und die Beschreibung des institutionellen Kontextes. Der Übergang vom Abitur in die ersten Semester der Universität und die Idee der sog. Neuen Tertiärstufe, die das Oberstufen-Kolleg zu gestalten versuchte, war leitend für die Curriculumentwicklung im Studiengang Gesundheitswissenschaften. Die Anforderung, eine Wissenschaftsdidaktik für die Phase des Übergangs zwischen Schule und Hochschule zu entwickeln, kennzeichnet die wissenschaftspropädeutische Ausgangsposition der Studienfächer und wird deshalb noch einmal rezipiert (Abschnitt 3.1).
Das seit 1994 in der Unterrichtspraxis erprobte Curriculum wird in Struktur und Inhalt im Abschnitt 3.2 vorgestellt, danach werden in Abschnitt 3.3 zur Ableitung der Ziele der Qualitätssicherung wesentliche Curriculumbausteine theoretisch begründet und als Gegenstände der Selbstevaluation bestimmt. Mit der Adaptation des selbstreflexiven Prozesses des Wissensmanagements nach dem EFQM-Modell für den Prozess der Professionalisierung der Lehrenden im Studiengang Gesundheitswissenschaften wird dieser Punkt beendet (Abschnitt 3.4).
Für die evaluativen Untersuchungen wurden verschiedene Datenerhebungen geplant und die Methoden festgelegt (Kapitel 4). Im Kapitel 5 werden die Ergebnisse der Untersuchungen dargestellt, und im Kapitel 6 werden diese in bezug auf die Zufriedenheit der Akteure bewertet und interpretiert. In Kapitel 7 werden die Verfahren zur Selbstevaluation auf ihre interne Relevanz hin geprüft, und es wird ein Ausblick für den anvisierten Transfer der Praxis der Evaluation gegeben. In Kapitel 8 werden noch einmal abschließend die realistischen Möglichkeiten des Lehrer-Forscher-Prinzips und die Chance

von Selbstevaluation zur Qualitätssicherung auf Basis des EFQM-Modells eingeschätzt[15].

---

[15] Die Verfasserin ist seit 1975 Mitglied des Oberstufen-Kollegs, hat im Fach Psychologie unterrichtet und seit 1987 im Studiengang Gesundheitswissenschaften.

2. Selbstevaluation als Chance zur Qualitätssicherung in Schule und Hochschule

Neue Schlagworte bestimmen eine alte Diskussion. Begriffe wie „(Selbst-) Evaluation" und „Qualitätssicherung" charakterisieren heute bildungspolitische Vorgaben für die Schul- und Hochschulorganisation, die früher unter Zielsetzungen wie „Verbesserung von Lehr- und Lernprozessen" und „Erforschung der schulischen und hochschulischen Lehrpraxis und Bewertung der Ergebnisse" in der pädagogischen Diskussion Bedeutung erlangten. Die neuen Schlagworte haben aber eine moderne gesellschaftliche Funktion. Übernommen aus der Management-Terminologie und den damit verbundenen wirtschaftlichen Bedingungen wie internationaler Wettbewerb und Konkurrenz kennzeichnen sie eine Wende im bildungspolitischen Denken.

Im folgenden sollen einige Entwicklungstendenzen dieser Diskussion nachgezeichnet werden, und es sollen Möglichkeiten ausgelotet werden, wie der Prozess der Qualitätssicherung in einer „humanen Schule" (Hentig, H. v. 1977) sozialverträglich, aber wirksam gestaltet werden kann.

2.1 Vorstellungen und Forderungen für Schule und Hochschule

2.1.1 Evaluation und Qualitätssicherung

Es scheint, als hätten „Grundfragen der Bildungspolitik" (Becker, H., 1968) neuen Auftrieb erhalten, wenn man die seit einiger Zeit (vgl. Rutz, M., 1997) in der Öffentlichkeit geführte Qualitätsdebatte um unser Schul- und Hochschulsystem betrachtet.

Allerdings hat sich die Richtung der Fragestellung verändert, es geht nicht mehr um das Verhältnis von Quantität und Qualität im Sinne der Bildung aller (Becker, H., 1968, S.7) ohne Aufgabe eines hohen Qualitätsanspruchs wie während der Phase der Bildungsexpansion in den sechziger und siebziger Jahren, sondern um die Frage, ob unser Bildungssystem überhaupt das leistet, was gesamtgesellschaftlich als notwendig erachtet wird: Jugendliche in einer Zeit hoher Arbeitslosigkeit angemessen auf die Anforderungen des Arbeitslebens, die Ansprüche der Wirtschaft vorzubereiten. Bereits Anfang der achtziger Jahre wurde angesichts des Auseinanderfallens von Bildungs- und Beschäftigungssystem „die einfache Formel ‚Mehr Bildung, mehr Wohlstand' als unzureichend entlarvt" (OECD 1991, S.20), und angesichts der Konkurrenz um die knapper gewordenen staatlichen Mittel die kritische Frage nach Effektivität und Effizienz des Bildungssystems gestellt[1]. Es fand aber auch gleichzeitig eine unübersehbare ökonomische und technologische Entwicklung statt, durch die die Frage nach der Kompatibilität und dem Schritthalten der Ausbildung mit den Anforderungen und dem Tempo der innovativen Veränderungen des Wirtschaftssystems in das Blickfeld gerückt wurde: „Weit mehr als die dramatische Reduzierung des Bedürfnisses nach Arbeitskräften hat die technologische Innovation vieles am qualitativen Bedarf an Arbeit verändert..." (ebd., S.26). Aktuell hat sich deshalb auch die Diskussion um das Bildungssystem auf den „Bildungsstandort Deutschland" erweitert, und zwar auf das Schul- und das Hochschulsystem: „Es gibt auf einigen Gebieten noch einen weiteren ökonomischen Antrieb hinter dem derzeitigen Interesse an der Qualität von Bildung. In einigen Staaten ... wird geäußert, dass diese Länder noch mehr Einfluss in der Weltwirtschaft verlören, falls die Schulen nicht verbessert würden. Neu ist aber das Phänomen, dass der internationale Wettbewerb dazu verhilft, innerstaatlich die Art und Weise, wie Schulsysteme funktionieren, zu untersuchen" (ebd., S.28). In be-

---

[1] Obwohl diese Frage keineswegs neu ist, sich nur nicht mehr auf die Wirksamkeit von Bildungsreformen bezieht: „Diese Frage wurde umso drängender, als die Bildungsreformer sich von Seiten der Öffentlichkeit einem verstärkten Druck zur Rechtfertigung der Reformen ausgesetzt sahen. Die Rechtfertigung sollte sich einmal auf die Wirksamkeit der Reformen im Hinblick auf die intendierten Ziele, zum anderen wegen der knapper werdenden Ressourcen auch auf die Relation zwischen finanziellem und personellem Aufwand und der tatsächlich erreichten Verbesserung der Schulwirklichkeit beziehen" (Wulf, C., 1972, S.9).

zug auf allgemeinbildende Schulen wird z.B. zum einen nach international vergleichenden Testserien über schlechte Leistungen in Mathematik und Naturwissenschaften[2] der deutschen Sekundarstufen-Schüler und -Schülerinnen im Vergleich zu denen aus anderen Ländern (Skandinavien, den Niederlanden, der Schweiz oder auch Slowenien) geklagt[3], zum anderen wird ein notwendiger Umbruch der Schule gefordert, um die Herausforderungen der Wissensgesellschaft bestehen zu können (u.a. Hödl, E., 1996). Medienwirksam[4] wird von allen Seiten Kritik an der Qualifikationsleistung der Schulen geübt: Eltern bemängeln den Unterrichtsausfall und geben ihren Sorgen damit Ausdruck, ihre Kinder könnten im nachschulischen Wettbewerb um Ausbildungs- und Studienplätze nicht bestehen; in Nordrhein-Westfalen bringt die zuständige Ministerin in einer Pressekonferenz (März 1999) Verständnis für die Sorgen der Eltern zum Ausdruck und gleichzeitig auch den Verweis auf die Mitverantwortung der Lehrer und Lehrerinnen (vgl. Neue Deutsche Schule Nr. 8, 1999, S.9); die gewerbliche Wirtschaft bemängelt mangelhaftes Basiswissen und unzureichende Kulturtechniken und sieht darin mit einen Grund für die eher abnehmende Bereitschaft der Industrie auszubilden (Deutscher Industrie- und Handelstag 1995, S.5).

---

[2] Vgl. die TIMSS-Studie (Third International Mathematics and Science Study), durchgeführt vom Berliner Max-Planck-Institut für Bildungsforschung im Auftrag des Bundesministeriums für Bildung, Wissenschaft, Forschung und Technologie. Sie hat als offiziellen Träger die International Association for the Evaluation of Educational Achievement (IEA) in Den Haag. Koordinationszentrum für das Gesamtprojekt der vergleichenden Untersuchungen ist das Boston College in Chestnut Hill (Mass.).

[3] Vgl. zur Rezeption der TIMSS-Studie in einigen deutschen Medien die kritische Stellungnahme von Alexander Hesse und Detlef Josczok (1999), die zwar nicht die Relevanz der Ergebnisse in Frage stellen, aber deren Missbrauch in der öffentlichen Debatte um den „Sündenbock Schule", um Grabenkämpfe bezüglich Gesamtschule und Zentralabitur und damit um die Selektionsfunktion der Schule anprangern.

[4] Vgl. FOCUS Nr. 42 vom 14.10.1996, S.150-154: Tollhaus Schule. Lehrer-Leistung: Mangelhaft. Oder auch SPIEGEL spezial Nr. 11/1996, S.16-20: Karriere durch Bildung?

Die übliche und akzeptierte Qualitätskontrolle durch die Schulverwaltung oder Schulaufsicht scheint eine gewisse Grenze erreicht zu haben, weshalb neue Steuerungskonzepte mit Evaluationsmaßnahmen zur Überprüfung und Entwicklung der Qualität von Schule und zur Qualitätssicherung seit Beginn der neunziger Jahre geplant und auch durchgeführt werden (Markstahler, J., Steffens, U., 1997).

Man kann insofern annehmen, es „lässt sich das gegenwärtige Interesse für Qualitätsevaluation als organisatorische Antwort auf Steuerungsprobleme gesellschaftlicher Institutionen erklären und als Versuch zur Herstellung neuer Verbindlichkeiten ..." (Posch, P., Altrichter, H., 1997, S.9/10). In Nordrhein-Westfalen[5] wurde dieses Interesse für das Schulsystem durch das Projekt „Schulentwicklung und Schulaufsicht – Qualitätsentwicklung und -sicherung von Schule" von 1992 manifest (Landesinstitut für Schule und Weiterbildung, 1995) und u.a. in der Denkschrift „Zukunft der Bildung – Schule der Zukunft" (Bildungskommission NRW, 1995) in bezug auf pädagogische Gesichtspunkte ausgeführt. Hauptintention des Projektes ist, der Schulaufsicht eine neue Funktion bei der Qualitätsentwicklung, -sicherung und -evaluation der einzelnen Schule zuzuweisen, die in der Erstellung ihres Schulprogramms eine relativ eigenständige und selbstverantwortliche Rolle erhält, und mit der Unterstützung und Beratung der Schulaufsicht bei der Entwicklung des Programms, der Zielvorstellungen und Verfahren der Evaluation rechnen können soll.

In der Denkschrift wird insbesondere auf die neuen gesellschaftlichen Herausforderungen an das „lernende Individuum" und die „lernende Organisation" reagiert, das „Haus des Lernens" soll Wissensvermittlung und Persönlichkeitsbildung leisten, soziales Lernen soll zu fachlichem, fachübergrei-

---

[5] Die Entwicklungen in Nordrhein-Westfalen stehen hier im Vordergrund, da die Evaluationsmaßnahmen des Oberstufen-Kollegs als Versuchsschule des Landes in diesen Prozess eingeordnet werden müssen.

fendem und anwendungsbezogenem Lernen hinzukommen, eine biographische, historische und sozialökologische Erfahrungsorientierung für die Entwicklung von Selbstwert und Akzeptanz anderer wird betont. Die einzelne Schule soll in diesem Rahmen und mit diesen übergeordneten Zielen ihr Schulprogramm entwickeln, das aufzeigen soll, wie die Ziele erreicht und auch überprüft, also evaluiert werden sollen. Gleichzeitig wird aber auch davor gewarnt zu meinen, nun hätte die Schule völlige Freiheit und der Bildungsprozess könne beliebig in Gang gebracht werden: „Allerdings warne ich... vor Missverständnissen. Eine größere Selbständigkeit der einzelnen Schulen darf nicht zur Beliebigkeit von Unterrichtsformen und Unterrichtsinhalten führen. Selbstverantwortung der Schule heißt nicht, dass der Staat sich aus seiner Gesamtverantwortung zurückziehen darf. Gerade im Bildungsbereich muss es klare staatliche Regelungen geben – für die allgemeinen Zielvorgaben, für die Gestaltung des Schullebens vor Ort, aber auch für die Sorge um die notwendigen Mittel dafür. An Entstaatlichung oder gar Privatisierung des Schulwesens denkt in Nordrhein-Westfalen niemand" (Rau, J., 1997, S.19).

Auch die neue Funktion der Schulaufsicht und die neue Schulpolitik wird in diesem Zusammenhang angesprochen: „Eine zentrale Aufgabe der Schulpolitik der nächsten Jahre wird sein, das Verhältnis zwischen dezentralen Entscheidungen und staatlicher Gesamtverantwortung neu zu gewichten, die richtige Balance zu finden zwischen mehr Gestaltungsfreiheit und Selbstverantwortung und der staatlichen Verantwortung für das Schulwesen, die schon verfassungsrechtlich vorgegeben ist" (ebd., S.19). Zur schulinternen Evaluation und damit zur Messung von Leistungen, die für die neue relative Selbständigkeit der Schulen vorausgesetzt wird, wird in der Denkschrift zwar betont, dass es nicht darum gehe, negative Urteile zu fällen, sondern aus den eigenen Ergebnissen zu lernen und sich weiter zu entwickeln, gleichzeitig wird aber auch gefordert, dass die Leistungen messbar sein müssen, und dass ein Vergleichsmaßstab notwendig sei, denn: „Wenn man anhand von Kriterien die Leistungen der Schule misst und die Ergebnisse mit anderen Schulen vergleicht, kann die Schule dadurch viele Verbesserungsmöglichkeiten ableiten. Aus anderen Projekten... kann ich ihnen sagen, dass der Vergleich der Leistungen als ungeheurer Motor wirkt. Das ist dann genau dasselbe wie in der Wirtschaft, wo sie beizeiten feststellen, ob sie gut sind oder nicht" (Mohn, R., 1997, S.24).[6]

Für die Hochschulen kann ein entsprechender Verlauf der Meinungsbildung zu Qualität und Leistungsfähigkeit konstatiert werden. Hatte in Nordrhein-Westfalen noch 1987 für die Planung des Hochschulkonzepts der neunziger Jahre gegolten: „Die Politik der Öffnung der Hochschulen wird fortgesetzt" (vgl. Der Minister für Wissenschaft und Forschung des Landes Nordrhein-Westfalen, 1988, S.40), erklärte die Hochschulrektorenkonferenz 1992 einstimmig, die Überlast der Hochschulen könne nicht mehr bewältigt werden, Humboldt sei „in der Masse erstickt", weshalb der Offenhaltungsbeschluss des Jahres 1977 nicht weiter mitgetragen werden könne (Erichsen, H.-U., 1992, S.18/20). Es ginge nun darum, einerseits der Bildungsnachfrage gerecht zu werden, da es keine Überakademisierung gäbe, weil eine hohe Zahl qualifizierter Menschen in einem rohstoffarmen Land ein nicht zu unterschätzender Standortfaktor sei, andererseits aber sichtbare Mängel wie überlange Studienzeiten und mangelnde Reformbereitschaft der Hochschulen abzustellen (ebd., S.20/22). Hierfür war allerdings die Investitionsbereitschaft des Staates und gleichzeitig die Übernahme der Verantwortung durch die Universitäten für strukturelle Maßnahmen in der Lehre und Stu-

---

[6] Diese Forderung ist auch umgehend in die Realität umgesetzt worden: Bereits im Januar 1998 erlässt das Ministerium für Schule, Weiterbildung, Wissenschaft und Forschung (MSWWF) in NRW die Anordnung: Qualitätsentwicklung und Qualitätssicherung durch Parallelarbeiten und Aufgabenbeispiele (RdErl. d. MSWWF vom 12.1.98). Ein zentraler Vergleich von Abiturarbeiten verschiedener Schulformen folgte, ebenso wie eine Art peer-review, die Gegenkontrolle der Benotung durch andere „Partnerschulen". Allerdings werden diese Formen externer Evaluation auch als notwendiger Bestandteil der Selbstevaluation in NRW gesehen (vgl. Burkard, C., 1999, S.178).

dienorganisation notwendig. Aus diesen und weiteren Gründen entwickelte sich im gleichen Zeitraum die Debatte um die Qualität der Lehre, um Evaluationsmaßnahmen und um die Leistungsfähigkeit der Hochschulen in vielen westeuropäischen Staaten, was zu der Frage führte, ob Evaluation tatsächlich ein geeigneter Anstoß zur Reform sei (Webler, W.-D., 1993, S.32), und zu der Antwort, dass „Evaluation selbst... nicht schon die Reform (ist), sondern nur ein Informationsmittel zur Reform" (ebd., S.37).

Diese Idee spiegelt sich bereits 1994 in der Diskussion der Hochschulrektorenkonferenz zu „Hochschulen im Wettbewerb" wider: Das Hauptreferat verweist thesenartig auf

- das Misstrauen von Staat und Gesellschaft bezüglich der Leistungsfähigkeit der Hochschulen, und der deshalb notwendigen Überprüfung, ob das Geld auch sinnvoll investiert sei,
- die mangelnde Bereitschaft der Hochschulen zu Leistungsbewertungen, -vergleichen, Evaluation und Qualitätsbeurteilung und
- die fehlenden Leitbilder, Zielvorstellungen oder Profilbildungen durch unklare Funktionsbestimmung.

Der Referent fordert sowohl Zielbildungs- als auch Evaluationsprozesse ein, wobei letztere sowohl quantitative Parameter als Leistungsindikatoren als auch qualitative Parameter zur Feststellung der Leistungsstandards enthalten sollen und die Ergebnisse der Überprüfung zu Konsequenzen für die Ausstattung der Hochschulen mit Mitteln und Personal führen sollen (Müller-Böling, D., 1994, S.53 ff.).

Für Nordrhein-Westfalen sind diese Vorstellungen bereits umgesetzt worden: Leistungsparameter wie die Zahl der Studierenden, die Zahl der AbsolventInnen, der Promotionen und Habilitationen und die Höhe der Drittmitteleinwerbung spielen bei der Vergabe von Haushaltsmitteln eine nicht unwesentliche Rolle. Und der mit den Hochschulen 1999 geschlossene sog. Qualitätspakt, der bei Abgabe einer vorgeschriebenen Zahl von Stellen in einem Zeitraum von zunächst 5 Jahren als Gegenleistung eine gewisse Planungssicherheit – unter der Voraussetzung gleichbleibender politischer Verhältnisse – anbietet, sofern die Hochschulen sich in toto einem standardisierten (quantitativen und qualitativen) Evaluationsverfahren unterziehen und dem dafür berufenen Expertenrat mit ausführlichen Berichten zu Ist-Zustand und Perspektivplanungen Rede und Antwort stehen, macht eindeutig klar, was mit der Vorstellung von Qualitätssicherung durch Evaluation verbunden ist: Kriterien für die Verteilung von Ressourcen zu gewinnen, die vorab eingespart werden müssen, und die Hochschulen zu veranlassen, bei gleichbleibender oder verringerter Mittelzuweisung qualitativ bessere Leistungen in Forschung, Lehre und Selbstverwaltung zu erbringen (vgl. MSWWF, 1999, Qualitätspakt)[7].

Die Debatte um Qualitätssicherung wird folglich auf verschiedenen Ebenen geführt. Der Zwang zur Effektivierung unter den Aspekten des verstärkten Wettbewerbs, der Globalisierung und Ressourceneinsparung führt zur Warnung vor einer reinen Ökonomisierung des Bildungswesens auf der einen Seite. Auf der anderen Seite wird versucht, die pädagogische Dimension in den Blickpunkt zu rücken und zu verdeutlichen, dass Leistung und Qualität unscharfe und diffuse Begriffe sind und nur Kontur gewinnen durch spezifische Zielsetzungen und durch die Interessen, die diese Ziele bestimmen. Der Spannungsbogen der Diskussion zieht sich von Forderungen nach mehr Geld für bessere Leistungen bis zur Organisationsentwicklung für mehr Qualität, von zentraler Steuerung und Kontrolle bis zur (Teil-) Autonomie bei Qualitätsentwicklung und -sicherung.

Welche Konsequenzen hatte diese Auseinandersetzung für Schulen und Hochschulen in bezug auf Selbstevaluation?

---

[7] Zur Diskussion um Leistungsparameter vgl. Hein, E., Pasternack, P., 1998, Effizienz und Legitimität – Zur Übertragbarkeit marktwirtschaftlicher Anreiz- und Steuerungsmechanismen auf den Hochschulsektor, a.a.o.

2.1.2 Evaluation und Selbstevaluation an Schulen und Hochschulen

Die Aufforderung der Bildungsadministration zur Qualitätssicherung durch Evaluation im Schul- und Hochschulbereich hatte unterschiedlich konkrete Maßnahmen zur Folge. Während die Hochschuldidaktik seit Ende der sechziger Jahre[8], aufgerüttelt durch studentische Unterrichts- und Veranstaltungskritik, die z.T. auch als Wissenschafts- und Hochschulkritik bezeichnet wurde (Huber, L., 1978, S. 8), bis heute verschiedenste Formen der Evaluation von Veranstaltungen entwickelt hat und somit Prozesse der Selbstevaluation initiiert hatte, war die Evaluation im Schulbereich zunächst an Curriculum- und Schulreform, also an Programme bzw. Maßnahmen und damit an Forschungsgruppen geknüpft, die sich mit Curriculumrevision befassten und Entscheidungen über Lernziele und Unterrichtsinhalte daraus ableiten wollten. Hierzu gehörten aber bereits Aussagen über Evaluationsmöglichkeiten, für die gut begründet werden sollte, „wie sich die verschiedenen Verfahren – Unterrichtsbeobachtung, Tests, Prüfungen, Demonstrationen, Verlaufsstudien, *case studies* u.ä. – anwenden und wie sich die Ergebnisse auf die Lernziele beziehen lassen" (ebd., S. 22).

Gegen die externen Untersuchungsprogramme mit eher punktuellen Überprüfungen setzte Hentig damals die „Curriculumreform als Gegenstand der Schule" (Hentig, H. v., 1972b, S.170 f) und übertrug den Lehrenden selbst die permanente Aufgabe, in einem institutionalisierten Erkenntnis- und Entscheidungsprozess Ziele, Inhalte, Erfolge und Misserfolge der eigenen Arbeit zu dokumentieren und zu erforschen (ebd., S.172). Er war der Auffassung, dass es zwar wichtig sei, „möglichst objektiv zu wissen, was die Schu-

---

[8] Vgl. die äußerst umfangreiche Literatur, die allein durch die Arbeitsgemeinschaft für Hochschuldidaktik seit Ende der sechziger Jahre publiziert wurde, sei es in den Hochschuldidaktischen Materialien, in der Reihe Blickpunkt Hochschuldidaktik, oder in der Zeitschrift „Das Hochschulwesen".

le jetzt leistet (und leisten kann) oder was die Lebenssituationen in Beruf und Gesellschaft jetzt (und demnächst) fordern" (ebd., S.171), dass aber doch „die empirische Tatsachenforschung nur ein Instrument unter vielen (ist), durch die die Aufgaben der Schule ermittelt werden" (ebd., S.171) und eben deshalb durch die kollektive Reflexion und die Konsensfindung über Bildung und Erziehung ergänzt werden muss. Diese Ansicht wurde in den Schulprojekten Laborschule und Oberstufen-Kolleg[9] teilweise in konkrete Verfahren umgesetzt, den Regelschulen blieb bis zu Beginn der neunziger Jahre nur das Mitmachen bei Schulversuchen und der Schulbegleitforschung, die als notwendig erachtet wurden, weil „Schule aus sich selbst heraus nur schwer veränderbar (ist)" (Prell, S. 1984, S.11).

Die ministerielle Entscheidung, den Schulen in Nordrhein-Westfalen Evaluation vorzuschreiben[10], berücksichtigte, dass diese Aufgabe neu war und zu Irritationen führen konnte. Lehrkräfte erhielten deshalb eine Handreichung mit grundlegenden Begriffsbestimmungen, Zielsetzungen und Verfahren (MSWWF, 1999). In dieser Handreichung werden als Formen interner Evaluation Schüler-, Lehrer- und Elternbefragungen angeführt, es werden Parallelarbeiten zur Lernerfolgskontrolle genannt, es werden gegenseitige Unterrichtshospitationen, Dokumentenanalyse und die Analyse quantitativer Kennzahlen vorgeschlagen. Für eine externe Evaluation werden u.a. das peer-review-Verfahren, Evaluation durch Schulaufsicht oder durch Forschungsinstitute oder andere Teams empfohlen (ebd., S.12/13). Zentraler Gegenstand der Evaluation soll der Unterricht sein, womit das Ziel verbunden wird, „den innerschulischen Diskurs über die Weiterentwicklung der Unterrichtsqualität zu unterstützen" (ebd., S.20). Hierzu wird eine regelmä-

---

[9] Vgl. die Reihen AMBOS und IMPULS der Bielefelder Versuchsschulen
[10] „In Nordrhein-Westfalen ist das Erstellen von Schulprogrammen sowie die regelmäßige Überprüfung der schulischen Arbeit durch die Schule (und damit Evaluation) in den Ausbildungsordnungen vorgeschrieben" (MSWWF, 1999, S.9).

ßige Selbstreflexion vorgeschlagen, die mit Hilfe von Checklisten, kollegialer Unterrichtsbeobachtung oder SchülerInnenfeedback durchgeführt werden kann. Auf brauchbare Evaluationsmethoden wird mit Vor- und Nachteilen verwiesen, und im Anhang wird der Interessent mit konkreten Beispielen für Evaluationsinstrumente (Beobachtungsbogen, Feedbackbogen, Fragebogen für SchülerInnen und LehrerInnen) versehen.

Diese Vorschläge ähneln zum Teil den Maßnahmen zur Qualitätssicherung durch Evaluation an Hochschulen nach dem nordrhein-westfälischen Programm zur Verbesserung der Qualität der Lehre, das seit Beginn der neunziger Jahre diskutiert und umgesetzt wird. Beispielsweise werden auch für die Hochschulen Fragebögen für Veranstaltungsbeurteilungen, Auswertungen von Prüfungs- und Studiendaten, Checklisten für die Selbstevaluation oder für den Aufbau eines Lehrberichts zur Verfügung gestellt (Reissert, R., 1995, S. 867). Aber auch Studiengänge insgesamt werden z.B. mit Hilfe eines Interviewleitfadens für die Befragung der Studierenden zu Komplexen wie Präsenz und Ansprechbarkeit von Lehrenden, Feedback studentischer Leistungen, Verbindlichkeit des Studienverlaufs oder inhaltliche Abstimmung der Lehrveranstaltungen untersucht (Habel, E., 1995, S.871). Für die Lehrberichterstattung werden Daten erhoben u.a. zur Fachstudiendauer, zur Abbrecherquote, zur Erfolgsquote bei Prüfungen, zu Absolventenzahlen (Webler, W.-D., 1992, S.170) und Notenverteilung bei Prüfungen.

Qualitätssicherung durch Selbstevaluation in eigener Regie vorzunehmen, nach eigenem Konzept zu entwickeln - was den Schulen als Chance angeboten wird -, ist für den autonomen Hochschulbereich eine selbstverständliche Option. Das sog. Bielefelder Modell des Lehrberichts (vgl. Webler, W.-D., 1995, S. 820, Webler, W.-D., Schiebel, B. Dohmeyer, V. 1993) enthält für die Hochschulen als erste Prämisse, dass die Konzeptentwicklung in der Hochschule stattfinden muss, wenn die Überzeugung von der Wirksamkeit und Sachgerechtigkeit der Informationen aus der Evaluation und dem Maßstab ihrer Beurteilung gesichert sein soll. Die zweite Voraussetzung ist die

Selbstevaluation des Fachbereichs, eine Bestandsaufnahme und Rechenschaftslegung nach innen, die vor allem auch als Kommunikationsanreiz gesehen wird, insbesondere wenn qualitative und quantitative Auswertungen erfolgen und Schlussfolgerungen gezogen werden. Selbstbeurteilung als selbstkritische Überprüfung der eigenen Zielerreichung ist Stimulans der internen Qualitätsentwicklung, sie geht der externen Evaluation voran, die eher die Funktion haben sollte, einen Spiegel vorzuhalten statt zur Datenerhebung anzuregen (Vroeijenstijn, A.I., 1995, S.831).

Für die Schulen wird postuliert, dass die Selbstverantwortung für die Erreichung der Ziele des Schulprogramms dann gestärkt wird, wenn die Methoden zur Überprüfung der Wege und Mittel in der jeweils eigenen Hand liegen. Die bildungspolitische Überlegung dabei ist, dass die Schulen effektiver und erfolgreicher arbeiten können, wenn sie für ihre Situation - standortbezogen und klientelorientiert - eigenständige Programme und spezifische Profile formulieren. Insofern soll die Selbstevaluation neben der Selbstkontrolle und Rechenschaftslegung der systematischen Gestaltung von Schulentwicklung dienen (Burkard, C., 1999). Als Metapher hierfür wird das Bild der „lernenden Schule" bemüht (Bildungskommission 1995), die durch Selbstevaluation über ihre Stärken und Schwächen gut Bescheid weiß, deshalb auch wirksam in die Weiterentwicklung ihrer Organisation und ihrer Lehrenden investieren und damit Qualität sichern kann.

Bildungspolitisch wird zur Motivierung und zum Anreiz für Selbstevaluation das Ziel der dadurch zu gewinnenden Autonomie hervorgehoben. Schulen und Hochschulen sollen durch Selbstevaluation mehr Autonomie erhalten, bzw. sie sollen erst dann mehr Autonomie erhalten, wenn sie bereit sind, sich selbst zu evaluieren und sich evaluieren zu lassen. Der Begriff Autonomie wird uneinheitlich verwendet, z. B. charakterisiert er die größere Freiheit bei der Gestaltung des Schulprogramms (Rolff, H.-G., 1995), oder er bezieht sich auf eine erweiterte Selbstverwaltung (insbesondere im finanziellen Bereich bei den Hochschulen), oder er meint die höhere Selbständigkeit von

Einzelschulen allgemein (Tillmann, K.J., 1995). Von Autonomie als „Freiheit, nach eigenen Gesetzen zu handeln" (J. Rau, s.o.) unabhängig von staatlicher Aufsicht ist in keinem Fall die Rede. Es geht vielmehr um die Erweiterung bereits bestehender Handlungsspielräume, die nicht nur aus Gründen der demokratischen Beteiligung, z.B. bei Schulentwicklung partizipativ erfolgen soll, sondern auch, weil Erkenntnisse der Organisationsentwicklung die Beteiligung der Betroffenen nahe legen und so ein modernes Schul- (und Hochschul-) Management entwickelt werden soll, das durch effektive und kooperative Arbeit hilft Kosten zu sparen (Lisop, I., 1998).

Dieser Prozess wird bis heute unterschiedlich beurteilt: von der Bildungsadministration als notwendiger Modernisierungsschub, von Bildungsforschern, von den betroffenen Lehrenden, Gewerkschaften und Verbänden sowohl als Chance als auch als Gefahr. Chancen werden von verantwortlichen Hochschulplanern für den Hochschulbereich u.a. gesehen, wenn eigenständiges Qualitätsmanagement in einem Kernbereich der Autonomie der Universitäten, der Lehre, die Evaluation ermöglicht und dadurch die staatlichen Einwirkungs- und Regelungsdirektiven zurückgedrängt werden (Landfried, K., 1999, S. 27). Denn die Vielzahl von Normierungen werden u.a. auch dafür verantwortlich gemacht, dass nur noch das Lehrangebot zusammengestellt und durchgeführt wird, und es keinen Anlass mehr gibt, sich über die Art und Weise des (besten) Lehrens Gedanken zu machen (Lüthje, J., 1992). Gefahren werden u.a. gesehen, wenn die Ergebnisse der Selbstevaluation zu Kosten führten, z. B. für Maßnahmen der Professionalisierung oder für bessere Ausstattung, die aber nicht erwirtschaftet werden könnten und staatlich nicht investiert würden, so dass diese Maßnahmen unterblieben und die Motivation zur Evaluation schwinden würde (ebd., S. 162). Auch wird befürchtet, „Leistungstransparenz könne vor allem dazu dienen, kurzfristige Mittelkürzungen zu legitimieren", wodurch „die Evaluation in der Tat diskreditiert" würde (Landfried, K., 1999, S.28). Im Hochschulbereich wird also eine Perspektive im stärkeren Wettbewerb der Hochschulen durch ihr je eigenes

Ausbildungs- und Forschungsprofil und ihren Qualitätsnachweis gesehen, aber es wird auch befürchtet, dass Evaluationsergebnisse zu Sparzwecken missbraucht werden könnten.

Für den Schulbereich wird insbesondere von Pädagogen u.a. die Gefahr gesehen, dass Schulen sich mit ihrem Programm je nach sozialem Umfeld sehr unterschiedlich entwickeln könnten und damit ungleiche Bildungschancen entstehen könnten (Tillmann, K. J., 1995, S.42 ff.). Als Chance wird die Professionalisierung durch Erweiterung der Autonomie erwartet (Lisop, I., 1998), aber auch die Zubilligung von mehr Verwaltungskompetenz. Die Bereitstellung von Ressourcen wird als notwendig erachtet, und Gewerkschaften fordern, dass den LehrerInnen durch Autonomie und Selbstevaluation nicht noch mehr Arbeit zugemessen wird (GEW 1996).

Zwischen solchen Gefährdungen und Chancen muss - oder soll nun - der eigene Weg gesucht werden. Unbestritten ist insgesamt eine Art Aufbruchstimmung wahrzunehmen durch die Idee der Autonomiegewinnung, der Entregelung und Veränderung der Praxis, des Setzens eigener Maßstäbe, des Sich-entwickeln-könnens und -wollens, auch des Leistungsvergleichs. Wahrzunehmen sind aber auch Warnungen vor populistischen Ranglisten attraktiver bzw. unattraktiver Ausbildungsstätten als Ergebnis der geforderten Selbstevaluation, die desillusionierend auf die Beteiligten zurückwirken, ihnen die Vergeblichkeit aller Anstrengungen signalisieren und schlimmstenfalls zu geringeren Ressourcen führen könnten.

Hinter diesen Befürchtungen steckt das wesentliche Problem der ganzen Diskussion: die Frage, was denn das Ziel der Qualitätsentwicklung und -sicherung sein soll, wodurch die Qualität der Qualität bestimmt wird – zumal, wenn Qualität im ernst genommenen Organisationsprozess der einzelnen Institution jeweils ihr adäquat festgelegt wird.

Im nächsten Kapitel soll deshalb erörtert werden, wie überhaupt die Begriffe Qualität, Qualitätsentwicklung und Qualitätssicherung in dieser Debatte verwendet und wie sie für diesen Arbeitszusammenhang verstanden werden können.

2.1.3 Qualität, Qualitätsentwicklung, Qualitätssicherung: Begriffsverständnis

„Qualität ist die Gesamtheit von Merkmalen einer Einheit bezüglich ihrer Eignung, festgelegte und vorausgesetzte Erfordernisse zu erfüllen" (DIN ISO 8402:1995, zit. nach Zink, K.J., 1999, S.28). Diese Definition aus dem Fach-Vokabular der Wirtschaftswissenschaft ist so abstrakt-allgemein verfasst, dass sich schwerlich Kontroversen dazu ergeben werden. Diese entstehen aber sofort mit dem Versuch, den Begriff „Qualität" für den Ausbildungsbereich zu konkretisieren. Denn werden z.b. Bildungsziele durch die Rahmenrichtlinien für Schulfächer und Abiturordnungen an Schulen festgelegt, oder an Hochschulen durch Rahmen- und Diplomprüfungsordnungen Bildungs- und Leistungserfordernisse bestimmt, gibt es schon bei der inhaltlichen Definition der zu erreichenden Ziele eine erhebliche Variationsbreite von Meinungen, denn es geht schließlich um Bildung von Individuen, nicht um Industrienormen für Werkstücke, so Tillmann (Tillmann, H. J., 1995, S.11, S.19 f.).

Ähnlich schwierig beantwortet sich die Frage danach, welche Merkmale oder Bedingungen der Ausbildungsinstitutionen geeignet sind, die vorausgesetzten Erfordernisse zu erfüllen, das heißt zu ermöglichen, dass die Ziele erreicht werden. Da sich pädagogische Forschung und Theorie u.a. per definitionem dieser Frage widmet, könnten die vorhandenen theoretischen und empirischen Ergebnisse Aufschluss geben, würde man nicht vor ihrer Vielfalt und ihren sich historisch ändernden Befunden fast kapitulieren müssen. Auch sind die Antworten aus der Wissenschaft relational und nicht normativ zu verstehen, denn sie sind vor allem abhängig von den aktuellen gesellschaftspolitischen Verhältnissen (Fend, H., 1989, S.14/15; Specht, W., Thonhauser, J., 1996, S.10, S.397).

Werden trotzdem Erkenntnisse zur Qualität von Schule und Unterricht bzw. von Lehre im Hochschulbereich resümiert (z.B. Rutter, M., 1979; Haenisch, H., 1989; Helmke, A., 1989; Eder, F., 1996; Brügelmann, H., 1999)[11] wird vorausgesetzt, dass sie weder verabsolutiert noch verallgemeinert werden dürften, und dass sich die Qualität einer Institution aus unterschiedlichen Zielsetzungen und Möglichkeiten, diese Zielsetzungen zu erreichen, bestimmen kann (Steffens U., Bargel, T., 1993). Der Begriff Qualität bezieht sich demnach auch nicht auf einen festzuschreibenden Zustand, sondern auf die Entwicklungsbedingungen und den Prozess, der in Gang gesetzt werden soll, um einerseits den jeweiligen Leistungsanforderungen aufgrund der wissenschaftlich technologischen Expansion der Gesellschaft entsprechen zu können, und andererseits dem bürgerlich demokratischen Bildungsideal gerecht zu werden.

Die Diskussion um die für diesen Prozess verwendeten Begriffe Qualitätsentwicklung und Qualitätssicherung verläuft entsprechend komplex und uneindeutig.

Der Begriff „Qualitätssicherung" wird eher als ein statischer Begriff gesehen und impliziert die Feststellung der Leistung nach einem bestimmten Maßstab, sowie die vergleichende Bewertung derjenigen (Personen oder Bereiche), die sich dieser Bewertung unterziehen. Der Begriff „Qualitätsentwicklung" zielt eher auf den Prozess ab und damit primär auf das Verständnis einer dynamischen Regulation der Festlegung von (sich ändernden) Zielen,

---

[11] „Die Schul- und Unterrichtsforschung hat eine Reihe von Bedingungen gefunden, die mit Sachverhalten wie:
SchülerInnen fühlen sich wohl, sie erbringen gute Leistungen, es gibt wenig Disziplinprobleme, korrelieren. Für die Frage nach der Qualität von Unterricht sind sie mittelbar als Rahmenbedingungen oder unmittelbar als Prozessmerkmale ... von Bedeutung" (Haenisch, H., Kuhle, C., 1999, S.111). Auf einige der Bedingungen für die Qualität einer Ausbildungsinstitution wird noch eingegangen (Kap. 2.2 und 3.): das sind vor allem curriculare Entscheidungen, Merkmale des Unterrichts und die Kooperation der Lehrenden (vgl. auch Brügelmann., H., 1999, S.112/113).

von Wegen, diese zu erreichen und Methoden, die Zielerreichung zu überprüfen. Die Entgegensetzung beider Begriffe scheint in der Praxis obsolet, denn Qualitätsentwicklung enthält zu einem gewissen Zeitpunkt auch die Überprüfung der Zielerreichung, die Betrachtung der Ergebnisse und damit die Qualitätssicherung (Schratz, M., u.a., 2000).

Bekannt sind aus der traditionellen Evaluationsforschung die Vorgehensweisen bei summativer oder formativer Evaluation, die häufig parallel gehen mit den o. g. unterschiedlichen Ansprüchen nach Sicherung von Ergebnissen (und deren Voraussetzungen) oder nach Darstellung von Entwicklungen und daraus zu ziehenden Erkenntnissen (Thonhauser, J., 1996). Wenn aber Ergebnissicherung ausschließlich durch eine rein punktuelle Feststellung von Leistungen anhand rein quantitativer Indikatoren erfolgen soll, wie sie durch Testergebnisse, Schulnoten oder Absolventenzahlen erzeugt werden, könnte dieses Vorgehen einen Entwicklungsprozess der Betroffenen verhindern. Denn über die Bedingungen der Leistungserbringung - den Prozess - kann nichts ausgesagt werden und daher können die Ergebnisse eher zu Ratlosigkeit führen als zu erfolgreicher Weiterarbeit zu motivieren. Dieses Problem resultiert aus der sog. „Black-Box-Forschung" (Preuss-Lausitz, U., 2000), die bei summativer Evaluation am Ende eines Prozesses erfolgt (Scriven, N., 1972; Wottawa, H., 1998, S.62). Eine Black-Box-Forschung sollte dadurch vermieden werden, dass interne Prozessabläufe einbezogen werden, die eher durch Verfahren formativer Evaluation zu erfassen sind (Buhren, C.G. u.a., 1999).

Besondere Schwierigkeiten der Evaluation, insbesondere bei der Festlegung von Leistungsindikatoren und ihrer Operationalisierung, ergeben sich bei Qualifikationen, die nicht einfach zu messen oder zu bewerten sind. Für den Schulbereich trifft dies dann zu, wenn eine Übereinkunft darüber getroffen wurde, dass dynamische Qualifikationen zu entwickeln sind (Posch, P. 1996) wie die „Fähigkeit zur Entscheidungsfindung in unklaren Situationen; zur Verantwortungsübernahme beim Umgang mit Sachthemen; aber auch zur

Abstimmung mit anderen Akteuren im jeweiligen Feld, zur Selbstkontrolle der eigenen Handlung ..." (Altrichter, H., Posch, P., 1997, S.4). Solche Qualifikationen setzen einen interpersonellen Konsens über Operationalisierungen voraus, aber trotzdem bleibt es schwer zu entscheiden, was demnach eine gute Leistung ist und ob sie gemessen werden konnte. Denn: Leistungskriterien sind mit einer relativen Norm auf die Leistung innerhalb eines bestimmten Kontextes in einer bestimmten Situation und auf einen bestimmten Zweck bezogen. Sie setzen insofern verfügbares Wissen voraus und erfordern Kompetenzen zu handeln, zu entscheiden, zu kooperieren. Hieraus folgt zwar auch eine Qualitätssicherung durch Leistungsmessung als Momentaufnahme und als Querschnittsbetrachtung von Leistungsfähigkeit, sie sollte aber nach anderen Kriterien festgestellt werden als denen „ ‚statische(r) Fähigkeiten', die in der Industriegesellschaft der Vergangenheit als ‚normal' angesehen wurden, nämlich die Bereitschaft, monotone mechanische Arbeit zu verrichten, und die fraglose Ausführung vorgegebener Pläne" (Altrichter, H., Posch, P., 1997, S.4).

Für diese „anderen" Kriterien der Qualitätssicherung und -entwicklung gilt allgemein als Voraussetzung: „Wie immer der Einstieg erfolgen mag – Kristallisationspunkt der Qualitätsentwicklung ist das Schulprogramm" (Schratz, M. u.a., 2000, S. 11; Haenisch, H., Kuhle, C., 1999, S.100 f.). Das Schulprogramm hat die Vorgaben des Staates aufzunehmen und die Schule hat gleichzeitig ihr eigenes Leistungsprofil zu bestimmen. Für dieses Leistungsprofil werden verschiedene Dimensionen der Qualifikationsevaluation und -entwicklung beschrieben (Altrichter, H., Posch, P., 1997), wobei die Frage, was und wie kontrolliert wird am intensivsten diskutiert wird (u.a. Tillmann, H.-J., 1999). Input-, Prozess- und Outputstandards werden definiert, Hilfestellungen für Operationalisierungen werden vielfach angeboten (Schratz, M., u.a., 2000, S.45 ff., Buhren, C.G., u.a., 1998, S.37 ff).

Für den Hochschulbereich wird in ähnlicher Weise eine Profilbildung angemahnt. Und es werden zusätzlich zu den allgemeinen Parametern wie der

Vorstellungen und Forderungen für Schule und Hochschule

Erhöhung der Zahl der AbsolventInnen und der Zahl der Promotionen auch die Transparenz von Lehr- und Absolventenleistungen eingefordert, sowie die optimale organisatorische Regelung von Studium und Lehre, die Beurteilung der Lehre durch Studierende und die externe Beurteilung von Lehre und Forschung durch peers (vgl. Hochschulrektorenkonferenz, Projekt Qualitätssicherung, Beiträge zur Hochschulpolitik 1999). Es wird wie im Schulbereich konstatiert, dass es schwer messbare Erfolge gibt wie z.B. einen erreichten Erkenntnisgewinn oder die Gewinnung fachlicher Kompetenz und die Bildung von Persönlichkeiten (vgl. Erichsen, H.-U., 1992; Weule, H., 1999). Vertreten wird auch die Auffassung, dass „Qualität nicht als statische, sondern als dynamische Größe aufgefasst" wird (Wildenhain, G., 1999, S.18), und dass sich „Qualität definiert ... über die Standards, die in der täglichen Praxis herrschen und als Vision ... bei Lehrenden und Studierenden existieren" (ebd.). Damit wird auch eine Qualitätssicherung durch Prozessevaluation präferiert, deren Ergebnisse einer Bewertung externer Gutachter unterzogen werden, deren Konsequenzen wiederum für die Weiterentwicklung verwendet werden sollen[12].

Dimensionen der Qualitätssicherung in der Hochschule sind u.a. die Analyse von Stärken und Schwächen in den Bereichen Lehre, Studium, Forschung und Organisation. Die Aufgabe der jeweiligen Einrichtung besteht darin, angemessene Indikatoren zu definieren, Methoden auszuwählen oder zu entwickeln, den Prozess zu organisieren, die Ergebnisse zu vermitteln und ggf. umzusetzen[13]. Für den Bereich der Lehre z.B. sollen Indikatoren für die

---

[12] Die Kombination zwischen Selbst- und Fremdevaluation scheint inzwischen auf allgemeinem Konsens zu beruhen (vgl. Landfried, K., 1999, S.36).

[13] In einer „systematischen Annäherung" versuchen Klockner und Barz (Klockner, C., Barz, A., 1995, S.123) grundlegende Bedingungen für Qualitätssicherung in der Lehre auf 5 Ebenen zu formulieren:
auf einer operativen Ebene sollte die Definition der Ziele, die Prozedur der Durchführung und die Festlegung von Verantwortlichkeiten erfolgen; auf einer subjektiven Ebene sollte

staatlich geforderten „outcomes" hochschulischer Ausbildungsprogramme formuliert werden, z.B. durch Festlegungen von Wissensbereichen und Verständnisstandards für das Fachgebiet, von Schlüsselqualifikationen wie Kommunikationsfähigkeit, Fähigkeit zur Nutzung der Kommunikationstechnologien, Fähigkeiten das Lernen zu lernen oder kognitive und instrumentelle Fähigkeiten zu forschen (Littler D., 1999). Die Lehre selbst soll verbessert werden, indem Studierende zu MitarbeiterInnen der Lehrenden werden, indem sie als „Kunden" betrachtet werden, deren Erwartungen und Zufriedenheit eine Rolle spielt, deren Bedürfnisse erhoben und auf Realisierungsmöglichkeiten geprüft werden (Dahlgaard, J.J., 1999).

Unstrittig scheint für Schulen wie für Hochschulen angenommen zu werden, dass es bei der Qualitätssicherung einen Anteil verallgemeinerter Standards und einen eher institutionsspezifischen profilorientierten Anteil geben muss, weil die Wettbewerbssituation, die Zuteilung von Ressourcen und die Verantwortlichkeit gegenüber den zunehmenden gesellschaftlichen Aufgaben in diesen Bereichen diese erfordern. Unstrittig scheint weiter zu sein, dass die unterschiedlichen Ausgangsbedingungen der jeweiligen Einrichtungen (Inputstandards wie Klientel, Ausstattung, Standort etc.) zu unterschiedlichen Prozessvariablen und -standards führen (können), und dass trotzdem der Output mit einer gewissen Vergleichbarkeit behaftet sein soll.

Es wurde deutlich, dass die Vorstellungen zu dem, was sich unter Lehr- oder Unterrichtsqualität verbergen soll und wie diese gesichert werden soll, so heterogen sind wie die Autoren, die sie hervorbringen. Viele der o. g. Ansätze

---

die Zufriedenheit der 'Kunden' und der Mitarbeiter erfasst werden; auf einer objektiven Ebene sollte die Überprüfung der Ergebnisse anhand von Indikatoren erfolgen; auf der Ebene der Wirtschaftlichkeit sollte der Aufwand und der Einsatz von Ressourcen festgestellt werden; auf der Ebene der Modellhaftigkeit sollte die Übertragbarkeit und Nachfrage für einen Studiengang oder eine Lehrveranstaltungsform diskutiert werden. Diese Aspekte werden im folgenden noch erörtert, wenn der Prozess der Evaluation für den Studiengang Gesundheitswissenschaften genauer dargestellt wird.

sind verallgemeinerte Erfahrungen von Pilotprojekten, die je nach Standpunkt über Wert- oder Zielvorstellungen von Bildung und Ausbildung differieren und je nach methodenkritischem Ansatz Verfahren empfehlen oder ablehnen (Buhren, C. G., Killus. D., Müller, S., 1998; Haenisch, H., Kindervater, C., 1999).

Als Ergebnis kann zusammengefasst werden, dass die Ziele der Evaluation begründet und bestimmt werden müssen, dass nicht nur konkrete Merkmale beschrieben werden müssen, durch die die Erfordernisse erfüllt werden sollen, sondern auch die konkreten Bedingungen der Institution, die diesen Prozess ermöglichen sollen. Und es muss die evaluative Vorgehensweise festgelegt werden, die eine Bewertung der Ergebnisse zur Folge haben soll.

Im Folgenden sollen deshalb als wesentliche institutionelle Voraussetzungen für die unterrichtliche Arbeit am Oberstufen-Kolleg die Institution als lernende Organisation und die daraus folgenden Konsequenzen für die Selbstevaluation dargestellt werden.

2.2 Selbstevaluation im Prozess hoch- / schulpädagogisch-didaktischer Reflexion

Im letzten Abschnitt wurde angemerkt, dass die Profilbildung und das Schulprogramm für die Feststellung von Qualität wesentlich sind. Sie bestimmen die Rahmenbedingungen, unter denen Leistungen erbracht werden. Der Prozess der Selbstevaluation zur Qualitätssicherung am Oberstufen-Kolleg hat diese Rahmenbedingungen zu berücksichtigen. Insofern soll diese Institution zunächst als lernende Organisation beschrieben werden. Wie sich unter dieser Bedingung der Prozess der Selbstevaluation gestalten lässt, wird im Anschluss unter Rückgriff auf ein bereits publiziertes Ergebnis zur Organisationsentwicklung des Oberstufen-Kollegs als Prüfprozess der Transaktion zwischen Theorie und Praxis dargestellt. Am Ende dieses Abschnitts wird diskutiert, ob klassische Evaluationsmodelle diesem Prüfprozess gerecht werden können.

2.2.1 Das Oberstufen-Kolleg als lernende Organisation

Es ist vielfach dargestellt worden: das Oberstufen-Kolleg ist wie die Laborschule[14] als lernende Organisation gegründet worden (Hentig, H. v., 1971, Koch-Priewe, B., 2000, Döpp, W., 1990). Die Intention des Gründers der Schulprojekte, Hartmut von Hentig, war, eine neue Einheit von Theorie und Praxis der Erziehungswissenschaft zu begründen, und zwar wegen der vorherrschenden Diskrepanz zwischen pädagogischer Praxis und wissenschaftlicher Forschung, die mit der Gefahr verbunden ist, dass die Praktiker auf ihre Erfahrungen begrenzt bleiben und die Wissenschaftler mit ihren neuen Erkenntnissen entweder den Praktikern zu weit voraus sind oder gar „sich in der falschen Richtung bewegen" (Hentig, H. v., 1971, S.12; Hentig, H. v., 1970, S.23). In den Schulprojekten sollte Wissenschaft nicht nur gelehrt werden, sondern Lehren und Lernen sollte gleichzeitig erforscht werden. Dazu gehörten Personen, die ihr pädagogisches Handeln als empirische Praxis auffassen, so dass sie die Prämissen ihres Tuns und ihre Ergebnisse nach der "Erprobung ihres Könnens" (Hentig, H. v., 1966, S.106) öffentlich und gemeinsam reflektieren. Diese Tätigkeit ist nur denkbar in einer Institution, die sich einer Bildungsreform als Prozess verschrieben hat und diesen in sich selbst abbildet (Hentig, H. v., 1971), die im Sinne einer Curriculum-Werkstatt arbeitet, die offen ist für neue Entwicklungen und Probleme und sich insgesamt als Experiment versteht. Im Anschluss an die Tradition der amerikanischen Laboratory Schools sollte an den Bielefelder Schulprojekten

---

[29] Laborschule und Oberstufen-Kolleg sind Staatliche Versuchsschulen und wissenschaftliche Einrichtungen an der Universität Bielefeld. Der Begriff „lernende Organisation" ist als Zielvorstellung immanent in allen Planungspapieren enthalten, auch wenn er erst heute aktuell geworden ist und für Schule und Hochschule nutzbringend sein soll.

„...die Möglichkeit der Schulforschung in der Schule durch die Lehrer erprobt und allgemein anwendbar gemacht werden: Lehrer werden an der wissenschaftlichen Diagnose, an der Aufstellung von Zielen, an deren Operationalisierung, an der Erprobung ihrer Entwürfe und an der kritischen Rückkopplung beteiligt, und dies in der Realität einer Schule 'mit Kindern' " (ebd., S.12/13). Hentig unterscheidet im folgenden die drei Bereiche Curriculum-Forschung, Innovationsforschung und Institutionsforschung, die sich im Prozess der Entwicklungsarbeit von Modellen, Materialien und Strategien vollzieht und aus der Erkenntnis des Erfolgs und Misserfolgs bei der Umsetzung in die Praxis ihren Fortschritt ableitet. Die Bereiche Curriculumforschung und Innovationsforschung sollen im folgenden besonders betrachtet werden.

Alle am Oberstufen-Kolleg Lehrenden sollten die Aufgabe haben, unabhängig von wissenschaftlichen Experten und anderen auch behördlichen Weisungsbefugten die „neue Tertiärstufe" zu entwickeln, in der eine Verbindung von Allgemeinbildung und einer auf hochschulische Studiengänge orientierenden Spezialisierung den Übergang von der Schule auf die Hochschule erleichtern und verbessern sollte. Hierzu sollte eine neue Form von Wissenschaftsdidaktik entwickelt werden. Die Lehrenden sollten mit dem Ziel kooperieren, ausgehend „von der gemeinsamen außerwissenschaftlichen Erfahrung, den gemeinsamen Aufgaben und der gemeinsamen Sprache" (Hentig, H. v., 1972a, S.34) die Verständigung mit den Lernenden zu suchen. Dadurch sollte eine Kommunikationsbasis auch unter den Lehrenden entstehen, und die FachwissenschaftlerInnen sollten in ihre gesellschaftliche Verantwortung durch die ständige Überprüfung des eigenen Tuns eingebunden werden und damit einer selbstreflexiven Veränderung unterliegen.

Die klassische Trennung in Forscher und Beforschte konnte in diesem Rahmen keine Funktion mehr haben, die handelnden Subjekte als Verantwortliche für Ausbildung und Forschung konnten nur in einer Form des action research Erfahrungen systematisieren und mit den Lernenden zu neuen Erkenntnissen gelangen, die pädagogisch Tätigen mussten folglich Lehrer und Forscher in einer Person sein, die Idee des Lehrer-Forschers sollte Gestalt annehmen.

Wie haben sich diese Vorgaben heute entwickelt?

1998 empfiehlt der Wissenschaftliche Beirat[15] des Oberstufen-Kollegs dem Kollegium: „Curriculumevaluation und -revision sind nicht als abgeschlossene einmalige Anstrengung, sondern als fortdauernde Aufgabe zu betrachten. Eben deswegen ist es wichtig, dass die Muster praxisnaher schulischer Forschung, machbarer Methoden und an LehrerInnen mitteilbarer Verfahren noch weiter entwickelt und gepflegt werden. Selbstevaluation muss mit Fremdevaluation verbunden werden. Dissemination, besser: Austausch mit anderen Einrichtungen muss noch weiter verstärkt werden" (Huber, L., 1998 (2), S.1). Vorausgegangen war dieser Empfehlung die Überarbeitung der Fachcurricula durch die Fachkonferenzen, die sie in neuer Form nach einheitlichem Muster vorgelegt und denen sie auch gutachterliche Stellungnahmen externer Experten[16] beigefügt hatten.

---

[15] Der Wissenschaftliche Beirat des Oberstufen-Kollegs ist ein laut Grundordnung gewähltes Gremium. Er setzt sich zusammen aus ExpertInnen von Hochschulen in Deutschland. Er hat die Funktion, die Curriculumentwicklung und -forschung zu beraten und wissenschaftlich zu begleiten.

[16] Huber schreibt im OS-Extrablatt Nr. 75 vom 22.9.1998: In dieser externen Begutachtung „...sind über das einzelne Fach hinaus Probleme angesprochen, die das Oberstufen-Kolleg insgesamt angehen: die Spannung zwischen den Ansprüchen der Zielsetzung und den Voraussetzungen der Kollegiatenschaft, das Verhältnis zwischen oder die vielleicht allzu simple Aufteilung auf WU (Wahlfachunterricht, E.d.V.) und EU (Ergänzungsunterricht, E.d.V.) von Einführung ins jeweilige Fach, seine Begriffe, Methoden, Techniken hie und Wissenschaftstheorie, -kritik, politischer Bildung dort, die Abhängigkeit von oder gar Bindung durch die Universitäts-Curricula, die Probleme des Kompetenzaufbaus oder auch das Verhältnis von Curriculum und Personen". Einige der genannten Aspekte werden in dieser Arbeit aufgegriffen, doch bedeutet dieser Hinweis, dass an institutioneller, nicht im engeren Sinn fachbezogener Forschung Bedarf besteht, den die Einrichtung noch einlösen müsste. Es stellt sich die Frage, wie weit auch durch diese Arbeit institutionelle Aspekte erhellt werden können.

Diese Arbeit entsprach der Funktion des Oberstufen-Kollegs als Curriculum-Werkstatt. Die Aufgabe, Muster praxisnaher Forschung und machbarer Methoden auf den Schulalltag des Regelsystems zu transferieren, Selbst- mit Fremdevaluation zu verbinden und sich mit anderen Einrichtungen über derartige Prozesse auszutauschen, ist Konsequenz des o.g. Lehrer-Forscher-Konzeptes, das v. Hentig 1971 als „Innovationsdienst" für die Regelschulen beschrieb: „Sie (Laborschule und Oberstufen-Kolleg, .d. V.) zeichnen ihren eigenen Planungs- und Entwicklungsprozess auf und veröffentlichen ihn; sie geben dabei ihre Schwierigkeiten, Umwege und Fehler ebenso bekannt wie ihre Kosten, Aufwendungen an Zeit, Personal- und Verwaltungshilfe. Sie ersparen anderen Einrichtungen dadurch die entmutigenden und falschen Anfängerschritte und stellen Muster für die Organisation der Selbstreform zur Verfügung" (Hentig, H. v., 1971, S.15). Hentig hatte 1970 gefordert, bei der Curriculumentwicklung und -evaluation sollte primäres Kriterium dieser Forschung „ein strenger Empirismus" sein (ebd., S.74), Evaluationsexperten (ebd., S.81) sollten diese Forschung unterstützen und Psychologen und Pädagogen sollten mit Fachwissenschaftlern insbesondere bei der Operationalisierung von Lernzielen zusammenarbeiten (ebd., S.75).

Aus heutiger Sicht ist diese Vorstellung der Forschungspraxis als „development research" (Hentig, H. v., 1970, S.23 f.) ein Ideal, dessen Konkretisierungsversuche erst die Probleme sichtbar machen konnte, die es implizierte und auch produzierte. So ist ein strenger Empirismus durch Lehrende, die zugleich Forscher sind, nicht einzuhalten, ja geradezu als wissenschaftstheoretischer Widerspruch in sich zu begreifen. In der Praxis wurde daher über eine lange Zeit eher ein Konzept von Handlungsforschung präferiert, ohne dass ein ausgearbeitetes Methodeninventar vorhanden war (Döpp,

W., 1990)[17]. Mit v. Hentigs späterer Forderung nach „Erkennen durch Handeln" (1982) setzte sich eine Methodenvielfalt durch, die bis heute sowohl quantitative als auch qualitative empirische Forschung, erfahrungsbegründete Curriculumentwicklung und -evaluation und die Expertise auswärtiger Fachwissenschaftler einbezog. Insofern lassen sich Ansätze eines development research, wenn auch mehrfach gebrochen durch strukturelle Vorgaben und administrative Entscheidungen, doch in der Realität wiederfinden:
- so z.B. in der Entwicklung und Revision von Fachcurricula, deren Evaluation aufgrund der Reflexion der Erfahrungen der Fachkonferenzen ohne interne ExpertInnen, aber mit Gutachten externer professoraler FachvertreterInnen erfolgte,
- so z.B. in der Einbeziehung schulischer und hochschulischer Vertreter in die Entwicklung neuer Studienangebote wie z.B. bei dem Fach Gesundheitswissenschaften, das im schulischen Fächerkatalog nicht präsent und als grundständiges Studienangebot gerade erst entwickelt wird (vgl. Fakultät für Gesundheitswissenschaften 1999),
- so z.B. in der Entwicklung und Evaluation eines Aufnahme-Beratungsverfahrens mit professioneller Unterstützung bei der Fortbildung derjenigen Lehrenden und KollegiatInnen, die sich an der Auswahl und Beratung neuer Kollegiatlnnen beteiligen.

Bisher wenig eingelöst ist allerdings die o.g. Forderung des Wissenschaftlichen Beirats, die Muster praxisnaher schulischer Forschung und brauchbarer Methoden an LehrerInnen zu vermitteln und diese Verfahren noch weiter zu verbessern und zu pflegen. Denn 1998 war nach der Curriculumrevision zwar hausintern das jeweilige Vorgehen transparent geworden, aber es war

---

[17] Döpp stellt das Prinzip Handlungsforschung in den Kontext der Auseinandersetzung um die Wissenschaftlichkeit der pädagogischen Forschung an der Laborschule und begründet es durch von Hentigs Ansatz „Erkennen durch Handeln", mit der er die Erfahrung für die Erkenntnis rehabilitieren wollte.

noch nicht extern vermittelbar, denn eine Curriculumrevision durchzuführen und gleichzeitig zu reflektieren, wie und wodurch dieser Prozess zum Ziel führt, das ging über die Grenzen des vorhandenen Zeitbudgets hinaus.
Der Bedarf nach solchen Erfahrungen wird aber immer wieder thematisiert. Denn auch im Zuge der bildungspolitischen Diskussion um die Entwicklung von Schulprogrammen und der anvisierten Gestaltungsfreiheit der Regelschulen ist das erklärte Ziel der Bildungsadministration, dass die Schulen ihre grundlegenden pädagogischen Ziele beschreiben, ebenso wie „die Wege, die dorthin führen, und Verfahren, die das Erreichen der Ziele überprüfen und bewerten. Es (das Schulprogramm, d. V.) ist damit das zentrale Instrument der innerschulischen Verständigung und Zusammenarbeit, die darauf zu richten sind, die Qualität der Bildungs- und Erziehungsarbeit weiterzuentwickeln und auf einem hohen Niveau nachhaltig zu sichern" (Runderlass des Ministeriums für Schule und Weiterbildung in NRW vom 25.6.1997). Hier soll nicht bewertet werden, welche Realisierungschancen ein solches Schulprogramm hat, wenn „ein Unterrichtstag im Schulhalbjahr für die Erarbeitung, die Weiterentwicklung und die Evaluation des Schulprogramms genutzt werden soll" (ebd.). Es kann nur herausgestellt werden, dass die Regelschulen ein Stück weit Selbständigkeit und Selbstverantwortung bei der Festlegung der pädagogischen Zielsetzungen erhalten sollen, gleichzeitig einer Selbstkontrolle unterliegen, aber auch der Fremdkontrolle Tribut leisten müssen, und hierfür (nichts weiter als) eine Handreichung zur Entwicklung und zur Überprüfung und Bewertung ihrer Programme zur Verfügung haben (ebd.). Diese Situation weist auf die Bedeutung hin, die erprobten Verfahren und pragmatischen Vorgehensweisen bei der schulischen Entwicklung und insbesondere bei der Sicherung der Qualität der Bildungs- und Erziehungsarbeit zugemessen wird.
Neben dem erheblichem Aufwand dieses Prozesses der Qualitätssicherung soll aber für die Regelschulen ein Gewinn in dem bestehen, was Seidl 1979 bereits zur Integration der Forschungs- und Lehrfunktionen am Oberstufen-

Kolleg feststellte: „Wenn Lehrer einer Schule ihre eigene pädagogische Praxis wissenschaftlich reflektieren, so wird damit ein Prozess der Autonomieübertragung von der wissenschaftlichen auf die schulische Subkultur eingeleitet" (Seidl, P., 1979, S.215).

Die Probleme und Möglichkeiten dieser wissenschaftlichen Reflexion sollen im folgenden vermittelt werden, womit gleichzeitig dem Auftrag der Einrichtung entsprochen werden kann, unter den Bedingungen einer relativen inhaltlichen und strukturellen Autonomie der Ausbildungseinrichtung den Prozess der Qualitätssicherung in einem Studiengang darzustellen (vgl. auch Tillmann, K.J., Wischer, B., 1998, Vohmann, D., 1984).

2.2.2 Hoch- / schulpädagogisch-didaktische Reflexion

Der Ansatz der Selbstevaluation wurde am Oberstufen-Kolleg unter der idealen Vorstellung eines „development research" begonnen. Die kontinuierliche Erforschung von Unterricht durch diejenigen, die Curricula entwickeln, Unterricht planen und durchführen, sollte so möglich werden. „Kontinuierliche Erforschung" bedeutet im Sinne von Hentigs, Ergebnisse und Einsichten aus der praktischen Erfahrung mit Erkenntnissen aus der Wissenschaft zu konfrontieren, diese zu reflektieren und dann zu entscheiden, welche weiteren Maßnahmen der Organisationsentwicklung für Unterricht, Fortbildung der Lehrenden oder anderes getroffen werden sollen. Hierdurch sollten gewonnene Ergebnisse theoretisch angemessen unter Einbeziehen der konkreten Erfahrungen bewertet werden. Und es sollten Konsequenzen für die Entwicklung von Unterricht und die der eigenen Professionalität gezogen werden, die anschließend auch für ein allgemeines brauchbares Evaluationskonzept praktisch nutzbar gemacht werden können.

Um diese Form des „development research" an die aktuelle Diskussion der Qualitätssicherung durch Selbstevaluation anzuschließen, werden im folgenden einige Gedanken der vorangegangenen Kapitel zur Evaluation von Lehre und Unterricht wieder aufgegriffen.

Selbstevaluation im Prozess hoch- / schulpädagogisch-didaktischer Reflexion

Für Hochschulen wurde oben dargestellt, dass sie sich aus staatlicher Sicht im Wettbewerb befinden, und dass die Qualität ihrer Lehre im Blickpunkt steht. Sie sollen ihre Leistungsfähigkeit und Attraktivität ausweisen und möglichst Studierende anziehen und binden, und sollen sich deshalb einer Qualitätsüberprüfung und den teilweise aufwendigen Maßnahmen der Selbstevaluation unterziehen, weil die Ressourcen-Zuweisung von Leistungsparametern abhängig gemacht wird. Aus Sicht betroffener Gruppierungen wird je nach Einstellung und Begründungszusammenhang die Selbstevaluation favorisiert oder kritisiert, und es werden Hoffnungen auf positive Veränderungen in der Lehre und Befürchtungen vor unsachgemäßer Verurteilung an diese Maßnahmen geknüpft.

Schulen befinden sich in einer ähnlichen Situation. Sie sollen sich über Selbstevaluation einerseits mehr Autonomie sichern um staatliche Kontrolle zu vermindern, sich andererseits aber einem Leistungsvergleich stellen, der hohe Kosten für die Betroffenen der Selbstevaluation verursacht und damit den Wert der erlangten Autonomie vermindert, insbesondere, wenn der Gewinn nicht eindeutig fassbar ist[18].

Am Oberstufen-Kolleg könnte ein Ziel sein, dieses Dilemma zu überwinden und durch eigenständige evaluative Maßnahmen eine akzeptable Perspektive für die Lehrenden selbst als Betroffene zu initiieren, die vor allem die Funktion haben sollen, der Selbst-Entwicklung zu dienen, um Unterricht und Kooperation wirksam verbessern und Qualität sichern zu können (vgl. Koch-Priewe, B., 2000, S.76; Senge, P. M., 1996, ders. 1997).

In dieser Arbeit wird daher ein Ansatz der Selbstevaluation zur Qualitätssicherung verfolgt, der den im Oberstufen-Kolleg durch das Lehrer-Forscher-Konzept verankerten Bezug zwischen Theorie und Praxis aufgreifen und weiter entwickeln will. Dieser Ansatz von Selbstevaluation, der als ein Prüf-

---

[18] Vgl. Beetz, S., 1997, der sogar empfiehlt, "die Verordnung von Autonomie unter dem Vermarktungs- und Optimierungsaspekt" nicht hinzunehmen (S.162).

prozess der Transaktion zwischen Theorie und Praxis bezeichnet werden könnte, erhält nach Koch-Priewe in Handlungsforschungsprojekten die Funktion eines Mittels zur Theorie-Praxis-Integration (Koch-Priewe, B., 2000, S.62 f.). Sie hat dazu in Aufarbeitung der Kritik an bisherigen Schulentwicklungsmodellen festgestellt: "Einerseits scheint diese Aufgabe der Schulentwicklung, nämlich der Bezug zwischen Theorie und Praxis und das Überwinden der mit ihr verbundenen relativen Bedeutungslosigkeit von Evaluation, ein besonderes Problem von Versuchsschulen bzw. schulischen Modelleinrichtungen zu sein. Denn bisher wird an Regelschulen die Frage des erziehungswissenschaftlichen Theorie-Praxis-Zusammenhangs meistens nicht als eine Problemkennzeichnung von Schulentwicklungsprozessen erwähnt" (ebd., S.57). Andererseits ist sie der Auffassung (ebd., S.57), auch in bisherigen Versuchen von Schulentwicklung an Regelschulen kranke der Prozess der Evaluation daran, dass die genuine Arbeit der PädagogInnen als erziehungswissenschaftlich angeleitete, praktisch erprobte und reflektierte methodisch-didaktische Unterrichtstätigkeit nicht Gegenstand der Evaluation und Entwicklung ist. Die von Evaluation Betroffenen seien dadurch bisher entweder zu wenig oder gar auf sehr widersprüchliche Art beteiligt worden, denn es würde einerseits offiziell von Fachleuten gegenüber den Praktikern vor Ort vertreten, dass die wissenschaftlichen Standards in der Praxis nicht erfüllt werden können (vgl. auch Abschnitt 1.2 dieser Arbeit), andererseits sollen aber aufgrund solcher „unsicheren Erkenntnisse" Ergebnisse ernst genommen und Handlungsweisen und Strukturen verändert werden.

Abstinenz oder Zurückhaltung bei solch zusätzlichen Aufgaben oder auch Abwehr von Zumutungen bzw. von aus subjektiver Sicht unzumutbarer Kritik scheinen deshalb verständlich, weil der Ansatz nicht überzeugt und der Profit für die eigene Entwicklung und Professionalisierung unterrichtlichen Handelns nicht erkennbar wird. Koch-Priewe konfrontiert dieses Dilemma mit klassischen erziehungswissenschaftlichen Überlegungen zur Theorie-Praxis-Integration u.a. von Weniger (Weniger, E., 1979): „Es geht nicht darum, Ergebnisse, die die Wissenschaft getrennt von der Praxis erzielt hat, an den Praktiker zu vermitteln und dabei den Punkt zu finden, an dem der Praktiker die Theorie am besten aufnehmen kann, sondern nach Wenigers Vorstellung gilt es, durch gegenseitiges Aufeinander-Bezug-Nehmen Wissenschaft und Praxis gleichzeitig weiterzuentwickeln. In dieser Hinsicht ist es also die Aufgabe der wissenschaftlichen Pädagogik, gemeinsam mit dem Praktiker zu prüfen, welches Alltagswissen mit welchen aktuellen Erfahrungen übereinstimmt und an welche Bedingungen es geknüpft ist, welche impliziten Hypothesen in explizite überführt werden können, und wie ein Prüfprozess auf theoretischer Ebene und in der praktischen Handlungssituation aussehen kann." (Koch-Priewe, 2000, S.61).

In der Konsequenz dieses Verständnisses von Evaluation als Prüfprozess der Transaktion[19] zwischen Theorie und Praxis bewertet sie auch die von Dalin und Rolff (Dalin P., Rolff, H.-G., 1990; Rolff, H.-G., 1993) propagierten Überlegungen zum Theorie-Praxis-Problem in Schulentwicklungsprozessen als rein schultheoretisch und die darauf bezogene Evaluation als vornehmlich sozialwissenschaftliche Methodik, durch die die Gefahr der ‚funktionalen Verengung' von Evaluation und der eines ‚falschen Empirismus' aufgrund fehlender Hinterfragung von Ergebnissen und / oder deren fehlerhafter Interpretation und daraus abgeleiteten falschen Schlussfolgerungen

---

[19] Der Begriff „Transaktion" soll hier vorerst im wörtlichen Sinne als „die Handlung, etwas zu übertragen" verstanden werden. Dabei geht die Übertragung sowohl von der Praxis aus in die theoretische Reflexion als auch umgekehrt. Der Begriff wird im Kapitel 3.4 genauer bestimmt. Koch-Priewe definiert den Prozess der Evaluation so: „Evaluation wird in diesem Kontext als durch wissenschaftliche Theorien geleitetes Überprüfen der eigenen subjektiven Theorien in Handlungskontexten, als Reflexion der Ergebnisse und als Reflexion von theoretischen und praktischen Erkenntnissen und ihrer wechselseitigen Beziehung definiert. Schulpädagogisch-didaktisch verstandene Evaluation enthält prinzipiell die Möglichkeit, das Niveau von Theorien dritten Grades zu erreichen." (Koch-Priewe, B., 2000, S.62)

entsteht (Koch-Priewe, 2000, .S.70/71, vgl. auch Abschnitt 1.2 dieser Arbeit).

Um dieser Gefahr zu entgehen, sollte genau geklärt werden, welche Funktion Evaluation haben soll, welche Methoden passen könnten und welchen konkreten Zielen sie dienen soll. Bei der Konstruktion von ‚Test-items' z.B., die als Qualitätsindikatoren zu verstehen und entsprechend zu operationalisieren sind, setzt sie die Anforderungen hoch: es soll der erziehungswissenschaftliche, der institutionsgeschichtliche, der subjektiv-theoretische und berufsbiographische Hintergrund transparent werden und vor allem sollen die impliziten, mit diesen ‚Test-items' verbundenen erziehungswissenschaftlichen Hypothesen und subjektiven Theorien aufgedeckt werden (ebd., S.76). Ein solcher Anspruch beruht auf einer ganzheitlichen Perspektive der Schul-Arbeit und der Lehrer-Persönlichkeiten, und auf der Prämisse der Erkenntnisfähigkeit und der Bereitschaft der Praktiker, wissen, reflektieren und verstehen zu wollen, wodurch sich Lehr- und Lernprozesse konstituieren und wie letztlich eine erfolgreiche Arbeit selbst zu sichern ist.

Dieser Ansatz, der von Koch-Priewe auf einen institutionellen Entwicklungsprozess[20] bezogen wurde, lässt sich in dieser Arbeit auch für Aspekte der Studiengangsevaluation nutzen. Oder klarer formuliert: durch das Lehrer-Forscher-Prinzip entsteht die Notwendigkeit, die Transaktion zwischen Theorie und Praxis selbst in den Blick zu nehmen, Indikatoren für Qualität zwar aus der Praxis, aber wissenschaftlich begründet abzuleiten, Ergebnisse im Kontext von Subjekten, Institution und Geschichte zu bewerten und auf Praxisrelevanz zu prüfen. Wesentliche Elemente dieses Transaktionsprozesses sind:

- Die Beschreibung des je individuellen Erfahrungswissens als Alltagstheorie („Theorie ersten Grades" nach Weniger), die Verknüpfung dieser

---

[20] Es geht um die Entwicklung des Oberstufen-Kollegs, die sie ausführlich in ihrer Arbeit darstellt.

Erfahrungen mit den impliziten Hypothesen über vermutete Ursachen für bestimmte Prozesse und Ereignisse, die Formulierung dieser Vermutungen in Form expliziter Hypothesen („Theorie zweiten Grades"), die Konfrontation dieser Hypothesen auf einer dritten Ebene mit einer adäquaten wissenschaftlichen Theorie und der Prüfung, was diese für das eigene pädagogische Handeln bedeutet („Theorie dritten Grades") (Koch-Priewe, B., 2000, S.59 f.);
- Die Entwicklung von Zielsetzungen für diese theoriegeleitete praktische pädagogische Arbeit und das Suchen nach adäquaten Methoden, um das Erreichen dieser Ziele überprüfen und den Weg dahin diskutieren, beschreiben, und kritisch reflektieren zu können;
- Die Rückmeldung der Ergebnisse dieses Prozesses, ihre Bewertung und die neue Gestaltung der Praxis, um dann den Reflexionsprozess wieder erneut zu beginnen.

Wesentlich ist an diesem Ansatz, dass der Schwerpunkt der Evaluation auf der Reflexion liegt, nicht auf der reinen Zurkenntnisnahme von Leistungsparametern oder anderen in einer Momentaufnahme gewonnenen evaluativen Ergebnisse. Wesentlich ist ebenfalls, dass alle Ergebnisse, sowie auch der Prozess ihrer Gewinnung, im Zusammenhang mit dem Kontext ihrer Entstehung theoretisch zu hinterfragen und mit den subjektiven Hypothesen über die Verursachung zu konfrontieren sind, um eben den Prozess des Zustandekommens von Ergebnissen fassbar zu machen.

Was bedeutet ein solches Vorgehen für die konkrete Evaluation? Erfahrungen im Zusammenhang mit der ersten Phase der Evaluation des Curriculums und einem handlungsforschungsorientierten Ansatz geben einen guten Einblick: Schneider hatte als Evaluatorin aus den berichteten Erfahrungen der Lehrenden zum Engagement der KollegiatInnen und der Lehrenden im Unterricht die ihrer Meinung nach impliziten Hypothesen[21] als vorsichtige Fragen zur Diskussion gestellt: „..... ob auftretende Arbeitsschwierigkeiten im Unterricht oder in der Planungsgruppe zwangsläufiges Resultat der objektiven Bedingungen waren, d. h. aus der Knappheit der Ressourcen oder aus einer Konzeptionslosigkeit und einer nicht vorhandenen Vergleichbarkeit dieses neu konzipierten Studiengangs resultierten, oder waren die auftretenden Probleme eher Ergebnis fehlender Fachqualifikation und fehlender Fähigkeiten zur interdisziplinären Verständigung?" (Schneider, A., 1998, S.49). Unter Anleitung der Evaluatorin mussten die hinter diesen Fragen wirkenden Zuschreibungen reflektiert, Aussagen von Lehrenden relativiert und verallgemeinert und einer neuen Prüfung unterzogen werden[22]. In der Konsequenz wurden z.B. Orientierungsprobleme theoretisch als „fehlende Fachidentifikation" bei Lehrenden und KollegiatInnen definiert und praktisch mit klareren Zuordnungen von Fachinhalten und Methoden zu „Herkunftsfächern" der Gesundheitswissenschaften kompensiert.

In dieser Arbeit wird der Prozess der Auswertung und Bewertung der curricularen Arbeit beschrieben, der sich an diese Untersuchungen von Schneider angeschlossen hat. Das Prinzip, einen Prüfprozess zu initiieren, der geeignet ist, eine Transaktion zwischen Theorie und Praxis einerseits zu bewirken, diese andererseits aber auch kritisch zu hinterfragen, ist damit in die Hände der Lehrenden selbst gegeben. Das Prinzip des Prüfprozesses wurde in diesem Abschnitt zur pädagogischen Begründung des Ansatzes der Selbsteva-

---

[21] Hier geht es u.a. auch um sehr gewichtige gegenseitige Personwahrnehmungen, die zu Zuschreibungen führen können, die eine Zusammenarbeit fast verhindern, wie die Unterstellung von Kooperationsunfähigkeit, mangelnder Selbstkritik bei schlechtem Unterricht, von Vorurteilen gegenüber KollegiatInnen u. ä..

[22] „Mangelndes Interesse" oder „fehlende Arbeitshaltung" wurde KollegiatInnen unterstellt, was sich später als Unzufriedenheit oder Frustration aufgrund der durch spezifische Voreinstellungen zum Studiengang inadäquaten Ausgangsmotivation herausstellte; „zu geringer Einsatz" und „schlechter Unterricht" wurde Lehrenden unterstellt, die verunsichert waren durch unklare Ziele und heterogene Ansprüche der Planungsgruppe.

luation ausgeführt, es wird im folgenden in ein Evaluationsmodell eingebunden (Kapitel 2, Abschnitt 2.2.3 und 2.3) und als ein Ziel des Evaluationsprozesses selbst einer Überprüfung unterzogen (Kapitel 3, Abschnitt 3.4).

2.2.3 Evaluationsmodelle und Selbstevaluation

Einen Prüfprozess der Transaktion zwischen Theorie und Praxis zu initiieren und darzustellen verpflichtet einerseits, die klassischen Vorgaben der Evaluationsmethodik für den Schul- und Hochschulbereich (Wulf, C., 1972, Wottawa, H., 1998) und die aktuell diskutierten Vorschläge zur Selbstevaluation zu berücksichtigen (Buhren, C. G. u.a., 1998; MSWWF 1999; Haenisch, H., u.a. 1999; Berendt, B., u.a., 1993; Hochschulrektorenkonferenz 5/1998). Andererseits müssen die neueren Ansätze, die ähnlich dem oben dargestellten Lehrer-Forscher-Prinzip die Untersuchung und Bewertung des eigenen Unterrichts propagieren, mit diskutiert werden (Altrichter, H., u.a., 1989; Elliott, J., 1991; Kroath, F., 1991; Altrichter, H., 1990, 1998). Für die Entwicklung und Begründung des eigenen Evaluationsansatzes ist es somit angebracht, eine für diesen Zweck genauere Begriffsbestimmung und Strategie von Evaluation vorzunehmen.

Die Aufgabe der Qualitätssicherung des Studiengangs Gesundheitswissenschaften betrifft die entwicklungsorientierte Evaluation (Prell, S., 1991, S.870). Die systematische Sammlung von Daten zum Curriculum und von Aussagen von Lehrenden und Lernenden dient in diesem Rahmen dazu, Indikatoren für die Feststellung zu gewinnen, ob und wie Ziele erreicht werden konnten. Ihre Interpretation führt dann zur Bewertung des Prozesses, der Lehr- und Lernbedingungen sowie der Ergebnisse, und soll schließlich die pädagogische Praxis optimieren.

Dieser Akt eher formativer Evaluation ist nach Scriven (1972, S.62) am ehesten geeignet, der Verbesserung eines Curriculums zu dienen. Dabei wird formative Evaluation nicht gleichgesetzt mit Prozessforschung, denn „sie ist natürlich nur eine Ergebnisevaluation in einem Zwischenstadium der Curriculumentwicklung" zur Entdeckung „der Schwächen und Stärken in der vorläufigen Fassung eines neuen Curriculums" (ebd., S.71). Stufflebeam (1972, S.133) weist darauf hin, dass bei allen Schritten zur Überprüfung eines Programms letztlich Entscheidungen aufgrund von Daten, Interpretationen und Bewertungen getroffen werden müssen, sei es über die Ausgangsbedingungen und Ziele, über die Bedingungen der Implementation oder die Produkte und die Kosten des Programms. Er schlägt in seinem Evaluationsmodell deshalb vor, auch der Strategie der Prozessevaluation[23] die ihr zukommende Entscheidungsrelevanz zuzubilligen: „Ihre Aufgabe besteht darin, den Mitarbeitern des Projekts dabei zu helfen, ihre alltäglichen Entscheidungen ein wenig rationaler zu fällen, um so die Qualität der Programme zu verbessern" (ebd., S.135). Während sich also der Begriff „formative Evaluation" allgemein und umfassender auf verschiedenste Curriculumbausteine, Zielbestimmungen, Praxisbedingungen oder Arbeitsphasen und -prozesse richtet, deren Stärken und Schwächen herauszufiltern wären, kann die „Prozessevaluation" einen spezifischen Abschnitt oder ein spezifisches Stadium genauer analysieren, um Erkenntnisse über Ursachen für Stärken oder Schwächen zu gewinnen[24]. Beide Vorstellungen von Evaluation sind sinnvoll bei Fremdevaluation, ebenso wie die Strategie der Produktevaluation, durch die die curricularen Ergebnisse (von Lehrenden und Lernenden) u.a. mit den Zielvorstellungen des Curriculums verglichen werden. Ziel solcher Evaluations-

---

[23] Die anderen Strategien nennt er Kontext-, Input- und Produktevaluation (ebd., S.133).

[24] Kenntnisse über Ursachen zu gewinnen ist im sozialwissenschaftlichen Forschungsprozess normalerweise ein hypothesen-testender Vorgang. Stufflebeam kritisiert am Anfang seines Aufsatzes allerdings zu Recht, dass experimentelle Versuchspläne im unterrichtlichen Kontext äußerst problematisch sind (ebd., S.121/122). Er betont auch im Zusammenhang mit der Prozessevaluation, dass solche Pläne obsolet sind. Er macht aber keinen Vorschlag, wie mögliche Ursachen für Erfolge oder Misserfolge zu identifizieren sind, außer dass er angibt, dass z.B. die interpersonellen Beziehungen zwischen den Mitarbeitern, die Kommunikationsstrukturen oder die Ressourcen als ursächliche Bedingungen in Betracht gezogen werden müssen.

vorhaben ist hauptsächlich die möglichst methodisch exakte Gewinnung von Daten zur Lieferung brauchbarer Informationen für staatliche Entscheidungen über die Güte von Lern-Programmen oder Schulstrukturen. Praktikern Erkenntnisse für die „rationalere Entscheidung" pädagogischen Handelns zu liefern, wie Stufflebeam vorschlug, kam eher als marginales Abfallprodukt großer Studien vor.

Diesen Ansätzen ermangelt es deshalb an Vorgaben für diejenigen, die mehr an einer konkreten Verbesserung ihrer Praxis interessiert sind. Stake machte den Versuch, eine Struktur in die Vielzahl möglicher Evaluationsvorhaben in der Schulpraxis zu bringen, um nicht nur externen und gut bezahlten EvaluatorInnen, sondern auch praktisch tätigen PädagogInnen eine Handreichung für eigene Erfolgs- oder Misserfolgsüberprüfungen an die Hand zu geben (Stake, R.E., 1972, S.98/99)[25]. Sie sollten Daten in drei Bereichen sammeln: bezüglich der Voraussetzungen, der Prozesse und der Ergebnisse. Zwei Aufgaben sind dabei klar zu unterscheiden: zunächst müssen die Daten beschrieben werden, dann erst können sie gemäß der Zielsetzungen oder Normen beurteilt werden. Dieser normale Vorgang am Ende empirischer Forschung, die Darstellung der Ergebnisse und ihrer Interpretation bzw. Bewertung, hat aber einen selbstverständlichen Vorlauf. Nicht nur, dass der Begründungszusammenhang für die Datensammlung dargestellt werden muss („rationale Begründung"), auch die Absichten oder Intentionen, die Grundlage der Realitätsbeobachtung sind, sollen mit erhoben werden. Die Beobachtungen selbst sind dann als Ergebnisse darzustellen und in Bezug zu setzen zu den Normen oder Zielen, so dass jetzt beurteilt werden kann, wie gut diese erreicht werden konnten. Stake stellt seine Handreichung für eine Datenmatrix als „Eine Matrix für Daten, die vom Evaluator eines Bildungsprogramms gesammelt werden sollen" dar (ebd., S.99) (Abbildung 1):

---

[25] Derartige pragmatische Vorschläge findet man heute zahlreich, z.B. Buhren u.a., 1998, Haenisch u.a., 1999, Schratz u.a., 2000.

Abbildung 1: Datenmatrix

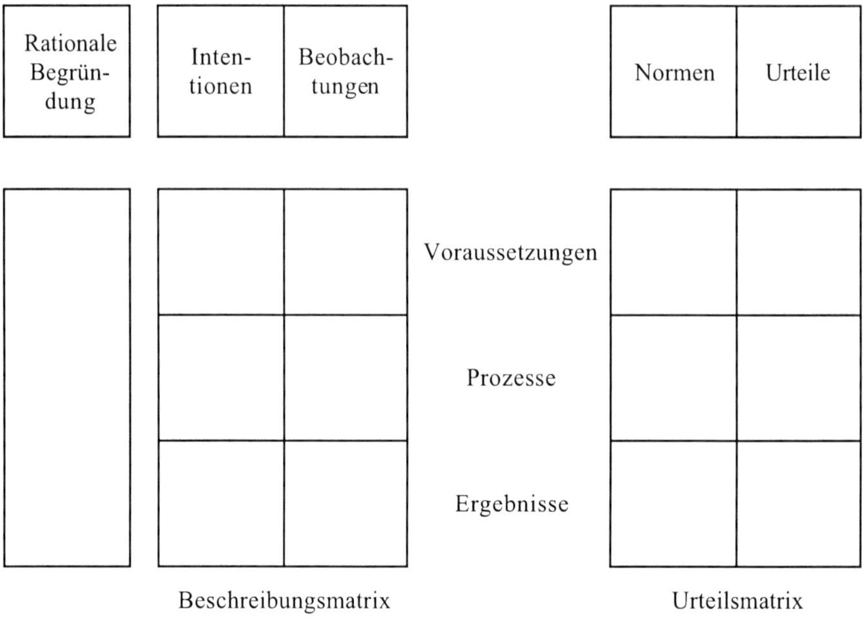

	Intentionen	Beobachtungen		Normen	Urteile
Rationale Begründung					

		Voraussetzungen	
		Prozesse	
		Ergebnisse	

Beschreibungsmatrix   Urteilsmatrix

Vorgabe ist bei dieser Struktur, dass bei der Verarbeitung der Daten die jeweils intendierten Voraussetzungen, Prozesse und Ergebnisse mit den jeweils beobachteten Voraussetzungen, Prozessen und Ergebnissen verglichen und auf ihre Kongruenz geprüft werden, so dass der logischen oder theoretischen Kontingenz die empirische gegenüber gestellt werden kann (ebd., S.105). Prell empfiehlt dieses Vorgehen vor allem für die Selbstevaluation, da über eine solche „didaktische Zielmatrix" Rückmeldungen über Lehr- und Lernprozesse sinnvoll zu verarbeiten sind (Prell, S., 1991, S.876). Anzumerken ist, dass das Feld der „rationalen Begründung" - der Begründungszusammenhang - in diesem Modell relativ unberücksichtigt bleibt, obwohl er eine wichtige Rolle als Voraussetzung evaluativen Handelns spielt: „Ohne die rationale Begründung (rationale) des Programms darzulegen, ist eine E-

Selbstevaluation im Prozess hoch- / schulpädagogisch-didaktischer Reflexion

valuation nicht vollständig" (Stake, R. E., 1972, S.103). Erst auf diesem Hintergrund sind Intentionen für unterrichtliche Praxis zu verstehen, die Normen und Wertsetzungen impliziert. Unberücksichtigt bleibt das Feld dann, wenn die Begründungen für pädagogisches Handeln von den Handelnden selbst nicht oder nur rudimentär zu erhalten sind, was nach Stake üblich ist (ebd.). Eine Metaebene der Diskussion über Hypothesen für mögliche Diskrepanzen zwischen Intentionen und Beobachtungen bei Voraussetzungen, Prozessen und Ergebnissen und deren theoretischer Begründung sowie nachgehender praktischer Überprüfung mit anschließender erneuter Reflexion ist nicht vorgesehen. Rückmeldeschleifen für die Professionalisierung der Praktiker und ihrer Praxis werden nicht angedacht.

Auch in den aktuellen Auseinandersetzungen um Selbstevaluation und Qualitätssicherung für den Schulbereich bleibt der Begründungszusammenhang für Curricula, ihre Umsetzung und ihre Erfolge und Misserfolge und damit die Selbstreflexion auf einer anderen als der Ebene der unmittelbaren Erfahrung zumeist unberücksichtigt (Buhren u.a., 1998, S.24).

Handreichungen betonen im Unterschied zur wissenschaftstheoretischen Diskussion der 70er Jahre, es sei ein „reflektierter Pragmatismus statt Orientierung an einem wissenschaftlichen Anspruch" nötig (MSWWF 12/1999, S.48). Diese Empfehlung wird u.a. darauf bezogen, dass Praktikern einsichtig sein müsse, dass für selbstevaluative Prozesse die Datensammlung nicht mit empirischer Forschung zu verwechseln sei, gerade weil sie diesem Anspruch auch nicht genügen müsse. Dadurch entsteht aber die Gefahr einer Verharmlosung derartiger Datensammlungen, was Koch-Priewe als „falschen Empirismus" kritisiert (2000, S.75). Wenn z.B. scheinbar objektive, isolierte Fakten herausgehoben werden, könnte das Zahlenmaterial als „statistische Wahrheit" ohne Bezug zu Zusammenhängen des personalen und sozial-materiellen Umfeldes verabsolutiert werden. Auch könnten die subjektiven Interpretationen der Daten der unmittelbaren Erfahrung verhaftet bleiben und keinen Erkenntnisfortschritt gewähren, der zum Handeln moti-

vieren würde. Das heißt, es gäbe keine bewusst hergestellte Verbindung zwischen erlebter pädagogischer Praxis und unterschiedlichen subjektiven Theorien über die Ursachen von Ereignissen, die diesen Daten möglicherweise zugrunde liegen könnten. Denn solche Daten lassen real erlebte Ereignisse nicht mehr erkennen. Und ohne Kommunikation dieser Vorstellungen gäbe es folglich keine Reflexionsmöglichkeit auf einer Metaebene, auf der die jeweilige subjektive Annahme theoretisch gespiegelt werden könnte, so dass ein begründetes quasi „hypothesen-testendes" Herantasten an konsensuelle Erklärungen und Deutungen nicht möglich wäre. Aber erst durch diese Voraussetzung scheint Selbstevaluation die erwünschte Funktion eines Prüfprozesses der Transaktion zwischen Theorie und Praxis gewinnen zu können.
Ähnlich wie Koch-Priewe formulieren Altrichter u.a. einen vergleichbaren Anspruch auf forschende und reflexive Verarbeitung der Probleme des eigenen Unterrichts (Altrichter, H., u.a., 1989, Altrichter, H., 1990, Kroath 1991). Durch Aufgreifen des in England in den 70er Jahren eingeführten action-research-Ansatzes in der Unterrichtsforschung (Stenhouse, L., 1975; Elliott, J., 1991) favorisieren sie ein Konzept von Lehrerforschung mit dem Ziel, Lehrer selbst zu Innovationen zu motivieren und zwar durch „eine *theoretische Analyse des Lehrerhandelns* ..., die geeignet ist, Initiativen zur Professionalisierung zu stützen" (Altrichter, H., Wilhelmer, H., Sorger, H., Morocutti, I., 1989, S.5, kursiv im Text). Projektergebnisse aus England bestätigen den Effekt der Lehrerforschung für die professionelle Entwicklung, denn die Projektteilnehmer waren nicht nur in der Lage gewesen, konkrete Veränderungen ihres Unterrichts vorzunehmen, sondern hatten auch an Selbstbewusstsein gewonnen, an Zutrauen zu ihren Fähigkeiten und an neuen Einsichten zur Relevanz theoretischer Erkenntnisse für die Praxis (Altrichter,

H., 1990)[26]. Diese Lehrerforschung kann in Prozessen der Selbst-Evaluation zur Qualitätssicherung von Schulentwicklung und Unterricht dann eingesetzt werden, wenn nach Ist-Analyse, Zielbestimmung und Prioritätensetzung ein Problem geklärt werden soll, denn erst die Definition des Problems führt zu einer angemessenen Hypothesenformulierung und danach zu Untersuchungen, zur Erarbeitung von Erklärungsansätzen und Lösungsvorschlägen, deren Umsetzungsversuche wiederum daraufhin überprüft werden, ob sie die gewünschten Ziele erreichen helfen oder ob „Umorientierungen notwendig sind" (Altrichter, H., Posch, P,1997, S.84/85). Lehrerforschung hat genau da ihren Stellenwert, wo Strategien benötigt werden, um die eigene Arbeit zu untersuchen und weiterzuentwickeln, und wo die für die Profession akzeptierten Qualitätsstandards den Maßstab bilden. Eine eindeutige Theorie-Praxis-Interdependenz mit Hilfe der Erfahrungsreflexion und ihrer theoretischen Deutung findet dann statt, wenn die Beteiligten selbst diese Beziehung herstellen (Wilhelmer, H., 1989, S.29).

Bemerkenswert sind die Versuche, ähnlich wie im Schulbereich auch für den Hochschulbereich die Selbstevaluation nach dem Modell der o.g. Lehrerforschung zur Verbesserung der Qualität der Lehre zu propagieren (Schratz, M., 1992, S.227). Diese Vorgehensweise von interessierten Lehrenden, mit Hilfe von Fragebögen von den Studierenden Rückmeldungen zur Verbesserung ihrer Praxis zu erreichen, setzt aber eine hochschuldidaktische Infrastruktur voraus, durch die diese Art eines „Forschenden Lernens" ermöglicht werden könnte. Und erst eine infrastrukturelle Verankerung solcher Konzepte zur professionellen Selbstevaluation auf den verschiedenen Ebenen der universitären Organisation (Gremien, Fachbereiche, Arbeitsgruppen) könnte das leisten, was als Ziel von Evaluation erreicht werden soll: die permanente Studienreform (ebd., S.253).

---

[26] Obwohl die klassische Kritik an dieser Handlungsforschung ebenfalls deutlich wurde: Ergebnisse lassen sich nicht verallgemeinern (ebd., S.23).

In Modellen der Qualitätssicherung im Hochschulbereich ist dieser Ansatz der Selbstevaluation relativ selten. Zumeist werden größere Dimensionen des Vergleichs von Stärken und Schwächen im Wettbewerb der Hochschulen um Studierende und Plätze auf Rankinglisten durch Kennzahlen-Systeme oder Absolventenstudien angezielt (Teichler, U., 1992, S.91). „Bei Betrachtung der internationalen Entwicklung ist festzustellen, dass sich Qualitätssicherung für die Lehre zunehmend an deren Ergebnissen orientiert (ex-post-Steuerung). Hier greift die Evaluation der Lehre als Instrument der Bestandsaufnahme, Bewertung und Verbesserung" (Landfried, K., 9/2000, S.9).). Aber: Auch die Erhebung von Vergleichsparametern in größerem Maßstab muss in ein Qualitätsmanagement der Hochschulen eingebunden sein. Denn in neueren Diskussionen um ihre Qualitätssicherung werden diese Maßzahlen allein nicht als ausreichend zur Bewertung betrachtet, weil weder Betroffene noch Experten erkennen können, wo die Ursachen oder Bedingungsfaktoren für Ergebnisse liegen könnten und wie sich die Mängel in Erfolge ummünzen lassen könnten. Qualitätsmanagement und Organisationsentwicklung sind deshalb die Stichworte, die hier den Ausschlag geben.

Als einheitliches Vorgehen für alle Hochschulen soll nach Vorschlag der Hochschulrektorenkonferenz Evaluation zwar hochschulübergreifend, aber fachbezogen erfolgen, sie soll interne und externe Komponenten enthalten, sie soll den Fachbereichen die Verantwortung zur Umsetzung der Ergebnisse zumessen, die durch die Hochschulleitungen Hilfe erhalten können, wenn sie Zielvereinbarungen für Organisationsentwicklung mit ihnen treffen. Und sie sieht die Beteiligung der Studierenden in diesem Verfahren als besonders wichtig an (ebd., S.10).

Unter den verschiedenen bisher erprobten Evaluationsverfahren gelten aktuell diejenigen als innovativ, die sich an Qualitätsmanagement-Vorstellungen im Wirtschaftsbereich orientieren. Konkrete Konzepte zur Durchführung dieser Verfahren werden und wurden an verschiedenen Hochschulen erprobt

(Liebig, V., 2000; Meinhold, M., 2000; Stawicki, M., 1998). In diesen Konzepten wird eine Struktur zur Organisation des Prozesses interner und externer Evaluation vorgeschlagen. Ausgangspunkt dieses Prozesses ist immer die Autonomie der Entscheidungen über Zielsetzungen und Wege und die Festlegung einer „corporate identity". Für die Hochschulen wird dafür ein Leitbild vorgeschlagen: „Ohne ein Leitbild der Hochschule bzw. des Fachbereichs ist eine sinnstiftende Ausrichtung der Aktivitäten nicht vorstellbar" (Liebig, V., 2000, S.17). Die neue Rolle, die den Studierenden in diesem Prozess der Qualitätssicherung der Lehre durch Selbstevaluation zugemessen wird, ist die Rolle der „Kunden". Der Begriff irritiert und bildet die Wirklichkeit nicht ab, er kann aber „als 'strategischer Begriff' dann einen 'pragmatischen Nutzwert'" (Meinhold, M., 9/2000, S.78/79) haben, wenn man Studierende auch als „Kunden" betrachtet, da diese andere Erwartungen an die Lehrleistung haben können als z.T. vermutet wird.

Es kommt nicht von ungefähr, dass solche Konzepte eindeutig Bezug nehmen auf die Vorstellung, die Qualitätssicherung im Bildungsbereich müsste ähnlich wie in der Wirtschaft funktionieren können, haben sich doch die Ideen des Qualitätsmanagements, die dort entstanden sind, in ihrer Funktionalität längst bewiesen. Sie greifen nun in den Bildungsbereich über, weil dieser sich träge zeigt und Entwicklungen schwerfälliger zu initiieren sind; und die Wirtschaft präsentiert, wie effektiv Erkenntnisse der Organisationssoziologie und -psychologie für Organisationsentwicklung eingesetzt werden können (Klare u.a., 1997).

Hierin liegt u.a. die Attraktivität dieser Konzepte, sie sind machbar und effektiv. Sie verknüpfen interne und externe Evaluation für das Ziel der Qualitätssicherung, und sie kommen dem Bildungsmanagement entgegen, das auf Selbststeuerung, Leistungskontrolle und Transparenz setzt.

Mit diesen Konzepten verbinden sich noch weitere Aspekte, die für ein systematisches Vorgehen der Selbstevaluation von Bedeutung sind, und die ü-

ber die pädagogischen Ansätze, wie sie oben dargestellt wurden, hinausgehen bzw. diese integrieren:
- Evaluationsmaßnahmen sind Teil eines Organisationsentwicklungskonzeptes, das Hochschulen und Schulen auch als Dienstleistungseinrichtungen und „lernende Organisation" versteht,
- Entscheidungen für Qualitätsentwicklungsprozesse müssen ebenso überprüft werden wie die Prozesse selbst,
- Evaluationsmaßnahmen können auf kleinere oder größere Organisationseinheiten, Prozesse oder Produkte gerichtet sein,
- Ergebnisse der Evaluation werden in einem rückbezüglichen Diskurs von den Betroffenen für neue Maßnahmen genutzt.

Im Vergleich zu den o.g. pädagogischen Ansätzen werden die Parallelen und Unterschiede deutlich: die formative Evaluation ist wesentliches Element auch des qualitätssichernden Evaluationsprozesses, die didaktische Zielmatrix kann eine Strukturierungshilfe sein, sofern die Rückmeldungen für die Veränderung der Praxis und die erneute Bewertung genutzt werden. Hier ist auch das Konzept der Lehrerforschung nützlich, das aufzeigt, wie Problemen genauer nachgegangen werden kann. Die Kombination von Selbst- und Fremdevaluation und die „Kundenorientierung" kommen zur Systematik des Qualitätsmanagements hinzu, gebräuchliche empirische Methoden der Datengewinnung sind akzeptiert.

Es ist aber zu bedenken, dass Bildungs- und Produktionsprozesse nicht ohne weiteres vergleichbar sind.

Das folgende Modell der Qualitätssicherung soll unter diesem Aspekt erörtert werden, denn danach soll die Evaluationsstrategie und der Prüfprozess der Transaktion zwischen Theorie und Praxis entworfen werden.

2.3 Das EFQM-Modell und der Prozess der Selbstevaluation

Um ein Verständnis von dem zu gewinnen, was sich Experten unter Qualitätsmanagement vorstellen, ist es sinnvoll, sich authentische Definitionen anzusehen, allerdings ohne tiefer in die wirtschaftswissenschaftliche Diskussion einzutreten. Es geht im Zusammenhang dieser Arbeit nicht um eine Auseinandersetzung um das bestmögliche Modell für wirtschaftlichen Erfolg – Business Excellence – oder die Übertragung ökonomischer Denkweisen auf Bildungsprozesse (Rieger, G., 2000). Es geht umgekehrt um die Frage, ob sich die spezifischen Interessen von Lehrenden an Evaluation in einem institutionalisierten Reformprozess nicht in Sichtweisen des Qualitätsmanagements wiederfinden lassen. Diese könnten den Vorteil bieten, die eigene Arbeit nicht als isoliertes Teilprodukt zu betrachten, sondern eine systemische Sicht auf Entscheidungen, Prozesse und Ergebnisse zu entwickeln, und damit auch den Reflexionsprozess der Praxis wissenschaftlich und systematisch zu begleiten.

Unter den vielen Modellen, die im Rahmen von Total Quality Management verfügbar sind, ist das Modell der European Foundation for Quality Management (EFQM-Modell) eines, das auf europäischer Ebene entwickelt wurde[27]. Es ordnet eine Vielzahl von Qualitätsindikatoren durch neun Kriterien, die auch die aus der pädagogischen Diskussion bekannten Merkmale des Evaluationsprozesses, „Voraussetzungen, Prozesse und Ergebnisse", implizieren. Zusätzlich enthält dieses Modell den für die Professionalisierungsabsichten der Akteure wichtigen Schritt der Verwertung des Wissensgewinns aus dem Evaluationsprozess. Es könnte so die Möglichkeit zu einer systematischen Prüfung des Transaktionsprozesses, der zwischen Theorie und Praxis erfolgen soll, bieten.

---

[27] 14 europäische Firmen, u.a. auch die Robert Bosch GmbH und die Volkswagen-AG, gründeten die EFQM, um als Alternative zu amerikanischen Modellen „zur Erreichung einer Business Excellence ein Instrument zu schaffen, mit dem man Businessqualität messen und bewerten und sich bei der Anwendung des Instruments gegenseitig helfen kann. Seit es den europäischen Qualitätspreis (1992) gibt, kann man sich um ihn bewerben oder, da es jedes Jahr nur wenige Preisträger gibt, zumindest für sich mit externer Hilfe eine Bewerbung simulieren" (Selbmann, H.-K., 1999, S.5)

2.3.1 Das EFQM-Modell als Evaluationsstrategie

Modelle des Total Quality Managements (TQM) werden in Wirtschaftsbetrieben seit langem als Grundlage für Effizienzsteigerung benutzt, und der oben aufgezeigten bildungspolitischen Diskussion entsprechend finden sie jetzt auch Eingang in die hochschulische Diskussion um die Qualität der Lehre, in der sich insbesondere die Hochschulrektorenkonferenz engagiert (5/1998).

Was meint TQM für den Bildungsbereich? Kann es eine Umsetzung von Erfahrungen geben, die in der Wirtschaft gemacht wurden, oder muss sich der Bildungsbereich als non-profit-Bereich, der einerseits unter staatlicher Aufsicht steht und andererseits der Freiheit von Forschung und Lehre verpflichtet ist, diesen Einflüssen grundsätzlich entziehen?

Nützlich ist es, sich vor einer Beantwortung dieser Fragen zunächst einen Einblick in die Begriffe, Prozesse und Erfahrungen zu verschaffen, die mit TQM verbunden sind.[28] Dabei fällt als erstes auf, dass sich die Strategien der Qualitätssicherung unter diesem „label" in einer ständigen Entwicklung befinden. Wie beschrieben wird (Rühl, J., 1998), rückt die Industrie ab von der klassischen Endkontrolle der Produkte, gibt sich auch nicht mehr mit durchschnittlichen Fehlerraten zufrieden, sondern verfolgt die Strategie, die Prozesse der Produktion zu verbessern und das Erreichte zum Ausgangspunkt für weitere Verbesserung zu nutzen. Qualität wird, wie oben dargestellt (vgl. Kapitel 2, Abschnitt 2.1.3), verstanden als „Gesamtheit von Merkmalen (und Merkmalswerten) einer Einheit bezüglich ihrer Eignung, festgelegte und vorausgesetzte Erfordernisse zu erfüllen" (Rühl, J. 1998, S.22), was auch

---

[28] Die Darstellungen in den Beiträgen zur Hochschulpolitik 5/98 der Hochschulrektorenkonferenz liefern für unsere Zwecke eine Einführung in das Denken mit den Grundlagen des TQM und mit den Deutschen Industrienormen DIN ISO 9000 ff.. Ergänzend dazu bieten die Ansätze des TQM im sozialen Dienstleistungsbereich einen guten Einblick in die praktischen Versuche des Umgangs mit diesen Normen (vgl. Klare, A. u.a., 1997, S.78 f.)

bedeutet, dass „Qualität ...die Erfüllung der gemeinsam (Kunde – Lieferant) vereinbarten Anforderungen – einschließlich der Erwartungen und Wünsche" ist (ebd.).

Nun sollte man bei dem Versuch, dieses Denken auf den Bildungsbereich anzuwenden, nicht Studierende oder KollegiatInnen als „Produkte" eines Produktionsprozesses betrachten[29], sondern primär die Leistungen der Lehrenden. Die Lehrenden sind es, die als die Produzenten von geeigneten Lehreinheiten und als Kommunikationspartner die Anforderungen, Erwartungen und Wünsche der „Kunden" erfüllen sollen. „Kunden" können die Studierenden sein, es können aber auch die Abnehmer der Hochschulen in Wirtschaft und Verwaltung sein, die ihre Interessen deutlich artikulieren, es kann auch „die Gesellschaft" oder „der Staat" sein, die spezielle Anforderungen stellen.

Der Begriff von Qualität, definiert auch als 100%ige Kundenzufriedenheit, macht die Komplexität der Anforderungen deutlich, die an die Lehrenden gestellt werden (vgl. Klare, A., 1997, S.81). Studierende als „Kunden" von hochschulischen Dienstleistungen mit ihren speziellen Erwartungen und Wünschen zu begreifen, wäre nun einerseits ein Fortschritt, würde doch der Gedanke, wer primärer Abnehmer der Dienstleistung ist, in den Blick genommen. Diese Vorstellung würde aber außer Acht lassen, dass Studierende sich selbst im Lernprozess als Abnehmer von Dienstleistungen „produzieren" und aktiven Anteil haben an der Herstellung des dann als Lehrprodukt internalisierten Lernergebnisses. Nur die Studierenden als Kunden zu sehen würde auch die Konstitution von Lehre durch Forschung, also den gesellschaftlichen Auftrag der Hochschulen zur Forschungs- und Wissensproduktion und zur Vermittlung gesellschaftlich notwendig und anwendbarer Kenntnisse nicht berücksichtigen. Im Begriff „Kunde" müssen folglich für

---

[29] Obwohl auch diese Sicht in den Diskussionen der Hochschulrektorenkonferenz einen gewissen Stellenwert hatte.

den Ausbildungsbereich immer die folgenden Abnehmergruppen mit gedacht werden: die Studierenden und diejenigen Institutionen, die die Auszubildenden im Anschluss übernehmen sollen, weitere Ausbildungsinstitutionen, Wirtschaft und Verwaltung, Staat und Gesellschaft.

Alle Tätigkeiten in einer Organisation oder einem Unternehmen, die durch Planung, Sicherung und Verbesserung der Qualität dem Ziel der Qualitätspolitik und der Festlegung von Verantwortlichkeit dienen, werden mit dem Begriff „Qualitätsmanagement" bezeichnet (Klare, A. 1997, S.23). Das „Qualitätsmanagementsystem" (QMS) ist die Darstellung der „Organisationsstruktur, der Verantwortlichkeiten, Verfahren, Prozesse und erforderlichen Mittel zur Verwirklichung des Qualitätsmanagements" (QM) (ebd.). Total Quality Management bezeichnet nun das Erreichen eines Standards, der durch internationale Normen (ISO 9000[30]) gekennzeichnet ist und durch Forderungen an das QMS definiert ist, die aber selbst nur dazu dienen, dass Unternehmen diese Normen für sich selbst – maßgeschneidert – anwenden und das Qualitätsniveau der Produkte und Dienstleistungen selbst definieren (ebd., S.26). Die Normenreihe ISO 9000 dient durch genaue Vorschriften, wie die Maßnahmen zum Prozess und Ablauf der Produktion und zur Vermarktung und Verbesserung der Qualität darzustellen sind, vor allem der Transparenz der Dokumentation dieser Arbeiten. Diese Vorschriften bestehen aus einem QM-Handbuch, das die Ziele definiert, einer Verfahrensanweisung zur Angabe, wie die Ziele zu erreichen sind, und einer Arbeits- und Prüfanweisung zur Umsetzung der Ziele (ebd. S.29).

Im Bildungsbereich könnte auch eine Norm gelten (ISO 9004-2:1992-06), die bisher für Dienstleistungen entwickelt wurde (so Fuhr, H., 1998, S.52). Nach dem Leitfaden dieser Norm vorzugehen hieße, in der Hochschule oder

---

[30] ISO = International Organization for Standardization, DIN = Deutsches Institut für Normung, EN = europäische Norm, 9000 = Ordnungsnummer des Normenwerks der Reihe ISO 9000

einem Fachbereich die Verantwortlichen zu benennen, die die Qualitätspolitik festlegen und die Ziele setzen, die ein QM-System entwickeln und Sorge für seine Umsetzung tragen sollen. Jeder Schritt wird so für die Hochschule exemplarisch entsprechend dem Leitfaden dieser Norm dargestellt und geht in eine ausführliche Dokumentation ein. Der Autor kann zeigen, dass eine gewisse Plausibilität in der Anwendung auf die Hochschule erkennbar ist: „Hauptzweck der Produktion ist im übertragenen Sinne die Wissensvermittlung, das heißt das Unterrichten, die Vorlesung und die Tätigkeit im Labor. Das setzt die Qualität der Prozesse voraus, das heißt in dem vorliegenden Fall, die Qualität des Ablaufs in Bildungseinrichtungen, das heißt die Prozesslenkung beim gesamten Ablauf der Wissensvermittlung" (ebd., S.56). Oder er stellt dar, dass unter dem Begriff der Rückverfolgbarkeit von Leistungen verstanden werden sollte, welche Qualifikationen Studierende wodurch erreicht haben und wie sie diese ausweisen könnten[31], z.B. durch (Haus-) Arbeiten oder Klausuren (ebd.). Mit der Hervorhebung des Entwicklungspotentials des Personals, das nur durch Schulungen weiter in der Lage sein wird, die erforderliche Qualität in der Lehre zu produzieren, spannt er den Bogen zur notwendigen hochschuldidaktischen Weiterbildung, die für die „individuelle Handlungsebene" (Berendt, B., 1993, S.256) unverzichtbar wird.

Wenn aus bildungspolitischen und institutionellen Gründen zu diesen Teilen eines Systems der Qualitätssicherung im Bildungsbereich der Ansatz der Selbstbewertung hinzukommt, wird das Modell der European Foundation for Quality Management[32] empfohlen (Abbildung 1): „Für die Beurteilung zum

---

[31] Vgl. hierzu den Portfolio-Ansatz, der für den Bildungsbereich diskutiert wird (z.B. Winter, F., 2000a, 2000b)

[32] Die European Foundation for Quality Management (EFQM) will mit ihrem EFQM-Excellence-Modell die Entwicklung und Umsetzung eines umfassenden Qualitätsmanagements (TQM = Total Quality Management) im europäischen Wirtschaftsraum fördern. Das Modell ist ein Bewertungsmodell. Bewertet wird der Grad der Excellence eines Be-

Beispiel eines Self-Assessment dient das europäische TQM-Modell. Es geht von zwei zu beurteilenden Gruppen aus. Zum einen werden die Voraussetzungen bzw. die Einflüsse, die in einem Unternehmen gegeben sind, betrachtet, und zum anderen die Auswirkungen auf die Ergebnisse. Insgesamt werden jeweils Punkte für die Beurteilung zur Hälfte für die eine, zur Hälfte für die andere Gruppe gegeben" (ebd., S.61).

Wegen der Komplexität der Qualitätsüberprüfung[33] kann dieses Modell nicht mehr als „linearer" oder „hierarchischer" Ablauf beschrieben werden, sondern es wird als Flussdiagramm aufgezeichnet, so dass die miteinander vernetzten Kriterien, die sich gegenseitig beeinflussen,

---

reichs oder einer gesamten Organisation. Er hängt maßgeblich davon ab, inwieweit Ergebnisse und Verfahren von den beteiligten Interessengruppen als Produkt eines gemeinsamen zufriedenstellenden Interessenausgleichs betrachtet werden. Bewertungsfelder sind einerseits die Voraussetzungen von Leistung: die Führungsebene mit ihrer Politik und Strategie, der Einsatz von Ressourcen, die Pflege von Partnerschaften und Kooperationen, sowie die Mitarbeiterorientierung und die Prozessorganisation. Andererseits werden die Leistungs-Ergebnisse selbst als ein Bewertungsfeld betrachtet, aber zusätzlich nach den Bewertungsfeldern Kunden- und Mitarbeiterzufriedenheit und gesellschaftlicher Verantwortung beurteilt. Innovationen und Lernen sind die Ergebnisse des Bewertungsprozesses. Die Selbstbewertung steht dabei im Mittelpunkt, aber auch externe Bewertungen durch die EFQM sind möglich. Die Selbstbewertung soll dem Prinzip des kontinuierlichen Verbesserungsprozesses dienen. Dafür wird eine bestimmte Vorgehensweise empfohlen (RADAR-Logik): zunächst müssen die gewünschten Ergebnisse bestimmt werden (Results), dann wird das Vorgehen geplant (Approach), danach erfolgt die Umsetzung (Deployment), und danach werden Vorgehen und Umsetzung bewertet und überprüft (Assessment und Review). Dieses Verfahren wird auf jedes Bewertungsfeld angewendet. Die EFQM bietet zur Beurteilung des Grades von Excellence eine prozentuale Einstufung der Bewertungsfelder an, die jeweils einen bestimmten Anteil von Excellence ergeben. Sie schult EFQM-AssessorInnen der Organisationen, die eine Selbstbewertung mit dem EFQM-Excellence-Modell durchführen wollen.

33 Fuhr bemerkt dazu: „Wenn das Managementsystem nach ISO 9000 noch in einer oder in zwei Ebenen darstellbar ist, so ist das nach dem vernetzten Managementsystem, dem europäischen TQM-Modell nicht mehr möglich. Das Modell zeigt auf, wie die einzelnen Kriterien miteinander vernetzt sind und wie sie sich gegenseitig beeinflussen und auch die Erfolge darstellen" (ebd., S.61).

kenntlich werden. Dieses Modell der European Foundation for Quality Management (EFQM), wird als ständig weiter zu entwickelndes und jeweils für die konkreten Bedarfe anzupassendes Modell angesehen (Abbildung 2).

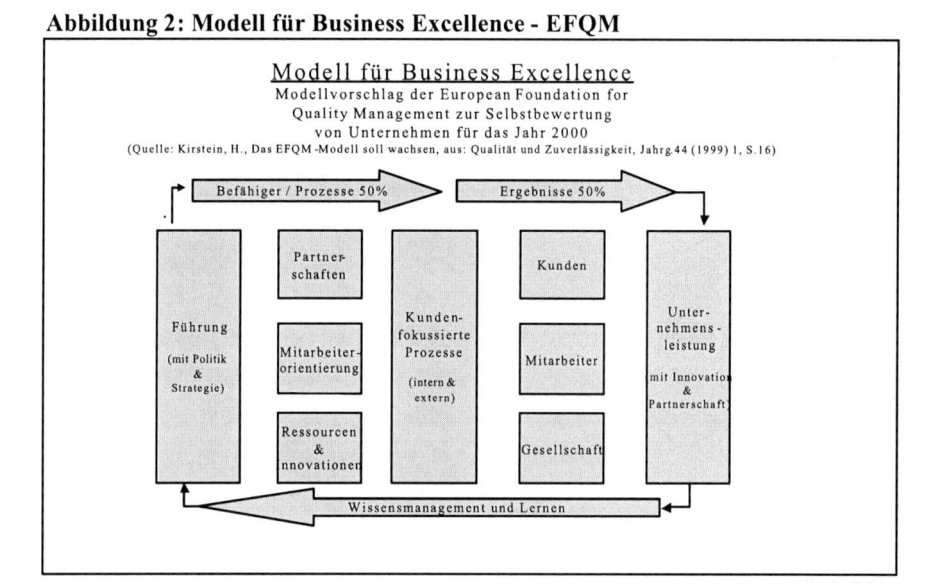

Abbildung 2: Modell für Business Excellence - EFQM

Modell für Business Excellence
Modellvorschlag der European Foundation for Quality Management zur Selbstbewertung von Unternehmen für das Jahr 2000
(Quelle: Kirstein, H., Das EFQM-Modell soll wachsen, aus: Qualität und Zuverlässigkeit, Jahrg.44 (1999) 1, S.16)

Befähiger / Prozesse 50% → Ergebnisse 50%

Führung (mit Politik & Strategie)	Partnerschaften	Kundenfokussierte Prozesse (intern & extern)	Kunden	Unternehmensleistung
	Mitarbeiterorientierung		Mitarbeiter	(mit Innovation & Partnerschaft)
	Ressourcen & Innovationen		Gesellschaft	

Wissensmanagement und Lernen

In diesem Flussdiagramm sind die zwei Bereiche zu erkennen, die beurteilt werden sollen:
Der linke Bereich wird in dem übergeordneten Pfeil mit den Begriffen „Befähiger (enabler) / Prozesse" als derjenige charakterisiert, der die qualitätsfördernden Faktoren, Voraussetzungen oder Einflüsse für Unternehmen darstellt. Was befähigt also ein Unternehmen, sich am Markt zu behaupten? Welche Bedingungen und welche Prozesse oder Abläufe sind es? Der rechte Bereich ist durch den übergeordneten Pfeil mit dem Begriff „Ergebnisse" überschrieben und soll die Auswirkungen dieser Einflüsse auf die Ergebnisse charakterisieren. „Der Grundaufbau des EFQM-Modells orientiert sich an

den drei Pfeilern Menschen, Prozesse, Ergebnisse, die zu einem Gesamtaufbau mit neun Kriterien führen" (Kierstein, H., 1999, S.12). Die nach Kirstein sog. neun Kriterien[34] entstehen im Modell durch die drei Säulen und die 6 Strukturelemente. Die Säulen des Modells sind die Führung, die kundenfokussierten Prozesse und die Unternehmensleistung. In die Führungsaufgaben ist die Politik und die Strategie des Unternehmens integriert, die kundenfokussierten Prozesse müssen in ihren internen und externen Anteilen, bezogen auf interne auf den Kunden orientierte Aufgaben und konkret auf den externen Kunden gerichtete Maßnahmen betrachtet werden, die Unternehmensleistung bezieht sich auf alle Aspekte des Modells, d.h. auch auf die Bewertung der Innovationsfähigkeit und die Gewinnung „strategischer Partnerschaften" (ebd., S.16). Die zwischen diesen Säulen platzierten Bereiche „geben an, mit welchen Mitteln die Umsetzung des Modells erreicht werden soll und welche Zwischenergebnisse dafür erforderlich sind. Grundsätzlich erklärt das Modell, dass Kundenzufriedenheit, Mitarbeiterzufriedenheit und der Einfluss auf die Gesellschaft erreicht werden durch Führung mit Hilfe von Politik und Strategie, Mitarbeiterorientierung und Management von Ressourcen..." (Kierstein, H., 2000). Die Pfeile bezeichnen den Prozess der Leistungserbringung, die Leistungen selbst (die Ergebnisse) und den Prozess der Reflexion der Leistungsergebnisse (unten) durch Einbringen der Erkenntnisse in einen Lernprozess und damit in ein Wissensmanagement, das wiederum für eine verbesserte Praxis und eine neue Selbstbewertung sorgen soll.

Ein solcher Ansatz bedeutet also, nicht nur von Ergebnisgrößen bzw. Leistungsparametern auszugehen, sondern „die Ergebnisbetrachtung auf eine breitere Basis zu stellen, nicht nur die rein finanziellen Aspekte zu betrach-

---

[34] Gemeint ist hier, dass die drei Säulen und die 6 Bereiche die Kriterien für die Beurteilung eines Unternehmens abgeben. Z.B. wird auch das Kriterium Führung hinsichtlich seiner Exzellenz beurteilt, ebenso wie die anderen.

ten, sondern auch die Frage der Zufriedenheit der Kunden einzubinden, und als Voraussetzung der Kundenzufriedenheit die Mitarbeiterzufriedenheit zu untersuchen und schließlich auch die Auswirkung unseres Handelns auf die Gesellschaft einzubeziehen" (Zink, K. J., 1999, S.33).
Die Zufriedenheit der Studierenden und der Abnehmerinstitutionen als „Kundenorientierung" zu bewerten (ebd., S.36), die Prozesse, die dazu führen zu gestalten und die Voraussetzungen dazu zu untersuchen, sodann diese Maximen, die für die Qualitätssicherung und Organisationsentwicklung von Wirtschaftsbetrieben entwickelt wurden, konkret in evaluatives Handeln umzusetzen, könnte trotz Unvergleichbarkeit der Evaluationsbereiche von Nutzen sein (ebd., S.37). Es lassen sich folgende Bedingungen für diese Art der Qualitätssicherung im Rahmen von Organisationsentwicklung nennen:
- Eine klare Organisationsstruktur, in der Verantwortlichkeiten und Verfahren festgelegt sind, ist die "systemische" Voraussetzung eines Qualitätsmanagements. Diese ist beschrieben durch die Tätigkeiten, die notwendig sind, um eine gute Qualität zu erzeugen. Hierzu gehören die Definition der Ziele und der Anforderungen, die Prüfung der Qualität durch Evaluationsverfahren, das Aufdecken von Schwachstellen und die Entscheidung für Verbesserungsmaßnahmen, sowie deren Umsetzung und die Definition von Kriterien zur Feststellung bzw. Messung der Veränderungen;
- Eine Selbstevaluation erfordert die dezidierte Analyse und Bewertung von drei Bereichen: die Voraussetzungen zur Erreichung der Ziele, die erarbeiteten Ergebnisse und die Reflexion des Arbeitsprozesses;
- Das Anliegen des EFQM-Modells ist die Routinisierung und damit Verstetigung der Reflexionsprozesse und deren Standardisierung in einer Art Regelkreis, um auf sich ändernde Anforderungen flexibel reagieren zu können.

Mit dem EFQM-Modell wird der Schwerpunkt der Selbstevaluation auf die Prozesse gelegt, mit denen die Ergebnisse erzielt werden sollen. Der wichtige Gedanke ist hierbei, dass die Ergebnisse und ihre Bewertung zwar Informationen darüber liefern, *was* in der Vergangenheit getan wurde um sie zu erreichen, dass aber erst der Blick darauf, *wie* in der Vergangenheit gearbeitet wurde die Augen öffnet für Handlungsweisen, Verhaltensweisen, Einstellungen und Motive, die bewertet werden müssen (Kierstein, H., 2000). Der selbstreflexive Regelkreis, den das Modell offeriert, eröffnet die Chance zur eigenen Qualifizierung und damit zur Professionalisierung des Handelns und zur Optimierung der Arbeitsprozesse. Der Grundsatz, dass Menschen in Arbeitsprozessen Ergebnisse produzieren, ist so banal, wie er für die Selbstevaluation und die Selbstbewertung wichtig ist, da gerade im Schul- und Hochschulbereich gerne Menschen und Prozesse aus dem Blick geraten gegenüber Ergebnissen (z.B. Abiturnoten oder die Zahl der Diplomanden), deren Bedeutung für Praxisverbesserung nicht mehr hinterfragt werden (Koch-Priewe, 2000, S.71).

Wie aber einschränkend bereits erwähnt wurde, muss die Übertragung wirtschaftlicher Erfolgsmodelle der Selbstbewertung auf den Bildungsbereich unter besonderen Vorzeichen stehen, soll sie nicht zum Mittel der Marktsteuerung pervertieren und gegen die Interessen der Betroffenen eingesetzt werden. Es muss bedacht werden, dass nicht nur die („Produktions"-) Bedingungen innerhalb der jeweiligen Kontexte unterschiedlich sind, sondern auch die jeweiligen Ziele, für die Menschen im Bildungsprozess interagieren, individuell planen und handeln, so dass dieser nicht direktiv kontrollierbar ist, obwohl es vielleicht gewollt wird. So ist z.B. nicht davon auszugehen, dass Entscheidungen einer übergeordneten Ebene der Verwaltungshierarchie ungebrochen durch die ausführenden Subjekte auf den unteren Ebenen, auf denen Unterricht stattfindet, umgesetzt werden. Dies erkennend kam u.a. J. Elliott (1991) zu der Überzeugung, dass gemeinsam mit den Personen, die Entscheidungen treffen und denen, die sie umsetzen, nach der bestmöglichen Umsetzung eines Curriculums geforscht werden muss. Diesen Weg benennt die moderne Wirtschaftswissenschaft als Prozessmanagement, wie es im EFQM-Modell der Selbstevaluation wiederzufinden ist. Und ist man mit den frühen Vorstellungen zur Evaluation (s.o. Stake 1972) davon ausgegangen, durch den Vergleich von beabsichtigten und beobachteten Voraussetzungen, Prozessen und Ergebnissen Curricula zu erproben und zu implementieren, ist dieser Gedanke fast identisch mit den drei Säulen „Führung, Prozesse, Ergebnisse" im EFQM-Modell, die es zu bewerten gilt.

Wie anfangs dargestellt wurde, erfolgt die Propagierung einer Analogie von Bildungssystem und Wirtschaftssystem in bezug auf die Qualität der Lehre und den Unterricht mit Absicht, sind doch die Weichen bereits gestellt für mehr Wettbewerb und für eine Verteilung von Ressourcen nach Erfolgskriterien. Die Übernahme erprobter effektiver Modelle der Selbstbewertung, die durch ihre Klarheit bestechen und als Bedingung die jeweilige Anpassung an die Bedürfnisse enthalten, scheint einerseits reizvoll zu sein, weil sie Komplexität reduzieren helfen. Andererseits bleiben Fragen bestehen, die nicht beantwortet werden können, wie z.B. die nach dem Dienstleistungsverhältnis gegenüber SchülerInnen und Studierenden. Im Schul- und im Hochschulbereich ist die Dienstleistung gegenüber dem Dienstherrn zu erbringen, das gilt primär für Lehrende und sekundär für Auszubildende, da dieser Dienstherr Zeugnisse und Diplome als Berechtigungen für den Eintritt in das Erwerbsleben verteilt. Durch die Definition der SchülerInnen oder Studierenden als KundInnen wird das Hierarchieverhältnis nicht umgekehrt. Faktisch sind diese Auszubildenden gleichzeitig Abhängige, da die Lehrenden ihre Leistungen bewerten und ihren Erfolg oder Misserfolg feststellen, und sie sind auch Produzenten, da sie mitverantwortlich für ihre Lernleistung sind. Eine Prozesskontrolle lässt sich daher nur schwer vorstellen. Und: Werden die abnehmenden Institutionen als Kunden definiert, ist aufgrund der an ihrem Erfolg mitwirkenden Studierenden schwerlich von den Lehrenden eine Garantie für eine „gute Qualität des Produktes" abzugeben oder umgekehrt, zu verhindern, dass „Produkte schlechter Qualität" entlassen werden (vgl. hierzu Altrichter, H., Posch, P., 1997, S.61). Unpassende Analogien wären noch fortzusetzen, würde sich nicht auch der Verdacht aufdrängen, dass sich Lehrende durch solche Argumente eher der Selbstevaluation entziehen wollen. Denn auch die Fiktion von SchülerInnen oder Studierenden als KundInnen kann eine Wirkung haben, ermöglicht sie doch die fokussierte Wahrnehmung der Lehrprozesse, die selbst zu verantworten sind und der Lernprozesse, die leicht zu behindern oder zu befördern sind, und zwar für beide Seiten, die Lehrenden und die Lernenden.

Auf der Suche nach einer angemessen Systematik für den Prüfprozess der Transaktion zwischen Theorie und Praxis bietet das EFQM-Modell einen möglichen Ansatz. Es hilft, relevante Evaluationsbereiche zu definieren und strukturiert sie, es stellt die Erfahrungsreflexion zur Verbesserung des Ausbildungsprozesses in den Mittelpunkt, es erzwingt eine Anpassung auf die eigenen Bedürfnisse des Qualitätsmanagements und vermeidet schematische Vorgehensweisen. Im nächsten Kapitel soll konkreter dargestellt werden, wie der Prozess der Qualitätssicherung durch Selbstevaluation in Anlehnung an das EFQM-Modell organisiert werden könnte.

2.3.2 Die Anpassung des Modells für die Selbstevaluation im Fach Gesundheitswissenschaften

Wie oben aufgezeigt, erfordert das EFQM-Modell die Analyse und Bewertung der Voraussetzungen zur Erreichung der Ziele, der erarbeiteten Ergebnisse und der Reflexion des Arbeitsprozesses. In diese Voraussetzungen gehen die Ausgangsbedingungen der Arbeitsgruppe / der Fachkonferenz ein, und zwar der institutionelle Rahmen sowie die curricularen Entscheidungen, die in einem ersten Schritt dargestellt und auf das EFQM-Modell abgebildet werden sollen. In einem zweiten Schritt werden auf die erarbeiteten Ergebnisse die 9 bzw. 10 Kriterien des Modells angewendet, da Wissensmanagement und Lernen als Beurteilungskriterien hier mit berücksichtigt werden.

Als eine wichtige Ausgangsbedingung muss angesehen werden, dass Maßnahmen der Selbstevaluation zur Qualitätssicherung am Oberstufen-Kolleg durch Akzeptanzprobleme bei neuen Studiengangsentwicklungen, sowie durch die Diskussionen um die Qualität der Lehre im Hochschulbereich und die Verbesserung der Qualität des schulischen Unterrichts angeregt wurden. Denn es hatte sich gezeigt, dass viele extern entstandene Fragen auch intern von Bedeutung waren. So gab es z.B. in der Institution Oberstufen-Kolleg

- angesichts gering ausgelasteter Fächer den Versuch, durch attraktive neue Studienfach-Angebote Interesse zu wecken,
- angesichts einer zu hohen Dropout-Quote eine intensive Auseinandersetzung im Kolleg darüber, wie weit eigentlich die KollegiatInnen jeweils in ihrem Studien- und Lernverhalten und in ihren persönlichen Problemen Unterstützung erhalten müssten und / oder ob durch geeignete Beratung nicht erst das "richtige" Klientel ausgewählt werden müsste, da BewerberInnen grundlegende Voraussetzungen für ein Studium nicht mitbrächten,
- angesichts starker Überlastungsgefühle bei Lehrenden Unmut darüber, wie stark die KollegiatInnen die Lehrenden zeitlich in Anspruch nehmen dürften um Defizite auszugleichen,
- angesichts eines normalen Lehralltags die Unzufriedenheit und Kritik der KollegiatInnen, wie wenig aufregend und „eingefahren" der Unterricht durchgeführt wird[35],
- angesichts schwieriger Unterrichtssituationen die Frage, ob diese an mangelndem Interesse und damit an den Personen selbst, oder am langweiligen Unterricht liege,
- angesichts zu geringer Absolventenzahlen das Infragestellen der gesamten Ausbildungsidee und damit der Qualität des Unterrichts, aber auch der Leistungsfähigkeit der KollegiatInnen.

---

[35] Diese hat dazu geführt, dass KollegiatInnen im SS 99 selbständig in einem dreiwöchigen Projekt untersuchten "Wie gut ist dein Lehrer /deine Lehrende"?

Da für die Einrichtung - wie oben dargestellt - wesentliches Anliegen ist diesen Fragen nachzugehen, wurden verschiedenste Forschungsvorhaben entwickelt, die Aufklärung und Lösungen bringen sollten[36].

Zu den Problembereichen, die für den Studiengang Gesundheitswissenschaften von Bedeutung waren, gehörten zum einen die Studienzufriedenheit in Verbindung mit der Lern- und Leistungsmotivation, zum anderen das Interesse an einer neuen Fachentwicklung und das Erreichen wissenschaftspropädeutischer Basisqualifikationen im Fach Gesundheitswissenschaften, sowie der Prozess der Professionalisierung als Lehrer- Forscher durch Reflexion der evaluativen Praxis.

Der Bereich „Zufriedenheit, Motive und Interessen" stand bereits in der ersten Phase der Curriculumentwicklung und -evaluation unter besonderer Beachtung, da das Curriculum aufgrund der Evaluationsergebnisse zu Motiven und Interessen der KollegiatInnen 1992 revidiert wurde (Schneider, A., 1998), vor allem um die Attraktivität des Studiengangs für Bewerberinnen und Bewerber zu erhöhen und die Abbrecherquote zu verringern. 1997, mit Beginn der Selbstevaluation, interessierte, ob die damals als grundlegend erachtete didaktische Vorgehensweise der Problem- und Erfahrungsorientierung, die zur Bewältigung der heterogenen Studienerwartungen der KollegiatInnen, zur Erhöhung ihrer Studienzufriedenheit und Leistungsfähigkeit und zur Einführung in die wissenschaftliche Arbeit des Faches entwickelt worden waren, nach wie vor relevant und dem Ziel, eine angemessene Studienmotivation und Studienleistung zu entwickeln, dienlich war (vgl. Schneider, A., 1998, S.127).

Im zweiten Bereich, dem „Angebot eines neuen Studienfaches", interessierte die Frage, ob das Fach als ein noch nicht grundständig eingeführtes Studienfach einen zwar noch nicht gesicherten, aber doch erwünschten Standard von

---

[36] vgl. hierzu den Forschungs- und Entwicklungsplan von 1996-1998 und 1998-2000, Oberstufen-Kolleg, Universität Bielefeld

Inhalten und Methoden repräsentierte. Die multidisziplinär zusammengesetzte Fachkonferenz interessierte deshalb auch angesichts einer neu institutionalisierten Fakultät für Gesundheitswissenschaften an der Universität Bielefeld das Fachverständnis der peer-group, nämlich das der ExpertInnen an der Fakultät für Gesundheitswissenschaften. In der Folge entstand so die Frage, ob die angebotene Fachsystematik nach Auffassung der peers den KollegiatInnen ein angemessenes Fachverständnis vermitteln würde.

Der dritte Bereich umfasste die Erkundung einer nicht nur fachspezifischen, sondern auch institutionell wichtigen didaktischen Frage, nämlich die Überprüfung, ob methodische Qualifikationen durch den Prozess des Forschenden Lernens ausgebildet werden können. Diese Frage unterliegt deshalb in der Fachausbildung einer besonderen Beachtung, weil methodische Qualifikationen in einem multidisziplinären Studiengang erworben werden sollen.

Der letzte Bereich, die Professionalisierung durch die evaluative Praxis, sollte für Lehrende und gleichzeitig Forschende die Frage klären, inwiefern Ergebnisse der Evaluation für die Curriculumentwicklung verwertet werden und ob die Fachkonferenz durch gemeinsame kritische Reflexion im Unterricht von den Ergebnissen profitieren könnte. Denn letztlich treibt nicht nur die in diesem Bereich tätigen Akteure die Skepsis um, ob sich der Aufwand der Selbstevaluation lohnt[37].

Drei dieser vier Problembereiche sind in das EFQM-Modell einerseits unter die Voraussetzungen und Bedingungen des Arbeitsprozesses einzuordnen, zu denen Entscheidungen getroffen wurden: es wurde das Problem- und Erfahrungsorientierte Lernen (PEOL) eingeführt, die Multidisziplinäre Fach-

---

[37] Während für die Zertifizierung nach TQM-Ansätzen die Ziel- und Ergebnisbewertung im Vordergrund steht, ist nach dem EFQM-Modell die Dokumentation des Ist-Zustandes im Vergleich zum Soll nicht ausreichend. Gefordert wird eine Prozessdokumentation. Der Aufwand einer solchen Dokumentation, d.h., wie die Ergebnisse erreicht wurden, lohnt sich aber dann, wenn sie "als Einstieg in einen kontinuierlichen Verbesserungsprozess" verstanden wird (Zink, K.J., 1999, S.37).

systematik (MFS) und das Forschende Lernen im multidisziplinären Curriculum (FL). Diese curricularen Entscheidungen waren andererseits als Prozessvariablen im Unterricht umzusetzen, denn sie sollten als „enabler", als qualitätsfördernde Faktoren eine Verbesserung des Lehr- und Lernprozesses bewirken. Erwartet wurde eine bessere Studienzufriedenheit und Leistungsfähigkeit der KollegiatInnen, sowie die Entwicklung eines Fachverständnisses und methodischer Basisqualifikationen. Der vierte Problembereich betrifft den Selbstreflexionsprozess, der im EFQM-Modell den Erfahrungsgewinn durch die Rückkopplung von „Wissensmanagement und Lernen" zur Verbesserung der Praxis verwerten will.

Nach dem EFQM-Modell können die o.g. Kriterien zur Beurteilung der Prozessmerkmale benutzt und das Modell für die eigenen Bedarfe angepasst werden (Abbildung 3). Dabei geht es um die Frage:

Abbildung 3: Modell für die Selbstevaluation im Mikrobereich des Studiengangs

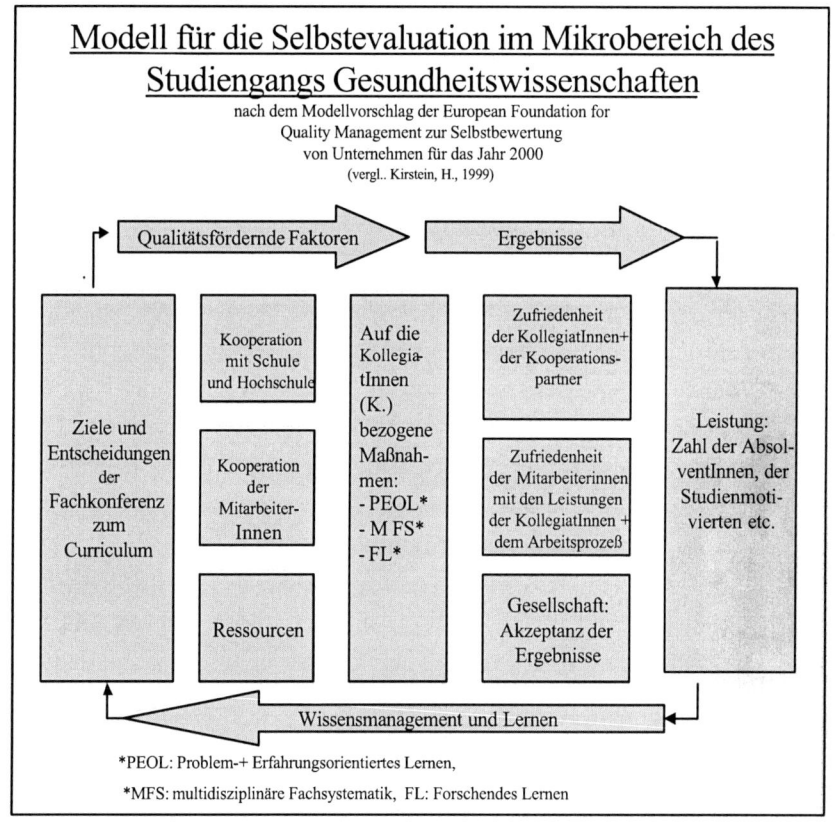

Modell für die Selbstevaluation im Mikrobereich des Studiengangs Gesundheitswissenschaften

nach dem Modellvorschlag der European Foundation for
Quality Management zur Selbstbewertung
von Unternehmen für das Jahr 2000
(vergl.. Kirstein, H., 1999)

Qualitätsfördernde Faktoren → Ergebnisse

Ziele und Entscheidungen der Fachkonferenz zum Curriculum	Kooperation mit Schule und Hochschule	Auf die KollegiatInnen (K.) bezogene Maßnahmen: - PEOL* - MFS* - FL*	Zufriedenheit der KollegiatInnen + der Kooperationspartner	Leistung: Zahl der AbsolventInnen, der Studienmotivierten etc.
	Kooperation der MitarbeiterInnen		Zufriedenheit der Mitarbeiterinnen mit den Leistungen der KollegiatInnen + dem Arbeitsprozeß	
	Ressourcen		Gesellschaft: Akzeptanz der Ergebnisse	

Wissensmanagement und Lernen

*PEOL: Problem-+ Erfahrungsorientiertes Lernen,
*MFS: multidisziplinäre Fachsystematik, FL: Forschendes Lernen

- wie gut „Politik und Strategie der Führung" in dem Mikrobereich der Arbeitsgruppe gewesen sind: d. h., welche Qualität die in der Fachkonferenz „Gesundheitswissenschaften" gemeinsam bestimmten Ausbildungsziele und curricularen Planungen hatten,
- wie gut Partnerschaften funktionierten: d. h., wie gut die für die Institution Oberstufen-Kolleg und die Arbeitsgruppe wichtigen Kooperations-

partner aus dem schulischen und dem hochschulischen Bezugsbereich eingebunden werden konnten,
- wie gut die Mitarbeiterinnen intern kooperierten, d. h., ob Probleme und Kritik angesprochen und ggf. gelöst werden konnten[38],
- wie gut Ressourcen und Innovationen genutzt werden konnten: d.h. in unserem Fall, ob die Arbeitsbedingungen (wie die zur Verfügung stehende Arbeitszeit) oder die Belastung der KollegiatInnen (z.B. durch Erwerbsarbeit) überhaupt ermöglichten, die gesetzten Ziele zu erreichen,
- wie gut die geplanten „kundenfokussierten" Prozesse initiiert werden konnten: d.h., wie die auf die KollegiatInnen gerichteten Aktivitäten (das Problem- und Erfahrungsorientierte Lernen, die Fachsystematik, das Forschende Lernen) umgesetzt wurden;
- wie zufrieden die „Kunden" waren: das ist die Zufriedenheit und Leistungsfähigkeit von KollegiatInnen und die Zufriedenheit der peer-group in der Fakultät für Gesundheitswissenschaften mit dem Curriculum als ein anderer Abnehmer unseres Produktes,
- wie zufrieden die MitarbeiterInnen waren: das ist die Zufriedenheit der Kolleginnen der Fachkonferenz „Gesundheitswissenschaften" mit ihren Ergebnissen, also mit der Beurteilung des Curriculums und mit den Leistungen der KollegiatInnen,
- welche Resonanz gesellschaftlich zu erwarten war: das ist die Frage der gesellschaftlichen Relevanz des Ausbildungsganges, bzw. der Verwertbarkeit der Qualifikationen,
- wie die „Unternehmensleistung", also die Arbeit der Fachkonferenz und ihr „output" insgesamt zu bewerten war: d.h. zum Beispiel, wie hoch die Zahl der KollegiatInnen war, die das Fach abgebrochen haben, wie hoch

---

[38] Bei der Selbstevaluation in dem Mikrobereich einer Fachkonferenz mit 4 Personen ist bei Curriculumentwicklung und -evaluation die Führungsebene identisch ist mit den beteiligten Mitarbeiterinnen.

die Zahl derjenigen, die weiterstudieren wollten, wie erfolgreich die Prüfungen sind, wie viele KollegiatInnen zum Abschluss kommen,
- wie gut „Wissensmanagement und Lernen" genutzt werden konnte: d. h. Reflexion von Erfahrungen, Explizierung impliziter Hypothesen zu Ursachen von Problemen, Verarbeitung der Ergebnisse der Selbstevaluation durch Inbezugnahme adäquater hoch- / schulpädagogisch - didaktischer theoretischer Ansätze, Maßnahmen zur Verbesserung der Praxis, Bewertung der Ergebnisse der neuen Praxis und Beginn der neuerlichen Veränderung[39].

Um den Verlauf der Selbstevaluation nach dem EFQM-Modell darzustellen muss nunmehr beschrieben werden, welche Entscheidungen für die Curriculumentwicklung getroffen wurden, wie sie umgesetzt werden sollten und wurden, welche Kooperation mit den Partnern stattgefunden hat, welche Diskussionen unter den Kolleginnen erfolgten und unter welchen Bedingungen gearbeitet wurde, wie schließlich die Ergebnisse ausgefallen sind, wie sie zu bewerten sind und wie sie für die Revision des Curriculums, einen möglichen Transfer und die eigene Weiterqualifizierung zu verwerten sind.

2.3.3 Der Prozess der Selbstevaluation

Im letzten Kapitel wurde das Modell der European Foundation for Quality Management formal an die Aufgabe der Selbstevaluation des Studiengangs angepasst. Der Verlauf der Selbstevaluation erfordert die Konkretisierung der Kriterien, nach denen der Studiengang und die Arbeit der Fachkonferenz beurteilt werden sollen. Hervorgehoben wird, dass nicht nur die Ergebnisgrößen bewertet werden sollen, sondern auch, ob die qualitätsfördernden Faktoren entsprechend wirksam waren. Der Prozess der Qualitätsentwick-

---

[39] Das sog. Bielefelder Modell (vgl. Webler, W.-D., 1998) enthält ebenfalls einen Feedback-Prozess bei der Evaluation der Lehre, nur sind es professionelle Hochschulforscher, die Feedback geben.

lung beginnt mit der Formulierung der Zielvorstellung und der Ermittlung der Anforderungen (Hartung, B., 1998) und endet mit dem Wissensgewinn und dem Lernen. Er hat drei zeitlich aufeinander folgende Phasen:
1. Die Phase der Maßnahmen und ihrer Umsetzung, bestimmt durch:
   - Ziele und Entscheidungen der Führung / der Fachkonferenz in bezug auf alle Maßnahmen und ihre beabsichtigte Umsetzung
   - Interne Kooperation der Mitarbeiterinnen / Lehrenden zur Umsetzung der Ziele und Entscheidungen
   - Externe Kooperation mit Partnern aus Schule und Hochschule
   - Inanspruchnahme von Ressourcen der Mitarbeiterinnen / Lehrenden und der KollegiatInnen
   - Umsetzung der auf KollegiatInnen bezogenen Maßnahmen.
2. Die Phase der Überprüfung der Maßnahmen, bestimmt durch die Feststellung
   - des Grades der Zufriedenheit der Kooperationspartner
   - des Grades der Zufriedenheit der KollegiatInnen
   - des Grades der Zufriedenheit der Mitarbeiterinnen
   - der gesellschaftlichen Akzeptanz
   - der Qualität und Quantität der Leistungen.
3. Die Phase der Bewertung der Ergebnisse bestimmt durch Wissensgewinn und Lernen für den neuerlichen Prozess der Qualitätsentwicklung, beginnend mit Phase 1.

Die mit dem EFQM-Modell verbundene Vorstellung ist, dass sich unter der Voraussetzung angemessener Ziele und Entscheidungen Qualität nur unter den Bedingungen entwickelt, die eine optimale Basis für Maßnahmen und deren Umsetzung gewährleisten. Als Beispiel: Zu diesen Bedingungen gehört eine gute Kooperation zwischen den Mitarbeiterinnen, gleichzeitig kann sich diese aber auch nur dann realisieren, wenn auf der Entscheidungsebene die Möglichkeit dazu geschaffen wird. Gute Kooperation ist dann ein „Potentialfaktor" (enabler) für den Erfolg der Qualitätsentwicklung, und der Erfolg wird aufgrund dieses Kriteriums beurteilt. Die Kriterien, die nach dem EFQM-Modell Potentialfaktoren sein sollen und zur Beurteilung der Maßnahmen, ihrer Umsetzung und ihrer Bewertung dienen sollen, werden für den Bedarf der Selbstevaluation im Studiengang Gesundheitswissenschaften nun ausgewählt und begründet.

1. Kriterium „Ziele und Entscheidungen"
Entscheidungen zu Zielsetzungen und Konstruktion des Studiengangs zur Verbesserung des Lehr- und Lernprozesses wurden aufgrund erster Evaluationsergebnisse in der Phase von 1987 – 1992 getroffen. Aus dem Anspruch nach Interdisziplinarität des Studiengangs wurde so die multidisziplinäre Fach-Systematik (MFS) entwickelt; die Didaktik und Methodik des Problem- und Erfahrungsorientierten Lernens (PEOL) sollte die Studienmotivation verbessern und der fachspezifische Kompetenzerwerb zur Persönlichkeitsentwicklung beitragen; durch das Forschende Lernen (FL) sollten die KollegiatInnen methodische Qualifikationen erwerben. Durch die Selbst- und Fremdevaluation sollte eine Einschätzung des Studiengangs im Hinblick auf die Angemessenheit für die ersten Semester eines potentiellen Grundstudiums ermöglicht und die eigene Fachkompetenz erweitert werden (SE+FE). Die theoretische Begründung dieser Ziele erfolgt im Kapitel 3. Zusammenfassend Faktor 1:

Faktor 1: Entscheidungen über - Multidisziplinäre Fachsystematik (MFS) - Problem- und Erfahrungsorientiertes Lernen (PEOL) - Forschendes Lernen (FL) - Selbst- und Fremdevaluation (SE+FE)

2. Kriterium „Kooperation mit Schule und Hochschule"
Die Entscheidung der Fachkonferenz zur Selbst- und Fremdevaluation ging parallel mit der Auflage des Ministeriums, eine Expertengruppe aus Schule und Hochschule mit der wissenschaftlichen Begleitung zu betrauen. Dieser Prozess wird in seinem Verlauf in Punkt 3.2 dargestellt, da er für die Ausarbeitung des Curriculums bedingend war und deshalb mit als Voraussetzung zu gelten hat. Zusammenfassend Faktor 2:

Faktor 2
Kooperation mit Schule und Hochschule: ExpertInnen aus beiden Bereichen als GutachterInnen in einer „Begleitenden Arbeitsgruppe"

---

3. Kriterium „Kooperation der Mitarbeiterinnen"
Die Kooperation der vier Mitarbeiterinnen ist Basis des curricularen Arbeitsprozesses. Sie kommt indirekt unter 3.2 zum Ausdruck, dem Tableau der Curriculumentwicklung, sie kommt direkt unter 7.1 und 7.2. vor. Sie wird dann der Analyse einer möglichen Professionalisierung unterzogen und bewertet. Sie ist aber zu Beginn der Selbstevaluation „stillschweigende Voraussetzung" und gleichwohl schwerste Aufgabe. Ohne gute Zusammenarbeit ist weder Curriculumentwicklung noch Evaluation möglich. Zusammenfassend Faktor 3:

Faktor 3
Kooperation der Kolleginnen als Voraussetzung

---

4. Kriterium „Ressourcen"
Dieser Faktor ist eine wesentliche Bedingung der Lehr- und Lernarbeit, wurde aber für die Selbstevaluation nur in bezug auf Zeitressourcen der KollegiatInnen analysiert. Er kommt deshalb im theoretischen Teil unter 3.3 vor als ein Aspekt, der für die Zufriedenheit der KollegiatInnen von Bedeutung ist. Zusammenfassend Faktor 4:

Faktor 4
Zeitressourcen der KollegiatInnen

5. Kriterium „KollegiatInnen bezogene Maßnahmen"
Die Ziele zur Verbesserung der unterrichtlichen Praxis wurden oben benannt als Problem- und Erfahrungsorientiertes Lernen (PEOL), als Multidisziplinäre Fachsystematik (MFS) und als Forschendes Lernen im fachübergreifenden Curriculum (FL). Sie werden theoretisch in Punkt 3.3 begründet und im Punkt 4 als konkrete zu überprüfende Maßnahmen beschrieben. Zusammenfassend Faktor 5:

Faktor 5
Maßnahmen des Problem- und Erfahrungsorientierten Lernens (PEOL), Aufbau + Vermittlung der Multidisziplinären Fachsystematik (MFS), Organisation des Forschenden Lernens im fachübergreifenden Curriculum (FL)

6. Kriterium „Zufriedenheit der KollegiatInnen und der Kooperationspartner"
Um herauszufinden, wie zufrieden die KollegiatInnen mit der Fachsystematik und dem didaktisch-methodischen Konzept der Problem- und Erfahrungsorientierung sind, wurden sie mittels Fragebogen in drei aufeinander folgenden Jahren befragt. Zu Kooperationspartnern aus der Hochschule wurden Lehrende der Fakultät für Gesundheitswissenschaften der Universität Bielefeld bestimmt. Ihre Zufriedenheit mit der Fachsystematik und dem Problem- und erfahrungsbezogenen Lernen wurde mit einem leitfadenstrukturierten Interview erhoben. Zusammenfassend Faktor 6:

Faktor 6
Zufriedenheit der KollegiatInnen mit der Fachsystematik und der Problem- und Erfahrungsorientierung, Zufriedenheit der ExpertInnen mit der Fachsystematik und dem Problem- und Erfahrungsorientierten Lernen

7. Kriterium „Zufriedenheit der Mitarbeiterinnen / der Lehrenden mit den Leistungen der KollegiatInnen"
Zufriedenheit mit Leistungen drückt sich u.a. aus in der Beurteilung schriftlicher Ausarbeitungen von KollegiatInnen. Gleichzeitig sind sie auch ein Ausweis der Tragfähigkeit der methodisch-didaktischen Vorgehensweise. Analysiert werden sollen die Ergebnisse der Multidisziplinären Fachsystematik (MFS), des Problem- und Erfahrungsorientierten Lernens (PEOL) und des Forschenden Lernens (FL). Erwartet wurde
- In bezug auf die MFS, dass die KollegiatInnen ein gesundheitswissenschaftliches Fachverständnis erwerben und zu gesundheitswissenschaftlichen Denkweisen befähigt werden,
- In bezug auf das PEOL, dass den KollegiatInnen die Integration und Differenzierung von Alltagserfahrung und wissenschaftlicher Theorie selbstverständlich wird,
- In bezug auf das FL, dass die KollegiatInnen methodische Basisqualifikationen erwerben konnten.

Zusammenfassend Faktor 7:

Faktor 7:
Zufriedenheit der Lehrenden mit den Leistungen der KollegiatInnen in bezug auf:
- Das gesundheitswissenschaftliche Denken als Nachweis des Fachverständnisses durch die Multidisziplinäre Fachsystematik (MFS)
- Die Integration und Differenzierung von Alltagserfahrung und wissenschaftlicher Theorie durch das Problem- und Erfahrungsorientierte Lernen (PEOL)
- Methodische Basisqualifikationen durch das Forschende Lernen (FL)

---

8. Kriterium „gesellschaftliche Akzeptanz der Ergebnisse" als Ergebnis
Ein Anteil dieses Kriteriums wird ansatzweise durch die Urteile der Kooperationspartner zur multidisziplinären Fachsystematik repräsentiert. Es überschneidet sich auch teilweise mit den Urteilen bzw. Gutachten der Repräsen-

tanten aus Schule und Hochschule, die in der wissenschaftlichen Begleitung mitgearbeitet haben. Eine weitergehende Analyse dieses Kriteriums bleibt späterer Forschungsarbeit vorbehalten.

Faktor 8 wird in dieser Arbeit nicht als Beurteilungskriterium benutzt

9. Kriterium „Leistungen" als Ergebnis
Hier könnten die Zahlen - gleichsam als Kennziffern - derjenigen KollegatInnen dargestellt werden, die insgesamt das Fach erfolgreich absolviert haben, die motiviert sind zu studieren, die gute Leistungen in Prüfungen erbracht haben, die ein gutes Urteil über die Lehrenden und das Curriculum abgeben. Diese Zahlen stehen der Evaluatorin leider nicht zur Verfügung. Faktor 9 wird deshalb nicht als Bewertungskriterium benutzt.

Faktor 9 wird in dieser Arbeit nicht als Beurteilungskriterium benutzt

10. Kriterium „Rückkopplung der Bewertungen" zum Wissensgewinn / Lernen als Start für einen neuen Prozess der Qualitätsentwicklung
Als 10. Kriterium ist aus unserer Sicht „Wissensmanagement und Lernen" hinzuzufügen. Das heißt: Das erreichte Ergebnis- und Prozesswissen ist in bezug auf Curriculumentwicklung, Praxisverbesserung, Modell-Transfer für andere Fächer oder für Schul- oder Hochschulentwicklung, neues Wissens- und Lernmanagement für eine interne Professionalisierung und für Angebote der externen Weitervermittlung auszuwerten. Theoretische Ansätze hierzu werden in Punkt 3.4 diskutiert, die Bewertung des Faktors erfolgt in Kapitel 7. Zusammenfassend Faktor 10:

Faktor 10: Auswertung für Curriculumentwicklung, Professionalisierung und Transfer

Für eine vorläufige Einschätzung dieser durch das EFQM-Modell gegebenen Systematik ist festzustellen, dass sie, gemessen an den oben aufgezeigten klassischen Vorgaben der Evaluationsforschung oder aktuellen Anleitungen zur Evaluation von Schulqualität bzw. zur Evaluation der Qualität der Hochschullehre, die Komplexität des Selbstevaluationsprozesses zu reduzieren gestattet, so dass sich die Struktur und der Verlauf der Evaluation aus dem Modell sinnvoll ableiten lässt.

Allerdings ist im Vergleich mit Vorgaben zur Selbstevaluation, die aus längerer Erprobungszeit mit dem EFQM-Modell in Österreich resultierten (Arbeitsgruppe Steiermark 1995) und als Handbuch zur Entwicklung von Schulen und Hochschulen Niederschlag fanden, der Prozess der Selbstevaluation für den Mikrobereich einer Arbeitsgruppe nur für ausgewählte Kriterien zu leisten. Sie stellen nur einen Bruchteil der im o.g. Handbuch aufgelisteten Möglichkeiten dar[40]. Aber Prinzip dieses Modells ist es, sich für die eigenen Bedarfe die notwendigen Bausteine zusammenzustellen und dabei den wichtigsten Aspekt, den Arbeitsprozess, nicht außer Acht zu lassen (ebd., S.21). Die Struktur des Selbstevaluationsprozesses ist mit den 10 Kriterien des Qualitätsmanagements festgelegt worden. Nun kann die folgende Zusammenfassung den weiteren Verlauf der Arbeit verdeutlichen[41]:

---

[40] Insgesamt ähneln sich die allgemeinen Definitionen der Kriterien, nur werden sie für die Schulentwicklung einerseits mehr ausdifferenziert, andererseits auch speziell angepasst, was sich am Beispiel des 5. Kriteriums, den Prozessen bzw. Maßnahmen, verdeutlichen lässt, das so definiert wird: „Das Management aller umfassenden Aktivitäten einer Schule, die notwendig sind, um die Vermittlung und Erhaltung der angestrebten Fertigkeiten der Schüler zu gewährleisten" (Arbeitsgruppe Steiermark 1995, S.9). In der genaueren Prozessaufgliederung werden dazugehörige Elemente operationalisiert, z.B. durch „Unterrichtsvorbereitung und neue Unterrichtsverfahren" (Element 4) und durch zusätzliche Merkmale wie „Projektübersicht bei laufenden Projekten" oder „Entwicklungsablauf mit Festlegung von Meilensteinen" ausgestattet (ebd., S.16). Solche Operationalisierungen werden für die Qualitätskriterien in Punkt 3.3 theoretisch abgeleitet und methodisch in Punkt 4 als operationale Definitionen begründet.

[41] Wenn das Vorgehen bewertet wird, wird auch überprüft werden, was es bedeutet, einem solchen Prozess im Nachhinein gerecht zu werden. Denn das EFQM-Modell wurde zwar als bestpassend für das eigene Vorgehen definiert, der Prozess der Selbstevaluation ist aber nicht von vornherein danach geplant und organisiert worden.

- Ausgehend von der Arbeitsthese, dass Selbstevaluation als Reflexion der curricularen Praxis nur dann der Qualitätssicherung dient, wenn sie theoriegeleitet, methodisch kritisch und durch externe Experten begleitet Rückwirkungen auf die Professionalisierung der beteiligten Lehrenden und somit auf die Arbeitskultur hat, wurde das EFQM - Modell vorgestellt, nach dem der angestrebte Prüfprozess der Transaktion zwischen Theorie und Praxis strukturiert werden kann.
- Nach dieser Struktur wird zunächst der Anspruch der Institution, Curriculumentwicklung mit Bezug auf Wissenschaftsdidaktik zu betreiben, als Voraussetzung der curricularen Arbeit und für die Festlegung von Zielen und Entscheidungen für das Curriculum dargestellt.
- Der Studiengang Gesundheitswissenschaften, so wie er danach entwickelt und durchgeführt wurde, wird im folgenden beschrieben.
- Drei wesentliche curriculare Strukturelemente des Studiengangs, die für die Selbstevaluation ausgewählt wurden, werden anschließend theoretisch begründet.
- Die Erörterung der Möglichkeiten der Selbst-Professionalisierung schließt den theoretischen Teil ab.

3. Curriculare Entscheidungen und die Ziele der Qualitätssicherung

Die aufgezeigte Konzeption des Lehrer-Forscher-Prinzips ist eine der institutionellen Bedingung der Selbstevaluation im Studiengang Gesundheitswissenschaften. Eine andere institutionelle Bedingung erfordert die Rückbesinnung auf die Ausgangsbasis der curricularen Arbeit am Oberstufen-Kolleg: die Anforderung, für jedes Studienfach eine Wissenschaftsdidaktik zu entwickeln. Auch im Studiengang Gesundheitswissenschaften ist die Verbindung von schulischem und hochschulischem Lernen und Lehren wissenschaftsdidaktisch umgesetzt worden. Die Konstruktion des Curriculums mit seinen Zielen und Inhalten ist deshalb ohne Bezug auf von Hentigs Vorstellung von Wissenschaftsdidaktik nicht nachvollziehbar (vgl. Kapitel 3, Abschnitt 3.1).

Das Curriculum des Studiengangs Gesundheitswissenschaften, so wie es aufgrund der Umsetzungsversuche der von Hentigschen Ideen derzeit praktiziert wird, soll aus Gründen der Verständlichkeit der nachfolgenden inhaltlichen Punkte im Abschnitt 3.2 zur Orientierung vorgestellt werden.

Im Abschnitt 3.3 werden die für die evaluative Überprüfung ausgewählten Curriculumbausteine, die Multidisziplinäre Fachsystematik, das Problem- und Erfahrungsbezogene Lernen und das Forschende Lernen als Qualitätsmerkmale begründet.

3.1 Wissenschaftsdidaktik als Bezugspunkt der Curriculumentwicklung und Leitbild der Institution

H. v. Hentig[1] forderte zur Bewältigung der Bildungskrise der sechziger Jahre und insbesondere für die Verbesserung der Studierfähigkeit der Schulabsol-

---

[1] Hartmut von Hentig ist Gründer des Oberstufen-Kollegs (und der Laborschule) an der Universität Bielefeld, das 1974 mit seiner vierjährigen Ausbildung in Form der Integration von Sekundarstufe II und des Grundstudiums in einem einheitlichen Ausbildungsgang in 22 Studienfächern begann und ab 1985 neue Studienfächer wie Umweltwissenschaften, Gesundheitswissenschaften, Frauenstudien und Informatik entwickelte.

venten die Entwicklung einer modernen Allgemeinbildung und einer allgemeinen Wissenschaftspropädeutik, um Allgemeinbildung und Spezialisierung in einem neuen, produktiven gegenseitigen Bezug verwirklichen zu können[2]. Allerdings machte er die allgemeine Wissenschaftspropädeutik abhängig von einer Wissenschaftsdidaktik, die es zwar „bisher nur als Theorie und Auftrag gibt" (Hentig, H. v., 1980, S.141), setzte aber fort: „Indem man bewusst und systematisch eine allgemeine Wissenschaftspropädeutik entwickelt, wird man die wissenschaftsdidaktischen Grundfragen aufnehmen und beantworten" (ebd.)[3]. Er sah der Zeit entsprechend die Notwendigkeit, eine Antwort darauf zu finden, worüber Wissenschaftler kaum Rechenschaft geben können: „..., wie sie die (zur Forschung hinführende) *Lehre und die ihnen anvertraute Ausbildung* zu ihrem Ziel führen. Sie können es schon deshalb nicht, weil das Ziel nicht definiert ist. Und was das Verfahren betrifft, so haben sie zwar einen Usus - 'in meinem Fach/Institut/Seminar machen wir das so' -, aber es gibt keine systematische, durch langjährige kritische Reflexion und eigene relevante Untersuchungen oder Experimente bestätigte Didaktik ihrer Wissenschaft. In anderen Worten: sie könnten darüber gar nicht Rechenschaft geben, selbst wenn sie es wollten" (Hentig, H. v., 1970 a, S.18, kursiv im Original). Es ging ihm darum, dass die Wissenschaft ihrem

---

[2] Vgl. die umfangreiche Literatur zum Problem Allgemeinbildung und Spezialisierung, die u.a. für die bildungstheoretische Begründung des Oberstufen-Kollegs von Koch-Priewe ausgewiesen wird (Koch-Priewe, B., 2000, S.132-157).

[3] Bereits 1969, während einer Tagung zur Didaktik an der neu gegründeten Universität Bielefeld, vertrat v. Hentig die Auffassung, dass nach langer theoretischer Diskussion praktisch gearbeitet werden müsse: „Ich bin meinerseits vielmehr entschlossen, den rigorosen Gesamtmodellen und den theoretischen Totalanalysen die praktische Entwicklung und Erprobung von neuen Lehrmaterialien auf neue Lernziele hin vorzuziehen. Der kritische Horizont, den die letzten 10 Jahre aufgetan haben, genügt mir einstweilen. Mag die Wissenschaftsdidaktik ein allgemeines Programm der Universität Bielefeld werden; das geplante Oberstufen-Kolleg wird zusammen mit dem Pädagogischen Institut Wissenschaftsdidaktik möglich zu machen suchen, indem seine Mitglieder praktisch daran arbeiten" (Hentig, H. v., 1970 a, S.38).

Zweck entsprechend der Gesellschaft richtig, und das hieß kritisch dienen muss, und das habe zur Folge, „Menschen auf sehr verschiedenen Gebieten an verschiedene wissenschaftliche Methoden zur ständigen Wahrnehmung des Prinzips der Wissenschaft [zu] bringen" (ebd., S.18). Seine Prämisse für einen möglichen Weg zu diesem Ziel beruht darauf, dass dem Begriff Wissenschaft inhärent ist zu kommunizieren, „wie die Erkenntnis zustande gekommen ist" (ebd., S.25), dass das wissenschaftstheoretische Erfordernis der Intersubjektivität von Verfahren und Ergebnissen notwendig die gegenseitige Verständigung impliziert und damit eine Beziehung „zwischen Erkenntnis und Lernen, genauer zwischen Wissensstruktur und Lernstruktur" (ebd., S25) hergestellt werden muss. Insofern ist Wissenschaft angewiesen auf

- Mitteilung, die bezogen sein muss auf die Adressaten, den Anlass und den Kontext,
- Verständlichkeit[4], deren Kriterium die Reproduktion der Begründung der Mitteilung ist,
- Gewissheit, d.h. Recht auf Zweifel durch Nachvollziehbarkeit von Standpunkt und Methoden,
- Zusammenhang und Vollständigkeit, d.h. die Berücksichtigung der Erkenntnisse und Systeme der Disziplinen,
- Spezialisierung, „aber in der Absicht, das Ganze aus vollkommeneren Teilaspekten um so besser zusammenzusetzen" (ebd., S.28),
- Verfügbarkeit des Wissens im rechten Augenblick und für die rechte Person als Ökonomie des Wissens,
- Kontinuität, als Notwendigkeit den eigenen Fortschritt durch Nachwuchs zu sichern (ebd., S.26-29).

---

[4] Er zitiert J.S. Bruner: „„..., daß das Verständnis von einem Wissensgebiet niemals besser sein kann als der beste Gebrauch, den man von diesem Wissensgebiet machen kann" (1966, S.48).

Diese Bedingungen von Wissenschaft sind zu berücksichtigen, wenn genauer über den Begriff der Didaktik nachgedacht wird, der das o.g. Verhältnis von Sachstruktur des Wissens und Lernstruktur der Personen kennzeichnet. In Auseinandersetzung mit verschiedenen Lerntheorien kommt von Hentig zu dem Ergebnis, dass dieses Verhältnis am besten dadurch zu gestalten ist, dass „der Sache eine Ordnung gegeben worden ist, die eine Form von Subsumtion erlaubt, ja erzwingt" (ebd., S.35), und dass der Person die Möglichkeit gegeben worden ist, diesen Subsumtionsvorgang bewusst mit lernen zu können. Er formuliert genauer: „..., die Prozesse, durch die man gelernt hat, konstituieren das Verständnis, das Behalten und die Übertragungsmöglichkeit" (ebd.). Konkret soll es darum gehen, Wissenschaft zu lernen, indem Probleme entdeckt und gelöst werden, und indem „die begriffliche Verallgemeinerung der Lösungsverfahren oder - mittel" gelernt werden (ebd., S.36).

Ergänzend zu diesen Vorstellungen wurde in der Reformphase der 60er und 70er Jahre gefordert, die Wissenschaftsdidaktik müsse in Hochschuldidaktik eingebettet werden, denn wenn jene vornehmlich die Auswahl der Ziele und die Strukturierung der Inhalte (Huber, L. 1970a, S. 48) zu übernehmen habe, müsse diese die möglichen Lernsituationen und Lehrstrategien sowie ihre Wirkungen (ebd.) erforschen und den institutionellen Rahmen wie Prüfungsordnungen, Leistungskontrolle, Rahmenordnungen für Studiengänge etc. bedenken und mit einbeziehen.

Ein weiterer Gedanke kennzeichnet von Hentigs Überlegungen: Das herrschende Verständnis von Wissenschaftspropädeutik, durch das festgelegt wird, wie und durch welche Inhalte die Hochschulreife am Gymnasium erlangt wird, wird von ihm (1972a, S.23) einer scharfen Kritik unterzogen: es würde leichtfertig[5] behauptet, dass die Schulen auf das Leben und die Wissenschaft vorbereiteten, dass eine additive Anzahl und eine bestimmte Auswahl von Schulfächern die sog. Hochschulreife vermitteln könnte, dass man glaubte, es sei eine bestimmte Zahl von Schuljahren, die das leistete.[6] Insbesondere die fehlende Integration der Einzelfächer zu einem allgemeinen Verständnis der Wissenschaft, die den Zweck hat, der Gesellschaft kritisch zu dienen, ist ihm eine großes Problem angesichts „notwendiger Forschungs- und Planungsaufgaben, von denen unser Überleben abhängt" (ebd., S.20). Hieran würde auch die als Gegenreaktion geforderte Interdisziplinarität solange nichts ändern, wie die Einzeldisziplinen sich nicht des interdisziplinären Forschens auch als eines theoretischen Problems annehmen würden (ebd., S.30), wie sie sich nicht den "ungefächerten" oder nichtfachdisziplinierten realen Forschungs-Anlässen bei der praktischen Anwendung von Wissenschaft gemeinsam stellten, und es würde sich schon gar nichts ändern, wenn nicht in Lehr- und Lernprozessen darauf vorbereitet würde.

---

[5] „leichtfertig" nennt Hentig die Behauptung deshalb, weil sie „durch keine Qualifikationsanalyse bestätigt, vielmehr durch den mangelhaften Prognosewert der Abiturnoten für den Studienverlauf deutlich bestritten wird und die auch die Universität längst nicht mehr honoriert" (ebd., S.24)

[6] „... daß man nach dieser Vorstellung durch die so beschaffene Allgemeinbildung der Spezialisierung gewachsen und daß dies überhaupt der richtige Weg sei: der Weg vom Ganzen und Verallgemeinerten zum unvermittelt Besonderen und Isolierten und von da nie wieder zurück zur Verallgemeinerung und Integration; ja, daß wir von freier Studienwahl auf Grund dieser Berechtigung reden und durch keine Maßnahme darauf vorbereiten, wie man etwas wählt, was man nicht kennt, worin man sich selbst nicht kennt, und aus einer Fülle, die man nicht überschaut..." (Hentig, H. v., 1972, S.23). Nach „überschaut" setzt er eine Fußnote mit Hinweis auf die Schriften zum Bielefelder Oberstufen-Kolleg und zur Laborschule von 1971 und mit der Bemerkung: „In beiden Projekten wird versucht, diesen und den voraufgehenden Vorstellungen theoretisch und praktisch zu genügen".

Empirisch zu überprüfende Hypothesen[7] sind für ihn deshalb die Behauptungen, Wissenschaften könnten z.B. durch Projektunterricht „heilsam" gezwungen werden sich zu verständigen, eine Didaktik zu entwickeln und damit die Wissenschaftspropädeutik für die gymnasiale Oberstufe neu herzustellen (ebd., S.33/34). Erst durch Projektunterricht kann es gelingen, selbst Erkenntnisse über wissenschaftsgeleitetes Handeln im Alltag und seine Realisierungschancen zu erfahren und Problemlöseansätze von Wissenschaften kritisch zu reflektieren.[8]

Die Auffassung von Hentigs wurde dargestellt, um einerseits die erkenntnisleitenden Ideen der Gründerzeit des Oberstufen-Kollegs in Erinnerung zu rufen, und andererseits die Institutionsziele der Einrichtung zu verdeutlichen, nach denen auch die Ziele der Qualitätssicherung festgelegt wurden und der Prozess der Qualitätsentwicklung dokumentiert werden soll. Danach lässt sich nun zusammenfassen, mit welchen Vorstellungen das Curriculum des Studiengangs „Gesundheitswissenschaften" entwickelt wurde:

Der sich neu konstituierende Studiengang Gesundheitswissenschaften sollte die Chance wahrnehmen, als multidisziplinäres Ausbildungsangebot relevante Einzelfächer so zu integrieren, dass ein allgemeines Verständnis des Prinzips wissenschaftlicher Erkenntnisgewinnung und die Reflexion seiner unterschiedlichen historischen Wege ermöglicht wird.

---

[7] Den Prozess empirischer Überprüfung hat er für die Schulprojekte vorgesehen, vgl. auch die umfangreiche Literatur zu Projektunterricht und fächerüberschreitendem Unterricht oder zur Wissenschaftspropädeutik bei fach-spezialisierten Lernprozessen in den Reihen „AMBOS" und „IMPULS", Bielefeld

[8] Seit ihrer Veröffentlichung sind u.a. auf dem Gebiet der Hochschuldidaktik viele und vielfältige Auseinandersetzungen zu Implikationen dieser Hypothesen geführt worden, die an anderer Stelle nachzulesen sind. Ein tieferes Eindringen in die Analyse der Einheit der Wissenschaft, in den möglichen Zusammenschluss von Wissenschaften im Projekt oder in die neue Organisation von Universitäten würde den Rahmen dieser Arbeit sprengen (vgl. aber hierzu u.a.: Müller, P., 1970; Messner, R., 1998; Huber, L., 1999).

Der Studiengang sollte sich an gesellschaftlich relevanten gesundheitswissenschaftlichen Problemen orientieren und vermitteln, welche Problemlösestrategien möglich sind und an welche Grenzen wissenschaftliches Handeln dabei notwendig stoßen muss.

Die Beziehung zwischen Wissensstruktur und Lernstruktur sollte durch die systematische Verbindung zwischen Alltagserfahrung und der Rationalität wissenschaftlicher Analyse so hergestellt werden, dass lebensgeschichtlich bestimmte Kognitionen und individuell ausgebildete Erfahrungen einen Zugang zu abstrakten Begriffen bieten und die Aneignung der Fachsprache erleichtern.

3.2 Das Curriculum des Fachs Gesundheitswissenschaften

Die Ziele und Entscheidungen der Fachkonferenz zur Konzeption des Studiengangs Gesundheitswissenschaften lassen sich auf drei Phasen der Entwicklung des Curriculums beziehen: In der ersten Phase von 1985 bis 1987 wurde ein erster Entwurf konzipiert, in dem die Erfahrungsorientierung und die Kompetenzentwicklung prioritär verfolgt und um die Definition von Gesundheit und einen gegenstandsadäquaten wissenschaftlichen Zugang gerungen wurde (Göpel, E., Welteke-Bethge, R., 1990[9]). Nach der Evaluationsphase von 1987 – 1991 wurde der Studiengang (auch aufgrund institutioneller organisatorischer Änderungen) zum Teil neu festgelegt, die didaktisch-methodische Zugangsweise des Erfahrungsorientierten Lernens wurde durch die Problemorientierung ergänzt, die mehrperspektivische Gegenstandsbe-

---

[9] Die Veröffentlichung beruht fast zur Gänze auf einem Artikel, den die Autoren Göpel, E. (zu der Zeit wiss. Mitarbeiter am Oberstufen-Kolleg) und Welteke-Bethge, R. (Mitglied der die Studiengangsentwicklung begleitenden Expertengruppe) gemeinsam mit Günther-Boemke verfasst und das erste Mal 1987 in einer Kolloquiums-Reihe zum Thema Gesundheitsförderung und Gesundheitswissenschaften als graues Material herausbrachten („Gesundheitswissenschaften. Beiträge zur Diskussion. Materialien des Oberstufen-Kollegs an der Universität Bielefeld", S.110 - 135)

trachtung und die multidisziplinären Inhalte, sowie die Kompetenzentwicklung wurden überdacht (Göpel, E., Günther-Boemke, G., Schneider, A., 1991a, b). Bis zur und während der Evaluation von 1997 – bis 2000 gab es in dieser dritten Phase Modifikationen vor allem bei den Inhalten, die aktualisiert werden mussten, sowie Ergänzungen bei der Gegenstandsbetrachtung durch expliziten Gruppen- und Bevölkerungsbezug der Themen und die Festlegung auf methodische Fähigkeiten, die erworben werden sollten[10].

Der erste Entwurf des Studiengangs Gesundheitswissenschaften zeichnete sich aus durch den Versuch,

- das Ziel der Ausbildung durch Bezug auf die Ottawa-Charta der Weltgesundheitsorganisation (WHO)zur Gesundheitsförderung von 1986 zu bestimmen[11] und mit dem dort sog. Setting-Ansatz für eine Alternative zur traditionellen Gesundheitserziehung oder -bildung zu votieren (Troschke, J. v., 1996);
- eine Gegenstandsbestimmung des Begriffs Gesundheit in bezug auf die Definition von Gesundheit der WHO[12] vorzunehmen und damit seine Dimensionen festzulegen: die körperliche, die geistig-seelische und die

---

[10] In der folgenden Darstellung des Curriculums wird, soweit notwendig, auf die Ergebnisse aus der ersten Evaluationsphase von 1987 – 1991 eingegangen. Der Abschlussbericht der Fachkonferenz von 1999 an das Ministerium für Schule, Wissenschaft und Forschung, der die zweite Phase der Evaluation beendete, ist die Grundlage der Darstellung des Studiengangs (Günther-Boemke, G., Kobusch, A.B., Quentin, G., Schneider A., 1999).

[11] Unter dieser Vorstellung wurde formuliert. „Auf das konkrete Individuum bezogen bedeutet dies, daß es dann gesund lebt, wenn es im Rahmen der objektiv-allgemeinen wie der subjektiv-besonderen Bedingungen und Verhältnisse mit anderen Betroffenen darauf hinwirkt, daß es ihm und den anderen sozial, seelisch und/oder körperlich fortschreitend besser geht. Danach können auch Menschen, denen es sozial, seelisch und/oder körperlich nicht gut geht und die auf die eine oder andere Weise krank sind, sehr wohl als ... humangesund bezeichnet werden, weil sie ihr Leben menschlich leben" (Göpel, E., Welteke-Bethge, R., 1990, S.122)

[12] Präambel der Satzung der WHO: „Gesundheit ist der Zustand des vollständigen körperlichen, geistigen und sozialen Wohlbefindens und nicht nur das Freisein von Krankheit und Gebrechen" (Weltgesundheitsorganisation 1976)

soziale Dimension des Wohlbefindens, ergänzt durch die Metaebene des gesellschaftlichen und wissenschaftlichen Denkens über Gesundheit, durch die der Unterrichtsgegenstand strukturiert wird;
- die Gegenstandsbereiche des Unterrichts zu skizzieren: die Physiologie und Anatomie des menschlichen Körpers (Rothschuh, K.E., 1978; Bielefeld, J., 1986; Brähler, E., 1986; Paulus, P., 1982), das bewusste und unbewusste psychische Erleben (Filip, S.-H., 1981, Selye, H., 1984) den Zusammenhang von Umwelt und Gesundheit (Wenzel, E., 1986; Franzkowiak, P., 1986), das aktuelle und historische wissenschaftliche und gesellschaftspolitische Denken über Gesundheit und Krankheit (Rothschuh, K.E., 1978; McKeown, T., 1982);
- die (interdisziplinären) Unterrichtsthemen zu umreißen: im 1. Studienjahr „Sinnesphysiologie und bewusste Wahrnehmung körperlicher Empfindungen (sensory awareness), Untersuchung und Messung körperlicher Funktionen, die Sozialisation des Körpers und die sozialhistorische Analyse körperlicher Idealvorstellungen", im 2. Studienjahr „psychosomatische Prozesse, psychosomatische Reaktionen und deren psychologische Beschreibung und Deutung", im 3. Studienjahr „Ernährung (oder Genussmittel, oder Wohnen, oder andere Probleme) als sozialökologisches Problem der gesunden Lebensweise" und im 4. Studienjahr „Die Wissenschaften von Krankheit und Gesundheit in ihren jeweiligen sozialhistorischen Bezügen, Auffassungen von Gesundheit und Krankheit in unterschiedlichen Gesellschaften";
- den Erfahrungsbezug der KollegiatInnen bei jedem Thema zum Ausgangspunkt der unterrichtlichen Arbeit zu nehmen und für den Lernprozess und die persönliche Kompetenzgewinnung nutzbar zu machen (Hentig, H. v., 1970a);
- eine gesundheitswissenschaftliche Studienorientierung anzubieten, die durch die Kombination mit einem weiteren sozialwissenschaftlichen Fach wie Soziologie, Psychologie, Pädagogik, Sport, Theologie, Geo-

graphie mit dem Studiengang Gesundheitswissenschaften zu einer Schwerpunktbildung in der Ausbildung führt;
- die Interdisziplinarität durch Kooperation von FachvertreterInnen u.a. aus den Fächern Medizin, Psychologie, Sport, Philosophie, Theologie, Kunst zu sichern.

Im Vergleich zu den ab 1987 von Bielefelder Wissenschaftlern entwickelten Vorstellungen eines Public-Health-Studiums in Form eines postgraduierten Zusatzstudiengangs (Laaser, U., Wolters, P., 1990) wird deutlich, dass am Oberstufen-Kolleg nicht der Fächerkanon[13] ähnlicher Ausbildungsangebote aus dem angloamerikanischen oder europäischen Ausland favorisiert, sondern ein eigener didaktisch-methodischer Weg[14] zu einem möglicherweise für grundständige Veranstaltungen und schulischen Unterricht relevanten Curriculum gesucht wurde. Dabei standen (und stehen) die lernenden Subjekte im Mittelpunkt, deren Erfahrungen mit Gesundheit und Krankheit bei der wissenschaftlichen Erarbeitung der Themen Berücksichtigung finden sollten. Begründungen für dieses Vorgehen wurden in der konstruktivistischen Pädagogik[15] gefunden, die auch für das aktuelle Curriculum von Bedeutung ist.

---

[13] Laaser und Wolters referieren das Angebot der John Hopkins University in Baltimore / USA und die Überlegungen der 1988 an einer verbesserten Public-Health-Ausbildung interessierten deutschen Universitäten und stellen fest: „In Bielefeld wird mit dem Zusatzstudiengang für „Gesundheitswissenschaften und öffentliche Gesundheitsförderung" einem breiten Verständnis von Public Health Rechnung getragen. Das Bielefelder Modell umfasst die meisten der international für wesentlich gehaltenen gesundheitswissenschaftlichen Fächer..." (Laaser, U., Wolter, P., 1990, S.143)

[14] Unter Punkt 3.3.2 wird dieses Qualitätsmerkmal ausführlich dargestellt.

[15] Aus der Diskussion um den „radikalen Konstruktivismus" wurde vor allem das Konstruktivitätstheorem für die Didaktik als relevant erachtet. Es gestattet zu postulieren, das einzelne lernende Subjekt mit seinen ihm aktuell gegebenen geistig-seelischen Zustand zur Lernhandlung zu provozieren: „Jedes Wissen muss vom einzelnen Subjekt mit den Mitteln des von ihr / ihm jeweils subjektiv verfügbaren kognitiven Inventare konstruiert werden" (Rusch, G., 1999, S.9)

Das 1992 den Ministerien für Schule und Wissenschaft und Forschung vorgelegte Rahmencurriculum (Göpel, E., Günther-Boemke, G., Schneider A., 1992) war aufgrund der Evaluationsergebnisse (vgl. Schneider, A., 1992 und 1998) und der Beratungen durch die begleitende Expertengruppe gegenüber dem ursprünglichen Konzept weiterentwickelt worden. Die Problemorientierung wurde didaktisch verankert, obligatorische und fakultative Unterrichtsinhalte wurden ausgewiesen, der Handlungsbezug des Unterrichts (z. B. durch Projekte zur Sucht- oder Ernährungsproblematik) wurde durch Übungen zur Entwicklung von Kernkompetenzen (Anleitung von Übungen zur Wahrnehmungssensibilisierung, Praktizieren von Coping-Strategien zur Stressbewältigung, Posterpräsentation von Befragungsergebnissen zum Suchtverhalten Jugendlicher während der Suchtpräventionswoche, Organisation eines selbstständigen Angebots zur Verbesserung der Ernährungssituation in der Cafeteria des Oberstufen-Kollegs) realisiert. Ein kritisch und kontrovers diskutierter Aspekt dieser Phase war der Versuch, durch den Unterricht sinnhafte und konsistente Zusammenhänge zwischen definierten wissenschaftspropädeutischen Zielsetzungen, dem erfahrungs- und problemorientierten Lernen, dem Erwerb von Kernkompetenzen und fachspezifischen Gegenstandsaspekten oder Themen herzustellen. Wissenschaftspropädeutische Leitziele wurden für die vier Gegenstandsbereiche (Körper, Psyche, Soziales, Gesundheitswissenschaftliche Denkweisen) von der Vorstellung abgeleitet, dass der ganze Mensch als lernendes Subjekt in die Lage versetzt werden muss, seine gesundheitsbezogenen Primärerfahrungen von seiner je konkreten Besonderheit abzulösen, sie zu verallgemeinern und als wissenschaftliche Phänomene zu begreifen (Heckhausen, H., 1987, S.131).

Der Lern- und Erkenntnisprozess sollte angeleitet werden durch Thematisierung der relevanten wissenschaftlichen Methoden der unterschiedlichen Disziplinen, die im Studiengang vertreten waren. Als Leitziel für den Gegenstandsbereich „Körper" wurde festgelegt, einen Erkenntnisprozess von der subjektiven Körperwahrnehmung zum intersubjektiven wissenschaftlichen

Erklären körperlicher Phänomene zu initiieren: der Weg vom *Wahrnehmen zum Erklären* war so vorgeschrieben. Für die psychischen Phänomene wurde als Ziel formuliert, das subjektive psychische Erleben wissenschaftlich verstehen zu lernen, also auf allgemeine erkannte oder akzeptierte theoretische Vorstellungen zurückzuführen. Der Weg sollte *vom Erleben zum Verstehen* führen, wobei im Begriff des Verstehens Erklärungsansätze mitgedacht wurden, die für psychosomatische Phänomene integriert werden mussten. Der Gegenstandsbereich, der die sozialen und Umweltbezüge von Gesundheit fokussierte, wurde mit der Zielsetzung versehen, die Lernenden über die Reflexion des *individuellen Gesundheitsverhaltens zum gemeinsamen und geplanten Gesundheitshandeln für eine gesunde Lebensweise* zu animieren. Auf der Metaebene des wissenschaftlichen und gesellschaftspolitischen Nachdenkens über Gesundheit, dem Gegenstandsbereich „gesundheitswissenschaftliche Denkweisen", sollte das Ziel erreicht werden, dass die Lernenden *einen wissenschaftlich begründeten Standpunkt* zu individuellen und gesellschaftlichen Gesundheitsproblemen einnehmen können. Der Erfahrungsbezug war in diesen Gegenstandsbereichen jeweils leicht herzustellen. Schwierig wurde die Auswahl der Themen, die einerseits mit subjektiven Erfahrungen zu verbinden sein sollten, und andererseits auch als von den Subjekten abstrahierte verallgemeinerte wissenschaftliche Problemstellungen erarbeitet werden sollten. Die Schwierigkeit bestand für die Lehrenden vor allem darin, die mitgeteilten Erfahrungen so zu strukturieren, dass die als wesentlich erachteten Unterrichtsinhalte, die erarbeitet werden sollten, diesen Erfahrungen adäquat waren[16]. Eine andere Schwierigkeit war, jeweils angemessen den konkreten Handlungsbezug und die Kompetenzentwicklung umzusetzen.

---

[16] Im empirischen Teil der Arbeit wird anhand konkreter Beispiele aufgezeigt, wie dieses Problem methodisch gelöst wurde.

In der Konsequenz dieser Auseinandersetzung und aufgrund von Anregungen der die Entwicklungsarbeit begleitenden Expertengruppe wurde in der letzten Entwicklungsperiode der zunächst strenge Bezug zwischen Leitzielen, Erfahrungs- und Problemorientierung, Unterrichtsthemen und Kompetenzentwicklung gelockert. Er wurde dennoch fakultativ realisiert, insbesondere in den ersten vier Semestern, in denen sich konkrete gesundheitsförderliche Unterrichtssituationen anboten. Festgelegt wurde auch, dass die gesundheitswissenschaftlichen Themen, die in den ersten vier Semestern der Ausbildung eher auf individuelle Erfahrungen mit dem Körper und der Psyche bezogen waren, in den höheren Semestern auf gruppen- und bevölkerungsspezifische Themen ausgerichtet sein sollten, in denen allerdings die individuellen Erfahrungen repräsentiert sein sollten. In dieser Zeit hatten sich auch aufgrund aktueller wissenschaftlicher Entwicklungen Themenbereiche verändert: so wurde in den ersten Semestern ein Schwerpunkt gelegt auf Psychoneuroimmunologie, der vor allem die Verbindung von Immunsystem und psychischer Belastung (Stress) zum Gegenstand hatte, und in den letzten Semestern wurden neuere theoretische Ansätze zur Salutogenese und zu gesellschaftlichen Bedingungen gesunder Lebensweise erarbeitet.

Der Abschlussbericht über die Erprobungsphase des Studiengangs von 1994 bis 1999 stellte nach diesen Entscheidungen die vorläufig beendete Curriculumentwicklung zur Diskussion.

Zusammengefasst lässt sich festhalten, dass in den 12 Jahren der Entwicklung und Erprobung das Fach konzeptionelle Änderungen erfahren hat, die vor allem auf folgende Bedingungen zurückzuführen sind:
- die Einrichtung der Fakultät für Gesundheitswissenschaften an der Universität Bielefeld und die bundesweit entstandenen zahlreichen Postgraduierten-Studiengänge an Universitäten bzw. Fachhochschulen und Grundstudiengänge an Fachhochschulen, wodurch Inhalte und Methoden des Faches zunehmend klarer definiert werden konnten,

- die personelle Ausstattung des Faches am Oberstufen-Kolleg, durch die bestimmte Fachdisziplinen (Toxikologie, Epidemiologie, Soziologie und Sozialwissenschaften, Psychologie, Sport) vertreten werden,
- die Ergebnisse der Evaluation zu Studienmotiven der KollegiatInnen, die zu didaktisch-methodischen Konsequenzen und der Einführung des erfahrungs- und problemorientierten Unterrichts führten,
- die Reflexion der Konzeption durch eine die gesamte Arbeit begleitende Expertengruppe aus Vertretern des schulischen und hochschulischen Bereichs.

Gegenwärtig zeichnet sich die Konzeption nach sorgfältiger Evaluation durch folgende Grundsätze aus:
- eine interdisziplinäre Orientierung, die multidisziplinäre Fachinhalte aus den Disziplinen Humanbiologie, Psychologie, Pädagogik, Soziologie und Sozialwissenschaften vermittelt,
- eine methodische Orientierung, die Grundzüge des sozialwissenschaftlichen Forschens vermittelt,
- eine wissenschaftspropädeutische Orientierung, die die Befähigung der KollegiatInnen zum Übergang in ein höheres Fachsemester zum Ziel hat,
- eine Kompetenzorientierung, die die fachspezifische Persönlichkeitsentwicklung zum Ziel hat.

Die curriculare Übersicht in Tabelle 1 soll an dieser Stelle eine Orientierung geben:

Tabelle 1: Übersicht über das Curriculum

Semester	Thema	Inhalte	Methodische Fähigkeiten	Soziale Kompetenzen
1.	Einführung (4 Stunden / 5 Wochen)	Das bio-psycho-soziale Modell der Gesunderhaltung	Einführung in wissenschaftliche Arbeitstechniken	Diskussionsverhalten: Zuhören + Wiedergeben

Das Curriculum des Fachs Gesundheitswissenschaften

Semester	Thema	Inhalte	Methodische Fähigkeiten	Soziale Kompetenzen
	Der lebendige Körper (1) (6 Stunden / 12 Wochen)	Halte- und Stützsystem des Körpers, Körperhaltung, subjektives Körperbild, Herz-Kreislauf-System Respiratorisches System	Einführung in erfahrungs- und problemorientiertes Arbeiten	Selbst- und Fremdwahrnehmung des Wohlbefindens
2.	Der lebendige Körper (2) (6 Stunden / 12 Wochen)	Nervensystem Sinneswahrnehmung, Endokrines System, Immunsystem	s.o.	s.o.
3.	Methoden der Körperarbeit (12 Stunden / 5 Wochen)	Theorie und Praxis körperorientierter Angebote zur Gesunderhaltung des Halte- und Stützsystems, der Atmung und des Herz-Kreislaufsystems	Einführung in physiologische und psychophysiologische Verfahren der körperlich-geistig-seelischen Entspannung	Selbst- und Fremdbeobachtung
3.	Körper und Psyche (1): Gesundheitliche Belastung durch Stress (6 Stunden / 12 Wochen)	Psychophysiologische, psychoneuroimmunologische, psychologische Stresstheorien	Erfahrungs- und problemorientiertes Arbeiten: Problembeschreibung, -analyse, -erklärung, Lösungsansätze (Coping-Strategien)	Subjektives Stresserleben beschreiben und individuelle Unterschiede akzeptieren

Semester	Thema	Inhalte	Methodische Fähigkeiten	Soziale Kompetenzen
4.	Körper und Psyche (2): Gesundheitliche Belastung durch Kommunikation (6 Stunden / 12 Wochen)	Psychologische und soziologische Modelle zwischenmenschlicher Kommunikation, Auswirkungen belastender Kommunikation auf die Gesundheit	s.o.	Subjektives emotionales Erleben in belastenden Kommunikationssituationen benennen und verstehen können
5.	Kommunikations-Training (12 Stunden / 5 Wochen)	Methoden der Gesprächsführung	Übungen, Analysen von Gesprächen, Rollenspiele, Beobachtungen	Gesprächsstörungen erkennen und beseitigen
5.	Körper-Psyche-Soziales (1) (6 Stunden /12 Wochen)	Sozialökologische Bedingungen gesunder Lebensweise: Empirische Untersuchung gesundheitswissenschaftlicher Probleme von Gruppen oder Teilen der Bevölkerung	Projektartiges Arbeiten in kleinen Gruppen an gesundheitswissenschaftlichen Problemen	Kooperieren bei Datenerhebung durch Befragung und Interviews, bei Literaturrecherchen

Das Curriculum des Fachs Gesundheitswissenschaften

Semester	Thema	Inhalte	Methodische Fähigkeiten	Soziale Kompetenzen
6.	Methoden empirischer Sozialforschung (12 Stunden /5 Wochen)	Interview, Fragebogen, Beobachtung, qualitative und quantitative Auswertungsmethoden	Einführung in die Arbeit mit computergestützter Analyse	s.o.
6.	Körper-Psyche-Soziales (2) (6 Stunden / 12 Wochen)	Sozialökologische Bedingungen gesunder Lebensweise: Fortsetzung der Projektarbeit (Erstellung des Projektberichts)	Bericht schreiben, gliedern, Ergebnisse darstellen und interpretieren	Bericht mit der Arbeitsgruppe präsentieren
7.	Gesundheitswissenschaftliche Denkweisen (1) (6 Stunden / 12 Wochen)	Kriterien gesundheitswissenschaftlichen Denkens, Konzepte der Gesundheitswissenschaften	Entwicklung der Gesundheitswissenschaften rekonstruieren	Vortragen üben und Leistung beurteilen
8.	Gesundheitswissenschaftliche Denkweisen (2) (6 Stunden / 10 Wochen)	Aktuelle Probleme des Gesundheitswesens, Analyse und Beurteilung aktueller Diskussionen im Gesundheitsbereich	Medienberichterstattung verfolgen, analysieren und beurteilen	Die eigenen Erfahrungen in Bezug setzen zu gesellschaftspolitischen Diskussionen um die Gesundheit

Dieser kurze Überblick diente dazu, den Kontext der curricularen Arbeit aufzuzeigen. Die für die evaluative Arbeit wichtigen Entscheidungen über Ziele, Inhalte und Methoden, die sich in der Systematik des Faches, im Erfahrungs- und Problemorientierten Unterricht, im Forschenden Lernen und letztlich in der Arbeitskultur widerspiegeln, sollen in den nächsten Abschnitten ausführlicher erörtert werden.

3.3 Theoretische Bezüge ausgewählter Curriculumbausteine und die Ziele der Qualitätssicherung

Die Fachsystematik und als ihr Produkt, das Fachverständnis, sollen im nächsten Abschnitt (3.3.1) als Qualitätsmerkmale des Studiengangs definiert und begründet werden. Es werden - nach kurzer Reflexion des internen Diskussionsverlaufs - zunächst allgemeine Auffassungen zu den Begriffen „Fachsystematik" und zur „Multi- und Interdisziplinarität", sowie zum „Fachverständnis" vorgestellt. Im Anschluss daran sollen beide Begriffe auf die Gesundheitswissenschaften am Oberstufen-Kolleg angewendet werden, so dass durch die Evaluationsmaßnahmen (Abschnitt 4.2) empirisch nachzuprüfen ist, ob durch die Systematik der Inhalte das angezielte Fachverständnis entwickelt werden konnte.

Im darauf folgenden Abschnitt 3.3.2 geht es um eine angemessene Wissenschaftsdidaktik für das Fach Gesundheitswissenschaften. Diese hat verschiedene Quellen: zum einen sind es Ansätze der Hochschuldidaktik, die sich mit Vermittlungsproblemen beschäftigen um die Studienmotivation zu erhalten, zum anderen sind es unterrichtstheoretische Prämissen aus der pädagogischen Instruktionspsychologie, die zum gleichen Ziel und einer verbesserten Studienleistung beitragen sollen. Eine dritte Quelle ist das Fach selbst, das das Ziel der Gesundheitsförderung und Kompetenzentwicklung verfolgt. Durch die Evaluationsverfahren soll dann die Frage empirisch überprüft werden, ob durch die Didaktik und Methodik der Problem- und Erfahrungsorientierung als spezifische Wissenschaftsdidaktik des Faches die Differenzierung von Alltagsverständnis und wissenschaftlichem Verständnis bei gleichzeitiger Integration von subjektiven Erfahrungen und wissenschaftlichen Problemstellungen erreicht werden konnte.

Im dritten Abschnitt (3.3.3) dieses Kapitels soll ein weiteres Merkmal der Fachdidaktik Gegenstand der Untersuchung sein: das Prinzip des „Forschenden Lernens" soll methodische Qualifikationen erwerben helfen und damit ein wesentliches Prinzip des wissenschaftspropädeutischen Unterrichts erfüllen helfen: die Einführung in den sozialwissenschaftlichen Forschungsprozess.

3.3.1 Die multidisziplinäre Fachsystematik und das Ziel der Entwicklung eines gesundheitswissenschaftlichen Fachverständnisses

Der Studiengang Gesundheitswissenschaften[17] wurde 1987 als ein multidisziplinäres „Fach" konstituiert durch die Festlegung von Untersuchungsgegenständen, Theorien, Methoden und dem Entwurf einer Systematik, der Auswahl von Studienmöglichkeiten an Universitäten und Fachhochschulen im Anschluss an das Studium am Oberstufen-Kolleg, und insbesondere durch die Recherche nach Berufsbildern.

Es wurden also alle Elemente festgelegt, die ein universitäres Studienfach bestimmen. Nahezu zeitgleich konnten ähnliche Entwicklungen in größerem Maßstab verfolgt werden[18] (Deppe, H.-U., 1991; Abholz, H. H., u.a., 1992;

---

[17] Man findet an der Bielefelder Universität Studienfächer wie Mathematik oder Psychologie, aber auch Studiengänge wie Naturwissenschaftliche Informatik, die sich aus verschiedenen Studienfächern oder Fachdisziplinen zusammensetzen. Der gewählte Begriff der "Gesundheitswissenschaften" im Plural verwies allerdings auch auf dieses Selbstverständnis.

[18] Zur Entwicklung von Public Health stellen Kolip und Schott dar: "Die politische Diskussion um Public Health in Deutschland bekam 1987 neuen Schwung, als der ehemalige Leiter des amerikanischen Public Health Service, Dr. Koop, das Bundesgesundheitsamt in

Beckers, R., 1993; Schnabel, P.-E., 1993) und eigene erste Ergebnisse wurden publiziert (Göpel, E., Welteke-Bethge, R., 1990). Allerdings war der Entwurf einer auf ein Grundstudium bezogenen Ausbildung in dem Fächerkanon der sich rasant entwickelnden Zusatzstudiengänge (vgl. Hoffmann-Markwald, A., u.a., 1994; Kälble, K., v. Troschke, J., 1997) in Deutschland ein relativ marginaler Ansatz[19]. Als vergleichbare Angebote, aber aus unvergleichbaren Ausbildungskontexten, konnten nur Beispiele aus dem europäischen Ausland, insbesondere dem Studium in Maastricht (Hoffmann-Markwald, A., u.a., 1994, S.155 ff.; Leeuw, E. d., 1997, S.172 ff) herange-

---

Berlin besuchte und öffentlich seine Verwunderung darüber äußerte, daß Deutschland ohne eine einzige School of Public Health auskommen wolle (Stein 1992). Auch wenn in Berlin diese Anregung aufgegriffen wurde, kamen die wesentlichen Impulse nicht von dort. Ausgehend von der immer drängenderen Kritik am Fehlen akademischer Ausbildungs- und Forschungseinrichtungen im Bereich Public Health, z.B. durch den Sachverständigenrat der konzertierten Aktion im Gesundheitswesen (1987) und den Gewerkschaften (Schmidt/Jahn/Scharf 1987), wurden in den Jahren 1988 und 1989 von Seiten der Medizin, der Arbeitsgemeinschaft der Wissenschaftlichen Medizinischen Fachgesellschaften (AWMF) und dem wissenschaftlichen Beirat der Bundesärztekammer (BÄK), sowie den Sozialwissenschaften (Universität Bielefeld, Fak. f. Soziologie) konkrete und inhaltlich substantielle, wenn auch unterschiedlich pointierte Vorschläge zur Ausbildung in Public Health ausgearbeitet. Die AWMF stellte die Epidemiologie in den Vordergrund, während der Vorschlag der BÄK breiter angelegt war, Public Health jedoch als originären Teil der Medizin bewertete und den Zugang zu einer Zusatzausbildung aus standespolitischen Gründen nur Medizinern vorbehalten wollte (vgl. Hofmann / Schwartz 1992). Bielefeld als Universität ohne medizinische Fakultät stellte 1989 einen bevölkerungsbezogenen und auf öffentliche Gesundheitsförderung abzielenden Ergänzungsstudiengang vor, und war damit die erste bundesrepublikanische Universität mit einem akademischen Ausbildungsgang in Public Health. Weitere Hochschulen folgten, ..." (Schott, Th., Kolip, P., 1993, S.204).

[19] Studiengänge an Fachhochschulen entwickelten sich später und orientierten sich auch in ihren Grundstudienanteilen intensiv auf Praxisfelder (Beispiel Fachhochschule Magdeburg, Studiengang Gesundheitsförderung). Wir konnten hingegen aufgrund der Notwendigkeit, daß die KollegiatInnen möglichst viele Chancen für ein Anschlussstudium haben sollten, keinen direkten und eindeutigen Bezug auf berufliche Praxis begründen.

zogen werden (vgl. Schneider, A., 1998, S.9 ff.)[20]. Als zusätzlich schwierig erwies sich die Gestaltung grundständiger Studienanteile für ein sehr weites Spektrum möglicher sich nach Abschluss an das Kolleg anschließender Studienfächer. Gleichzeitig entstand die Frage, wie weit ein solches Fachangebot am Oberstufen-Kolleg sich an externen Angeboten (Hurrelmann, K., Laaser, U., 1993, Badura, B., 1994; Kolip, P., Schott, T., 1994) und Festlegungen ausrichten sollte[21], deren Systematik sich nach Berufserfordernissen und Ausbildungsschwerpunkten richtete.

Mit einem eigenständigen curricularen Ansatz waren aufgrund dieser Situation viele Hoffnungen verbunden. Durch eine „Fachsystematik zwischen den Disziplinen" sollte ein attraktives, grundstudienorientiertes Lehrangebot entwickelt werden, das zu einem adäquaten Fachverständnis für die Gesundheitswissenschaften führen sollte. Diese Fachsystematik sollte zu einem Qualitätsmerkmal des Studienganges avancieren[22], die auch für die Diskussion grundstudienrelevanter Ausbildungsangebote eine Bedeutung haben und Ideen für ein Schulfach liefern könnte[23]. Auf diesem Hintergrund war es

---

[20] Auf diese ersten Strukturierungsvorschläge im Rahmen der Curriculumentwicklung sei hier nur verwiesen, sie sind in der angegebenen Literatur ausführlich beschrieben worden. Das Problem, dass Grundstudiengänge für Gesundheitswissenschaften an Universitäten bis dahin nicht geplant waren, betraf vor allem die an dem Fachstudium interessierten KollegiatInnen.

[21] Vgl. die ersten Ergebnisse zur Curriculumentwicklung bei Schneider, A., 1998, S.280

[22] Die Begriffe Fachsystematik und Fachverständnis sollen im Kap 4.2 auf das konkrete Curriculum angewendet werden, so dass wir dann Qualitätsindikatoren für die Qualitätssicherung im Studiengang Gesundheitswissenschaften entwickeln können.

[23] Die Ausbildungsordnung des Oberstufen-Kollegs enthält das durch die ministerielle Fachaufsicht geprüfte und genehmigte Fächerangebot. Die Auswahl von zwei Wahlfächern als Äquivalent zu den Leistungsfächern der Sekundarstufe II und von zwei Ergänzungsfächern bilden u.a die Grundlage für die Prüfung zum Ablegen der allgemeinen Hochschulreife, die dem Abitur der Regelschulen gleichgestellt ist. Das Wahlfach Gesundheitswissenschaften wurde als ein solches Leistungsfach für die Prüfung zugelassen. Es gab einen KMK-Beschluss (Kultusministerkonferenz) 1992 über die Anerkennung des Abschlusses des Oberstufen-Kollegs als allgemeine Hochschulreife unter Einschluss der

umso wichtiger, eine überzeugende Struktur und eine begründete Systematik für das Studienangebot Gesundheitswissenschaften zu entwickeln[24].
Zunächst scheint eine „Fachsystematik zwischen den Disziplinen" ein Widerspruch in sich zu sein[25], wenn man unter Fachsystematik den durch Gegenstand, Theorien und Methoden bestimmten hierarchisierten Wissenskanon einer bestimmten Fachwissenschaft versteht, die ihre Denktraditionen, ihre Forschung und Lehre eben nicht eindeutig aus einer Disziplin, sondern aus verschiedenen herleitet und ihren Ort noch uneindeutig als Interim bestimmt. Nun suggeriert zwar die Systematik eines Faches die Zuordnung des zu vermittelnden „Stoffes" zu einer „Disziplin", aber schon der Bezug zwischen Fach, Wissenschaft und Disziplin ist uneindeutig. Reflektierend über die Frage, wodurch ein Fach als „Lehrfach" sich eigentlich konstituiert und seine „fachspezifische Botschaft" überbringt, zeigt Wagemann auf, dass bereits der Begriff „Fach" aktuell und konkret betrachtet keine eindeutige Anwendung in Studium und Wissenschaft erfährt, und dass ein „Fach" nach der historischen Herkunft eine technische Wortbedeutung hat (im Mittelalter das geflochtene Werk im Fach eines Fachwerkhauses, erst im 18. Jahrhundert

---

Wahlfächer zur Erprobung Gesundheitswissenschaften, Frauenstudien und Umweltwissenschaften laut Erlass vom 9. September 1996, Az. I C 6. 37-2 Nr. 397 /96. Die durch die obere Schulaufsichtsbehörde (Regierungspräsident in Münster bzw. Detmold) befürwortete Einrichtung eines Faches Gesundheitswissenschaften als Wahlfach gab zu Hoffnungen Anlass, dass ein solches Angebot auch für die Sekundarstufe II entwickelt werden könnte. Aktuell scheint es unter den Bedingungen der neuen Schulentwicklungen auch für das Oberstufen-Kolleg in Frage zu stehen, ob die Zukunft des Faches zu sichern ist. Für die Sekundarstufe II sind bis heute keine neuen Fächerangebote diskutiert worden.

[24] Die folgenden Überlegungen beziehen deshalb allgemeine Aussagen zum Begriff „Fachsystematik" ein. Es soll vorab geklärt werden, wie der Begriff verwendet werden kann, dann soll er auf das Curriculum des Studiengangs Gesundheitswissenschaften bezogen werden. Die konkreten Unterrichtsziele und -inhalte, wie sie im vorherigen Kapitel kursorisch aufgezeigt wurden, werden als Qualitätsindikatoren im Abschnitt 4.2 operationalisiert.

[25] Um diesen aufzuklären, werden hilfsweise Überlegungen aus der Hochschuldidaktik und der Wissenssoziologie herangezogen.

übertragen auf Fachgebiet, Handwerk, Kunst, Wissenschaft) und etwas ist, „was künstlich-willkürlich zusammengefügt ist, um etwas zu fangen und dann festzuhalten" (Wagemann, C.-H., 1998, S.32). Und obwohl z.B. auf die Frage, „welches Fach hast du studiert"? völlig eindeutige Antworten gegeben werden wie „Physik" oder „Psychologie" oder „Germanistik", die Studienfächer also als Angebote durch die staatlich autorisierten Bildungsinstitutionen festgelegt sind, bezeichnet der Begriff bereits bei der Vertretung eines Faches durch einen Lehrenden (z.B. Fachvertreter für Allgemeine Psychologie oder Theoretische Physik), oder bei der Festlegung von Prüfungsfächern, von Haupt- und Nebenfächern innerhalb eines Studienfaches eher ein spezielles Fachgebiet, das als von anderen different innerhalb eines Faches zu kennzeichnen ist. Deutlich ist, der Begriff „Fach" ordnet Studienangebote, kennzeichnet das spezifische Wissen, das vermittelt werden soll, unterscheidet zwischen wichtigen und weniger wichtigen Ausbildungsinhalten oder Prüfungsgebieten, oder impliziert die Ausrichtung auf einen Beruf (z. B. Psychologe). Der Begriff sagt aber nichts eindeutiges darüber, was an Inhalten kodifiziert ist, „was in einem Fach zu finden sei" (ebd., S.35). Wagemann hilft sich, indem er feststellt, dass der Begriff „Disziplin" ihm aussagekräftiger erscheint: „Damit ist Wissenschaft gemeint, der je besondere Teil, der formal durch das Fach geordnet ist: Disziplin ist der Inhalt eines Faches" (ebd.) und heißt, etwas von anderem Unterschiedenes, Abgetrenntes wird „ergriffen, erbeutet, erworben" (ebd.), wobei durchaus Fächer existieren, die sich aus verschiedenen Disziplinen „speisen", so dass man auch sagen könnte, durch Disziplinen werden die Inhalte eines Faches im Unterschied zu anderen kodifiziert. Denn durch Abgrenzung entsteht eigene Struktur, durch Struktur eigene Ordnung im Bereich des Wissens eines Faches: „...die durch Klassifikation generierten Einheiten heißen denn auch >Disziplinen<: das in lehrbare Form gebrachte Wissen" (Stichweh, R., 1984, S.7). Und an diesen Disziplinen orientieren sich Studiengänge, die durchaus gleiche Objektbereiche haben können und sich in Gegenstand und Methoden stark überschneiden, und nicht an den für die Ausbildung von Professionen zu groben Zuordnungen wie Natur-, Sozial- oder Geisteswissenschaften[26]. Klüver (1979, S.90 f.) versucht, die Struktur einer Disziplin von ihrer Fachsystematik zu unterscheiden, indem er die Struktur als durch den methodologischen Rahmen definiert sieht (z.B. bei der Physik das experimentelle Vorgehen und die mathematische Theoriebildung), durch den eine Disziplin in ihrem Erkenntnisinteresse zumindest einem Wissenschaftsspektrum (Natur-, Geistes-, Sozialwissenschaften) zuzuordnen wäre, während die Fachsystematik als Begriff „für die aktuelle, gesellschaftlich und historisch bedingte Ausformung und Institutionalisierung einer Wissenschaftsdisziplin stehen soll" (Klüver, J, 1979, S.95). „Fachsystematik ist also ein abkürzender Begriff für den aktuellen Stand einer Disziplin, die in bestimmte Teildisziplinen untergliedert ist, die Grundprobleme und grundlegende Theorien bestimmt hat und die vor allem akzeptierte Standards hat hinsichtlich dessen, was als Problemlösung, was als relevante wissenschaftliche Tatsache usw. zu gelten hat; die Fachsystematik steht also – mit Kuhn zu sprechen – für eine paradigmaorientierte Wissenschaft ..." (ebd., S.95).

Die multidisziplinäre Fachsystematik für den Studiengang Gesundheitswissenschaften kennzeichnet nach den obigen Ausführungen den dem Oberstufen-Kolleg angemessenen Versuch, ein geordnetes Studienangebot für die Eingangssemester eines perspektivisch zu realisierenden Grundstudiums anzubieten. Durch die Fachsystematik soll das Wissen einiger für die Gesundheitswissenschaften relevanten Disziplinen in eine lehrbare Form gebracht

---

[26] Die Begründung der These durch Stichweh, „in wie entscheidender Weise Hochschulsysteme für die modernen Professionen eine relevante Umwelt sind, durch die sie in mehrfacher Hinsicht beeinflusst werden" (Stichweh, R., 1994, S.284), scheint sich gut auf die Entwicklung der Gesundheitswissenschaften als ein neues interdisziplinäres Arbeitsgebiet (Hurrelmann) und später, nach Konstituierung der Gesundheitswissenschaftlichen Fakultät an der Universität Bielefeld und das Angebot eines Postgraduierten-Studiengangs für Public Health - Experten, auf das interdisziplinäre Lehrangebot übertragen zu lassen.

werden, Kenntnisse aus den Disziplinen sollen ausgewählt und in einen hierarchisierten Ablauf, in ein Curriculum, eingebunden werden.

Mit der Fachsystematik ist aber auch das neue sog. trans-paradigmatische Vorgehen der Gesundheitswissenschaften als ein ihre Struktur kennzeichnendes Merkmal eingeführt worden, d.h., die sich entwickelnde Disziplin ringt um eine Paradigma - Orientierung (Hurrelmann, K., Laaser, U., 1993, S.9). Konkret ist der methodologische Rahmen dementsprechend im Curriculum sowohl durch die Natur- als auch die Sozialwissenschaften festgelegt worden, aber ohne eine dieser Seiten hinsichtlich ihrer Forschungsansätze oder Geltungsbegründungen für das, was wissenschaftliche Tatsachen zu sein haben oder wie sie zu erforschen sind, zu verabsolutieren, sondern im Gegenteil, sie aufeinander zu beziehen und in ihrer gegenseitigen Relation zu bewerten. Damit wird die besondere theoretische und methodische Zugangsweise zum Gegenstand Gesundheit, die spezifische Fachsprache im Unterschied zu anderen Fachsprachen und zur Alltagssprache, und wesentlich die Abgrenzung von der Medizin und die Hinwendung auf eine multidisziplinäre[27] und schwerpunktmäßig doch sozialwissenschaftlich orientierte Ausbildung verankert.

---

[27] Die Schreibweise multi-disziplinär soll ausdrücken, dass im gegenwärtigen Stadium gesundheitswissenschaftlicher Ausbildungsangebote allgemein, aber besonders in unserem Studiengang der Versuch überwiegt, Inhalte aus verschiedenen Disziplinen für gesundheitswissenschaftliche Fragestellungen zu integrieren, ohne dass daraus bereits eine neue, "interdisziplinäre" Fachwissenschaft entstünde. Schott und Kolip (1993, S.209) verweisen auf den daraus entstehenden Widerspruch: "Die Gesundheitswissenschaften werden als Multidiszplin apostrophiert und sie wollen mehr sein als die Summe von Einzeldisziplinen. Gleichzeitig ist aber auch festzustellen, daß die Vertreterinnen der jeweiligen Einzeldisziplinen geneigt sind, sich eher an den Standards ihrer Mutterdisziplin zu orientieren, um den wissenschaftlichen Anschluss und damit auch ihr Prestige innerhalb ‚ihrer' scientific community nicht zu verlieren. Diese Gefahr scheint umso größer, je weiter Spezialisierung und Ausdifferenzierung voranschreiten und gemeinsame theoretische Grundlagen nicht vorhanden sind."

Nun ist Interdisziplinarität in der wissenschaftlichen Diskussion aufgrund komplexer gesellschaftlicher und wissenschaftlicher Problemstellungen als wünschenswertes (Lern-)ziel eher für kooperative Forschungsprozesse akzeptiert (Kocka, J., 1987) und setzt dann die disziplinäre Qualifikation voraus. Interdisziplinarität ist weniger (oder gar nicht) als Ziel für die Ausbildung in den Anfangssemestern eines Studienganges[28] (Huber, L. u.a., 1994) oder für den wissenschaftspropädeutischen Fach-Unterricht des Gymnasiums[29] akzeptiert.

Der curriculare Versuch Gesundheitswissenschaften am Oberstufen-Kolleg nimmt aber eben diesen Anstoß aus Wissenschaft und Gesellschaft „zur Entwicklung eines neuen wissenschaftlichen Arbeitsgebietes" als „interdisziplinäre Herausforderung" auf (Hurrelmann, K., Laaser, U., 1993, S.3 ff.) und ist darauf ausgerichtet, im Unterricht der Studieneingangsphase bereits eine für „die Gesundheit" angemessene Gegenstandsbetrachtung, die mehrper-

---

[28] "Soweit die zur Studienreform vertretenen Positionen ohne weiteres dem Imperativ ‚Studienzeitverkürzung' folgen, kann man für unser Anliegen (fachübergreifendes Lehren und Lernen, E.d.V.) schwarz sehen. Die differenzierteren Konzeptionen räumen ihm einen (schmalen) Platz ein, aber an entgegengesetzten Stellen. Die Empfehlungen des Wissenschaftsrats (1985) lassen erst nach dem ersten Abschluss des gestrafften achtsemestrigen Grundlagenstudiums, im Graduiertenstudium, Raum zur Entfaltung von anderen Interessen: Wie Spezialisierung, Vertiefung, Praxisorientierung, so soll dann auch die Beteiligung an interdisziplinären Studien möglich sein" (Huber, L., 1994, S.17).

[29] Obwohl Wissenschaftspropädeutik ja geradezu festlegt, dass nicht "Wissenschaften direkt" und auf "wissenschaftliche Berufe" bezogen unterrichtet werden sollen; sondern "sie hätte...- grundlegende wissenschaftliche Verfahren beispielhaft zu unterrichten und die allgemeinen Prinzipien anschaulich zu machen, - die in der Wissenschaft üblichen Attitüden einzuüben und – die wissenschaftlichen Ansätze hinsichtlich Voraussetzungen und Implikationen kritisch zu beleuchten" (Wagemann, C.-H., 1998, S.15, zitiert nach W. Klafki, 1996, a.a.o., S.162 ff). Schule wäre insofern prädestiniert zumindest für die Verdeutlichung des Ziels von Interdisziplinarität zur Lösung gesellschaftlicher Probleme und Zukunftsfragen, und es könnte über die Diskussionen zum fach- oder fächerüberschreitenden Unterricht eine neue Entwicklung entstehen, die das Prinzip inter-disziplinärer Sichtweise als Bildungsprinzip hervorragend wissenschaftspropädeutisch umsetzen könnte (vgl. dazu Huber, L., u.a., 1999, S.42).

Theoretische Bezüge

spektivische[30] Sichtweise auf den Menschen und das bio-psycho-soziale Modell von Krankheitsentstehung und Gesunderhaltung einzuüben (Badura, B., 1994, S.65; Hurrelmann, K., 1999, S.5; Gerber, U., Stünzner, W. v., 1999, S.29), und zwar durch die Kenntnis und Reflexion der verschiedenen dem Gegenstand adäquaten Zugangsweisen und der unterschiedlichen theoretischen Ansätze und Methoden[31]. Insofern werden die Perspektiven spezifischer Disziplinen wie die der Biologie, Soziologie oder der Psychologie auf Probleme des „Gegenstandes Gesundheit" vermittelt, und damit gleichzeitig der multidisziplinäre Ansatz eines Studienfaches Gesundheitswissen-

---

[30] Komplementär zur mehrperspektivischen Gegenstandsbetrachtung wurde im Oberstufen-Kolleg von einer Forschungs- und Entwicklungsgruppe in Anlehnung an Vorstellungen konstruktivistischer Pädagogik das Konzept des "Perspektivenwechsels" (Krause-Isermann, U., Kupsch, J., Schumacher, M., 1994; Wagemann, C.-H., 1998, S.234) entwickelt. Der Begriff Perspektivenwechsel wurde für den allgemeinbildenden fächerübergreifenden Unterricht am Oberstufen-Kolleg inhaltlich bestimmt als die Fähigkeit, den Standpunkt eines Beobachters einzunehmen und die Differenzen der Disziplinen dadurch auszumachen, daß analysiert wird, wie sie und aus welcher Perspektive sie jeweils ihren Gegenstand oder ihr Problem betrachten, welchen Zugang zur Untersuchung eines Problems sie wählen oder festlegen, welchen Sinn und welche Reichweite sie ihrem Vorgehen zumessen, und wie sie sich dabei von einander unterscheiden. Der Beobachter wäre damit in der Lage, seinen spezialisierten Blick zu erweitern, auch bewusst die anderen Positionen einzunehmen und den Perspektivenwechsel kommunikativ zu reflektieren (vgl. Kupsch, J, Schumacher, M., 1994, S.42 f.). Für den Studiengang Gesundheitswissenschaften ist dies sog. Beobachten „zweiter Ordnung" zwar ein wesentliches Ausbildungsziel, aber es ist nicht das einzige Strukturierungsmoment (dazu siehe unten), wie es als solches für den fächerübergreifenden Unterricht vorgeschlagen wurde.

[31] Die Auseinandersetzung um die Theoriebildung in „Public Health", die Ende der achtziger und Anfang der neunziger Jahre des letzten Jahrhunderts zu sehr heterogenen Diskussionsbeiträgen geführt hat, betraf insbesondere den Begriff „Gesundheit" und seine durch die WHO geprägte leicht zu verabsolutierende Definition (vgl. Baier, W. K., Bergmann, K.E., 1995), die allerdings heute durch die multidisziplinäre Ausrichtung der Gesundheitswissenschaften relativiert wird, durch die ein differenzierter Zugang zur Erforschung des ganzheitlich zu betrachtenden Phänomens Gesundheit als Forschungsgegenstand zu gewinnen ist.

schaften (Schwartz, F.W., Walter, U., 1996, S.3/4; Schneider A., 1998, S.282)[32].

Das Ziel der Entwicklung eines angemessenen Fachverständnisses aufgrund der Fachsystematik resultiert auch aus dem Wunsch nach Verortung in einer scientific community, deren Bedeutung und Funktionsweise vielfach[33] dargestellt wurde: „Die Struktur der Inhalte der wissenschaftlichen Arbeit ist zutiefst verschränkt mit der Struktur der sozialen Formen, in denen sie betrieben wird. Zumal mit Bezug auf die Initiierung, Durchführung und Veröffentlichung von *Forschungsarbeiten* lässt sich die Wissenschaft als Markt darstellen, dessen Sektoren jeweils von "scientific communities", gleichsam von Zünften oder Kartellen, kontrolliert wird, die ihrerseits nach Disziplinen, also Fächern, einzelnen Spezialgebieten oder auch neuen Fachkombinationen (wie z.B.: Bio-Chemie oder Strahlen-Medizin) organisiert sind. In ihnen wird ausgemacht, welche Problemdefinitionen akzeptiert, welche Methoden anerkannt, welche Gütekriterien angelegt werden sollen ..." (Huber, L., 1985, S.46/47). Ohne eine kognitive, ja sogar habituelle Verankerung (Portele, G., 1985, S.299) in diesem System sich selbst reproduzierender Fachrealitäten wird perspektivisch die subjektive Teilhabe an der Produktion

---

[32] Zur Frage, ob der Terminus „Public Health" oder „Gesundheitswissenschaften" angemessener ist, die neuen Forschungs- und Aufgabengebiete der Erkennung von Gesundheitsproblemen der Bevölkerung, ihrer Lösung oder Verhinderung zu bezeichnen, meint Hurrelmann: „Auch im deutschen Sprachraum wird von vielen Wissenschaftlerinnen und Wissenschaftlern für die entsprechenden Aufgaben- und Arbeitsfelder heute der englische Begriff "Public Health" direkt übernommen.... Es lässt sich aber darüber streiten, ob die Übernahme dieses internationalen Begriffes für die Entwicklung von Lehre und Forschung in Deutschland wirklich hilfreich ist. Mit der Übernahme des englischen Begriffes zur Bezeichnung eines Wissenschaftsgebietes könnte eine eigenständige Neuentwicklung der methodischen und theoretischen Vorgehensweisen im deutschen Wissenschaftssystem blockiert werden. Deswegen spricht meiner Ansicht nach alles dafür, einen deutschsprachigen Begriff für diesen Wissenschaftsbereich zu verwenden" (Hurrelmann, K., 1999, S.5).

[33] Insbesondere aus systemtheoretischer Sicht wie bei Stichweh, R., 1994, für Wissenschaft oder für eine Disziplin (Germanistik) bei Rompeltien, B., 1994.

fachspezifischer Kenntnisse und Fähigkeiten, Kommunikationskompetenzen, Sichtweisen und Realitätskonstruktionen nicht ermöglicht. Diese habituelle Verankerung, mit anderen Worten „mit Leib und Seele GesundheitswissenschaftlerIn zu sein", würde sich ohne adäquates Verständnis des Faches nicht entwickeln können. Relevant ist für uns in diesem Zusammenhang auch ein Begriff von Fachverständnis, der durch eine Art kognitiver Kohärenz zwischen dem lernenden Subjekt und seinem „Wahrheitsanspruch" definiert ist und dem, was ihm das Fach an Wegen der Erkenntnisgewinnung und Erklärungsmöglichkeiten anbietet.

Huber erläutert im Zusammenhang mit Ergebnissen der Hochschulsozialisationsforschung ausführlich, dass durch zahlreiche empirische Untersuchungen zu Prozessen der fachspezifischen Sozialisation Unterschiede in drei Bereichen zwischen den verschiedenen Disziplinen festgestellt wurden: in Einstellungen und Lebensweisen, in Problemwahrnehmungen und Lösungsperspektiven, und insbesondere in den „Unterschiede(n) zwischen den Fächern als Kulturen überhaupt ... die je ihre spezifischen sozialen Konstruktionen der Realität und Handlungsmuster hervorbringen" (Huber, L., 1991, S.436).

Im Rahmen dieser Arbeit bezieht sich das Fachinteresse vor allem auf die Besonderheiten des Studienfaches bei Problemwahrnehmungen und Lösungsperspektiven, wie sie oben im Zusammenhang mit der erkenntnisleitenden Struktur der Gesundheitswissenschaften als trans-paradigmatisch und multi-disziplinär angesprochen wurden. Gerade dieser kognitive Effekt der Fachsozialisation scheint für das Fachverständnis von besonderer Bedeutung zu sein, wie es verschiedene AutorInnen nahe legen:

- Sei es, dass gewünscht wird, Studierende mögen adäquate Einstellungen zum Studienfach entwickeln und begreifen, was das Fach leisten kann und was nicht, damit sie nicht nur die korrekte Unterscheidung zu anderen Fächern herstellen können, sondern sich auch gleichzeitig mit ihrer eigenen Disziplin und ihrem hierarchisch festgelegten Ort an der Universität identifizieren (Frank, A., 1990, S.147 f.);

- Sei es, dass ein Zusammenhang gesehen wird zwischen den "Realitätskonstruktionen" von Wissenschaftlern als ein durch die Universität sozialisiertes kognitives System und ihrer dadurch "bildungsbedingten Identität" als Fachwissenschaftler (Portele, G., 1981, S.54 f.);
- Sei es, dass Wissenschaftssozialisation durch Tradierung und Aneignung kognitiver Inhalte innerhalb eines Faches immer als Enkulturation begriffen wird, und zwar als ein Prozess "...im Gesamt der Lehr-Lernsituationen des Studiums, in denen sich der *Habitus* ... ausbildet als disziplinspezifische Kompetenz, nämlich Fähigkeit *und* Bereitschaft, verschiedene, auch neuartige Situationen gemäß generalisierten (situationsübergreifenden) Schemata zu interpretieren und entsprechende Handlungen zu generieren" (Huber, L., 1991, S.421/422).

Der Begründungszusammenhang verdeutlicht, dass die Systematik des Studiengangs Gesundheitswissenschaften ein wesentliches Qualitätsmerkmal der Ausbildung sein muss. Die Systematik fokussiert den Blick auf das Fachverständnis als Lern- und Vermittlungsleistung. Sie impliziert eine multi-disziplinäre Orientierung und damit einen trans-paradigmatischen Zugang zu gesundheitswissenschaftlichen Problemen durch das bio-psycho-soziale Modell der Krankheitsentstehung und Gesunderhaltung.

Die Komplexität dieses Zieles und die Schwierigkeiten in bezug auf die Einstellungen und Interessen der Studierenden konnte Schneider (1998, S.208 f.) für die erste Phase der Evaluation (1987-1991) aufzeigen. So stellte sie z.B. fest, dass eine Mehrheit unserer Studierenden zu Ausbildungsbeginn "stark subjektgeleitete Motive und Erwartungen formulierten", die sie zusammenfassend als Wunsch kennzeichnet, "Alternative Methoden und Verfahren der Gesundheitsbildung" zu lernen und einen Schwerpunkt auf "Bewusstseinsbildung und persönliche Entwicklung" zu legen (ebd., S.209). Sie stellte auch fest, dass der Aspekt der Selbstverwirklichung und Selbstentwicklung bis zum formalen Abschluss der Ausbildung am Kolleg eine große Rolle spielt[34]. Demgegenüber waren die eher studienorientierten KollegiatInnen in der Minderheit und hatten mit der Multidisziplinarität des Angebots, konkret mit der Systematik des Studiengangs und noch fehlenden Studienperspektiven zu kämpfen.

Reagiert wurde auf diesen Problemkomplex u.a. durch weitere didaktische Entscheidungen zur Fachsystematik, und zwar in bezug auf den Gegenstandsbereich der Gesundheitswissenschaften, auf den wissenschaftsmethodischen Lernbereich der sozialwissenschaftlichen Analyse von Gesundheitsproblemen und auf die Orientierung an Gesundheitstheorien, Krankheitsentwicklung und Konzepten zur gesundheitlichen Versorgung und zur Gesundheitspolitik. Der Gegenstandsbereich der Gesundheitswissenschaften wurde aufgegliedert in die Gesundheit von Individuen, die Gesundheit von Gruppen als Teilen der Bevölkerung, die Gesundheit der Bevölkerung in verschiedenen Gesellschaften.

In den ersten vier Semestern des Studiengangs steht das Individuum und seine Gesundheit im Vordergrund, wofür die Ausrichtung an Gesundheitsförderung als Zielsetzung gewählt wurde. Die sozialwissenschaftliche empirische Untersuchung gesundheitlicher Probleme soll im 5. und 6. Semester erfolgen, als Zielsetzung gilt hier die Einführung in Methoden der Gesundheitsforschung. Im 7. und 8. Semester wird der Studiengang abgeschlossen mit Themen zur Epidemiologie und zu theoretischen und praktischen Ansätzen

---

[34] Eine interessante These entwickelt Großmaß zu diesem Phänomen, denn sie interpretiert die Theoriefeindlichkeit von Studierenden in den 80er Jahren aufgrund von Bourdieus gesellschaftstheoretischer Perspektive als Beispiel für Aufsteiger und deren habitueller Unangepasstheit und damit "als eine durch Aufsteiger produzierte Störung im akademischen Feld" , deren "primärer Habitus und deren Erwartungen an Ausbildung nicht akademisch geprägt waren ...", so dass ihre " ‚Theoriefeindlichkeit' und ‚Anwendungsfixiertheit' .... innerhalb der Hochschule als Defizit wahrgenommen ...." wurde (Großmaß, R., 2000, S.165).

gesundheitlicher Versorgung. Als Zielsetzung gilt hier, den KollegiatInnen die gesellschaftlichen Handlungsfelder auf dem Hintergrund aktueller gesundheitspolitischer Auseinandersetzungen aufzuzeigen und ihnen einen eigenen Standpunkt zu ermöglichen. Die Entscheidung über diese gesundheitlichen Themen- und Problembereiche impliziert eine verbreitete Vorstellung zum aktuellen Aufgabenkatalog der Gesundheitswissenschaften: Es geht um "1. Analyse der körperlichen, seelischen und sozialen Bedingungen und Kontexte der Gesundheitsentwicklung und der Verbreitung von Gesundheits- und Krankheitszuständen der Bevölkerung; 2. darauf aufbauend die Ableitung der Versorgungsbedarfe, 3. die Analyse der bestehenden Versorgungsstrukturen im medizinischen und psychosozialen Bereich und ihre Kontrastierung mit dem Versorgungsbedarf, 4. die Entwicklung neuer Modelle für optimierte Versorgungsstrukturen" (Hurrelmann, K., 1999, S.6).

Und aufgrund dieser Diskussionen[35] war ein Verständnis des Gegenstandes und der Methoden der Gesundheitswissenschaften gewonnen und das Ziel der Ausbildung bestimmt worden:

- im Lernprozess sollte "den Studierenden ein integratives Verständnis für die Bedeutung der verschiedenen sozial- und naturwissenschaftlichen Erkenntnisse in der gesundheitsbezogenen Themenbearbeitung" ermöglicht werden (Günther-Boemke, G. u.a., Abschlußbericht 1999, S.9),
- den KollegiatInnen sollte die mehrperspektivische Betrachtung des Menschen durch "die Brille" des bio-psycho-sozialen Modells nahe gebracht werden (Badura, B., 1994; Hurrelmann, K., Laaser. U., 1993a),

---

[35] Dieser Prozess der Auseinandersetzung zwischen Personen mit disziplinärer Sozialisation, unterschiedlichsten Ansprüchen und Zielvorstellungen lohnte gesondert aufgearbeitet zu werden, da in ihm die jeweilige subjektive Verarbeitung der eigenen Fachgeschichte nachvollziehbar und einsichtig wird, wie im Ergebnis ein neues, die einzelnen Biographien integrierendes Unterrichtsfach entstanden ist.

- es sollte die sowohl individuenzentrierte als auch gruppen- und bevölkerungsbezogene sozialwissenschaftliche Herangehensweise an gesundheitliche Problemstellungen vermittelt werden (Hurrelmann, K., 1999, S.6),
- es sollte die Fähigkeit zur Wahrnehmung und zum Denken in übergreifenden Zusammenhängen und komplexen Strukturen wieder angeregt werden, die zwar rudimentär bei Studienanfängern noch vorhanden ist, aber durch allgemeine Schulung des disziplinären Denkens in unserem Bildungssystem fachspezialisiert und damit "monokausal" kanalisiert wurde und jetzt mühsam über fächerübergreifenden Unterricht wieder aufgebaut werden soll (Günther-Boemke, G. u.a., Abschlußbericht 1999, S.29/30).

Die Entscheidung über Themen- und Problembereiche wurde auch durch eine pädagogisch motivierte und unterrichtstheoretisch begründete Haltung beeinflusst. Pädagogisch motiviert war die Vorstellung, Lernprozesse ganzheitlich zu initiieren. Im Sinne der konstruktivistischen Pädagogik wurde das Ziel verfolgt, Erkenntnisprozesse durch erfahrungs- und problemorientiertes Lernen anzuregen und durch Handlungsorientierung einen Kompetenzerwerb zu ermöglichen (Schneider, A., 1998). Hierüber wird im nächsten Punkt zu berichten sein.

3.3.2 Problem- und Erfahrungsorientierter Unterricht und das Ziel der Integration / Differenzierung von Alltagserfahrung und wissenschaftlichen Theorien

Nach der ersten Phase der Evaluation war der Problem- und Erfahrungsorientierte Unterricht zum Ansatz einer dem Studiengang Gesundheitswissenschaften adäquaten didaktisch-methodischen Vorgehensweise gewählt worden, insbesondere um das Ziel der Gesundheitsförderung und der Kompetenzentwicklung der Personen zu erreichen (vgl. die Ergebnisse dazu bei Schneider, A., 1998). In der zweiten Phase der Evaluation wurde der Blickpunkt verlagert auf die Frage, ob die Kombination von Erfahrungs- und Problemorientierung den gewünschten kognitiven Transfer ermöglicht, von der subjektiven Erfahrung zu abstrahieren um verallgemeinerte Problemstellungen zu verfolgen, und umgekehrt, den notwendigen Transfer von allgemeinen Erkenntnissen auf subjektive Erfahrungen und Lebensverhältnisse zu ermöglichen und Handlungsspielräume sehen zu können. Diese Frage entstand aus konkreten Unterrichtsbeobachtungen und aus Rückmeldungen und Urteilen der Lernenden zum Unterricht, die verdeutlichten, mit welchen Schwierigkeiten Lernende und Lehrende zu kämpfen hatten, den Transfer zu bewirken.

Bewusst war mit dem problem- und erfahrungsorientierten Vorgehen eine andere Lehre als die der bloßen Übermittlungstätigkeit praktiziert worden. Bewusst sollten die Lernenden an ihren Erfahrungen anknüpfen, damit der individuelle Lernprozess befördert würde: „Über dem Akzentuieren des Lehrens und Lernens auf Übermittlung und Übernahme präexistenter Inhalte auf vorgebahnten Wegen blieb ein Aspekt und eine Phase unterbeachtet und unterentwickelt. Es handelt sich um jenen Erfahrungswiderstand, der sich in einem Innehalten niederschlägt, in einer Verlangsamung des Blicks, der Sprache, des Denkens, des Fühlens, des ganzen Körpergehabes: in einer Verlangsamung und Intensivierung, die wir gewöhnlich mit Ausdrücken wie Befremdung, Staunen, Irritation, Zweifeln oder auch Fasziniertsein oder Nachdenklichwerden umschreiben. Etwas verliert seine Selbstverständlichkeit" (Rumpf, H., 1998, S.17). Die Erwartung war, dass, wenn beim Lernenden ein solcher intellektueller und emotionaler Zustand hervorgerufen wird, er tatsächlich „anwesend" sein wird (ebd.), er Interesse entwickeln wird, er motiviert sein wird den Zweifeln nachzugehen, sie aufzuklären, sich in das Wissen hineinzubegeben.[36] Dann habe „Didaktik (...) es mit Lernkultur zu tun, mit der Aufmerksamkeit für das, „was unsicher und fraglich ist", mit dem Wurzelbereich also jeder Wissenschaft... Es geht nicht um Vermittlungskniffe, sondern um eine Art, mit der Welt des Forschens und Wissens umzugehen" (ebd., S.26).

Eine Lernkultur für einen neuen Studiengang zu entwickeln, war mit das Hauptanliegen der Curriculumentwicklung der ersten Jahre. Wie Schneider ausführlich darstellt (1998, S.64 f.), war Anfang der neunziger Jahre bei den planenden Lehrenden mit dem Angebot eines Studiengangs Gesundheitswissenschaften vor allem die Vorstellung verknüpft, den Gesundheitsförderungsansatz der Weltgesundheitsorganisation (WHO) in einem subjektorientierten Lernansatz und Lernprozess inhaltlich umzusetzen. Sie begründet ihn in diesem Kontext: „Gesundheitsförderung lässt sich als Prozess nur herstellen, wenn an die vorhandene Eigenkompetenz des Individuums angeknüpft wird mit dem Ziel, dass Individuen sich selbstverantwortlich für gesündere Lebensweisen entscheiden können und sich dabei in ihren bereits vorhandenen Möglichkeiten bestärkt fühlen. Da diese Individualbemühungen jedoch abhängig sind von den bestehenden strukturellen und gesellschaftlichen Voraussetzungen, geht es auch gleichzeitig darum, dass die betroffenen Individuen eine Verbesserung der sozialen und strukturellen Bedingungen ihres sozialen Umfeldes anstreben und damit die Voraussetzungen für gesündere Lebensweisen geschaffen werden. Nur dadurch, daß im Handeln und Verhalten des Individuums diese verschiedenen Ebenen (zwischen Person

---

[36] In einer empirischen Studie zur Validität studentischer Beurteilungen der Lehre wurde dieser Aspekt des studentischen Lernens als methodisches Problem erkannt. Denn unterschiedliche Erwartungen und die Stärke der Studienmotivation der TeilnehmerInnen einer Lehrveranstaltung bestimmten deren Urteil über die Qualität der Lehrpersonen insofern, als die Erfüllung eigener Erwartungen und die hohe Motivation der Studierenden ein günstiges Urteil provozieren und umgekehrt, niedrige Motivation und nicht entsprochene Erwartungen ein schlechtes Urteil (Rosemann, B., Schweer, M., 1996).

und Umwelt) immer zusammenwirken, ist überhaupt ein subjektorientiertes Konzept von Gesundheitsförderung zu legitimieren. In diesem Sinne übernimmt ein subjektorientierter Ansatz der Gesundheitsförderung die Aufgabe, das Individuum stärkende „empowerment" Prozesse zu initiieren und zu organisieren" (Schneider, A., 1999, S.73).

Auf pädagogisch-psychologischer Ebene der Gestaltung von Lernprozessen geht es Schneider und den mit ihr arbeitenden Kolleginnen darum, für die Unterrichtspraxis diese „empowerment"- Prozesse so zu operationalisieren, dass mit Lernen eine gesundheitsförderliche Subjektentwicklung stattfinden kann. Sie begründet diesen Ansatz ausführlich aus der Sicht der Humanistischen Psychologie (ebd., S.76) und ergänzt diese durch eine systemische Sichtweise, die das Denken in vernetzten Zusammenhängen einfordert (ebd., S.80). Während aus der Humanistischen Psychologie als Zielsetzung für subjektorientiertes Lernen die Prinzipien der Selbstentwicklung und Selbstaktualisierung gewählt wurden, durch die ein Lernen mit persönlichem Sinn möglich werden sollte, ergänzt der systemische Blick das Lernen um den personellen, sozialen und institutionellen Kontext, in dem die Individuen sich befinden, in dem sich ihre Biographie vollzogen hat und in dem sie sich weiter entwickeln. Der Begriff "Selbstaktualisierung"[37] wurde definiert als Möglichkeit des Individuums, die eigenen Interessen, Bedürfnisse und Emotionen wahrzunehmen, im Wortsinne das Eigene, das Selbst "aktuell" präsent zu haben und, wenn gewünscht, auch präsentieren zu können. Es kam in diesem Kontext darauf an solche Lern-Situationen zu schaffen, die für die Verbesserung der Selbstaufmerksamkeit auf das eigene Befinden und die eigenen Gedanken und Vorstellungen geeignet waren.

---

[37] Der Begriff wurde von Carl Rogers verwendet, um den Gegensatz seines humanistischen Konzeptes der Persönlichkeitsentwicklung zur Kontrolle menschlichen Verhaltens durch die Verhaltenswissenschaften zu verdeutlichen (vgl. Rogers, C., 1976, S.386-387)

Bestätigt wurden diese Zielvorstellungen durch die konstruktivistische Auffassung von Lehren und Lernen[38], die den individuellen Weg der Erkenntnisgewinnung als einen kognitiven Verarbeitungsvorgang versteht, der immer anknüpft an den subjektiven Erfahrungen des einzelnen: "Da Begriffe im konstruktivistischen Kognitionsmodell nicht als Repräsentationen von Ding-an-sich oder Verhältnissen-an-sich in einer vom wissenden Subjekt unabhängigen Realität betrachtet werden, sondern als Erzeugnisse der Anpassung, können sie nur aus Bestandteilen zusammengesetzt werden, die das Subjekt von seinen eigenen Erfahrungen abstrahieren kann" (Glasersfeld, E. v., 1995, S.9). Der Begriff Erfahrung meint hier nicht nur die durch die Sinneswahrnehmung produzierten psycho-physiologischen "Bilder" oder "innere Zustandsbeschreibungen", sondern auch die mentalen Vorgänge des Denkens über das Erlebte und Erfahrene, insbesondere die im biographischen Lebenszusammenhang erfolgenden Operationen der Ursache-Wirkungs-Verknüpfung, der assoziativen Zusammenschau und Interpretationen der eigenen Gefühle und Gedanken. Die Beachtung und Akzeptanz der Lernenden als handelnde Personen mit ihrer Geschichte und ihrem Lebensumfeld war damit gefordert, und ein Unterricht, in dem sich Gesundheitsförderung dann mit Sinn erfüllen würde, wenn die Lernenden anknüpfend an das eigene Erleben versuchten, für sich begrifflich zu fassen, was das je eigene Ziel sein soll, auf das hin sie sich entwickeln könnten. Dies wäre die Voraussetzung dafür Verstehen zu bewirken, denn die KollegiatInnen könnten am eigenen Erleben oder an eigenen Erfahrungen anknüpfen, wenn sie sich mit gesundheitswissenschaftlichen Inhalten beschäftigen, müssten aber auch angeleitet (ebd.) werden von diesen zu abstrahieren, um allgemeingültige Begriffe zur

---

[38] An dieser Stelle kann nur in eklektizistischer Weise auf die konstruktivistische Pädagogik Bezug genommen werden, da eine ausführliche Auseinandersetzung den Rahmen dieser Arbeit sprengen würde.

Verfügung zu haben, die sich unabhängig von der eigenen Situation oder der eigenen Befindlichkeit als brauchbar und übertragbar erweisen.

Eben diese Anleitung zur Abstraktion und zum Transfer wurde nach der ersten Evaluationsphase mit der Problemorientierung als notwendiges didaktisches Strukturierungsmoment in das Curriculum eingeführt. Hintergrund war, dass aufgrund der ersten Rückmeldungen von einem Teil der KollegiatInnen deutlich wurde, dass die Versuche des reinen erfahrungsorientierten Zugangs[39] zu Inhalten der Gesundheitswissenschaften als erhebliche Differenz zu normalen Schulerfahrungen erlebt wurden (Schneider, A., 1998, S.91). Sowohl die räumliche Umgebung verunsicherte einige Lernende, da sie zeitweilig aufgefordert wurden, in einem Raum ohne übliches Mobiliar zu arbeiten, als auch die Art des Lernens. Denn eigene Erfahrungen spielten in ihren bisherigen schulischen Bezügen fast keine Rolle, so dass trotz anspruchsvoller inhaltlicher Arbeit zum Teil ein Gefühl von "nichts gelernt zu haben" entstand, insbesondere auch deshalb, weil es schwer fiel, das Lernergebnis in herkömmlichen Leistungsbegriffen zu bemessen und in Leistungskategorien darzustellen. Auch der institutionelle Widerspruch, in einer Lernanstalt *aufgefordert* zu werden, auf sich selbst zu achten, sich selbst zu entwickeln, persönlichen Sinn im Lernen und den Inhalten zu finden, und diese aber vorgegeben zu bekommen, ließ bei einigen KollegiatInnen Zweifel an

---

[39] Der sog. "erfahrungsorientierte Zugang" zu Inhalten der Gesundheitswissenschaften wurde nach Prinzipien der humanistischen Pädagogik gestaltet und solchen Vorgehensweisen, wie sie exemplarisch von Gerhard Fatzer (1998, S. 73 f.) dargestellt werden. Das bedeutete z.B., dass mit den KollegiatInnen beim Thema "Herz-Kreislauf" eine gelenkte Phantasie durchgeführt wurde mit dem Ziel sich intensiv vorzustellen, wie Herz und Kreislauf in verschiedenen Situationen reagieren würden. Oder es wurden Selbst- und Fremdbeobachtungen zum Thema "Körperhaltung" durchgeführt und diese Haltungen erprobt, um den Zusammenhang zwischen den Begriffen innere und äußere Haltung im Kontext mit Lebenserfahrungen zu thematisieren. Einen lebendigen Einblick in dieses methodische Vorgehen gibt Schneider in ihrer Darstellung der Unterrichtskonzeption zum Thema "Körperhaltung und Körperrhythmus" (Schneider, A., 1998, S.300).

der Methode aufkommen, die ja auch ein Vertrauen in die Lerngruppe und die Lehrenden voraussetzt, dessen Entwicklung in einer Einrichtung des Bildungssystems, das auch eine Leistungsbewertung praktiziert, in Frage zu stellen ist (Fatzer, G., 1998, S.223). Die Verarbeitung dieser Differenzerfahrungen war auch sehr heterogenen Studienmotivationen und den darin begründeten Lernerwartungen und Fachinteressen geschuldet. Schneider konnte nachweisen (Schneider, A., 1998, S.97 f.), dass durch die erfahrungsbezogene Methode die KollegiatInnen deutlicher als in anderem Unterricht ihre Interessen formulierten und dadurch die unterschiedlichen Ansprüche an das Fach und die Lehrenden klarer hervortraten und zu Auseinandersetzungen in den Lerngruppen führten: "So erhoffte ein Teil der Studierenden über eine erfahrungsorientierte Unterrichtsgestaltung insbesondere berufs- und studienvorbereitende Handlungskompetenzen zu erwerben, andere hingegen wollten in erster Linie für sich selbst etwas aus dem Unterricht ziehen" (ebd.). Die Institution forderte die Studienorientierung, die aber mit der Erfahrungsorientierung und der Aufforderung, persönlichen Sinn im Fach zu entdecken, nicht für alle Lernenden erreicht werden konnte.

Als eine Konsequenz aus dieser Situation wurde der Schluss gezogen, dass die o.g. Anleitung zur Begriffsbildung als notwendiger Weg zur Abstraktion, und zur systematischen theoretischen Reflexion der Erfahrungen als Weg zum Transfer verbessert werden muss, wenn der Erfahrungsbezug nicht aufgegeben werden soll. So wurde die Entscheidung getroffen, den damals in neuen medizinischen und gesundheitswissenschaftlichen Studiengängen erprobten und als erfolgreich charakterisierten didaktischen Ansatz, das Problemorientierte Lernen, zu adaptieren: (Schneider, A., 1998, S.127 f.)[40].

---

[40] Während in den achtziger und neunziger Jahren des letzten Jahrhunderts das sog. "Problem-Based Learning" (PBL) als Ausbildungsalternative vor allem in der Medizin und den Gesundheitswissenschaften im europäischen Ausland (z. B. Berkel, van, H.J.M., 1989) und im angloamerikanischen Raum zunehmend attraktiv wurde (vgl. u.a. Boud, D., 1987;

Auch dieser Ansatz schließt an die konstruktivistische Lernphilosophie an (Mandl, H., Bruckmoser, S., Konschak, J., 1999, S.13), die Lernen als einen aktiven und konstruktiven Prozess betrachtet, der situations- und kontextabhängig ist und darauf basiert, dass zwischenmenschliche Kommunikation das Verstehen von Welt in begrifflich abstrakter Form erst durch den sozialen Erfahrungsgewinn des Individuums und seine kognitive Verarbeitung ermöglicht. Auf diesem Hintergrund sind folgende Prinzipien zu verstehen (Smith, A.C., Powell, S.C., Wood, E.J., 1995, S.149): Sorgfältig konstruierte reale „paper cases", die eine direkte Relevanz für das Studienfach und die mit beruflicher Praxis auftretenden Problemfälle haben, werden von einer kleinen Gruppe von Studierenden (8-12 Personen) zunächst daraufhin geprüft, welche Phänomene, Ereignisse oder Begriffe geklärt werden müssen. Dann analysiert die Gruppe, welches Problem in diesem beschriebenen Fall zu lösen ist, versucht es zu definieren, versucht zu entscheiden, welche Hypothesen zur Erklärung möglich sind, welche Inhalte zu erarbeiten sind und zieht maßgebliche Literatur heran, um den Sinn der Hypothesen abzuklären. Die Gruppe trifft sich wiederholt, um das erworbene Wissen zusammenzutragen, es auf seine Bedeutsamkeit zu prüfen und gemeinsam abzuschätzen, welche Kenntnisse noch fehlen, um das Problem zu lösen. Dieser Prozess wird solange fortgesetzt, bis eine befriedigende Problemlösung erreicht wurde. Ein Tutor begleitet diesen Prozess, er ist mehr Berater als Informationsquelle und reflektiert mit den Studierenden den gemeinsamen Arbeitsprozess (vgl. auch Gräsel, C., 1997, S.20). Was verspricht man sich von diesem Lernvorgang?

Boud, D., Feletti, G., 1991, die das Harvard – Programm in PBL darstellen; sowie mit einer Begründung für die Didaktik der Gesundheitswissenschaften; Schneider, A., 1998, S. 133 f.), wird diese Entwicklung erst mit einiger Verzögerung in Deutschland registriert (z. B. Gräsel, C., 1997; Kohler, B., 1998; Gräsel, C., Mandl, H., 1999).

Ganz im Sinne der konstruktivistischen Pädagogik und auf Basis kognitiver Lerntheorien wird behauptet: „The starting point for learning is always the problem" (Boud, D., 1987, S.14). Der Schwerpunkt wird also auf die Diskrepanz zwischen vorhandener Erfahrung und erfolgreicher Realitätsdeutung und fehlenden Deutungsmustern für neue Erfahrungen gelegt, die dem lernenden Subjekt einen Anreiz bieten, neue Wissensstrukturen zu entwickeln, um handlungsfähig zu werden und diese Diskrepanz zu bewältigen (Krüssel, H., 1995, S.130/131). Schon in frühen Diskussionen zum entdeckenden Lernen und zur intrinsischen Motivation (Bruner, J.S., 1973, S.16) wurde auf das Phänomen aufmerksam gemacht, dass Schüler und Studierende engagiert und motiviert arbeiten, wenn eine Aufgabe bzw. ein zu bearbeitendes Problem mit persönlichem Sinn verbunden werden kann und über das „Lernen für die Prüfung" hinausweist. Erklärt wird es z. B. durch die Annahme, „that people, when confronted with a situation not easily understood, seek information in order to fill the gaps. The confrontation with meaningful but poorly understood problems would drive the learning. Hunt considers this intrinsic need of the organism to reduce incongruence to be an inherent feature of the cognitive process" (Norman, G.R., Schmidt, H.G., 1992, S.558). Parallel dazu wird beschrieben, dass die traditionelle Vermittlung von Kenntnissen und Methoden im Hochschulunterricht oft nicht die gewünschten Ergebnisse erzielt, sondern sog. „träges Wissen" produziert, das die Studierenden nicht auf andere als die gelernten Beispiele übertragen und insofern nicht problemlösend agieren können (Gräsel, C., Mandl. H., 1999, S.371). Sofern die verbale Wissensvermittlung durch die Lehrenden im Vordergrund steht, werden aktive und konstruktive Lernprozesse nicht angestoßen: „Dieses Primat der Instruktion fördert eine weitgehend rezeptive Haltung, die eng damit verbunden ist, dass träges Wissen gelernt wird. Mit solch einer Haltung wird nämlich ein eigenständiges Durchdenken der Lerninhalte, ihr Vergleich mit eigenen Vorerfahrungen bzw. mit Vorwissen und das Reflektieren von Anwendungsmöglichkeiten unwahrscheinlich. Genau diese aktiven und konstruktiven Lernprozesse sind aber zentral, wenn Wissen erworben werden soll, das in komplexen Situationen angewendet werden kann" (ebd., S.373). Neben der Eigenaktivität der Lernenden wird die Auffassung betont, dass Lernen in hohem Maße situationsgebunden und sozial ist, und „dass der Transfer von Wissen vor allem dann gelingt, wenn die Lern- und Anwendungssituationen vergleichbar sind" (ebd.), d.h., wenn sie zumindest realitätsnah und komplex genug sind, um die sog. „ungefächerte Realität"[41] (von Hentig) zu repräsentieren, in der nicht individuell, sondern sozial gehandelt wird[42].

Primäres Ziel des problem-based learning ist es folglich, Fähigkeiten des problemlösenden Denkens zu entwickeln und letztlich die Studierenden zu befähigen, angemessene Entscheidungen für Problemlösungen zu treffen. Sie sollen sich durch eigenes Lernhandeln diese Kompetenz zunehmend besser erarbeiten und sich in die Lage versetzen, sich das adäquate Wissen anzueignen, es verfügbar zu haben und es gebrauchen zu können. Das klassische Theorie-Praxis-Problem universitärer Ausbildung soll auf diese Weise in seinen Auswirkungen (z.B. "träges Wissen") gemildert werden und vor allem selbstgesteuertes Lernen, hohe Studienmotivation und Studienzufriedenheit bewirken (Norman, G. R., Schmidt, H. G., 1992, S.558). Wenn auch einige Erfolgskriterien des problemorientierten Lernens noch nicht eindeutig belegt zu sein scheinen (insbesondere der Effekt des problemlösenden Handelns in der Praxis, der korrekter Weise erst in Längsschnittstudien nachzuweisen wäre, ebd. S.564), der nicht zu widerlegende Effekt, dass diese Art der Gestaltung des Lernprozesses von den Studierenden als wesentlich anre-

---

[41] Die Realität enthält keine Schul- oder Studienfächer!
[42] Gräsel und Mandl beziehen sich hier insbesondere auf den didaktischen Ansatz des „Cognitive Apprentice-ship", in dem das Hineinwachsen in die scientific community dadurch gestaltet wird, dass „Meister" den „Lehrlingen" ein nachahmenswertes Modell bieten, indem sie durch eine Art Metareflexion des eigenen Handelns bei fachspezifischen Problemlösungsvorgängen den Weg aufzeigen, den sie selbst beschreiten (1999, S.377).

gender empfunden wird, weil sie sich einerseits konkret vorstellen können, was sie mit dem Gelernten anfangen können, andererseits selbst aktiv ihren eigenen Lernprozess gestalten und dadurch die selbst initiierten Erfolgserlebnisse für sich verbuchen können (so auch Mandl. H., Bruckmoser, S., Konschak. J., 1999), war überzeugend genug, diesen Zugang curricular umzusetzen.

Boud macht deutlich, dass die Art und Weise des problemorientierten Lernens unterschiedlich aussehen kann: „ problem-based learning can take many different forms depending on the nature of the field and on the particular goals of the program of which it is a part" (1987, S.13). Die oben beschriebene Art des Vorgehens repräsentiert aber den typischen sechsstufigen Lernprozess, der erstmals 1980 systematisch vorgestellt (Barrows, H. S., Tamblyn, R., 1980) und vielfach übernommen wurde (vgl. Gräsel, C., 1997, S.20/21). Abweichend von dieser Vorstellung wurden im Curriculum Gesundheitswissenschaften am Oberstufen-Kolleg allerdings "paper-cases" möglichst nur zur exemplarischen Einführung eines Themengebietes verwendet, um dann eigene Erfahrungen bzw. Problemfälle oder -situationen der KollegiatInnen zum Ausgangspunkt der weiteren Problembearbeitung zu machen (vgl. Schneider. A., 1998, S.302 f.). Dieses didaktische Vorgehen wurde wie folgt begründet:

Die Erfahrungs- und Problemorientierung dient zur strukturierten Erarbeitung des eigenen Erlebens. Ausgangspunkt des Lernprozesses soll der Mensch selbst sein. Die subjektiven unmittelbaren Empfindungen und Ansichten - die in normalen Studiengängen ohne Belang sind - sollen ernst genommen und zum Gegenstand des Unterrichts werden. Deshalb muss sich auch die Methode des Lernens an den Individuen ausrichten.

Der Unterricht soll die Erfahrungen der KollegiatInnen mit sich und dem jeweiligen Unterrichtsgegenstand aufgreifen und bearbeitbar machen. Dabei geht es nicht im therapeutischen Sinn um Selbst-Erfahrung, sondern um den Prozess der Verarbeitung eigener aktueller oder vergangener Erfahrungen auf systematische und strukturierte Art und Weise. Solche Erfahrungen waren z.B. im 4. Semester: die erlebten Emotionen in belastenden Situationen, beispielsweise das Gefühl von Stress durch Unsicherheit und Ärger bei einem Referatvortrag, bei dem nicht zugehört wird; diese Erfahrungen bildeten den Ausgangspunkt der unterrichtlichen Arbeit zum Thema „Stress" (Günther-Boemke, G., 1993), im 6. Semester: beispielsweise die erlebte ungemütliche Situation in der Cafeteria, ihr mangelhaftes Nahrungsmittelangebot und das entsprechende Ernährungsverhalten der KollegiatInnen; diese Erfahrungen wurden zum Gegenstand des Themas „sozial-ökologische Bedingungen gesunder Lebensweise" (Günther-Boemke, G., 1991).

Ausgangspostulat war, dass es möglich sein sollte, die subjektiven Erfahrungen in verallgemeinerter Form im Unterrichtsprozess so zu bearbeiten, dass die einzelnen nicht im je individuellen Erleben "stecken bleiben". Eine Struktur in der Bearbeitung der subjektiv erlebten Emotionen oder Situationen sollte durch die Methode der Problemorientierung erreicht werden. Indem ein konkretes Problem im Unterricht behandelt wird, wie z.B. das Stressproblem im 4. Semester oder das Ernährungsverhalten im 6. Semester, können sich die KollegiatInnen durch das Erlernen der problemlösenden wissenschaftlichen Arbeitsweise schrittweise ein problemlösendes Verhalten aneignen und auf ihre eigenen konkreten Erfahrungen anwenden.

Der Verlauf der unterrichtlichen Arbeit kann sich je nach der Problemstellung verändern, z.B. könnte der Schritt der Messung den empirischen Projekten vorbehalten bleiben, und der Schritt der Entwicklung von Problemlösungsvorschlägen könnte auch die Funktion haben, Maßnahmen vorzuschlagen, die noch nicht als konkrete Problemlösung angesehen werden können, aber Plausibilität besitzen (Günther-Boemke, G., 1991, S.14 f.).

Zusammenfassend soll festgehalten werden: Der Lernprozess im gesundheitswissenschaftlichen Studiengang soll die Lernsubjekte aktivieren und sich an ihren Interessen und Erfahrungen orientieren. Er soll durch die wissenschaftliche Methodik der Problemorientierung strukturiert werden. Die

Verbindung der Erfahrungs- mit der Problemorientierung wird damit zu einem besonderen didaktischen Ansatz im Studiengang Gesundheitswissenschaften. Er hat das Ziel, zur Integration von Alltagserfahrung und wissenschaftlicher Theorie und Erkenntnis zu befähigen und dadurch das Begriffsverständnis zu fördern und die Abstraktionsfähigkeit zu schulen, und umgekehrt die Fähigkeit Alltagserfahrung und wissenschaftliche Begriffe zu differenzieren und dadurch den Transfer erworbenen Wissens auf verallgemeinerbare Erfahrungen und Problemsituationen leisten zu können.

3.3.3 Forschendes Lernen und das Ziel des Erwerbs methodischer Qualifikationen

Forschendes Lernen im projektorientierten Arbeiten hat zwar eine gewisse Hochschultradition (Bundesassistentenkonferenz 1970; Huber, L., 1970a; Neef, W., Hamann, M., 1983; Emer, W., Horst, U., Ohly, K. P., 1991), wird aber zumeist nur von hochschuldidaktisch aktiven HochschullehrerInnen im projektorientierten Arbeiten in Seminaren praktiziert (z.B. Altrichter, H., Lobenwein, W., 1999). Es wird in der schulischen Praxis als didaktisches Konzept zur Unterstützung selbständigen Lernens für wichtig erachtet (Hänsel, D., 1997; Frey, K., 1998; Jäger, O., 1998; Huber, L., u.a., 2000) und wird in Projekten des "Lebenslangen Lernens" (Bund-Länder-Kommission 2000) als eine wesentliche pädagogische Orientierung hervorgehoben.

Der Gesichtspunkt der Einführung in die Wissenschaft durch Teilhabe am Prozess wissenschaftlichen Forschens in der Lehre war in der hochschuldidaktischen Diskussion lange vernachlässigt worden. Ursprünglich hatte das Forschende Lernen vor allem einen Stellenwert in Verbindung mit der Forderung, die Hochschulausbildung durch ein Projektstudium zu organisieren (Nitsch, W., u.a., 1982). Seine theoretische Basis, die kognitionspsychologische Lerntheorie und konstruktivistische Ansätze in der Pädagogik (Piaget, J., 1983; Bruner. J. S., 1973, 1974), die in der Pädagogik und Psychologie breit rezipiert und gelehrt wurden, geriet durch bildungspolitische Kontroversen um den Stellenwert von Hochschuldidaktik für die Hochschullehre in Vergessenheit. Möglicherweise spielte dabei eine Rolle, dass der Nachweis über den messbaren Erfolg der Studienleistungen in bezug auf das Projektstudium schwierig schien, "denn forschend Lernende sind nicht zwangsläufig ‚erfolgreich' Studierende" (Dippelhofer-Stiem, B., 1987, S.39).[43] Da ein allein durch Projekte durchorganisiertes Studium heute nicht mehr propagiert wird, gleichwohl die Kritik an der Art der Lehre insbesondere von studentischer Seite nicht verstummt ist und mehr an Studienleistung gefordert wird als Kenntnisreproduktion, finden diese Ansätze durch die Debatte um die Qualität der Lehre und das selbständige Lernen wieder neue Aufmerksamkeit (Vollmers, B., 1997, S.75; Huber, L., 2000, S.23-25).

Gegen ein schlicht rezeptives Lernen wurden die theoretischen Begründungen aus der Lehr-Lernforschung zum situierten Lernen und zum sog. "trägen Wissen" vorgebracht (Mandl, H. u.a., 1999, S.13 f.; Gräsel, C., u. a, 1999, S.372). Auf diesem Hintergrund der konstruktivistischen Lernphilosophie wurde die mit dem Forschenden Lernen zusammenhängende didaktische Vorgehensweise, das problemorientierte Lernen oder "Problem-based-learning" (Boud, D., 1991; vgl. Kap. 3.3.2), das insbesondere in den angelsächsischen und manchen europäischen Ländern (z.B. Niederlande, vgl. Adriaanse, H., Rijksuniversiteit Limburg, 1992) vor allem in den Naturwissenschaften und den Health Sciences Eingang gefunden hatte, auch in Deutschland bekannt gemacht (Gräsel, C., Mandl, H., 1999). Zahlreiche Untersuchungen versuchen die besseren Leistungen der Studierenden, die nach diesem Prinzip studiert haben, im Vergleich zu klassischen Lehrveranstaltungen vor allem im selb-

---

[43] Neben diesen Argumenten werden auch die Überlast der Hochschulen durch eine zu große Zahl Studierender und die orts- und fachbezogen völlig unterschiedlichen Studienbedingungen, die durch Lehr-Forschung, Projektstudium oder Forschendes Lernen das Studium unnötig verlängern würden, gegen eine "hochschuldidaktische Wende" mit Richtung forschendem Lernen ins Feld geführt.

ständigen Lernen und problemlösenden Verhalten nachzuweisen (z.B.: Norman, G. R., u.a., 1992, S.558; Shin, J. H., u.a., 1993, S.975; Smith, C. A., u. a., 1995, S.150; Mandl, H., u.a., 1999, S.3-7).
In der sog. Neuen Tertiärstufe, die das Oberstufen-Kolleg mit der Integration von Sekundarstufe II und grundständigen Studienanteilen repräsentierte[44], hatte das Forschende Lernen und Lehren im projektorientierten Arbeiten nicht nur allgemeine wissenschaftspropädeutische (Emer, W., u.a., 1991), sondern auch fachspezifische Funktionen (Pütz, H.-G., 2000): es ermöglicht die Teilnahme an echter, wenn auch umgrenzter Lehr-Forschung und die teilselbständige Aneignung von für das Studienfach spezifischen Qualifikationen (Reinhardt, S., 1997, S.22 f.; Kolip, P., Schott, T., 1994; Eckerle, G., 1983). Solche Lehrforschung mit Studienanfängern, die aus einer Mischung aus Seminar, Übung, individueller Beratung und Gruppenberatung, Feldarbeit und Betreuung der empirischen Arbeit bestehen kann (vgl. Huber, L., 1998, S.3), ist an Hochschulen selten geworden. Mit der Debatte um die Qualität der Lehre entwickelten sich allerdings fruchtbare Auseinandersetzungen über die Beteiligung von Studierenden an der Forschung (Huber, L., 1998(1), Thomas, K., 1998(4)), da durch die Frage nach effektiven Lehr- und Unterrichtsmethoden kontrovers auch über die Verbindung von Forschen und Lehren / Lernen diskutiert wurde (Neuweiler, G., 1997(4)). Thomas (1998(4)) bezieht u.a. die immer wieder aufflammende Unzufriedenheit der Lehrenden mit ihrer Lehrsituation und die gleichzeitige Indifferenz gegenüber Veränderungen oder Neuerungen bezüglich der Qualität ihrer Lehre darauf, dass weder klar ist, "was als konsensfähig als Resultat einer Hochschulausbildung zu

---

[44] Durch ministerielle Sparmaßnahmen (Absetzen von mehr als 20 Stellen) und den Wunsch nach Anpassung des Kollegs an das Regelschulsystem wird aktuell die o.g. Neue Tertiärstufe, d.h. die Verbindung der Sekundarstufe II mit den Eingangssemestern des Grundstudiums, aufgegeben zugunsten einer experimentellen Oberstufe, die auch den Übergang vom Gymnasium an die Universität mit erforschen soll.

fordern ist" (ebd., S.223), noch was unter "Schlüsselqualifikationen" zu verstehen wäre, die durch Forschendes Lernen erworben werden sollen (Huber, L., 1998(1), S.5/6), wenn sie nicht beliebig, sondern von fachspezifischer Relevanz sein sollen. Thomas erweitert deshalb den Blick und konstatiert, alles studentische Lernen sei Forschendes Lernen, und dies fände z.B. auch im Problemorientierten Lernen statt, das er als fachspezifische und empirisch erprobte Alternative favorisiert (Thomas, K., 1998(4), S.224).

Die unterschiedlichen Einschätzungen des Forschenden Lernens im Rahmen (hoch-) schuldidaktischer Vorgehensweisen hängen folglich davon ab, wie es verstanden wird und worauf in der Praxis des Forschenden Lernens Wert gelegt wird. Für den Ansatz des Forschenden Lernens im Rahmen der gesundheitswissenschaftlichen Ausbildung sind folgende Aspekte von Bedeutung:
- der Stellenwert Forschenden Lernens im projektorientierten Arbeiten in fachspezifischen Lehrveranstaltungen oder im Fachunterricht in Abgrenzung zum problemorientierten Lernen,
- die Bedeutung Forschenden Lernens für den Erwerb fachspezifischer methodischer Qualifikationen als Teilbereich sog. Schlüsselqualifikationen.

Das Problemorientierte Lernen gilt als ein didaktisches Prinzip, das ermöglichen soll, durch selbständiges Erarbeiten von Wissen zur Lösung von komplexen Problemen beizutragen, und sich dabei wissenschaftliches Arbeiten und die wesentlichen Inhalte (auch fachspezifische Methoden werden zu Inhalten des Faches) der zu erlernenden Disziplin anzueignen (vgl. 3.3.2). Das mehr oder minder stark vorstrukturierte Vorgehen dabei soll die Sicherheit liefern, dass die richtigen Verhaltens- und Verfahrensweisen und die richtigen Kenntnisse der Disziplin angeeignet werden. Der Grad der Selbständigkeit des Lernens ist dabei zwar von den Lernenden selbst und ihrem "Forscherdrang" abhängig, aber vor allem von den Lehrenden, die diesen durch Zeitvorgaben und festgelegte Materialien zur Lösung bestimmter Problemfälle einschränken. Diese Lehrmethode unterscheidet sich durch ihre festgelegte inhaltliche und methodische Struktur von der Beteiligung der Studierenden an Lehrforschungsprojekten. Lehrforschungsprojekte dienen meist der Einführung in empirisches Arbeiten und damit der Vermittlung methodischer Fachkompetenz (Arbeitsgruppe Methodenlehre 1977; Kohl, M., u.a., 1992). Sie sind in den Inhalten oft weniger festgelegt durch die Möglichkeit, eigenständig Fragestellungen zu Problemen zu formulieren, dagegen aber vorstrukturiert im Erwerb methodischer Kenntnisse, sei es, dass Methoden der Datenerhebung durch Interview oder Fragebogen, statistische Verfahren der Datenverarbeitung, oder spezifische Methoden der qualitativen Datenanalyse gelehrt und gelernt werden sollen. Während das Problemorientierte Lernen ein ganzes Studium strukturieren kann, beziehen sich die Lehrforschungsprojekte auf einen umgrenzten Abschnitt eines fachspezifischen Kompetenzerwerbs. Davon zu unterscheiden ist die zumeist fächerübergreifende Projektarbeit, die selbständiges Lernen, breites Problembewusstsein und problembezogenes Orientierungswissen bewirken soll (Emer, W. u.a., 2000, S.134).

Eine erfolgreiche didaktische Strategie der Ermöglichung Forschenden Lernens soll einen individuell messbaren Effekt haben: sie soll den Lernstil bei den Lernenden entwickeln, "der auf Subjektebene dem institutionellen Ziel komplementär ist, Studierende an Wissenschaft heranzuführen, und sie wissenschaftlich zu qualifizieren" (Dippelhofer-Stiem, 1987, S.23). Dieser Lernstil wird von dieser Autorin durch folgende für wissenschaftliches Lernen charakteristische Verhaltensweisen beschrieben:

- "Über die empfohlene Literatur hinaus Fachliteratur gelesen,
- Beim Lesen von Literatur die Behauptung des Autors angezweifelt,
- Selbst Interessenschwerpunkte gesetzt und selbständig daran weitergearbeitet,
- Eigene Gedanken zur Lösung eines Problems entwickelt,
- Selbst herauszufinden versucht wie ein bestimmtes Forschungsergebnis erarbeitet wurde,

- Selbst ein kleines Experiment oder eine kleine Untersuchung zu einem bestimmten Thema durchgeführt" (ebd., S.24).

In ihrer Untersuchung des Lernstils von Studierenden westeuropäischer Länder weist sie daraufhin, dass auf dem Hintergrund dieser Charakteristika insbesondere Studienanfänger noch nicht als "forschend Lernende" bezeichnet werden können, da sie diese Kompetenzen nicht mit an die Hochschule bringen und sie im ersten Semester zumeist aufgrund der Studienorganisation auch nicht erwerben können (ebd., S.25). Deutlich ist, dass in allen Verhaltensweisen ein hoher Grad an selbständigem Studienhandeln impliziert ist, und dass die Ermöglichung Forschenden Lernens als Vademekum gelten kann, diese Selbständigkeit zu befördern (Huber, L., 2000, S.23).

Selbständiges Lernen gilt insofern als ein wesentlicher Teil von Studierfähigkeit; die entsprechende Einstellung und Haltung muss bereits an der Schule ausgebildet und an der Hochschule weiterentwickelt werden (Huber 1998 (4), S.158; Messner, R., 1998, S.75). Begründet wird es heute u.a. im Zusammenhang mit dem lebenslangen Lernen, für das als notwendige Voraussetzung gilt, die Fähigkeit zu besitzen, sich immer wieder neue Wissensbestände und technologische Errungenschaften zu erschließen und sich kreativ neuen gesellschaftlichen Anforderungen zu stellen (Huber, L., 2000, S.19). Insofern gehört das selbständige Lernen zu den sog. Schlüsselqualifikationen, die, wenn auch als Begriff oder Konzept kritisch aufgenommen (ebd., S.20), doch als gesellschaftliche Bildungsaufgabe wahrgenommen werden und so "...einen verstärkten Nachdruck in den Forderungen, Schule und Unterricht so umzustellen, dass dort selbständiges Lernen im Verfahren und als Verfahren ständig geübt wird" (ebd., S.21), bewirken können.

Diese Vorstellung, selbständiges Lernen im und als Verfahren zu üben, kann durch das Forschende Lernen konkretisiert werden: die Lehrenden bieten Lernsituationen, in denen die Lernenden die o.g. Verhaltensweisen erproben und so ihren Lernstil einüben können. Das Ziel, über diesen Lernstil fachspezifische methodische Qualifikationen zu erwerben, kann aber nicht nur in der Beteiligung an empirischen Projekten erreicht werden. Auch in der selbständigen Anfertigung schriftlicher Ausarbeitungen zu einer selbst gewählten Fragestellung, die zunächst noch ohne empirische Erkundung stattfindet, ist es möglich, sich methodische Qualifikationen anzueignen. In der Lernsituation, die Forschendes Lernen ermöglichen soll, können auch Aufgabenstellungen wie "kleine" und "große" Facharbeiten, die selbständig erarbeitet werden, aber im normalen Unterrichtsprozess angeleitet werden, oder prüfungsrelevante eigenständige Hausarbeiten in Betracht kommen (Strobl, G., Stückrath, J., 2000), sowie umgrenzte, durch Lehrende geplante Lehrforschungsprojekte mit kleinen empirischen Untersuchungen, die in einem längeren Unterrichtszeitraum durchgeführt werden.

Durch die Eingrenzung des Lernstils des Forschenden Lernens auf den Erwerb fachspezifischer methodischer Qualifikationen muss das idealtypische Verhalten, das für wissenschaftliches Arbeiten Voraussetzung ist, fokussiert werden auf konkrete, zu operationalisierende Verhaltensweisen. Solche Verhaltensweisen, in denen methodische Qualifikationen zum Ausdruck kommen, implizieren Fähigkeiten zur Lösung fachlicher Probleme mit Hilfe der dem Fach eigenen Inhalte und Methoden. Im wissenschaftspropädeutischen Unterricht soll in diesen Lösungsprozess eingeführt werden, und damit sollen Teil-Fähigkeiten erworben werden, die in Ansätzen dieses erwünschte Verhalten repräsentieren können (Reinhardt, S., 1997, S.22). Konkret heißt das, das strukturierte Vorgehen sozialwissenschaftlicher Problembearbeitung[45] als Prozess und im Prozess der eigenen Tätigkeit partiell zu erlernen. Dieses Vorgehen kann nach allgemeiner Übereinkunft grob beschrieben werden als:

---

[45] vgl. hierzu auch die vielfältige Literatur zur sozialwissenschaftlichen Methodenlehre (insb. Bortz, J., Döring, N., 1995 (1999)), die hier nicht extra aufgeführt wird.

- Beschreibung des Problems, ggf. Einschieben einer Explorationsphase
- Analyse der wesentlichen Zusammenhänge
- Entwicklung von Fragestellungen zu den Zusammenhängen und Aufstellen von Hypothesen zur Ursachenerklärung
- Erarbeitung wesentlicher theoretischer und empirischer Literatur
- Ggf. Auswahl von Methoden der Datenerhebung und Verarbeitung, konkrete Untersuchungsplanung
- Erklärung der Ergebnisse, Annahme oder Ablehnung der Hypothesen, Beantwortung der Fragestellungen
- Problemlösungsvorschläge und ggf. deren Anwendung
- ggf. Neuformulierung des Problems usw. .

Verbunden mit diesen Verfahrensweisen werden übereinstimmend Fähigkeitsziele benannt wie die Einsicht in die Interessengeleitetheit der Forschung, die Beherrschung der fachspezifischen Sicht auf das Problem, die fachlich korrekte Bestimmung des Untersuchungsgegenstandes, die richtige Verwendung von Fachbegriffen und Theorien sowie ihre kritische und reflektierte Rezeption, die Einschätzung der Gegenstandsadäquatheit der Methoden und der Verwertbarkeit der Erkenntnisse und ihrer gesellschaftlichen Relevanz, sowie der resultierenden Handlungsmöglichkeiten und Urteilsprozesse.

Forschendes Lernen im Unterricht als didaktisches Prinzip steht aber in Verbindung mit dem Prinzip des Problem- und Erfahrungsorientierten Lernens, das oben erörtert wurde (vgl. 3.3.2). Einige Verhaltensweisen des Lernstils Forschendes Lernen sollen besonders über die Erfahrungsorientierung angeregt werden. Dies betrifft vor allem die Fähigkeit und Bereitschaft, eigene Erfahrungen zu einem Problem zu artikulieren und die eigenen Interessen am Thema mit seiner gesellschaftlichen Relevanz zu verbinden. Notwendig ist hier einerseits, die subjektiven Erfahrungen mit dem Alltagswissen zu verbinden, dieses mit seinen Versuchen der Problemklärung als bedeutungsvoll zu erkennen und andererseits zu begreifen, dass zu einer Problemlösung allgemeinerer Art fachwissenschaftliche Kenntnisse und Methoden erforderlich sind, um die subjektive Sicht in wissenschaftlicher Intersubjektivität spiegeln und relativieren, vielleicht auch verallgemeinern zu können. Dass es aufgrund der Komplexität der "ungefächerten" Realität selten einfache Passungen zwischen Erfahrung und Theorie gibt, kann die Lernenden motivieren oder auch "befähigen, bei solchen Problemen Faktoren zu kombinieren, die in den Disziplinen so noch nicht kombiniert worden sind" (Reinhardt, S., 1997, S.27), für die es noch keine empirische Prüfung gibt und die zur "Förderung heuristischen Denkens" beitragen (ebd.).

Da das idealtypische Verhalten des Lernstils des Forschenden Lernens als Ergebnis eines längeren Lernprozesses von Studierenden betrachtet werden muss und sich der Versuch, im Curriculum Gesundheitswissenschaften Forschendes Lernen zu ermöglichen auf KollegiatInnen bezieht, die gleichzeitig SchülerInnen und auch StudienanfängerInnen sind, können in dieser Untersuchung nur Teilaspekte des Erwerbs methodischer Qualifikationen einer Evaluation unterzogen werden. Teilaspekte, für die die entsprechenden Unterrichtssituationen im Curriculum vorgesehen sind, beziehen sich z.B. auf das Lesen und Recherchieren von Fachliteratur, auf das Anzweifeln von Behauptungen, die in der Literatur gefunden werden, auf die bereits o.g. Interessenschwerpunkte und die eigenen Gedanken zur Lösung eines Problems, sowie auf eine Mitwirkung bei kleinen empirischen Untersuchungen. Diese Verhaltensaspekte werden in Kapitel 4 auf konkrete Aufgaben und Leistungskriterien bezogen und damit für eine Evaluation aufbereitet.

3.4 Selbstevaluation zur internen Professionalisierung als Teil der Arbeitskultur und als Prüfprozess der Transaktion zwischen Theorie und Praxis

Im Rahmen des Evaluationsmodells, das oben entwickelt wurde (vgl. insgesamt Punkt 2.3), ist ein wesentliches Element das Wissensmanagement und der Lerngewinn. Der deshalb als 10. Kriterium der Selbstbewertung eingeführte qualitätsfördernde Faktor „Rückkopplung der Bewertungen" bezeichnet die für eine Veränderung und Weiterentwicklung der curricularen Praxis notwendige Verarbeitung des Prozess- und Ergebniswissens der Selbstevaluation. Mit dieser Reflexion wird einerseits beurteilt, ob und wie die curricularen Zielsetzungen in der Praxis umgesetzt werden konnten, andererseits werden diese Urteile zur erneuten Problemdiagnose verwendet, für die Hypothesen extrahiert und theoretische Klärungen gesucht werden sollen, um Probleme zu lösen und die Qualität zu verbessern. Dieser gemeinsame, kooperative Prozess des Wissensgewinns und der Erfahrungsverarbeitung durch Konfrontation mit kontextbezogenen (hoch-)schulpädagogischen Erkenntnissen soll nicht nur zur empirischen Überprüfung der Funktionsfähigkeit des Evaluationsmodells dienen, sondern auch als eine Möglichkeit zur internen Professionalisierung und damit zur Qualitätssicherung dargestellt werden[46].

Im folgenden soll dieser Versuch der Implementierung einer durch Selbstevaluation gekennzeichneten Arbeitskultur in die Auseinandersetzungen um die Verbesserung der Hochschullehre und die des schulischen Unterrichts eingebunden werden, da neuere Entwicklungen der Hochschuldidaktik und Traditionen der Lehrerforschung für diesen Ansatz Anknüpfungspunkte bieten. Wesentliches Ziel ist hierbei, Merkmale und Effekte einer solchen Arbeitskultur in bezug auf (hoch-)schulpädagogische Professionalisierungsaspekte zu beschreiben, um den Prozess der Transaktion von Theorie und Praxis, der als ein möglicher Professionalisierungsansatz bei selbstevaluativen

---

[46] Den mühsamen Weg eines institutionellen Organisationsentwicklungsprozesses am Oberstufen-Kolleg mit dem Ziel der Professionalisierung beschreibt Koch-Priewe (2000). In ihrer sehr differenzierten Darstellung finden sich anschaulich die Erfolge und Misserfolge der Erfahrungsverarbeitung, und der Wissensgewinn wird aus schulpädagogisch-didaktischer Perspektive gedeutet (vgl. S.78 f.).

Maßnahmen resultieren kann, auf Relevanz und Perspektiven prüfen zu können[47].

Die Verbesserung der Lehre war ein zentrales Thema der letzten Jahre im Hochschulbereich und wurde mit der geringen Studienzufriedenheit der Studierenden und der daraus folgenden mangelnden Lern- und Leistungsmotivation begründet. Die Hochschuldidaktik erlebte deshalb in den 90er Jahren eine Renaissance[48]. Insbesondere das Ziel der Evaluation der Qualität der Lehre und ihrer Verbesserung war diesem Thema gewidmet. Den zu langen Studienzeiten, den zu geringen Absolventenzahlen, den zu hohen Abbrecherzahlen[49] und den abnehmenden Investitionen in den Hochschulbereich sollte damit abgeholfen werden. Vorstellungen von Lean-Management im Bildungsbereich[50] und Gratifikationen für gute Lehre (vgl. MSWWF, Hochschulgesetz NRW 2000, §103 (1)) sollten dazu führen, die Motivation der Lehrenden zu lehren und die Motivation der Studierenden zu studieren zu erhöhen, ohne an den Bedingungen von Studium und Lehre jedenfalls in bezug auf das quantitative Verhältnis von Lehrpersonal zu Studierenden viel zu verändern[51].

---

[47] Die umfangreiche Literatur zur Lehrer-Professionalisierung kann in diesem Zusammenhang nur marginal verarbeitet werden. Auch eine Auseinandersetzung mit den unterschiedlichen Konzepten zu diesem Thema kann in diesem Rahmen nicht geleistet werden, da im Vordergrund steht, den pädagogisch begründeten Ansatz der Selbstevaluation durch Lehrer-Forschung als einen qualitätsfördernden Faktor für die Personen und das Curriculum heraus zu arbeiten.

[48] Vgl. Webler, W.-D., Otto, H-U., 1991; Webler, W-D., Domeyer, V., Schiebel, B. 1993; Grühn, D., 1992

[49] Vgl. z.B. Henecka, H.P., 1996: "Die Zunahme von Studienabbrüchen ist für Bildungsforscher und -politiker längst keine "quantité negligeable" mehr. Ähnlich wie die Daten zur Studiendauer oder zu den Studienkosten wird die Dropout-Rate in der Regel als ein wichtiger Indikator für die Effizienz des Hochschulsystems verstanden." (S. 267)

[50] Vgl. Klare, A. u. a., 1997, Das Gold in den Köpfen..., S.75 f., a.a.O.

[51] Vgl. hierzu auch die von F. Coffield (1996, S.47) geschilderte gleiche Problemlage für Groß-Britannien innerhalb der letzten 10 Jahre (1984–1994): "Student numbers nationally have increased by 50 per cent in that period, but stuff numbers by only 11 per cent."

Bezogen sich Ansätze der Hochschuldidaktik zur Verbesserung der Lehr- und Lernprozesse an der Hochschule in den siebziger Jahren noch auf die Untersuchung unterrichtstechnologischer, sozialpsychologischer, curricularer, wissenschaftstheoretischer, berufspraxisbezogener und sozialisationstheoretischer Grundlagen hochschulischen Lernens (vgl. Huber, L., 1979, S.9), wird in den neunziger Jahren davon ausgegangen, dass die nunmehr erreichte Qualität zu überprüfen und zu bewerten sei[52]. Schwerpunkte der Diskussion sind hierbei nicht mehr die eben genannten grundlegenden Fragen, zu denen es eine Vielzahl von Forschungsergebnissen gibt, sondern die Leistungsindikatoren und Parameter, aus denen sich die Qualität ablesen lassen soll. Die hochschuldidaktische Qualifizierung der Lehrenden zur Verbesserung der Lehrleistung und damit der Leistungsparameter wurde nur am Rande erwähnt, eine Aus- und Fortbildung des wissenschaftlichen Nachwuchses blieb dem persönlichen Interesse überlassen und wird als institutionelle Aufgabe der Hochschule nicht systematisch betrieben (Webler, W.-D., 1993, 2000; Arnold, E., 2000; Strittmatter-Haubold, V., 2000). Weil die hochschulische Lehre traditionell didaktischen Vorstellungen reserviert gegenübersteht (Webler, W.-D., 1993, S.2), wurden auch die verschiedenen Ansätze zur Evaluation der Lehre durchaus nicht einheitlich und nicht nur positiv bewertet, und ein möglicher „outcome" für eine neue selbstevaluative Arbeitskultur wurde in Frage gestellt. Grundsätzliche Kritikpunkte betrafen die Validität der Urteile von Studierenden, die Effekte der Evaluation und die Notwendigkeit didaktischer Fortbildung überhaupt.

Die Befragung der Studierenden zur Qualität der Lehre wurde unter zwei Gesichtspunkten kritisch beleuchtet, die für den Prozess der Selbstevaluation unmittelbar relevant sind: der Validität der Urteile und der Feedback- und Veränderungsfunktion für die Qualität der Lehre. Wird deren Ergebnis als

---

[52] Parallele Entwicklungen lassen sich für die allgemeinbildenden Schulen aufweisen.

ein Leistungsindikator benutzt, aus dem die Studienzufriedenheit ermittelt wird, die dann letztlich auch in Ranking-Verfahren für die Universitäten aufgenommen wird, wird weder die Güte noch die Bedeutung dieser Verfahren für den Wettbewerb der Hochschulen bestritten (Webler, W.-D., u.a., 1993, S.22, S.165; Hornbostel, St., 1999; Busch, P., 1999). Methodisch in Frage gestellt wird das Bemühen um eine didaktische Höherqualifizierung der Lehrenden aufgrund der Ergebnisse der Lehrevaluation, da der Erfolg oder Misserfolg der Lehre schlecht mit Hilfe der studentischen Lehrevaluation überprüft werden könnte. Denn nach den Recherchen von Rosemann und Schweer (1996) sei diese nicht so kontrollierbar, wie es zunächst von vielen Seiten propagiert wurde. Unterschiedliche Erwartungen und die Stärke der Studienmotivation der TeilnehmerInnen einer Lehrveranstaltung bestimmten deren Urteil über die Qualität der Lehrpersonen insofern, als die Erfüllung eigener Erwartungen und die hohe Motivation der Studierenden ein günstiges Urteil provozieren und niedrige Motivation und nicht entsprochene Erwartungen ein schlechtes Urteil. Die Autoren der Studie schlussfolgern also: "Von daher wird ein und dieselbe Lehrveranstaltung von einigen Studierenden als qualitativ hochwertig erlebt, von anderen hingegen als von geringer Qualität eingeschätzt; d.h. die "guten Noten", die der Dozent von einem Teil der Studierenden erhält, werden von den "schlechten Noten", die er von anderen bekommt, wieder ausgemittelt" (ebd., S.99). Aus didaktischer Sicht wäre aber für die Nutzung solcher Ergebnisse einzuwenden, dass die subjektive Gestimmtheit in bezug auf die „Erfüllung eigener Erwartungen" und auf die Motivation, mit der Lernende in Lehrveranstaltungen und Unterricht hineingehen und auf deren Basis sie die Lehrenden beurteilen, damit auch eine Bedeutung für den Lernprozess erhalten muss. Denn werden Erwartungen an Erkenntnisgewinn und subjektivem Sinn erfüllt, würden Interessen evoziert und Motive zu studieren entwickelt. Dann könnte eine gute Beurteilung der Lehre zum Hintergrund haben, dass die Lehre die Studierenden erreicht hat, dass sie „anwesend" waren, dass sie angeregt wurden, „sich einzulassen" (Rumpf, H.,1998., S.18). Würde nicht in Kenntnis der methodischen Kritik ein gelungener Transaktionsprozess zwischen Theorie und Praxis erfolgen, wenn zwar Durchschnittsbeurteilungen nicht als absolute Urteile begriffen, aber ihre Ergebnisse als Mittel für eine Rückmeldung und eine Diskussion über Motive und (auch subjektive) Verwertbarkeit des gelehrten Wissens genutzt würden? Dann müsste die unmittelbare Wirksamkeit der Lehrevaluation nach innen gegenüber den Akteuren – Befragte und Befragende – selbst, nicht in Frage gestellt werden: „Über die Auswirkungen von Evaluationen wissen wir bisher wenig Handfestes" (Hornbostel, St, 1999, S.81). Der erwünschte Effekt, die Verbesserung der Lehre durch Diskussion der Ergebnisse und Auseinandersetzung über den Prozess der Kenntnisvermittlung bräuchte aufgrund eigener Erfahrung nicht mehr bezweifelt zu werden (Webler, W.-D., 1998, S.195[53]). Das Argument, dass rückwirkende Effekte der Selbstevaluation auf die Verbesserung der Lehre nicht bekannt seien, ist insofern dem marginalen Stellenwert, den eine solche Arbeitskultur an der Hochschule besitzt, geschuldet. Gäbe es eine Kultur der Selbstreflexion der Lehre, würde ggf. auch diskutierbar sein, weshalb Evaluationsergebnisse nicht automatisch ein verändertes Handeln zur Folge haben, und wie kompliziert die Umsetzung von Wissen und Handeln für Lehrprozesse aus pädagogischer Sicht zu betrachten ist (Wahl, D., 2000, S.11). Nach Webler wären damit bereits zwei Aspekte von Professionalisierung für Lehrende angezielt: die Evaluationskompetenz für die Bewertung der Lehre und die Beratungs-

---

[53] Webler beschreibt zu den ersten Ergebnissen der Evaluation nach dem Bielefelder Modell die Schwierigkeiten, die Rückmeldungen über einzelne problematische Lehrveranstaltungen für die Betroffenen bedeuten: „Die hierdurch in den Blick kommenden einzelnen Lehrenden haben häufig Schwierigkeiten, die vorgebrachte Kritik zu akzeptieren. Immer wieder bevorzugen es Betroffene, die studentische Urteilsfähigkeit, die der Information zugrunde liegende empirische Methode oder die Unvoreingenommenheit der Autoren des Evaluationsberichtes zu attackieren" (1998, S.195).

kompetenz für die Motivation der Studierenden (Webler, W.-D., 2000, S.45).

Ein grundsätzlicher Einwand richtet sich gegen den Sinn hochschuldidaktischer Maßnahmen zur Verbesserung der Qualität der Lehre an Universitäten, weil sie diese verschule. Statt dessen sei es nötig, den Unterricht an Schulen zu entschulen, um die Fähigkeit der Aneignung von Wissen bei den Lernenden zu entwickeln (Liessmann, K.P., 1996, S.16), und zwar innerhalb der Struktur der Disziplin, denn jede verlange ihrer spezifischen Logik entsprechend eigene Verfahren der Vermittlung, bei denen es keine Trennung von Inhalten und Methoden geben dürfe (ebd., S.18). So dürfe es eigentlich auch keine schlechte Lehre geben und keine „Reparaturdidaktik"[54], die nur versuche die misslungene Praxis zu kaschieren, und sie kann sie auch deshalb nicht verbessern (Mittelstraß, J., 1996, S.62), weil die grundlegende Aufgabe darin bestünde, dass an Hochschulen als Lehr- und Forschungsanstalten wissenschaftliche Lehre aus der Forschung entwickelt werden sollte, die anderen Gesetzen als denen der Pädagogik folge, nämlich den Gesetzen der Wissenschaft selbst (ebd., S.63). Eine Wissenschaftsdidaktik in von Hentigschem Sinne sei absolut überflüssig, denn "die Zukunft der wissenschaftlichen Forschung und Lehre ist nicht die Hochschul- oder Wissenschaftsdidaktik, sondern der bessere Wissenschaftler" (ebd., S.71). Ein 'besserer Wissenschaftler' würde man aber nicht durch eine didaktische Schulung.

---

[54] Abgesehen davon, dass als Reparaturmaßnahmen gegen schlechte Ausbildungsbedingungen verstandene hochschuldidaktische Maßnahmen tatsächlich nur als „didaktische Mätzchen" verstanden werden können und das Ziel der Verbesserung der Qualität der Lehre nicht erreichbar machen, verweist Kritik an solchen Kritikern der Hochschuldidaktik auf ihre in diesen Aussagen implizierten Vorstellungen über Didaktik, in denen nach Rumpf zum Ausdruck komme, „welches Bild von Didaktik im Kopf des Autors nistet: Reglementierung, Kontrolle, Vermittlung und mundgerechte Zubereitung von anderswo (in der „Forschung") erzeugtem Wissen – darauf stürzen sich die kleinen Geister, die es in der Höhenluft der wirklichen Wissenschaft nicht aushalten und die Erkenntnisse immer nur aus zweiter Hand beziehen! Wahrlich ein Bild zum Fürchten!" (Rumpf, H., 1998, S.15).

Wie ist das Argument der „Verschulung" in diesem Zusammenhang zu werten? Auch das Lernen Studierender vollzieht sich in einem interaktionalen Prozess[55], und die Fähigkeit zur Aneignung von Wissen wurde nicht mit dem schulischen Lernen „vollendet". Insofern trifft das Argument der Verschulung der universitären Lehre durch Hochschuldidaktik nur dann, wenn sich die oder der Lehrende nicht als Interaktionspartner mit einem eigenen Anteil an hochschulischen Lernprozessen Studierender begreift und die eigene „Vollkommenheit" als Lehrperson keiner selbstkritischen Überprüfung mehr unterzogen werden soll, wenn Erkenntnisse aus Pädagogik und Psychologie als Leitdisziplinen für Lernprozesse nur für die Lernsituationen außerhalb der eigenen Praxis anerkannt werden[56], und die Vorstellung einer Investition in Lehrkompetenz gleichkommt einer Minderung von Forschungskompetenz, wodurch die Organisation der Hochschule als Ort von Forschung und Lehre bedroht erscheint. Die Vorstellung, die Disziplin selbst bestimmte den Modus des Lernens scheint Ergebnis der Verwechslung von Inhalten des Faches, zu denen auch die Methoden des Faches gehören, und der Lehrmethode zu sein, oder anders ausgedrückt, der Leugnung einer kommunikativen Realität „über" der wissenschaftlichen Lehre aus der Forschung, die für von Hentig eben nur durch Wissenschafts-Kommunikation erfolgreich sein

---

[55] Was für die Schule gilt, ist für die Hochschule deshalb nicht ungültig: "Das Pädagogische ist *strukturell* auf Vermittlung angelegt: Vermittlung zwischen den Generationen, zwischen.... Der Begriff Vermittlung fokussiert die Tatsache, dass pädagogische Situationen insofern von technologischen verschieden sind, als erstere *dreistellig,* letztere lediglich zweistellig sind (vgl. Stichweh 1994, S.320 ff., 374 f.). Pädagogisch geht es nicht darum, eine Sache zu verändern (wie beim Brücken- oder Bergbau), vielmehr muss die Sache einer *Person* vermittelt werden, mit der *nicht* nach sachlogischen Kriterien umgegangen werden kann. Die Bestimmung der Professionalität des Lehrerberufs hat darauf Bezug zu nehmen" (Herzog, W., 2001, S.323, kursiv im Original).

[56] Zahlreiche Forschungsarbeiten zum wissenschaftlichen Lernen laden ein, Ergebnisse auf die eigene Tätigkeit zu beziehen (z.B. Breuer, F. u.a., 1975; Viebahn, P., 1990)

kann[57]. So steht in Frage, ob nicht durch didaktische Schulung und durch eine damit zu gewinnende Planungs- und Methodenkompetenz[58] (Webler, W.-D., 2000, S.45) auch eine Rückwirkung auf die Forschung erwartet werden könnte. Denn gute Lehre, die aus Forschung resultiert, könnte gerade aufgrund ihrer Qualität solche Kommunikationsprozesse initiieren, die sich fruchtbar auf den Forschungsprozess auswirken könnten. Ideal würde Wissenschaft als sozialer Prozess in der Gemeinschaft von Lehrenden und Lernenden auch von den Expertinnen und Experten erfahren werden können (Huber, L., 2000a).

Anders als in der Hochschule berühren die Lehrerforschung (Lehreraus- und -fortbildung, Theorie-Praxis-Forschung) und die Frage der Professionalisierung des Lehrerberufs unter der Thematik der Qualitätsentwicklung und Qualitätssicherung ein breites Feld erziehungswissenschaftlicher Diskussion (u.a. Altrichter, H., Wilhelmer, H., Sorger, H., Morocutti, I., 1989; Alisch, L.-M., Baumert, J., Beck, K., 1990; Hopf, A., Winter, K., 1991; Elliott, J., 1991; Specht, W., Thonhäuser, J., 1996; Koch-Priewe, B., 2000). Unter dem

---

[57] In der Debatte um Hochschulqualität, in der die Auseinandersetzung um die Qualität der Lehre zu verorten ist, wird das Dilemma einer Hochschule als Organisation von ExpertInnen, die sich auch in diesem Bereich selbst steuert, wie folgt beschrieben: „Das wichtigste Produktionsmittel der Organisation ist das Wissen, und dieses befindet sich in der Hand der Experten; die Leistungsfähigkeiten des Experten und der Expertin stellen das Kapital einer Organisation dar; schließlich werden die zentralen Organisationsdienstleistungen meist direkt für Klienten erbracht, was voraussetzt, dass dies in Form personaler Beziehungen geschieht - mit entsprechenden Anforderungen an Fertigkeiten und Kompetenzen der Organisationsmitarbeiter/innen. Aus all dem resultieren eine starke Stellung des Experten in der Organisation sowie der Umstand, dass Leistungsentscheidungen meist mit der fachlichen Arbeit verknüpft sind. Zugleich ist die Expertenorganisation durch den Widerspruch gekennzeichnet, dass Experten einerseits an ihrer jeweiligen (innovativen) Profession orientiert und andererseits gegenüber ihrer (trägen) Organisation eher gleichgültig sind" (Pasternack, P., 2000, S.39).

[58] Mit Planungskompetenz meint Webler „Die Fähigkeit, einzelne Stunden, eine Lehrveranstaltung oder ganze Studiengänge unter Einbeziehung von Zielen, Inhalten ... zu planen..." (Webler, W.-D.,2000, S.45). Mit Methodenkompetenz ist gemeint, die vielfältigen Möglichkeiten der Steuerung des Lernens auch zu nutzen (ebd., S.45).

Aspekt der internen Lehrerfortbildung durch Selbstevaluation wird hier allerdings nur ein kleiner Ausschnitt diskutiert (Altrichter, H., Wilhelmer, H., Sorger, H., Morocutti, I., 1989). Es geht um die Weiterentwicklung bzw. die qualitative Verbesserung des Curriculums und seiner Umsetzung aufgrund evaluativer Ergebnisse und ihrer Interpretation in einer kleinen Gruppe von Lehrenden. Hierbei steht im Vordergrund, was die Lehrenden, die die Ziele der Untersuchung selbst bestimmt haben, aufgrund der Ergebnisse als Problem der Zielerreichung definieren, wie sie die Ergebnisse zur Weiterentwicklung verwenden wollen und wie sie diesen Prozess gestalten wollen: "Processes need to be considered in the light of the quality of learning outcomes and vice versa" (Elliott, J., 1991, S.50).

Mit dem Konzept der Lehrer-Forschung am Oberstufen-Kolleg, dem Ziel einer Wissenschaftsdidaktik und der relativen Autonomie der Lehrenden, eine lernende Organisation vor allem auch in den jeweils mit wenigen Personen besetzten Forschungs- und Entwicklungsgruppen zu sein, kann die Arbeitskultur der Selbstevaluation in die Tradition des "action research" eingeordnet werden: "This kind of joint reflection about the relationship in particular circumstances between processes and products is a central characteristic of what Schon has called *reflective practice* and others, including myself, have termed *action research*" (Elliott, J., 1991, S.50). Die damit erwartete Kompetenz der Lehrenden als "reflective practitioner" führt zu der Frage, wie sich der action-research-Ansatz zu dem oben ausgeführten Anspruch, Selbstevaluation als Prozess (hoch-) schulpädagogisch-didaktischer Reflexion durchzuführen, verhält, und inwieweit sich solches Lehrerhandeln unter Merkmalen des Begriffs Professionalisierung subsumieren lässt (Altrichter, H., 1989, S.5; 1996, S. 142 f.).

Aktionsforschung, fasst Moser, einer der Protagonisten der siebziger Jahre (Moser, H., 1975), angesichts der neueren Diskussion zusammen, „... ist als kollektives und selbstreflexives Unternehmen zu verstehen, das von Teilnehmern an sozialen Situationen (z.B. Unterricht, Arbeit im Lehrerteam) unternommen wird, um die Produktivität, Rationalität und Gerechtigkeit ihrer eigenen und sozialen erzieherischen Praktiken, sowie das Verständnis dieser Praktiken und die Situationen, in welchen diese Praktiken ausgeführt werden, zu verbessern. Dabei benutzen sie Methoden und Instrumente der Sozialforschung und versuchen, aus solchen Forschungsprozessen praktische Konsequenzen für das Handeln abzuleiten." (Moser, H., 1995, S.2). Das führt für Moser in letzter Konsequenz zwar zu einer „professionellen Praxisreflexion", die aber in fundamentaler Differenz zur wissenschaftlichen Forschung steht, da sie nicht auf Prüfung genereller Hypothesen und Verallgemeinerung aus ist, sondern sich nur auf den einzelnen Fall der konkreten Praxis bezieht, die aufgrund der Erkenntnisse verbessert werden soll (ebd. S.4). Gleichwohl sieht er in der Praxis des Forschenden Lernens eine wichtige Aufgabe, die „zukünftige und im Beruf stehende Lehrer an wissenschaftliches Denken heranführt" (ebd.), wobei es eben nicht um wissenschaftliche Theoriebildung geht, sondern darum, „eigene subjektive Überzeugungen und Annahmen zu überprüfen" (ebd. S.5). Diese Fähigkeit wird z.T. von Praktikern als zukunftsweisend im Sinne einer inneren Professionalisierung angesehen, „wenn im Rahmen der Lehrerausbildung die Methodenkompetenz dahingehend erweitert würde, dass der Lehrer den Dreischritt des ‚reflective teaching', ‚exploratory teaching' und ‚action research' verinnerlichen könnte, um Unterricht und sein pädagogisches Umfeld selbsttätig erforschend verstehen zu lernen..." (Schneider, F. J., 2001, S.37). Das damit zu gewinnende praktische Handlungswissen kennzeichnet (neben dem allgemein akzeptierten Fachwissen) das in der pädagogischen Diskussion umstrittene Merkmal des professionellen Wissens von Lehrern und Lehrerinnen, das zwar einer prinzipiellen Theorie-Praxis-Antinomie unterworfen ist und deshalb kein allgemeines Verwendungswissen sein kann (Prondczynsky, A. v., 2001, S.405), aber über die Praxisforschung zu einem Berufswissen weiterentwickelt werden kann. Es „erfordert eine reflektierende, forschende Einstellung gegenüber eigenem Handeln, um einesteils durch Evaluation eigener

Aktion situationsangepasstes Handeln zu erzeugen und um andererseits die eigene Erfahrung zugunsten späterer Handlungen auszuwerten" (Altrichter, H., 1996, S.144).

Das Modell des action research, durch das dieses Professionalisierungsmerkmal in Aus- und Fortbildung konstituiert werden soll, ist (s.o.) vereinfacht beschrieben worden als Zirkel von Reflexion und Aktion (Altrichter, H., 1989, S.6), d.h. „aus der Reflexion der eigenen Aktion wird die zugrunde liegende ‚praktische Theorie' erarbeitet. Aus dieser können Ideen für Aktion und Veränderung abgeleitet werden. Deren Realisierung wird wieder ausgewertet und die dabei formulierten Erfahrungen zur Weiterentwicklung der ‚praktischen Theorie' genutzt usw." (ebd.). Der Unterschied dieses Vorgehens zum Prüfprozess der Transaktion zwischen Theorie und Praxis im Prozess (hoch-)schulpädagogischer-didaktischer Reflexion (vgl. Kap. 2.2.2) lässt sich (in etwas knapper und plakativer Form, aber dadurch in der Differenz gut erkennbar), so formulieren:

Während nach Elliott der Zirkel von Reflexion und Aktion von der Extrapolation der "praktischen Theorie" aus den praktischen Erfahrungen zu Aktionsideen und zu neuen Aktionen, und dann wieder zur Reflexion dieser Aktionen führt, soll der Prüfprozess der Transaktion zwischen Theorie und Praxis <u>nach</u> der "praktischen Theorie", die als Theorie zweiten Grades bezeichnet werden kann, auf einer diskursiven "Zwischenstufe" zur Formulierung expliziter Hypothesen und zur Konfrontation mit adäquaten wissenschaftlichen Theorien und Erkenntnissen führen. Auf diesem Hintergrund soll es zu einer neuen theoretischen Reflexion der Praxiserfahrungen kommen und erst dann zu neuen Überlegungen der Praxisänderung bzw. Curriculumentwicklung[59].

---

[59] Im Kapitel 2.2.2 wurde dieser Transaktionsprozess so charakterisiert:
- Die Beschreibung des je individuellen Erfahrungswissens als Alltagstheorie („Theorie ersten Grades" nach Weniger), die Verknüpfung dieser Erfahrungen mit den implizi-

Unbeschadet weiterer Merkmale der Professionalisierung des Lehrerberufs (z.B. Schneider, F. J., 2001, S.36) und deren grundlegender Diskussion lässt sich festhalten, dass der qualitätsfördernde Faktor „Wissensmanagement und Lerngewinn" im Evaluationsmodell einen wesentlichen Bezug zur professionellen Praxisreflexion aufweist. Die Konkretisierung dieses Faktors im Prozess der Prüfung der Transaktion[60] zwischen Theorie und Praxis macht aber die Erläuterung seines ursprünglichen Bedeutungsgehaltes notwendig. Der Begriff Transaktion definiert im Forschungsansatz von Lazarus (1981, S.204) die Beziehung zwischen Personen und ihrer Umwelt oder Situation. Diese Beziehung wird nicht im Sinne „eines kausalen Wechselgefüges" (ebd.) verstanden, d.h., es gibt keine Annahme einer Ursache-Wirkungs-Beziehung zwischen Variablen von Personen und Situationen. Er sieht Person und Situation als System und geht davon aus, dass die Wirkung von Personen auf Situationen (und umgekehrt, von Situationen auf Personen) moderiert wird durch die adaptive Beziehung zwischen Merkmalen der Person und solchen der Situation, so dass sich innerhalb dieses Systems dynamische Entwicklungen vollziehen können. Dieser Prozess wird unter 2 Aspekten betrachtet, dem aktuellen „Austausch", der in der Beziehung stattfindet und

---

ten Hypothesen über vermutete Ursachen für bestimmte Prozesse und Ereignisse, die Formulierung dieser Vermutungen in Form expliziter Hypothesen („Theorie zweiten Grades"), die Konfrontation dieser Hypothesen auf einer dritten Ebene mit einer adäquaten wissenschaftlichen Theorie und der Prüfung, was diese für das eigene pädagogische Handeln bedeutet („Theorie dritten Grades"),
- Die Entwicklung von Zielsetzungen für diese theoriegeleitete praktische pädagogische Arbeit und das Suchen nach adäquaten Methoden, um das Erreichen dieser Ziele überprüfen und den Weg dahin diskutieren, beschreiben, und kritisch reflektieren zu können,
- Die Rückmeldung der Ergebnisse dieses Prozesses, ihre Bewertung und die neue Gestaltung der Praxis, um dann den Reflexionsprozess wieder erneut zu beginnen.

[60] Hier soll nochmals erinnert werden: Der Begriff Transaktion stammt aus der kognitiven Psychologie und wurde von R.S. Lazarus als eine paradigmatische Position in seine Stresstheorie eingeführt (Lazarus, R.S., 1981).

den Veränderungen, die sie in der Zeit erfährt. Der Begriff Transaktion soll im Zusammenhang mit der Selbstevaluation ebenfalls eine adaptive Beziehung charakterisieren, und zwar diejenige zwischen Lehrenden mit ihren subjektiven Theorien über ihre Praxis und ihren Zielvorstellungen auf der einen Seite und wissenschaftlichen Theorien auf der anderen Seite. Der „Austausch" findet zwischen diesen „Beziehungs-Elementen" über kommunikative Verständigung statt, die selbst durch diese Verständigung wieder verändert werden.

Der Prüfprozess dieser Transaktionen ist die zielgerichtete empirische Untersuchung dieses Austausches und der möglichen Veränderung der subjektiven Theorien, der curricularen Praxis oder der Zielvorstellungen aufgrund der Bewertung der Ergebnisse. Der Prüfprozess unterzieht so die oben genannten Qualifikationsziele,
- die Multidisziplinäre Fachsystematik und das Ziel der Entwicklung eines gesundheitswissenschaftlichen Fachverständnisses,
- den Problem- und Erfahrungsorientierten Unterricht und das Ziel der Integration / Differenzierung von Alltagserfahrung und wissenschaftlicher Theorie,
- das Forschende Lernen und das Ziel des Erwerbs methodischer Qualifikationen,
- und auch die eigene Vorgehensweise, die Ergebnisse und ihre Bewertung einer Analyse.

Die o.g. Zielsetzungen gehen von Hypothesen aus, deren empirische Prüfung zwar einerseits der „Selbsterforschung" dienen sollen, aber andererseits ein Potential von (hoch-)schulpädagogisch-didaktischen Erkenntnismöglichkeiten enthalten könnten. So betrifft die Multidisziplinäre Fachsystematik insbesondere die Frage, ob sich auch Schulfächer interdisziplinär bzw. fachübergreifend neu entwickeln lassen; die didaktisch-methodischen Fragen des Erwerbs kognitiver Kompetenzen zur Konkretisierung und Abstraktion und von methodischen Fähigkeiten sind nach wie vor aktuell. Inwieweit dieser

Prüfprozess zu wissenschaftlichen Erkenntnissen führt, wird zu diskutieren sein.

3.5 Zusammenfassung

Die Entwicklung und Implementation des neuen Studiengangs Gesundheitswissenschaften am Oberstufen-Kolleg führte zu einer ersten Phase der Evaluation, die eine spezielle methodisch-didaktische Orientierung für das Fach Gesundheitswissenschaften zum Ergebnis hatte. In einer zweiten Phase wurden die Ziele des Curriculums und die Entscheidungen der Lehrendengruppe zur Umsetzung dieser Ziele einer internen und externen Evaluation unterzogen. Hauptaugenmerk wurde dabei auf die Möglichkeit der Qualitätssicherung durch Selbstevaluation und deren Realisierung gelegt. Diese zweite Phase der Evaluation ist Gegenstand dieser Arbeit.

Sie wurde im Kontext einer allgemeinen bildungspolitischen Diskussion um Qualitätsentwicklung und -sicherung im Bildungsbereich begonnen, die sowohl an Schulen wie auch an Hochschulen mit ihrer Wirtschaftsprozessen entliehenen Terminologie aus der Managementlehre zu Irritationen führte. Diese Diskussion machte eine Klärung der Zielsetzung von Evaluation und Qualitätssicherung notwendig, sowie eine Erörterung der Begriffe und definitorische Festlegungen. Dadurch wurde der Wert "dynamischer" Standards im Zuge einer Prozessevaluation mit allgemeinen und institutionsspezifischen Zielgrößen hervorgehoben. Zu diesen Zielgrößen gehören die institutionellen Rahmenbedingungen, das Selbstverständnis des Oberstufen-Kollegs als lernende Organisation und der eigenständige Ansatz der Praxisreflexion im Lehrer-Forscher-Konzept. Diese Praxisreflexion wurde zu einem Prüfprozess der Transaktion zwischen Theorie und Praxis weiterentwickelt und soll einer Evaluation zugänglich gemacht werden. Die Suche nach einem adäquaten Modell systematischen Vorgehens für die Evaluation führte zu der Auseinandersetzung mit klassischen Evaluationsmodellen und letztlich zur kritisch-konstruktiven Adaptation des Modells der European Foundation for Quality Management, das für die Selbstevaluation im Studiengang Gesundheitswissenschaften durch Anwendung der 10 Kriterien des Qualitätsmanagements nutzbar wurde.

Aufgrund dieses Modells wurde die These aufgestellt, dass Selbstevaluation als Reflexion der curricularen Praxis nur dann der Qualitätssicherung dient, wenn sie theoriegeleitet, methodisch kritisch und durch externe Experten begleitet Rückwirkungen auf die beteiligten Lehrenden und ihre Arbeitskultur hat. Es wurde dementsprechend der theoretische Anspruch der Institution, Wissenschaftsdidaktik zu betreiben als Voraussetzung für die Curriculumkonstruktion verdeutlicht, das Curriculum selbst wurde in seiner Struktur dargestellt und drei wesentliche didaktisch-methodische Strukturelemente, deren Zielerreichung durch die Selbstevaluation überprüft werden sollen, wurden theoretisch begründet:

- die Multidisziplinäre Fachsystematik und das Ziel der Entwicklung eines gesundheitswissenschaftlichen Fachverständnisses,
- der Problem- und Erfahrungsorientierte Unterricht und das Ziel der Integration / Differenzierung von Alltagserfahrung und wissenschaftlicher Theorie,
- das Forschende Lernen und das Ziel des Erwerbs methodischer Qualifikationen.

Die o.g. Vorstellung, die Selbstevaluation solle auf die beteiligten Lehrenden und ihre Arbeitskultur Rückwirkungen haben, wurde für ein Merkmal von Professionalisierung des Lehrerberufs erörtert: der Verwertung des gewonnenen Wissens für die Verbesserung der Qualität des Curriculums und seiner Umsetzung im Unterricht. Die Reflexion des Prozesses, der nach dem EFQM-Modell begonnen und durchgeführt wurde, steht abschließend zur Diskussion. Es stellt sich die Frage, ob ein so praktizierter action-research-Ansatz Kriterien wissenschaftlicher Forschung standhalten kann.

4. Planung und Durchführung der Untersuchungen zur Selbstevaluation

4.1 Planung der Untersuchungen

Die Selbstevaluation des Studiengangs Gesundheitswissenschaften wurde mit dem Ziel der Qualitätssicherung begründet. Es wurde dargestellt, dass beide Begriffe, Selbstevaluation und Qualitätssicherung, Unterschiedliches meinen: Qualitätssicherung umfasst "das aktive Bemühen darum, eine bestimmte Qualität zu erreichen, zu halten oder zu verbessern. Bei Evaluation handelt es sich dagegen um Aktivitäten, mit denen festgestellt werden soll, welche Qualität zu einem bestimmten Zeitpunkt erreicht worden ist. Qualitätssicherung ohne Evaluation ist nicht möglich" (Arbeitsstab Forum Bildung 2001, S.33). Qualitätssicherung ohne vorherige Festlegung von Zielen ist ebenfalls nicht möglich. Diese Ziele wurden in Teil 3 dieser Arbeit begründet. Der Prozess der Selbstevaluation zur Qualitätssicherung wurde durch das EFQM-Modell strukturiert, so dass in der Planung der Evaluationsmaßnahmen die Ansatzpunkte zur Überprüfung der Qualität, die Qualitätsindikatoren, und die Methoden zur Überprüfung der Qualitätssicherung festzulegen sind. Diese Methoden beziehen sich insbesondere auf die Prozess- und Ergebnisqualität. Zur Prozessqualität zählen z.B. die Rückmeldungen der KollegiatInnen an die Lehrenden über die Qualität ihres Unterrichts und die Kommunikation der Lehrenden über die Leistungsergebnisse der KollegiatInnen. Ergebnisqualität lässt sich insbesondere an den Leistungen der KollegiatInnen ablesen, die diese mündlich oder schriftlich abgeben, und auch an den Entscheidungen der Lehrenden, die diese aufgrund der evaluativen Ergebnisse treffen.

In diesem Kapitel erfolgen methodologische Überlegungen zur empirischen Überprüfung der Prozess- und Ergebnisqualität, die Qualitätsindikatoren für die curricularen Zielsetzungen werden definiert, das Evaluationsdesign wird beschrieben, und es werden die Instrumente zur Datenerhebung, die Auswertungsstrategien und der Verlauf der Durchführung der Untersuchungen dargestellt.

4.1.1 Methodologische Überlegungen zur empirischen Arbeitsweise

Verschiedene methodische Vorgehensweisen sind der Selbstevaluation angemessen. Wie bereits oben dargestellt, richten sich diese nach der Art und dem Ziel der Evaluation, nach dem Interesse und den Adressaten. Passend für die gewählte Struktur des EFQM-Modells sind Ergebnisüberprüfungen und Prozessreflexionen, die der lernenden Organisation Entwicklungsanstöße geben sollen. Dafür fordert das EFQM-Modell wie andere Evaluationsmodelle Daten zu erheben und zu verwerten, da die Entscheidungen über die qualitätsfördernden Faktoren, durch die die Qualität gesichert werden soll, aufgrund der durch Daten gewonnenen Ergebnisse und deren kollektiver Reflexion überprüft werden sollen. Auf dem Hintergrund dieses Modells erscheint ein klassisch empirisches Untersuchungsdesign völlig unangemessen, sind doch wesentliche Bedingungen empirischer Sozialforschung wie das Konstanthalten von Versuchsbedingungen, das Ausschalten von Störfaktoren oder die Herstellung von Versuchs- und Kontrollgruppen mit randomisierten Stichproben zur Sicherstellung der Begründung, dass die definierten unabhängigen Variablen für die gemessenen Effekte verursachend sein könnten, für solche Untersuchungspläne nicht zu erfüllen (Spiegel, H. v., 1993). Gleichwohl sollen Erkenntnisse über Ursachen für Stärken und Schwächen der curricularen Entscheidungen ohne das normale hypothesentestende Vorgehen der Sozialwissenschaften gewonnen werden[1]. Ein Ansatzpunkt, der diesem Ziel im Rahmen des Lehrer-Forscher-Konzepts und

---

[1] Kausalaussagen nach der wissenschaftstheoretischen Auffassung des kritischen Rationalismus verbieten sich damit zwar (Wottawa, H., 1998), können aber auch nicht beabsichtigt sein, da allgemeingültige Aussagen nicht getroffen werden sollen.

der Strukturvorgaben durch das EFQM-Modell angemessen sein kann, liegt im Ansatz einer qualitativen Evaluationsforschung, die mit Ergebnissen quantitativer Daten kombiniert werden kann (Kelle, U., Erzberger, C., 2000; Mayring, P., 2001).
Ein wichtiges Merkmal dieser Forschungsrichtung ist eine konstruktivistische Auffassung der Entstehung von Wissen[2]. Der menschliche Zugang zur Realität erfolgt über aktiv hergestellte Wahrnehmungen als Ergebnis der Organisation unserer Erfahrungswelt, worüber Wissen gebildet wird und Begriffe konstruiert werden. Sozialwissenschaftliche Forschung konstruiert ein Wissen „zweiten Grades" über das vorfindliche Alltagswissen und die Art und Weise, wie der Mensch sich und seine Erfahrungen in eine Ordnung bringt. Da der Austausch von Informationen sich in der Wissenschaft und im Alltag über Schriftsprache in Texten vollzieht, stellen Texte und ihre Inhaltsanalyse eine wesentliche Datenquelle dar. In der Forschung werden Erfahrungen mehrfach durch die Sprache „gebrochen" bzw. in verschiedene Sprachsysteme übersetzt oder transformiert. Zunächst ist es der Untersuchte, der Erfahrungen berichtet. Der Forscher konstruiert einen Text auf dieser Basis, er interpretiert ihn und gibt die Ergebnisse zurück, die sich für die tägliche Praxis brauchbar erweisen sollen. Dieses interpretative Paradigma der Hermeneutik zielt ab auf das „Verstehen von Texten - und weitergedacht von sozialer Wirklichkeit - [es] wird zu einem aktiven Prozess der Herstellung von Wirklichkeit, an dem nicht nur der Autor von Texten bzw. Versionen der Welt, sondern auch derjenige beteiligt ist, für den diese erstellt werden und der sie <liest> bzw. versteht...." (Flick, U., 2000a, S.159). So gestaltet sich Alltag und Forschung nach demselben Prinzip: aus der Erfahrung der

---

[2] Auf die verschiedenen theoretischen Hintergründe des Konstruktivismus ist hier nicht einzugehen. Oben wurde auf Implikationen konstruktivistischer Pädagogik verwiesen. Hier soll kurz auf einige der von Flick (2000a) dargestellten, für die qualitative Forschung als wichtig erachteten theoretischen Leitgedanken eingegangen werden, die vor allem für die Sozialwissenschaften Geltung erlangten.

Welt wird Wissen und Begreifen konstruiert, dieses wird interpretiert, Bedeutungen werden zugeschrieben, Verständnis wird hergestellt, dieses führt zu neuen Erfahrungen über die Welt (ebd., S.160).

Ein weiteres wichtiges Merkmal ist eine theorie- und hypothesengenerierende Untersuchung von Phänomenen, auch im Prozess ihrer Entstehung, und entsprechend die Orientierung an spezifischen Erkenntnissen, die in einem Lernprozess der Beteiligten wieder nutzbar sind zur Veränderung der Realität: „Soziale Wirklichkeit wird verstanden als Ergebnis kommunikativ und interaktiv ausgehandelter Strukturen, die sich in Deutungsmustern, Diskursen, sozialen Repräsentationen und Handlungsmustern niederschlagen" (Kardorff, E. v., 2000, S.244).

Das Forschungsparadigma, die Prozessorientierung und die Spezifitätsthese bedingen das Forschungsdesign, das auf die Planung der Untersuchung bzw. den Verlauf der Evaluationsstudie und die eingesetzten Methoden abhebt, die vornehmlich sog. responsive Verfahren sind wie Interview oder problemzentrierte Gruppendiskussionen. Ergänzend werden auch quantitative Erhebungsverfahren mit deskriptiven Statistiken eingesetzt (Kardorff, E. v., 2000, S.246). Als Gütekriterium der qualitativen Evaluationsforschung wird die kommunikative Validierung durch die Beteiligten benannt „zur Überprüfung der korrekten Erfassung ihrer Sichtweisen, der Bewertung des Projektverlaufs, zur möglichen Änderung von Projektzielen und zur Initiierung weiterführender Lernprozesse", die oft ergänzt wird „durch externe „Audits" von Experten ..." (ebd., S.247). Die Kontroverse, ob die Gütekriterien der quantitativen Forschung auf die qualitative Forschung übertragen werden müssen, ob eigene Gütekriterien entwickelt oder diese ganz abgelehnt werden müssen, wird hier sehr pragmatisch in Anlehnung an Steinke gelöst. Sie postuliert, dass es folgende Kernkriterien geben muss:

- Die Dokumentation des Forschungsprozesses zur Herstellung intersubjektiver Nachvollziehbarkeit als Alternative zur intersubjektiven Überprüfbarkeit,
- die Interpretation der Ergebnisse in Gruppen als „diskursive Form der Herstellung von Intersubjektivität und Nachvollziehbarkeit durch expliziten Umgang mit Daten und deren Interpretation" (Steinke, I., 2000, S.326),
- und die Begründung der Vorgehensweise, d.h. die Begründung der Gegenstandsangemessenheit der qualitativen Methode und der Wahl der einzelnen Methode, der Transkriptionsregeln, der Samplingstrategie und der Qualitätskriterien (ebd., S.327/328).

Da verallgemeinerte Aussagen in der Selbstevaluation nicht angestrebt werden, können die Vorgaben für die „empirische Verankerung" der Studie auf das Prinzip der kommunikativen Validierung beschränkt werden.

Als ein für die Selbstevaluation angemessenes Forschungsdesign gilt die Fallstudie[3] in Verbindung mit Zustands- und Prozessanalysen (Flick, U., 2000b, S.253/S.255; Merkens, H., 2000, S.294). Entscheidungen, die bei der Umsetzung dieses Designs notwendig werden, beziehen sich wie in der klassisch empirischen Forschung auf die Zielsetzungen der Studie, die Forschungsfragen, den Grad der Generalisierung und der Standardisierung und Kontrolle, sowie auf die Stichprobenbildung, d.h. die Auswahl von Personen, Situationen oder Materialien. Im folgenden werden die hier dargestellten Merkmale qualitativer Evaluationsforschung für die Selbstevaluation des Studiengangs konkretisiert.

---

[3] Der Begriff ist sehr weit gefasst und bezieht sich sowohl auf Personen, als auch auf Organisationen oder Institutionen (Flick, U., 2000b, S.253).

4.1.2 Evaluationsdesign: Qualitätsindikatoren für die Zufriedenheit der Akteure

Durch die Auswahl des EFQM-Modells für den Prozess der Selbstevaluation wurden die Evaluationsbereiche vorgegeben. Nach diesem Modell wurden 10 Faktoren formuliert: 5 Faktoren gehören zu den Potenzialen, die die Qualität fördern sollen, und 5 Faktoren gehören zu den Ergebnissen, deren Überprüfung und Bewertung eine Aussage über die erreichte Qualität ermöglichen und mittelbar wieder zur Qualitätsförderung beitragen soll. Diese Potenzialfaktoren sind: richtige Zielsetzungen und Entscheidungen, eine gute Kooperation der Mitarbeiterinnen untereinander und mit ExpertInnen, eine angemessene Ausstattung mit Ressourcen und angemessene Maßnahmen zur Umsetzung der Entscheidungen. Die 5 Faktoren, die eine Beurteilung der erreichten Qualität ermöglichen sollen, beziehen sich auf die Zufriedenheit der Akteure (Lehrende, KollegiatInnen, ExpertInnen) und die Zufriedenheit mit den erreichten Ergebnissen, sowie den Profit, den die Beteiligten für ihren Lern- und Arbeitsprozess herausziehen können. Da der wichtigste qualitätsfördernde Faktor die richtigen Ziele und Entscheidungen betrifft (Faktor 1), waren zur evaluativen Überprüfung vier der von der Fachkonferenz getroffenen curricularen Zielsetzungen und Entscheidungen ausgewählt worden:

- die Konstruktion einer multidisziplinären Fachsystematik (MFS) mit dem Ziel der Entwicklung eines gesundheitswissenschaftlichen Fachverständnisses,
- die Einführung des Problem- und Erfahrungsorientierten Lernens (PE-OL) mit dem Ziel der Integration und Differenzierung von Alltagserfahrung und wissenschaftlichen Theorien,
- die Umsetzung des Forschenden Lernens (FL) mit dem Ziel des Erwerbs methodischer Qualifikationen,
- die Selbst- und Fremdevaluation (SF+FE) als Arbeitskultur mit dem Ziel eines Prüfprozesses der Transaktion zwischen Theorie und Praxis.

Die Maßnahmen der Lehrenden zur Zielerreichung sollen evaluativ überprüft werden, denn sie weisen die konkreten Leistungen der curricularen Arbeit aus. Um Aussagen darüber treffen zu können, ob und wie gut durch die Maßnahmen die Zielsetzungen erreicht werden konnten, müssen die beteiligten Akteure Auskunft darüber geben, wie zufrieden sie mit den Ergebnissen sind. Es muss also ein Urteil über die im EFQM-Modell beschriebenen Ergebnisfaktoren (Faktoren 6-10) erhoben werden, und zwar über:

- die Zufriedenheit der KollegiatInnen und der KooperationspartnerInnen mit den Entscheidungen der Fachkonferenz, damit fällt den KooperationspartnerInnen als ExpertInnen die Fremdevaluation (FE) zu (Faktor 6),
- die Zufriedenheit der Mitarbeiterinnen (der Fachkolleginnen) mit den Leistungen der KollegiatInnen, dabei wird diese Form der Selbstevaluation (SE) durch die Autorin als Kollegin durchgeführt (Faktor 7),
- die gesellschaftliche Akzeptanz der Ergebnisse (Faktor 8)[4],
- die "Leistungen" des Studiengangs in Zahlen von AbsolventInnen (Faktor 9),
- den Nutzen der Fremd- und Selbstevaluation (SE + FE) für das Wissensmanagement zur Revision oder Konfirmation der curricularen Entscheidungen, für das eigene professionelle Lernen und den Prüfprozess der Transaktion zwischen Theorie und Praxis (Faktor 10).

Zu den mit den Zielsetzungen abgesteckten Evaluationsbereichen (MFS, PEOL, FL, SE + FE) muss es demnach Aussagen und Leistungen von KollegiatInnen und Bewertungen von externen ExpertInnen und den Lehrenden selbst geben. Sie müssen erkennen lassen, wie zufrieden die jeweiligen Akteure mit den Maßnahmen oder Ergebnissen sind und ob die mit den Ent-

---

[4] Allerdings kann der Faktor der gesellschaftlichen Akzeptanz im Prozess der Selbstevaluation nicht überprüft werden, und Daten für die Zahlen der AbsolventInnen liegen nicht vor, weshalb diese Bereiche - bezeichnet durch die Faktoren 8 und 9 - für die Evaluation entfallen.

scheidungen verbundenen Ziele erreicht worden sind, bzw. inwieweit sie erreicht werden konnten.

Um die Zufriedenheit der KollegiatInnen festzustellen, sollen diese die drei Bereiche beurteilen, mit denen sie in der Unterrichtspraxis konfrontiert worden waren: die multidisziplinäre Fachsystematik (MFS), das Problem- und Erfahrungsbezogene Lernen (PEOL) und das Forschende Lernen (FL). Die ExpertInnen sollen das Curriculum des Studiengangs Gesundheitswissenschaften (MFS) und die Praxis des Problem- und Erfahrungsbezogenen Lernens beurteilen (PEOL)[5]. Die Lehrenden der Fachkonferenz können die Leistungen der KollegiatInnen in bezug auf das Fachverständnis (MFS), die Differenzierung und Integration von Alltagserfahrung und wissenschaftlicher Theorie (PEOL), das Erreichen des Forschenden Lernens (FL) und den Prozess der Selbstevaluation (SE + FE) bewerten.

Die Übersicht in Tabelle 2 zeigt die für die Akteure getroffene Auswahl der Evaluationsbereiche und die Ergebnis-Faktoren. Optimal bewertet werden die Evaluationsbereiche dann, wenn die Zufriedenheit der Akteure mit den erreichten Ergebnissen hoch ist.

---

[5] Der Bereich des Forschenden Lernens wird von der Beurteilung durch die ExpertInnen ausgenommen, da er im Prozess beobachtet und beurteilt werden soll.

Planung der Untersuchungen

Tabelle 2: Evaluationsbereiche und Ergebnis-Faktoren

Akteure:	KollegiatInnen	ExpertInnen	Lehrende
Evaluationsbereiche:	MFS: Multidisziplinäre Fachsystematik, PEOL: Problem- und Erfahrungsorientiertes Lernen, FL: Forschendes Lernen	MFS: Multidisziplinäre Fachsystematik, PEOL: Problem- und Erfahrungsorientiertes Lernen	MFS: Multidisziplinäre Fachsystematik, PEOL: Problem- und Erfahrungsorientiertes Lernen, FL: Forschendes Lernen, SE + FE: Selbstevaluation und Fremdevaluation
Ergebnis-Faktoren:	• Gesundheitswissenschaftliches Denken lernen aufgrund der MFS, • Erfahrungen einbringen können und Probleme wissenschaftlich erarbeiten lernen aufgrund des PEOL, • empirisch arbeiten lernen aufgrund des FL	• Positive Bewertung der multidisziplinären Fachsystematik (MFS), • positive Bewertung des Erfahrungs- und Problemorientierten Lernens (PEOL)	• Ein Fachverständnis bei KollegiatInnen erzielen aufgrund der MFS, • Differenzierung und Integration von Alltagserfahrung und wissenschaftlicher Theorie erreichen aufgrund des PEOL, • Methodische Qualifikationen vermitteln im FL, • Den Prüfprozess der Transaktion zwischen Theorie und Praxis initiieren durch SE + FE

Damit die zu untersuchenden Evaluationsbereiche einer Bewertung zugänglich gemacht werden können, werden sie strukturiert und die Qualitätsindikatoren operationalisiert.

Strukturierung der Evaluationsbereiche und Operationalisierung der Qualitätsindikatoren für die Zufriedenheit der Akteure und die Leistungsfähigkeit des Studiengangs:

A. Die Zufriedenheit der KollegiatInnen mit der Multidisziplinären Fachsystematik, dem Problem- und Erfahrungsorientierten Lernen und dem Forschenden Lernen

Die Zufriedenheit von Studierenden mit dem Studienangebot ist im Zusammenhang mit der Diskussion um die Qualität der Lehre (vgl. Kapitel 2.1 und 2.2) betrachtet worden. U.a. wurde nicht nur an der Universität, sondern auch am Oberstufen-Kolleg die Frage nach Gründen für die hohe Zahl von Studienabbrechern und zu langen Studienzeiten gestellt (u. a. Tröster, H. u. a., 1997, S. 109). Curriculare Bedingungen wie Überfrachtung der Prüfungsordnungen (Ministerium für Wissenschaft und Forschung 1991, S. 30), dadurch hervorgerufener Motivationsverlust, eine einseitige Forschungsorientierung bereits im Grundstudium statt berufsorientierter Ausbildungsanteile, der Zwang zur Existenzsicherung durch Geldverdienen (Ritter, U.P., 1990, BMWFT 1995, S. 276) und die Zukunftsaussichten als arbeitslose Akademiker (Teichler, U., 1987, S. 11) stellen die Identifikation mit dem gewählten Studium auf eine harte Probe.

Als erschwerende Bedingung für ein in der vorgeschriebenen Zeit von 8 Semestern ordnungsgemäß zu absolvierendes Studium am Oberstufen-Kolleg, das neben und mit der allgemeinen Hochschulreife grundständige Studienanteile für den Übergang ins Hauptstudium vermitteln soll, kommt hinzu, dass die Neuartigkeit des multidisziplinären Zugangs zu einer erst im Entwicklungsstadium befindlichen Wissenschaft, ohne einen grundständigen Studiengang als Orientierungshilfe (vgl. Fülgraff, G., Räbiger, J., 1997, S.83), erhöhte Anforderungen an Lehrende und KollegiatInnen stellt eine Fachidentifikation zu entwickeln. Auch wenn der Begriff "Fach" und "Fachwissenschaft" keiner eindeutigen Definition zugänglich ist (Wagemann, C. -H.,

1998, S.10 f.), ja als "fragwürdiger Begriff" bezeichnet wird (Papenkort, U., 1995, S.24), sind doch Inhalte und Methoden traditioneller Studienfächer an Universitäten samt dazugehörigem Habitus und formalen Abschlüssen von nicht unwesentlicher Bedeutung für die Hochschulsozialisation der Studierenden (vgl. Kapitel 3.3.1; Huber, L., 1991, S.420 f). Es könnte daher als ein Zeichen der Zufriedenheit der KollegiatInnen mit dem Fach gewertet werden, wenn sie ein Interesse an einem Studium sowohl innerhalb des Oberstufen-Kollegs als auch im Anschluss an einer Universität formulieren würden. Zusätzliche Faktoren für die Zufriedenheit mit dem Studium am Oberstufen-Kolleg könnten auch sein, dass die Leistungsanforderungen der multidisziplinären Fachsystematik, insbesondere auch der methodischen Ausbildung durch Forschendes Lernen, als angemessen eingeschätzt werden, dass die didaktisch-methodische Orientierung die KollegiatInnen bei ihren Interessen abholt, und dass die sonstigen Belastungen und die noch unsichere Studienperspektive die Fach- und Studienmotivation nicht beeinträchtigen. Auch aufgrund verschiedener empirischer Forschungsergebnisse scheint es plausibel anzunehmen, dass ein Zusammenhang von Interesse am Fach, Studienmotivation und Bewältigung von Studienanforderungen sowie anderen Belastungen besteht (Niketta, R., Lüpsen, S., 1998, S.72 f.; Heckhausen, H., 1975, S.584).

Folgende Fragestellungen müssten aufgrund der Evaluation zu beantworten sein:

Äußern KollegiatInnen Interesse am Fach trotz ungesicherter Berufs- und Studienperspektiven? Haben sie den Wunsch, das Fach weiter zu studieren? Wie beurteilen sie die fachspezifischen Anforderungen (multidisziplinäre Inhalte und Methoden) und die eigene Leistungsfähigkeit? Wie beurteilen sie die Problem- und Erfahrungsorientierung? Beeinflussen interne und externe Belastungen das Fach- und Studieninteresse? Es wird daher postuliert und operationalisiert:

Die Zufriedenheit der KollegiatInnen äußert sich
- im Fachinteresse (= Fortsetzung des Studiums am Oberstufen-Kolleg nach Ende des zweiten Semesters[6] bis zum Abschluss nach 4 Jahren) und in der Studienmotivation (= Wunsch nach Weiterstudium nach dem Oberstufen-Kolleg entweder in einem Fach Gesundheitswissenschaften oder in einem affinen Fach[7]),
- in der Übereinstimmung der Einschätzung der eigenen Leistungsfähigkeit beim Kenntniserwerb mit der Einschätzung der Studienanforderungen bei der Vermittlung von Kenntnissen aufgrund der Multidisziplinären Fachsystematik (MFS) und des Forschenden Lernens (FL),
- in der positiven Bewertung des Problem- und Erfahrungsbezogenen Unterrichts (PEOL),
- durch die Einschätzung von bewältigbaren Belastungen innerhalb und außerhalb des Oberstufen-Kollegs und durch
- die positive Beurteilung der Studien- und Berufsperspektiven.

Die Arbeitshypothese zur Zufriedenheit der KollegiatInnen gewinnt für die Gesundheitswissenschaften eine besondere Bedeutung, wenn in Rechnung gestellt wird, dass dieses Fach immer noch mit einer eher diffusen Vorstellung über Inhalte, Methoden und Studien- und Berufsperspektiven verbunden ist, dass es oft mit einer Vorbereitung auf ein Medizinstudium oder mit dem Lernen alternativer Heilweisen verwechselt wird und deshalb Enttäuschungen vorprogrammiert sind, und dass multidisziplinäre Zugänge zu einem Gegenstandsbereich als „nicht fachspezifisch" eingeschätzt werden.

---

[6] Studienfachwechsel sind bis dahin noch ohne Zeitverlust möglich.
[7] Ein affines Fach wäre ein Studienfach wie Soziologie, Pädagogik, Psychologie, Sport, die als grundständige Fächer für ein Graduiertenstudium (Aufbaustudium) in Gesundheitswissenschaften abgeschlossen sein müssen, oder ein Studium an einer Fachhochschule mit einer gesundheitswissenschaftlichen Ausrichtung oder ein an medizinischen Ausrichtungen orientiertes Studium.

Zusammenfassend kann folgende Übersicht über die Indikatoren mit den entsprechenden Kriterien für die Zufriedenheit der KollegiatInnen erstellt werden (Tabelle 3):

Tabelle 3: Übersicht über die Indikatoren mit den entsprechenden Kriterien für die Zufriedenheit der KollegiatInnen

Indikatoren für die Zufriedenheit der KollegiatInnen	Kriterien
Fachinteresse	Fortsetzung des Studiums am Oberstufen-Kolleg nach Ende des zweiten Semesters bis zum Abschluss nach 4 Jahren
Studienperspektive	Wunsch nach Weiterstudium nach dem Oberstufen-Kolleg in einem gesundheitswissenschaftlichen (oder affinen) Fach
Berufsperspektive	Positive Einschätzung der Berufsperspektive
Belastungen	Einschätzung der Belastungen als erträglich
Angemessenheit der Kenntnisvermittlung aufgrund der MFS*	Übereinstimmung der Beurteilung der Kenntnisvermittlung und der Beurteilung der Fähigkeit zum Kenntniserwerb nach Selbsteinschätzung der KollegiatInnen
Angemessenheit des PEOL*	Übereinstimmung der Beurteilung von PEOL und der Selbsteinschätzung der Fähigkeit zum Einbringen von Erfahrungen und zur Problembearbeitung*
Angemessenheit des FL*	Positive Beurteilung des FL*

*Legende: MFS = Multidisziplinäre Fachsystematik, PEOL = Problem- und erfahrungsbezogenes Lernen, FL = Forschendes Lernen

B. Die Zufriedenheit der ExpertInnen mit der multidisziplinären Fachsystematik und dem Problem- und Erfahrungsorientierten Lernen

In den letzten Jahren sind zahlreiche Postgraduierten-Studiengänge "Public Health / Öffentliche Gesundheitsförderung" entstanden (vgl. Hoffmann-Markwald, A., Reschauer, G., v. Troschke, J., 1994) und die Diskussion um Public Health gewinnt immer mehr gesundheits- und wissenschaftspolitische Bedeutung (Laaser, U., u.a., 1995). Und inzwischen ist insbesondere unbestritten, dass Spezialisten ausgebildet werden müssen, die im Gesundheitswesen allgemein z.B. als Förderer von Gesundheitsbildung und -verhalten, als Manager von Gesundheitsinstitutionen (z.B. von Gesundheitskassen, nicht mehr Krankenkassen), oder als Gesundheitsforscher (z.B. Gesundheitsberichterstatter in Gesundheitsämtern) zur Kostendämpfung im Gesundheitswesen und in der Krankheitsversorgung beitragen sollen (Schaeffer, D., 1994).

Aber: Grundständige Studiengänge für Gesundheitswissenschaften an Universitäten sind noch nicht sehr verbreitet. Sie werden aber diskutiert, und in Bielefeld steht nach positiver Entscheidung des Ministeriums die Einrichtung eines Bachelor-Studiengangs auch an[8]. Zum Teil werden diese Planungen aber auch als Gefahr für die existierenden Postgraduierten - Studiengänge gesehen, die um ihren Nachwuchs bangen (Fülgraff, G. / Räbiger, J., 1997, S.85). Diese etablieren sich derzeit neben grundständigen Lehramtsstudiengängen (berufliche Fachrichtungen, insbes. Gesundheits-, Medizin-, Rehabilitations-, Pflegepädagogik), Pflegewissenschaften und Ernährungswissenschaften, sowie der gesundheitswissenschaftlichen Forschung (Reschauer, G., Kälble, K., 1997; Krause, K., 1998). Die Aufarbeitung der internationalen Erfahrungen mit Public-Health-Studiengängen beginnt aber, ebenfalls ihre konstruktive Umsetzung

---

[8] Vgl. Universitätszeitung der Universität Bielefeld Nr. 208 vom 27. November 2001, S.19. Inzwischen konnte die Fakultät den ersten Bachelor-Studiengang für „Health-Communication" im WS 2002 beginnen.

(Stößel, U., 1997, Leeuw, E. d., 1997).[9] Auf diesem Hintergrund, und da solche bildungs- und wissenschaftspolitischen Entscheidungen über neue berufsqualifizierende Studiengänge in Abhängigkeit von gesellschaftlichen Problemlagen, neuen Berufsmöglichkeiten, Berufsanforderungen und Wissenschaftsentwicklungen getroffen werden, würden unkonventionelle Versuche wie der des Bielefelder Oberstufen-Kollegs unzeitgemäß, verfrüht und randständig erscheinen, wenn nicht die Diskussion in der Europäischen Union (EU) um international anrechenbare Studienleistungen oder neue gestufte Abschlüsse (Bachelor) gerade einen neuen Aufschwung erhielte (Arbeitsgemeinschaft der Prorektoren für Lehre, NRW, 1997).

Die im Studiengang Gesundheitswissenschaften begonnene Entwicklungsarbeit zu grundständigen Studienanteilen sollte daher frühzeitig in fachwissenschaftliche Erörterungen eingebunden werden, und die hochschulischen ExpertInnen sollten zu möglichen Entwicklungsperspektiven, Studieninhalten und Ausbildungsmethoden Stellung nehmen. Die Anschlussfähigkeit der Ausbildung an ein universitäres Grundstudium war ein wesentliches Merkmal der Collegefunktion des Oberstufen-Kollegs, damit die KollegiatInnen ihr Studium der Gesundheitswissenschaften möglichst in einem entsprechenden grundständigen Studiengang fortsetzen konnten. Aber: Die Studierenden am Oberstufen-Kolleg befanden sich am Anfang eines grundständigen Studiums der Gesundheitswissenschaften, das es in der bundesdeutschen Hochschullandschaft nicht gab. Sie sollten Qualifikationen erwerben, durch die sie in einem höheren Fachsemester eines vergleichbaren Studiengangs weiterstudieren konnten. Die Schwierigkeit ist deutlich: Es sollte durch ExpertInnen überprüft werden, ob die Einübung in die Gesundheitswissenschaften als Universitätsdisziplin mit ihren Inhalten und Methoden am Beginn einer multi- und dis-

---

[9] Erfahrungen liegen in verschiedenen Ländern vor: USA, Großbritannien, Niederlande u.a. haben Schools of Public Health, die Studiengänge anbieten, die nach einem Studium mit einem normalen Umfang von 3 bis 4 Jahren zu einem berufsqualifizierenden Abschluss führen (zu europäischen Studiengängen vgl. Leeuw, E. d., 1995).

ziplinären[10] Sozialisation in die scientific community gelingen kann, ohne dass bereits eine akzeptierte Fachrichtung mit entsprechenden Inhalten und Methoden – außer an Fachhochschulen – angeboten wurde. Was ist auf diesem Hintergrund von den ExpertInnen zu erwarten?

Zunächst ist davon auszugehen, dass sie in die aktuelle Diskussion um die Qualität der Lehre eingebunden sind. Es müsste bekannt sein, dass an die Qualität der Hochschulausbildung, die öffentlich diskutiert wird (z.B. Winkler, H., 1995), verschiedenste Anforderungen gestellt werden: neben der Berücksichtigung und Förderung individueller Fähigkeiten sollen gute Lehr- und Lernsituationen geboten werden, durch die gesellschaftlich relevante und individuell bedeutsame Lehrinhalte auf dem neuesten Stand der Wissenschaft effizient vermittelt werden sollen (ebd., S.29). Ziele der Lehrevaluation beziehen sich auf die Verbesserung des Erreichens o.g. Anforderungen. Den ExpertInnen wäre zu verdeutlichen, dass ein Zweck oder eine Funktion eines Evaluationsprogramms u.a. die "Rekonstruktion und Begründung der Entwicklung von Curricula zwecks Einführung" sein kann (Webler, W.-D., 1993, S.64).

Die Absicht ist also zu explorieren (Huber, L., 1977, S.35), ob Lehrinhalte und Lehr- und Lernformen des Studiengangs Gesundheitswissenschaften sich für die Einführungssemester eines grundständigen Studiengangs im Sinne der Collegefunktion des Oberstufen-Kollegs eignen. Die zu befragenden ExpertInnen müssen also auf dem Hintergrund ihrer hochschulpolitischen und fachwissenschaftlichen Erfahrungen antizipieren, was sie ggf. selbst für die curriculare Entwicklung als relevant erachten würden und daraufhin das vorhandene Curriculum beurteilen. Im Wesentlichen wird erwartet, dass die ExpertInnen Aussagen zu den Merkmalen der am Oberstufen-Kolleg konstruierten Fachsystematik treffen, die die Methodologie, den Gegenstandsbereich,

---

[10] Die Gesundheitswissenschaften sind auf dem Weg zu einer Inter-Disziplin, vgl. hierzu Hurrelmann, K., Laaser, U., 1995, S.104 f.

die Methoden, die Inhalte und eine Fachstruktur, sowie den Lernprozess impliziert. Diese Merkmale der Fachsystematik, die den ExpertInnen zur Beurteilung vorgelegt werden sollen, können aufgrund der Ausführungen in Kapitel 3.3.1 wie folgt definiert werden:

- Die Methodologie : die Kenntnis und Reflexion der verschiedenen dem Gegenstand "Gesundheit" adäquaten wissenschaftlichen Zugangsweisen und der jeweiligen unterschiedlichen theoretischen Ansätze und Methoden. Angestrebt wird damit eine multi-disziplinäre[11], schwerpunktmäßig aber sozialwissenschaftlich orientierte Ausbildung.
Sie hat zum Ziel, die mehrperspektivische Sichtweise auf den Menschen zu vermitteln, d.h., den KollegiatInnen soll die mehrperspektivische Betrachtung des Menschen durch "die Brille" des bio-psycho-sozialen Modells nahe gebracht werden.

- Der Gegenstandsbereich: er definiert den Forschungsansatz und Problemlösemöglichkeiten für
  - die Gesundheit von Individuen,
  - die Gesundheit von Gruppen als Teilen der Bevölkerung,
  - die Gesundheit der Bevölkerung in verschiedenen Gesellschaften
  - und die jeweiligen Faktoren der Bedingung von Gesundheit und Vermeidung von Krankheit im Verhalten und in Lebensverhältnissen, sowie die entsprechenden Problemlösungsvorschläge.

- Die Methoden: sie bestimmen, was das Fach an Wegen der Erkenntnisgewinnung anbietet, mit welchen Einstellungen zum Gegenstand und welchen Problemwahrnehmungen geforscht wird, welche Lösungsper-

---

[11] Die Schreibweise multi-disziplinär soll ausdrücken, dass im gegenwärtigen Stadium gesundheitswissenschaftlicher Ausbildungsangebote allgemein, aber auch in unserem Studiengang der Versuch überwiegt, Inhalte aus verschiedenen Disziplinen für gesundheitswissenschaftliche Fragestellungen zu integrieren, ohne dass daraus bereits der Anspruch entstünde, eine neue, "interdisziplinäre" Fachwissenschaft zu kreieren.

spektiven die biologischen, psychologischen und soziologischen Disziplinen entwickeln können. Sie bestimmen insbesondere die
- konkreten Methoden der Datengewinnung: Beobachtung, Befragung, Interview
- die konkreten Methoden der Datenverarbeitung: Epidemiologie, Statistik und qualitative Datenanalyse.

- Die Struktur und die Inhalte des Curriculums:
  - In den ersten vier Semestern des Studiengangs steht das Individuum und seine Gesundheit im Vordergrund, wofür die Ausrichtung an Gesundheitsförderung als Zielsetzung gewählt wurde.
  - Semester 1+2: Bisherige Inhalte wurden ausgewählt aus den Themen Körperhaltung und -wahrnehmung; Herz-Kreislaufsystem; Atmung; Hormonsystem, Nervensystem;
  - Semester 3+4: Bisherige Inhalte wurden ausgewählt aus den Themen Psycho-Neuro-Immunologie, Stresstheorien, Kommunikationstheorien;

Die sozialwissenschaftliche empirische Untersuchung gesundheitlicher Probleme soll im 5. und 6. Semester erfolgen, als Zielsetzung gilt hier die Einführung in Methoden der Gesundheitsforschung:
- Semester 5+6: Bisherige Inhalte wurden ausgewählt aus Themen zu empirischen sozialwissenschaftlichen Methoden (Beobachtung, Interview, Fragebogen), zur quantitativen (deskriptiven) und qualitativen Verarbeitung von Daten (bei unterschiedlichen Themen wie „Sucht und Drogen", „Evaluation von Gesundheitsförderungsmaßnahmen" und „Evaluation des Curriculums durch Peer Review" u.a.).

Der Studiengang wird abgeschlossen mit Themen zu theoretischen Erklärungsansätzen von Gesundheitsfaktoren und zur Krankheitsverbreitung sowie Erkenntnissen aus der epidemiologischen Forschung und zu Problemen gesundheitlicher Versorgung. Als Zielsetzung gilt hier, den KollegiatInnen die gesellschaftlichen Handlungsfelder auf dem Hintergrund

aktueller gesundheitspolitischer Auseinandersetzungen aufzuzeigen und ihnen einen eigenen Standpunkt zu ermöglichen:
- Semester 7+8: Bisherige Inhalte wurden ausgewählt aus: Erkenntnissen zu Lebenslage und Gesundheit und der Hinterfragung der Kausalpfade (Risiko- und Lebensweisen-Konzept), Grundzüge der epidemiologischen Methoden, Gesundheitssystem und gesundheitliche Versorgung, Gesundheitspolitik.

- Die didaktisch - methodische Vorgehensweise:
  - es soll die Fähigkeit zur Abstraktion von der eigenen Erfahrung durch problemorientiertes Arbeiten erreicht werden
  - es soll ein wissenschaftspropädeutisches Grundwissen in gesundheitswissenschaftlich relevanten Problembereichen erreicht werden.

Als Indikator für die Zufriedenheit der ExpertInnen könnte ihre Einschätzung gelten, dass der Studiengang Gesundheitswissenschaften relevant und angemessen ist, d.h. aufgrund o.g. Merkmale eine diskursive Anschlussfähigkeit an grundstudienrelevante Ausbildungsinhalte besitzt, und dass die Bewertung, ob die Inhalte und Methoden für die Vermittlung in den Eingangssemestern eines prospektiven Grundstudiums angemessen sein könnten, positiv ausfällt. Entsprechend könnte eine positive Rückmeldung zur didaktisch-methodischen Zugangsweise als ein Ausdruck von Zufriedenheit gewertet werden, d.h., die Art der Vermittlung gilt für das Fach als relevant und auch für die Eingangssemester als angemessen.

Die Indikatoren für die Zufriedenheit der ExpertInnen mit der Fachsystematik und dem Erfahrungs- und Problemorientierten Lernen werden in der Tabelle 4 zusammengefasst:

Tabelle 4: Die Indikatoren für die Zufriedenheit der ExpertInnen mit der Fachsystematik und der didaktisch-methodischen Zugangsweise

Indikator 1: Die Beurteilung der Anschlussfähigkeit der Fachsystematik		
Merkmale	Kriterien	
	Relevanz	Angemessenheit
Methodologie		
Gegenstandsbereich		
Methoden		
Struktur und Inhalte des Curriculums		
Indikator 2: Die Beurteilung des Problem- und Erfahrungsorientierten Lernens		
Merkmale	Kriterien	
	Relevanz	Angemessenheit
Einbringen von Erfahrungen		
Problemorientierung		

C. Die Zufriedenheit der Lehrenden

C.1 Zufriedenheit der Lehrenden mit dem Fachverständnis der KollegiatInnen

Haben die KollegiatInnen das gewünschte Verständnis von Gesundheitswissenschaften nach der in Kapitel 3.3.1 erläuterten Fachsystematik erwerben können? Diese Frage ist zunächst zu beantworten, bevor die Lehrenden Aussagen über ihre Zufriedenheit machen können. Das „Verständnis des Faches" definiert sich über die Methoden, die Inhalte und die Struktur des Faches, die im vorherigen Kapitel dargestellt wurden, sie gelten prinzipiell

auch für das Ziel der Entwicklung des Fachverständnisses der KollegiatInnen, gleichwohl darf die Leistungsfähigkeit der Studierenden nicht überschätzt werden. Indikatoren für das angezielte Fachverständnis müssen insofern zwar die o.g. Merkmale der Fachsystematik sein, nämlich
- die Perspektive des bio-psycho-sozialen Modells des Menschen bei der Beschreibung gesundheitswissenschaftlicher Probleme,
- die Beachtung des Verhältnisses von Individuum-Gruppe-Bevölkerung bei der Definition des gesundheitswissenschaftlichen Gegenstandsbereichs,
- die Integration sozial- und naturwissenschaftlicher Kenntnisse bei Erklärungsversuchen von gesundheitswissenschaftlichen Problemen ,
- die Anwendung sozialwissenschaftlicher und epidemiologischer Methoden der Erkenntnisgewinnung und der Entwicklung von Lösungsperspektiven,

sie müssen aber transformiert werden auf die Leistungsmöglichkeiten der KollegiatInnen und die Leistungsanforderungen der Lehrenden. Leistungsanforderungen, in denen sich ein Fachverständnis wiederfinden ließ, kamen in schriftlichen Arbeiten der KollegiatInnen mit gesundheitswissenschaftlichen Themen zum Ausdruck. Sie sollten
- eine Problembeschreibung aufweisen, in der die Perspektive des bio-psycho-sozialen Modells des Menschen zu erkennen ist,
- den gesundheitswissenschaftlichen Gegenstandsbereich sowohl auf das Individuum, als auch auf die Gruppe und die Bevölkerung beziehen,
- möglichst, d.h. entsprechend dem Thema, unterschiedliche sozial- und naturwissenschaftliche Kenntnisse integrieren,
- Methoden der Gesundheitswissenschaften kennen und Lösungsperspektiven andenken können.

Als erster Indikator wird daher für die Zufriedenheit der Lehrenden mit dem Fachverständnis der KollegiatInnen definiert (Tabelle 5):

Tabelle 5: Erster Indikator für die Zufriedenheit der Lehrenden: Zufriedenheit mit dem Fachverständnis der KollegiatInnen

Merkmale	Kriterien
Problembeschreibung	Die Perspektive des bio-psycho-sozialen Modells bei der Problembeschreibung
Definition des Gegenstandsbereichs	Die Definition des Gegenstandsbereichs in bezug auf Individuum-Gruppe-Bevölkerung
Kenntnisse	Die Integration Sozial- und naturwissenschaftlicher Kenntnisse zur Erklärung
Methoden	Methoden kennen und Lösungsmöglichkeiten andenken

C.2 Zufriedenheit mit der Fähigkeit der KollegiatInnen zur Integration und Differenzierung von Alltagserfahrung und wissenschaftlichen Theorien

Die ursprüngliche Didaktik und Methodik des Studiengangs war als problemorientierter Zugang in Anlehnung u.a. an das Maastrichter Modell expliziert worden (Adriaanse, H., 1992, S. 57). Der Ansatz war durch die Erfahrungsorientierung ergänzt worden mit der Absicht, näherungsweise KollegiatInnen gesundheitswissenschaftliche Kompetenzen zu vermitteln, die sowohl studienrelevant als auch persönlich nützlich sein können (Schneider, A., 1993, S. 109). In diesem Zusammenhang waren Erkenntnisse von Bedeutung, die im Rahmen der ersten Studiengangsevaluation (1987-1991) gewonnen wurden und sich auf ein Charakteristikum unseres "Klientels" beziehen, nämlich das besondere Interesse am Fach zum Studienbeginn (s. Kap.3.3.2). Dieses anfängliche Interesse an Gesundheit und dem Studiengang speiste sich aus unterschiedlichen Motiven, die mit divergierenden Lebensorientierungen in der Altersstufe kompatibel sind (Schneider, A., 1998). So stehen z.B. den Kollegiatlnnen, die möglichst persönlich von konkreten lebenspraktischen Kenntnissen profitieren wollen, auch andere gegenüber, die eher studienverwertbare Inhalte präferieren. Die Motive verändern sich zwar im Verlaufe der acht Semester, spielen aber gerade am Anfang des Studiums am OS eine gewichtige Rolle und können zu Friktionen mit Didaktik und Methodik des Faches führen.

Wie im Kapitel 3.3.2 dargestellt, zielte die Einführung des Konzeptes der Erfahrungs- und Problemorientierung ab auf die Integration der unterschiedlichen Motive, aber auch auf die Gestaltung des Lernprozesses, der die KollegiatInnen herausfordern sollte, sich mit den eigenen gesundheitlichen Erfahrungen oder fremden Erfahrungen in die inhaltliche Diskussion einzubringen, aber sich dann davon zu distanzieren und den Transfer zu leisten zu verallgemeinerten Problembeschreibungen und zu theoretischen Erklärungsansätzen, deren konkrete und gesellschaftliche Relevanz sie wiederum an den Erfahrungen prüfen sollten.

Die Zufriedenheit der Lehrenden mit solchen Fähigkeiten der KollegiatInnen ist danach von der Erfüllung der verschiedenen Anforderungen abhängig, die die Problembearbeitung gesundheitswissenschaftlicher Aufgabenstellungen betreffen (s.o. Kap. 3.3.2).

<u>Eine erste Anforderung</u> ist die Anfertigung von Problembeschreibungen, in denen eigene (oder fremde) problematische gesundheitliche Erfahrungen dargestellt werden. Diese konkreten Ausgangspunkte sind dann so zu verallgemeinern, dass die Definition des gesundheitswissenschaftlichen Problems als abstrakt-allgemeines Problem aufscheint. Während die individuelle Wahrnehmung eines Problems relativ leicht formuliert werden kann, liegt für KollegiatInnen eine Schwierigkeit in der Anforderung, gesundheitliche Erfahrungen in ein gesundheitswissenschaftliches Problem zu transferieren, da nicht alles, was ein Mensch mit Gesundheit erlebt, als gesundheitswissenschaftliches Problem definiert werden kann und schon der Begriff „Gesundheit" ob seiner Vielschichtigkeit nicht leicht zu verstehen ist. So wäre denn eine erste Frage, ob die KollegiatInnen die in den Gesundheitswissenschaf-

ten gebräuchliche Definition von Gesundheit verwenden. Diese besagt, dass das bio-psycho-soziale Modell des Menschen zur mehrdimensionalen Betrachtungsweise von individueller Gesundheit führt, die folgende Aspekte aufweisen muss:
- das körperliche Wohlbefinden (z.b. positives Körpergefühl, Fehlen von Beschwerden und Krankheitsanzeichen),
- das psychische Wohlbefinden (z.B. Freude, Glück, Lebenszufriedenheit), die Leistungsfähigkeit, Selbstverwirklichung und Sinnfindung,
- das soziale Wohlbefinden und materielle Bedingungen, die Gesundheit ermöglichen und beeinflussen (Bengel, J., Strittmatter, R., Willmann, H., 1998, S.16).

Eine zweite Anforderung ist, dass die KollegiatInnen die konkreten Erfahrungen in ein allgemeines gesundheitswissenschaftliches Problem übersetzen sollen. Ausgehend von der o.g. mehrdimensionalen Betrachtungsweise wird ein gesundheitswissenschaftliches Problem abgeleitet von den Bedingungen, die Gesundheit ermöglichen: Gesundheit hängt ab vom Vorhandensein, von der Wahrnehmung und dem Umgang mit Belastungen, von Risiken und Gefährdungen durch die soziale und ökologische Umwelt, sowie vom Vorhandensein, von der Wahrnehmung, Erschließung und Inanspruchnahme von Ressourcen (ebd.). Sind hier Defizite oder Beeinträchtigungen festzustellen, kann das gesundheitswissenschaftlichen Problem beschrieben werden als: Beeinträchtigung des körperlichen (Körpergefühl, Beschwerden, Krankheitsanzeichen), psychischen (z.B. keine Freude, Glück, Lebenszufriedenheit) Wohlbefindens, der Leistungsfähigkeit, Selbstverwirklichung und Sinnfindung und des sozialen Wohlbefindens. Die Beeinträchtigung kann verursacht sein durch persönliche Belastungen, durch die Wahrnehmung und den Umgang mit diesen Belastungen, durch Risiken und Gefährdungen der sozialen und ökologischen Umwelt, durch das Fehlen von Ressourcen, durch Nicht - Wahrnehmung und / oder Nichterschließung und / oder Nicht - Inanspruchnahme von Ressourcen. Der erste Teil der Definition wird in bezug auf das

Problem formuliert und sagt aus, was das Problem ist, der zweite Teil der Definition zeigt auf, wodurch das Problem verursacht sein kann. Dazwischen liegt ein wichtiger Schritt der Problembearbeitung: es muss die „richtige" Frage gestellt werden, um zu Hypothesen darüber zu kommen, welche Ursachen zur Problemklärung relevant sein könnten. Hier wird die Entwicklung einer Fragestellung erwartet, die für die KollegiatInnen von persönlichem Interesse ist, aber gleichzeitig auch als gesellschaftlich relevant zu beurteilen ist.

Die dritte Anforderung betrifft die Analyse des Problems und den Versuch, eine Erklärung zu finden. Diese berührt einen Teilaspekt des Aufgabenbereichs der Gesundheitswissenschaften: "... Analyse der körperlichen, seelischen und sozialen Bedingungen und Kontexte der Gesundheitsentwicklung und der Verbreitung von Gesundheits- und Krankheitszuständen der Bevölkerung; ...." (Hurrelmann, K., 1999, S.6)[12].

Unter diesem Aspekt wird auf den wesentlichen Ansatz gesundheitswissenschaftlicher Arbeit verwiesen: die Erforschung der Bedingungen, die eine Gesundheitsentwicklung ermöglichen. Dabei muss der Kontext mit berücksichtig werden, in dem Menschen leben, der sich auf die Lebenssituation, bzw. die gesellschaftliche Situation mit dem Gesundheitssystem und der Gesundheitspolitik bezieht, und sowohl die historische wie die aktuelle Beschreibung des Gesundheitszustands (Krankheitszustands) der Bevölkerung mit einbezieht.

Die vierte Anforderung bezieht sich auf einen weiteren Teilaspekt des Aufgabereichs der Gesundheitswissenschaften, die „Ableitung der Versorgungsbedarfe" (ebd.). Darunter kann verstanden werden, welche Problemlösung

---

[12] Die folgenden Punkte 3. + 4. der im Zitat genannten Aufgaben sind in unserem Ausbildungskontext nicht zu behandeln: „3. Analyse der bestehenden Versorgungsstrukturen im medizinischen und psychosozialen Bereich und ihre Kontrastierung mit dem Versorgungsbedarf; 4. Entwicklung neuer Modelle für optimierte Versorgungsstrukturen" (Hurrelmann, K., 1999, S.6).

aus Sicht der Gesundheitswissenschaften möglicherweise vorgeschlagen werden könnte, z.B. Gesundheitsförderungsmaßnahmen oder Maßnahmen zur Prävention[13]. Für diese Anforderung sollen die KollegiatInnen die erarbeiteten Kenntnisse zur Beantwortung ihrer Fragestellung und zu Lösungsvorschlägen nutzen und diese auf die anfängliche Problembeschreibung und die eigenen Erfahrungen rückbeziehen. Die Versuche der Problemlösung sollen dann vom einzelnen Individuum abstrahiert und auf viele Individuen, Gruppen oder die Bevölkerung bezogen werden.

Die Begriffe Integration und Differenzierung verdeutlichen im o.g. Zusammenhang einerseits das Einbeziehen konkreter Erfahrungen in die gesundheitswissenschaftliche Thematik und Problembearbeitung, andererseits die Abstraktion dieser Erfahrungen vom individuellen Erleben durch die Feststellung von Unterschieden zwischen Individuen, und erlaubt durch diese Bildung von Differenzen ihre Verallgemeinerung für viele Individuen, für Gruppen oder die Bevölkerung. Die Begriffe Integration und Differenzierung charakterisieren so den Prozess der Aktualisierung von Konkretisierung, Abstraktion und Verallgemeinerung im Verlauf der Problembearbeitung. Verläuft die Problembearbeitung so idealtypisch wie sie „lehrbuchmäßig" festgelegt wurde, kann dies als Indikator für die Zufriedenheit aufgefasst werden. Eine evaluative Überprüfung der Arbeitsschritte bei der Problembearbeitung ist besonders dort von Interesse, wo Integration und Differenzierung als „Hürden" im Arbeitsprozess erscheinen: bei der Problembeschreibung, der Problemdefinition und den Problemlösungsansätzen. Zusammengefasst lässt sich dafür der Zufriedenheitsindikator so strukturieren (Tabelle 6):

---

[13] „Zur Abgrenzung sollen unter Maßnahmen der Gesundheitsförderung solche Maßnahmen verstanden werden, "die unspezifisch Krankheiten vorbeugen. Die primäre Prävention bezieht sich auf Maßnahmen, die den Eintritt eines Schadenfalls gezielt verhindern oder verzögern..." (Sachverständigenrat für die Konzertierte Aktion im Gesundheitswesen 1995, zitiert nach: Troschke, J. v., 1996, S.15)

Tabelle 6: **Zweiter Indikator für die Zufriedenheit der Lehrenden: Zufriedenheit mit der Integration / Differenzierung von Alltagserfahrung und wissenschaftlicher Theorie**

Merkmale	Kriterien	
	Integration	Differenzierung
Problembeschreibung	Eigene gesundheitliche Erfahrungen wahrnehmen	Erfahrungen auf die Definition von Gesundheit beziehen
	Erfahrungen im lebensweltlichen Kontext reflektieren	Bedingungen des lebensweltlichen Kontextes für Gesundheit allgemein benennen
Problemdefinition	Eine für sich selbst interessante Fragestellung entwickeln	Eine gesellschaftlich relevante Fragestellung entwickeln
	Entscheidung über die Bedingungen des lebensweltlichen Kontextes, durch die ein individuelles gesundheitliches Problem verursacht wird	Entscheidung über die Bedingungen des lebensweltlichen Kontextes, durch die ein gesellschaftliches gesundheitswissenschaftliches Problem verursacht wird
Problemlösungsvorschläge	Vorschläge auf eigene Erfahrungen rückbeziehen	Vorschläge für allgemeine „Versorgungsbedarfe" entwickeln

C.3 Zufriedenheit mit dem Erwerb methodischer Qualifikationen

Die Vermittlung methodisch-instrumenteller Kompetenzen hat durch die vorläufigen Empfehlungen des "Forum Bildung" der Bund-Länder-Kommission neue Impulse erhalten. Sie weisen darauf hin, dass methodisch-instrumentelle Kompetenzen zu den unverzichtbaren Ausbildungszielen gehören und verstehen darunter „jene prinzipiell erlernbaren und vermittelbaren Kompetenzen... , die in möglichst unterschiedlichen Situationen und in verschiedenen Inhaltsbereichen dazu beitragen, notwendige Spezialkenntnisse schnell zu erwerben, neue Probleme effektiv zu lösen und wichtige Aufgaben zu bewältigen" (Arbeitsstab Forum Bildung, 2001b, S.45). Es wird angemahnt[14], dass die unterrichtliche Umsetzung dieser Ziele eine neue Lehr- und Lernkultur voraussetze. Eine neue Lernkultur wurde im Rahmen der fachmethodischen Ausbildung im Studiengang Gesundheitswissenschaften entwickelt, wie in Kap.3.3.3 ausgeführt wurde. Die KollegiatInnen werden im 5. und 6. Semester mit der Anforderung konfrontiert, sich in kleinen Lehrforschungsprojekten solche fachspezifischen Methoden anzueignen, die zu Erkenntnissen für Problemlösungen führen können, und sie sollen besonders die Kompetenz erwerben, ihre Ergebnisse in schriftlich und mündlich angemessener Weise zu präsentieren[15].

Die Ansprüche der Lehrenden und die Anforderungen an die KollegiatInnen in einem solchen Lehrprojekt sollen im folgenden exemplarisch an einem Beispiel mit dem Ziel vorgestellt werden, Merkmale für den Erwerb methodischer Qualifikationen und Kriterien zu ihrer Beurteilung zu bestimmen.

Im Wintersemester 1998 wurde eine kleine Evaluationsstudie zu der Frage geplant, wie die Studierenden des Postgraduiertenstudiengangs an der Universität Bielefeld das Curriculum am Oberstufen-Kolleg einschätzen. Dazu wurde ein Lehrforschungsprojekt mit den KollegiatInnen durchgeführt.

Die Studierenden des Postgraduierten-Studiengangs „Public Health" der Fakultät für Gesundheitswissenschaften sollten zum Curriculum Gesundheitswissenschaften am Oberstufen-Kolleg befragt werden, da sie konkrete und aktuelle Studienerfahrungen besitzen, bereits ein anderes Studium absolviert haben, spezifische Interessen an ihrem zweiten Studienfach haben, prakti-

---

[14] Die unterrichtliche Umsetzung ist allerdings das Hauptproblem, das im schulischen Alltag noch selten optimal gelöst wurde und seine Tücken besonders dann aufweist, wenn sich die Anstrengungen der Lehrenden nicht so in den Köpfen und Handlungen der Lernenden niederschlagen, wie es gewünscht wird.

[15] Die Übung im Schreiben eines Projektberichtes und der mündliche Vortrag dienen gleichzeitig der Verbesserung der muttersprachlichen Kompetenz (Empfehlung des Forum Bildung).

sche Erfahrungen mitbringen und mit ihrem Zweit-Studium eine gesundheitswissenschaftliche Perspektive im derzeitigen oder anvisierten Beruf verbinden (Günther-Boemke, 1998).

Für die Projektplanung wurde im Unterricht der Zeitplan[16] entworfen und die Untersuchungsbereiche wurden bestimmt: beurteilt werden sollten die Studieninhalte aus den 8 Semestern (Theorien und Methoden), die zu erwerbenden Kompetenzen (Beobachtungs-, Kommunikationskompetenz) und die problem- und erfahrungsbezogen Arbeitsmethoden. Die Evaluationsfragen zielten darauf ab, ob die Studierenden die Ausbildungsinhalte und -methoden des Curriculums am Oberstufen-Kolleg als relevant beurteilen, ob sie diese auch für Anfangssemester für angemessen halten, und ob sie selbst Interesse an einem grundständigen gesundheitswissenschaftlichen Studium gehabt hätten.

Geplant war, dass von jedem Kollegiaten und jeder Kollegiatin, die an dem Lehrprojekt teilnimmt, ein leitfadenstrukturiertes halboffenes Interview mit einem / einer Studierenden durchgeführt, transkribiert und mit computerunterstützter Inhaltsanalyse ausgewertet wird. Die InterviewpartnerInnen sollten nach ihrem Wohnort (Bielefeld) und ihrer Bereitschaft, ein Interview zu

---

[16] Zeitplan des Lehrprojektes:

August / September 1998:	Einführung in Gesprächsführung und Interviewschulung
Mitte / Ende September 98:	Brief an den Dekan, Ankündigung des Projekts, Bitte um Unterstützung, Bitte um Termin zur Vorstellung des Oberstufen-Kollegs (OS) und des Studiengangs Gesundheitswissenschaften (GSU)
Oktober / November 1998:	Planung der Untersuchung (Entwicklung von Arbeitshypothesen, Fragestellungen, Untersuchungsmethoden, Design)
Mitte Oktober 98:	Vorstellung des OS und GSU in der Fakultätskonferenz u. in der Lehrkommission, Vorstellung des Projekts
Mitte Oktober 98:	Terminvereinbarungen für Interviews, Befragungen, Gespräche
Dezember 98/ Januar 1999:	Durchführung der Expertenbefragung
Februar 1999:	Datenverarbeitung
März - Mai 1999:	Erstellung der Projektberichte

führen, ausgewählt werden, die Zahl der Frauen und Männer sollte möglichst gleich groß sein.

Der Plan für die Auswertung sah vor, dass die Aussagen zu den jeweiligen Veranstaltungszielen und -inhalten in bezug auf die o.g. Beurteilungskriterien wie Relevanz für das Fach und Angemessenheit für ein Grundstudium analysiert werden. Zusätzlich sollten Hypothesen zur Bedeutung des Berufspraxisbezuges, der Interdisziplinarität und fachspezifischer Qualifikationsziele abgeleitet werden, die sich auf die Auswahl grundständiger Studieninhalte und -methoden im Studiengang am Oberstufen-Kolleg auswirken könnten.

Zur Datenverarbeitung wurde eine qualitative (Inhaltsanalyse von Interviews, vgl. z.B. Bos, W., 1994) und eine quantitative Auswertung (deskriptive Analyse von Befragungsergebnissen) in Betracht gezogen. Auch Schätzskalen (zu relevanten - nicht relevanten Lehrinhalte) sollten mit einbezogen werden., evtl. sollten Gruppendiskussionen zu Lehr- und Lernformen in Betracht kommen (Bülow-Schramm, M., 1995, D 1.6, S.7). Zum Abschluss des Projektes sollten alle KollegiatInnen einen Projektbericht erstellen und die Ergebnisse präsentieren.

Woran wären methodische Qualifikationen zu erkennen, die die KollegiatInnen nach einem solchen Lehrforschungsprojekt erworben haben sollten?

Der Schwerpunkt unterrichtlicher Arbeit liegt bei den Lehrforschungsprojekten in der Vermittlung des Ablaufs einer qualitativen und / oder quantitativen empirischen Untersuchung[17] mit dem Gewicht auf der Phase der Konzeptio-

---

[17]Zum Beispiel: Wintersemester 1998: Themenblöcke vom 23. 8. 98 – 20.12.98, 6 Stunden pro Woche
1. Verstehen der ersten Phase der Konzeptionalisierung einer empirischen Untersuchung
   - Definition von „Projekt" im Zusammenhang mit empirischer Forschung
   - Entstehungszusammenhang des Projekts
   - Problembeschreibung (Problemdefinition, -Beschaffenheit, Ursachen)
   - Interesse des Forschers und die gesellschaftliche Relevanz
2. Analyse des von der Lehrenden verfassten Projektantrags mit den obigen Kriterien

nalisierung. Hauptgrund für die Akzentuierung dieser Phase ist das Problem, dass die inhaltliche Strukturierung des Themas gleichzeitig mit der methodischen Vorgehensweise erarbeitet werden muss, damit die Logik empirischen Forschens, der „rote Faden" bei der Durchführung einer Studie zu begreifen ist. Wesentliche Arbeitsschritte sind hierbei: Themenfindung, Problemexploration, Problembeschreibung und -definition, Entwicklung von Fragestellungen, Hypothesenformulierung, Planung der Durchführung der Untersuchung und Auswertungsmöglichkeiten der Daten. Als ein Ausweis für den Erwerb dieser methodischen Qualifikation der Konzeptionalisierung einer empirischen Untersuchung kann im Ergebnis gelten, dass KollegiatInnen zu einer vorgegebenen Fragestellung ein Konzept erstellen, und dass sie später ein Konzept zu einer eigenen Problemstellung entwerfen können.

In der Phase der Datenerhebung[18] wird von ihnen zwar eine gewisse Selbständigkeit bei der Planung und Durchführung der Interviews oder Befra-

---

3. Erkundung des Postgraduierten-Studiengangs der Fakultät für Gesundheitswissenschaften über das Veranstaltungsverzeichnis der Fakultät
4. Entwicklung von Fragestellungen und Arbeitshypothesen zum Problem
5. Erarbeitung von Literatur zu den Hypothesen
6. Verstehen der zweiten Phase der Konzeptionalisierung einer empirischen Untersuchung
   - Unterscheiden von Arbeitshypothesen, empirischen und statistischen Hypothesen
   - Entscheiden für die Art einer Untersuchung (Explorationsstudie, populationsbeschreibende Studie, hypothesentestende Studie)
   - Unterscheiden von Variablen
   - Festlegen einer Methode der Datenerhebung und der Möglichkeiten der Datenauswertung
   - Bedingungen für einen Interviewleitfaden, Interviewschulung
   - Bedingungen für die Durchführung eines Interviews
7. Analyse empirischer Untersuchungen im Hinblick auf ihre Konzeptionalisierung
8. Planung der empirischen Untersuchung: Entscheidung über die Stichprobe, Zeit und Ort der Untersuchung, Leitfaden und Dauer des Interviews, Tonbandaufzeichnung und Mitschrift

[18] Z.B. Planung der empirischen Untersuchung im Wintersemester 1998
   - Erstellen des Interviewleitfadens

gungen eingefordert, die die eigene Handlungskompetenz stärkt, aber man kann nicht davon ausgehen, dass aufgrund einer einmaligen Befragung bereits Interviewer-Verhalten erworben werden kann. Wichtiger ist hierbei die Grunderfahrung, dass Forschendes Lernen zur Selbsttätigkeit und Planmäßigkeit aktiviert, und dass das Projekt ohne verantwortliche Mitarbeit der KollegiatInnen nicht erfolgreich sein kann. Insofern ist es eine Art Ernsthaftigkeit, die der Kontakt mit Menschen in den Unterricht bringt, durch den vor allem Interesse und Spaß an Projektarbeit aufrechterhalten werden soll.

Für die Phase der Datenauswertung vermitteln die Lehrenden je nach Datenqualität in Grundzügen unterschiedliche quantitative oder qualitative Analyseverfahren. Dabei geht es vor allem um das Verständnis der Unterschiede und Gemeinsamkeiten solcher Daten, insbesondere soll der Schritt von Nominaldaten zu Ordinaldaten vollzogen, und damit sollen die Begriffe Qualität und Quantität vermittelt werden. Es sollte an Aufgaben aufgezeigt werden können, wie und ob sich KollegiatInnen aufgrund des Forschenden Lernens methodische Grundbegriffe erschließen können.

Schließlich wird auch erwartet, dass die KollegiatInnen sowohl mündlich als auch schriftlich eine angemessene Präsentation der Ergebnisse bieten können. In diese Erwartung geht ein, dass die Datenauswertung und -interpretation erfolgreich auf die Fragestellung bezogen werden kann und den KollegiatInnen damit das selbst erarbeitete Ergebnis plausibel ist.

Das Erreichen der vom Forum Bildung oben genannten Ziele, 'methodische Qualifikationen in möglichst unterschiedlichen Situationen und in verschiede-

---

- Zeit und Ort der Untersuchung: Die Interviews sollen zu zweit und können an privaten Orten durchgeführt werden. Sie müssen bis zu den Weihnachtsferien auf dem Tonträger sein.
- Dauer des Interviews: je nach Gesprächsbereitschaft, der Interviewleitfaden muss abgearbeitet werden
- Tonbandaufzeichnung und Mitschrift: Neben dem Tonbandprotokoll soll eine Mitschrift zur Sicherheit angefertigt werden, wenn es möglich ist.
- Kap. 2.3.7 und 2.3.8 aus Bortz / Döring werden über mündliche Darstellung der KollegiatInnen erarbeitet, ebenso Literatur zur Interviewmethode (Friedrichs, J., 1985)

nen Inhaltsbereichen anwenden zu können' und dabei 'notwendige Spezialkenntnisse schnell zu erwerben, um neue Probleme effektiv zu lösen und wichtige Aufgaben zu bewältigen', wäre in der Tendenz nachweisbar, wenn sich nach diesen zwei „empirischen Semestern" ein Transfer-Effekt einstellen würde, so dass die in den Lehrforschungsprojekten erworbenen Fähigkeiten in den eigenständigen Facharbeiten zum Abschluss des Studiums (1 Jahr nach dem Projektjahr) wieder aufscheinen würden (obwohl die Einflüsse aus anderem Unterricht ihren Teil ebenfalls dazu beitragen würden). Da aber diese Analyse hier nicht zu leisten ist, sollen kleine Transfereffekte, wie sie in Klausuren gefordert werden und gut überprüfbar sind, genauer untersucht werden.

Für den Indikator „Zufriedenheit mit den methodischen Qualifikationen" sollen für diese Untersuchung aus dem Spektrum der Anforderungen zum Merkmal „Methodische Grundbegriffe der empirischen Forschung" aus der zweiten Phase der Konzeptualisierung einer empirischen Untersuchung folgende Kriterien ausgewählt werden (Tabelle 7):

Tabelle 7: Dritter Indikator für die Zufriedenheit der Lehrenden: Zufriedenheit mit den methodischen Qualifikationen

Methodische Qualifikationen der KollegiatInnen	
Merkmal:	**Kriterien:**
Methodische Grundbegriffe der empirischen Forschung	Unterscheidung der Begriffe Alltagsvermutung, wissenschaftliche Hypothese (oder Arbeitshypothese) und empirische Hypothese
	Erkennen abhängiger und unabhängiger Variablen
	Erkennen von Skalenniveaus
	Strukturierung eines Objektbereichs
	Überlegungen zu Auswertungsfragen und -strategien

C.4 Zufriedenheit der Lehrenden mit der Selbstevaluation als Teil der Arbeitskultur und Prüfprozess der Transaktion zwischen Theorie und Praxis

In Kapitel 3.4 wurde das Ziel formuliert, das mit der Selbstevaluation als Teil der Arbeitskultur verbunden ist: Einschätzungen von KollegiatInnen, Urteile von ExpertInnen und Lehrenden sollen in einem kommunikativen Diskurs der Lehrenden auf ihr Potenzial zur Verbesserung der Unterrichtspraxis überprüft werden. Dabei sollen subjektive Theorien über Ursachen und Hintergründe von Ergebnissen der Selbstevaluation expliziert werden, es sollen gemeinsam angemessene Erklärungsmöglichkeiten gefunden werden, die wieder eine neue curriculare Entwicklung ermöglichen. Gegenstand des Diskurses sind die drei curricularen Evaluationsbereiche, zu denen Ergebnisse vorgelegt werden, sowie der Prozess der Selbstevaluation. Als Indikatoren werden im EFQM-Modell benannt, dass am Ende dieses Prozesses das Wissensmanagement und der Lerngewinn ausweisbar sein müssen. Der Begriff Wissensmanagement zielt ab auf die Entscheidungen, die aufgrund der Evaluation getroffen werden (Antoni, C. H., Sommerlatte, T., 2001) Der Begriff Lerngewinn impliziert die Verwendung der durch den Prüfprozess gewonnenen Erkenntnisse für die weitere Entwicklung der eigenen curricularen Arbeit, er bezeichnet die durch das Wissen gewonnene Qualifizierung der einzelnen Lehrenden oder anders ausgedrückt: die potenzielle Möglichkeit der eigenen Professionalisierung durch Explikation der Alltagserfahrung und der „gewöhnlichen" Hypothesenbildung zur plausiblen Begründung der erzielten Ergebnisse, sowie den kollektiven Versuch der pädagogischen Reflexion, ob die theoretischen Konzepte der Praxis dienlich sein konnten.

Wie vollzieht sich das Wissensmanagement bezogen auf die Curriculumentwicklung und was bedeutet der Lerngewinn für die Lehrenden?

Wesentlich für die Curriculumentwicklung sind die Entscheidungen, die die Lehrenden aufgrund der Diskussionen der Evaluationsergebnisse für die Fachsystematik, die didaktisch-methodische Zugangsweise des Problem-

und Erfahrungsorientierten Lernens und das Forschende Lernen treffen. Lerngewinn heißt Erkenntnisgewinn, das sind z.B. neue Einsichten in die pädagogische Praxis aufgrund kollektiver Reflexion und theoretischer Diskussion, Erkenntnisse darüber, ob durch die Selbstevaluation profitiert werden kann, ob Fortbildungen in Didaktik und Methodik des Faches notwendig sind, ob über die Fortsetzung oder Beendigung der Evaluation entschieden wird, ob Tagungen mit Interessierten zu Fragen einer neuen Arbeits- und Lernkultur an Schulen und Hochschulen organisiert werden könnten. In der tabellarischen Übersicht (Tabelle 8) kann dieser Zusammenhang exemplarisch verdeutlicht werden:

Tabelle 8: Vierter Indikator für die Zufriedenheit der Lehrenden: Zufriedenheit mit der Selbstevaluation als Arbeitskultur und als Prüfprozess der Transaktion zwischen Theorie und Praxis

Merkmale	Kriterien	
	Wissensmanagement (Beispiele)	Lerngewinn (Beispiele)
Entscheidungen zur Fachsystematik	Ggf. eine neue Struktur, neue Inhalte und Methoden	Ggf. Reformulierung der Paradigmen der Gesundheitswissenschaften
Entscheidungen zum Problem- und Erfahrungsorientierten Lernen	Ggf. eine neue Schwerpunktsetzung oder eine neue didaktisch-methodische Orientierung	Ggf. verbesserte Vermittlung der kognitiven Kompetenzen der Konkretisierung, Abstraktion und Verallgemeinerung
Entscheidungen zum Forschenden Lernen	Ggf. eine Ausweitung oder Eindämmung des Ansatzes oder eine Neuorientierung in der methodischen Ausbildung	Ggf. Erprobung neuer Konzepte der Vermittlung methodischer Kompetenzen
Entscheidungen zum Prozess der Selbstevaluation	Ggf. eine Institutionalisierung oder eine Beendigung	Ggf. intra- und interinstitutioneller Austausch zum EFQM-Modell

4.1.3 Untersuchungsinstrumente

In diesem Kapitel werden die Methoden der Datenerhebung beschrieben, mit denen im Verlauf der Selbstevaluation gearbeitet werden soll. Die Erhebungstechniken sind dem Prinzip der Gegenstandsadäquatheit der Verfahrensweisen geschuldet, das insbesondere bei qualitativer Arbeit zu beachten ist (Mayring, P., 1996, S.48). Tabelle 9 zeigt die Evaluationsbereiche und die Methoden zur Erhebung der Zufriedenheit der Akteure, die als Qualitätsfaktoren zu bezeichnen sind:

Die KollegiatInnen werden zur Feststellung der Zufriedenheit mit einem Fragebogen nach ihren Bewertungen der Indikatoren gefragt. Zur Absicherung des Verständnisses des Fragebogens sollen danach einige zusätzliche Interviews zu den Fragekomplexen mit gesprächsbereiten KollegiatInnen geführt werden, die gleichzeitig als Daten-Triangulation[19] auch zur Validierung dienen (Flick, U., 2000c, S.310). Die Beurteilung des Forschenden Lernens wird in einer Kursreflexion erfragt.

Die Zufriedenheit der Lehrenden mit dem Fachverständnis der KollegiatInnen, der Integration und Differenzierung von Alltagserfahrung und wissenschaftlicher Theorie und den methodischen Qualifikationen soll durch eine Inhaltsanalyse von schriftlichen Leistungen der KollegiatInnen erfasst werden. Die Zufriedenheit mit der Selbstevaluation soll sich in den Gruppendiskussionen und Entscheidungen der Fachkonferenz aufzeigen lassen.

Die Zufriedenheit der ExpertInnen soll mit leitfaden-strukturierten Interviews erfasst werden.

---

[19] "Daten-Triangulation kombiniert Daten, die verschiedenen Quellen entstammen und zu verschiedenen Zeitpunkten, an unterschiedlichen Orten oder bei verschiedenen Personen erhoben werden" (Flick, U., 2000, S.310).

Tabelle 9: Evaluationsbereiche und Methoden der Datenerhebung

Qualitätsfaktoren	Evaluationsbereiche und Methoden der Datenerhebung			
	Multidisziplinäre Fachsystematik (MFS)	Problem- und Erfahrungsorientiertes Lernen (PEOL)	Forschendes Lernen (FL)	Selbstevaluation (SE)
Zufriedenheit der KollegiatInnen mit dem Curriculum	(1) Fragebogen, (2) Leitfadenstrukturiertes Interview		(3) Kursreflexion	
Zufriedenheit der ExpertInnen mit dem Curriculum	(4) Leitfadenstrukturiertes Interview			
Zufriedenheit der Lehrenden mit den KollegiatInnenleistungen	(5) Inhaltsanalyse von Leistungsnachweisen			
Zufriedenheit der Fachkolleginnen mit der Selbstevaluation				(6) Problembezogene Gruppendiskussion

Legende: Nach den Ziffern (1) bis (6) werden im folgenden Text die Untersuchungsinstrumente dargestellt.

Die einzelnen Untersuchungsinstrumente wurden entsprechend den Fragestellungen zu den einzelnen Evaluationsbereichen konstruiert, zum Teil in der Fachkonferenz diskutiert und verändert. Sie werden im folgenden nach den Ziffern (1) bis (6) in der Tabelle erläutert.

Planung der Untersuchungen

(1) Der Fragebogen: Der Fragebogen für die KollegiatInnen enthält gemäß den oben definierten Indikatoren zur Zufriedenheit mit der Fachsystematik und dem Problem- und Erfahrungsbezogenen Lernen Fragen zu den einzelnen Merkmalen, und zwar
- zum Fachinteresse und zur Studien- und Berufsperspektive,
- zur zeitlichen Belastung durch das Oberstufen-Kolleg und durch andere Lebensbedingungen,
- zu den Anforderungen des Faches: zur Beurteilung der eigenen Fähigkeiten und der Qualität der Kurse in bezug auf den Kenntniserwerb bei der Multidisziplinären Fachsystematik (MFS), zum Einbringen eigener Erfahrungen und zur Erarbeitung gesundheitswissenschaftlicher Probleme (PEOL),
- zur Relevanz der Inhalte und
- zur Kurskritik allgemein.

Während die Fragen zur Beurteilung der eigenen Fähigkeiten und der Kursqualität mit einer Notenskala (1-5) versehen werden, gibt es in anderen items Mehrfachwahlantworten (Relevanz der Kursthemen) oder freie Antwortmöglichkeiten (Änderungsvorschläge).

Die Funktion des Fragebogens ist, über einen bestimmten Zeitraum einen kursorischen Eindruck der Zufriedenheit der KollegiatInnen mit dem Studiengang zu gewinnen und seine Ergebnisse wieder in den curricularen Prozess einzubringen (MSWWF 12/1999; Landesinstitut für Schule und Weiterbildung, 1999). Zur partiellen Sicherung der Validität der Fragen soll ein leitfadenstrukturiertes Interview durchgeführt werden (kriteriumsbezogene Validität). Inwieweit die Fragen im Fragebogen zu zuverlässigen Antworten führen, kann, selbst bei Wiederholung der Befragung und übereinstimmenden Befunden, durch die in den Kursen geringe Zahl der KollegiatInnen (zwischen 6 und 15), die Urteile abgeben, nur relativ eingeschätzt werden. Die Annäherung an die Zuverlässigkeit der Aussagen soll durch Kontrollfragen erfolgen. Z.B. ist vorstellbar, dass, wenn Kursinhalte oder die eigene

Leistungsfähigkeit „benotet" werden sollen, für diese nicht unbedingt per se eine gute Erinnerung und damit ein zuverlässiges Urteil vorausgesetzt werden können. Deshalb wird nach der Güte der Erinnerung besonders gefragt. Es könnte auch geprüft werden, ob Urteile über Kurse über verschiedene Befragungszeitpunkte stabil bleiben. Allerdings sind hierdurch nur die Bereiche des Fragebogens genauer zu erfassen, bei denen Notenurteile abgegeben wurden. Die „Zufriedenheit", die insgesamt erfragt werden soll, ist keine statische Befindlichkeit oder Zustandsbeschreibung von Personen, sondern multifaktoriell bedingt, sich entwickelnd oder verändernd je nach Gesamtbefindlichkeit und vielfältigen externen Einflüssen. Es kann deshalb nur eine Momentaufnahme der Indikatoren erstellt werden, die jeweils für die Praxisreflexion durch Beachtung des Kontextes des Unterrichts und der Erfahrung der Lehrenden eine Bedeutung erhält.

(2) Der Interviewleitfaden für die KollegiatInnen besteht aus Fragen des Fragebogens, zu dessen Antworten jeweils auch Begründungen verlangt werden.

Dieses leitfadenstrukturierte Interview hat als „fokussiertes Interview" (Flick, U., 2000, S.94) die Funktion, die subjektiven Perspektiven der KollegiatInnen in bezug auf den Indikator „Zufriedenheit mit dem Studiengang Gesundheitswissenschaften" zu erhellen, im Sinne der Validierung des Fragebogens das Verständnis der Begriffe zu klären und ggf. zur Generierung von Hypothesen beizutragen, wovon die Zufriedenheit insbesondere abhängig sein könnte (ebd., S.98).

(3) Fragen zur Kursreflexion an die KollegiatInnen: Um eine Rückmeldung darüber zu erhalten, wie das Forschende Lernen (FL) durch die KollegiatInnen beurteilt wird, werden TeilnehmerInnen des Lehrforschungsprojektes des Jahrgangs 96 aufgefordert, in 6 kurzen Fragen schriftlich zu ihrem Lernprozess und zum Projekt Stellung zu nehmen. Sie sollen einschätzen, wie ihnen die Planung und Durchführung des Interviews gelungen ist, wie sie das Interview selbst erlebt haben, ob sie sich an den Projektverlauf noch gut erinnern können und besonders, was sie allgemein noch gut in Erinnerung behalten haben, worin sie sich bei solchen Projekten noch sehr unsicher fühlen würden, was sie interessant gefunden haben und was für sie sehr langweilig war. Abschließend werden sie aufgefordert, in einem spontanen Kursrückblick eine Einschätzung zum Projektverlauf abzugeben.

(4) Der Interviewleitfaden für die ExpertInnen: Zur Feststellung der Zufriedenheit der ExpertInnen wird ein Interviewleitfaden erstellt, mit dem die Meinung zur multidisziplinären Fachsystematik (Methodologie, Gegenstandsbereich, Inhalte und Methoden, Struktur) und zur methodisch-didaktischen Vorgehensweise erfragt werden soll. Die ExpertInnen sollen vor der Befragung mit einem Brief über die Evaluation informiert werden, so dass während des Interviews nur noch kurz auf den Wunsch zur Stellungnahme eingegangen werden soll. Von der Interviewerin wird deshalb in einem ersten Einführungssatz die geforderte Meinung zu Relevanz und Angemessenheit der Inhalte und zu didaktisch - methodischen Vorgehensweisen erläutert.

Die ExpertInnen interessieren für die Selbstevaluation in ihrer „Eigenschaft als Experte für ein bestimmtes Handlungsfeld" und als „Repräsentant einer Gruppe", nicht als Person (Flick, U., 2000, S.109), ihre Informationen sind direkt in bezug auf die Fragen von Bedeutung. Der Leitfaden hat daher eine stark strukturierende Funktion.

(5) Inhaltsanalyse von Leistungsnachweisen: Nach den im letzten Abschnitt entwickelten Indikatoren für die Zufriedenheit der Lehrenden mit dem Fachverständnis der KollegiatInnen (als Ergebnis der MFS, vgl. Tabelle 4), für ihre Fähigkeit zur Integration und Differenzierung von Alltagserfahrung und wissenschaftlicher Theorie (als Ergebnis des PEOL, vgl. Tabelle 5) und für den Erwerb methodischer Qualifikationen (als Ergebnis des FL, vgl. Tabelle 6) müssten sich in entsprechenden schriftlichen Leistungsnachweisen, in den sog. Mini-Facharbeiten und Klausuren, die angestrebten Fähigkeitsziele nachweisen lassen.

(6) Problemorientierte Gruppendiskussion der Fachkonferenz: Geplant ist, den Fachkolleginnen jeweils kurze Auswertungen mit akzentuierenden Thesen zu einzelnen Problemen der Evaluationsbereiche vorzulegen, die Diskussionen inhaltlich auszuwerten und die Diskussionsergebnisse für weitere Entscheidungen wieder vorzulegen. Der genauere Verlauf wird erst nach den Auswertungen der curricularen Evaluationsbereiche festgelegt.

4.1.4 Auswertungsstrategien

A. Zum Qualitätsfaktor "Zufriedenheit der KollegiatInnen mit der Multidisziplinären Fachsystematik, dem Problem- und Erfahrungsorientierten Lernen und dem Forschenden Lernen"

(1) Fragebogen: Die Items im Fragebogen besitzen Nominal-, Ordinal- und Verhältniskalenniveau und können mit deskriptiver Statistik und nonparametrischen Verfahren über das SPSS-Programm ausgewertet werden. Wie zufrieden die KollegiatInnen sind, soll sich feststellen lassen nach

- dem Fachinteresse = Zahl der KollegiatInnen, die das Fach Gesundheitswissenschaften nach dem zweiten Semester am Oberstufen-Kolleg weiter studieren wollen,
- der Studienperspektive = Zahl der KollegiatInnen, die das Fach Gesundheitswissenschaften (oder ein affines Fach) nach dem Oberstufen-Kolleg an einer Universität oder Fachhochschule studieren wollen,
- der Einschätzung der Berufsperspektive = Zahl der KollegiatInnen, die die Berufschancen für GesundheitswissenschaftlerInnen positiv einschätzen,
- der Beurteilung der Qualität des Kenntniserwerbs und der Problem- und Erfahrungsorientierung in den einzelnen Semestern, die mit Schulnoten von 1 bis 5 bewertet werden sollen, deren positive Beurteilung zwischen den Noten 1 bis 3 liegen sollte,
- der Beurteilung der eigenen Leistungsfähigkeit zum Erwerben von Kenntnissen, Bearbeiten von Problemen und Einbringen von Erfahrun-

gen, die ebenfalls mit Schulnoten von 1 bis 5 bewertet werden sollen, deren positive Beurteilung zwischen den Noten 1 bis 3 liegen sollte,
- der Einschätzung der Belastungen durch die Vor- und Nachbereitung von Unterricht, durch die Anfertigung von Leistungsnachweisen, sowie durch Geldverdienen und sonstige Belastungen in Stunden pro Woche.

Die KollegiatInnen sollen auf dem Fragebogen auch Angaben zu sozialdemographischen Daten machen, und zwar zum Alter, zum Geschlecht, zur schulischen Herkunft, zur Berufstätigkeit vor dem Oberstufen-Kolleg, zum Q-Vermerk (Qualifikationsvermerk nach der 10. Klasse für die Berechtigung zum Besuch der gymnasialen Oberstufe) und zum zweiten Wahlfach (Studien- oder Leistungsfach, das am Beginn der Ausbildung hinzugewählt werden muss). Auswertungen können über bestimmte Gruppenvariablen wie die o.g. sozialdemographischen Angaben erfolgen oder über einzelne Variablen wie die Höhe der Belastung durch das Fach.

Es wird vermutet, dass die einzelnen Indikatoren nicht unabhängig voneinander sind, so dass z.B. die Zahl der studienmotivierten KollegiatInnen beeinflusst sein kann von der Einschätzung der Studien- und Berufsperspektive (s.u. Tabelle 10), und die Zahl der Fachinteressierten und / oder der Studienmotivierten könnte davon abhängig sein, wie die KollegiatInnen den Kenntniserwerb und die Problem- und Erfahrungsorientierung beurteilen (s.u. Tabelle 11). Auch könnte der Frage weiter nachgegangen werden, ob KollegiatInnen mit hohen zeitlichen Belastungen durch Geldverdienen sich eher entscheiden, das Fach nicht weiter zu studieren (s.u. Tabelle 12), und ob es bei den KollegiatInnen mit Studienwunsch eine hohe Übereinstimmung zwischen der Einschätzung der eigenen Leistungsfähigkeit und den Studienanforderungen gibt (s.u. Tabelle 13).

Von den verschiedenen Möglichkeiten der Datenauswertung sollen hier exemplarisch Auswertungspläne zu den einzelnen Fragen dargestellt werden:

Tabelle 10: Sind das Fachinteresse und der Studienwunsch abhängig von der Einschätzung der Studien- und Berufsperspektive?

Zusammenhang von Einschätzung der Studien- und Berufsperspektive mit Fachinteresse und Studienwunsch		Fachinteresse		Studienwunsch	
		ja	nein	ja	nein
Einschätzung der Studienperspektive	gut				
	schlecht				
Einschätzung der Berufsperspektive	gut				
	schlecht				

Tabelle 11: Ist der Studienwunsch abhängig von der Einschätzung der Kursqualität?

Zusammenhang zwischen Einschätzung der Unterrichtsqualität und dem Studienwunsch		Studienwunsch	
		ja	nein
Einschätzung der Kurse 1-8 im Hinblick auf	Kenntniserwerb		
	Problembearbeitung		
	Erfahrungen einbringen		

Tabelle 12: Sind das Fachinteresse und der Studienwunsch abhängig von fachlichen und außerschulischen Belastungen?

Zusammenhang von zeitlicher Belastung, Fachinteresse und Studienwunsch		Fachinteresse		Studienwunsch	
		ja	nein	ja	nein
Belastungen durch das Fach	hoch				
	niedrig				
Belastungen durch Geldverdienen und anderes	hoch				
	niedrig				

Tabelle 13: Gibt es eine Übereinstimmung in der Einschätzung der eigenen Leistungsfähigkeit und der Studienanforderungen?

Einschätzung der eigenen Leistungsfähigkeit	Einschätzung der Studienanforderungen		
	Kenntniserwerb	Problembearbeitung	Erfahrungen einbringen
Kenntniserwerb	x		
Problembearbeitung		x	
Erfahrungen einbringen			x

(2) Das Interview: Das leitfadenstrukturierte Interview wird auf Tonträger aufgenommen und mit Hilfe eines Textverarbeitungsprogramms transkribiert, dabei gilt als Regel, dass sowohl die Fragen als auch die inhaltlichen Antworten vollständig erfasst werden, Pausen und andere Füllworte bleiben unberücksichtigt. Sie werden nach den Fragen im Leitfaden codiert, d. h., die Codeworte repräsentieren die Fragen. Sie werden mit einem Programm zur computerunterstützten Analyse qualitativer Daten, winMax, ausgewertet (Kuckartz, U., 1999). Nach einer ersten fallbezogenen Zusammenfassung der Interviews sollen sowohl einfache Textretrievals für eine „fallübergreifende Analyse von inhaltlichen Aspekten" (ebd., S.111), als auch kontrastierende (Gegenüberstellung ausgewählter Codeworte) und verknüpfende Retrievals (gemeinsames Vorkommen von Textpassagen in unterschiedlichen Codewörtern) vorgenommen werden (ebd.). Abschließend könnte eine typisierende Strukturierung vorgenommen werden, um ggf. „Zufriedenheitstypen" konstruieren zu können (Mayring, P., 1997, S.90). Ein Auswertungsschema könnte folgendermaßen aussehen[20] (Tabelle 14):

---

[20] Die tatsächlichen Auswertungsmöglichkeiten richten sich nach der Ergiebigkeit der Interviews.

Tabelle 14: Ein mögliches Auswertungsschema für die qualitativen Daten der Interviews

Qualitative Datenanalyse der Interviews:	Fragestellung z.B.	Codeworte z.B.
Fallanalyse: strukturierende Zusammenfassung	Welche Ergebnisse lassen sich pro KollegiatIn festhalten?	Aussagen zu: Gesamteinschätzung des Curriculums, Erfahrungen einbringen können, Kenntnisse erwerben können etc.
fallübergreifende Analyse von inhaltlichen Aspekten	Wie beantworten die KollegiatInnen die einzelnen Fragen?	Alle Aussagen zur Berufsperspektive, zum Verständnis von Problemorientierung etc.
Kontrastierende Analyse	Was sagen KollegiatInnen zur Berufsperspektive und was zum Studienwunsch?	Vergleich aller Aussagen zur Berufsperspektive und zum Studienwunsch
Verknüpfende Analyse	Kommt die positive Einschätzung der Erfahrungsorientierung in der Begründung zum Studienwunsch vor?	Aufsuchen aller Textstellen, in denen die Codeworte Erfahrungsorientierung und Studienwunsch vorkommen
Typisierende Strukturierung	Gibt es Typen von KollegiatInnen in der Einschätzung des Studiengangs?	Einschätzung der eigenen Leistungsfähigkeit und Studienwunsch

(3) Kursreflexion: Die Kursreflexion liegt von den befragten KollegiatInnen des Projektjahres schriftlich vor. Diese Aufzeichnungen werden mit einem Textverarbeitungsprogramm abgeschrieben und mit dem Inhaltsanalyseprogramm winMax weiter verarbeitet. Im Prinzip werden die o.g. Auswertungsstrategien verfolgt. Ein Auswertungsschema könnte so aussehen:

Tabelle 15: Ein mögliches Auswertungsschema für die qualitativen Daten der Kursreflexion

Qualitative Datenanalyse der Kursreflexion:	Fragestellung z.B.	Codeworte z.B.
Fallanalyse: strukturierende Zusammenfassung	Welche Ergebnisse lassen sich pro KollegiatIn festhalten?	Gesamtaussage zur Zufriedenheit mit dem Forschenden Lernen
fallübergreifende Analyse von inhaltlichen Aspekten	Wie beantworten die KollegiatInnen die einzelnen Fragen?	Einschätzung der Interviewdurchführung
Kontrastierende Analyse	Was sagen KollegiatInnen zum Interesse am Projekt und was hat sie gelangweilt?	Aussagen zu Interesse und Langeweile
Verknüpfende Analyse	Kommt als Argument „Spaß bei der Interviewdurchführung" vor bei dem, was von dem Projekt in „Erinnerung" geblieben ist?	Aufsuchen aller Textstellen, in denen die Codeworte Interview und Erinnerung vorkommen
Typisierende Strukturierung	Gibt es Typen von KollegiatInnen bei der Einschätzung des Forschenden Lernens?	Aussagen im spontanen Kursrückblick analysieren

B. Zum Qualitätsfaktor „Zufriedenheit der ExpertInnen mit der Multidisziplinären Fachsystematik und dem Problem- und Erfahrungsorientierten Lernen"

(4) Die leitfadenstrukturierten Interviews der ExpertInnen werden auf Tonträger aufgenommen, wortgetreu mit einem Textverarbeitungsprogramm transkribiert und mit dem Programm winMax (s.o.) ausgewertet. Entsprechend den Indikatoren mit ihren Merkmalen und den dazugehörigen Krite-

rien wird ein Codierplan erstellt. Das Auswertungsschema entspricht dem in Tabelle 14 und 15, es wird für die Indikatoren „Anschlussfähigkeit der Fachsystematik" und „Beurteilung des Problem- und Erfahrungsbezogenen Lernens" an dieser Stelle nicht gesondert dargestellt:

Tabelle 16: Exemplarische Auswertungsmöglichkeiten für die ExpertInnen-Interviews

Qualitative Datenanalyse der ExpertInnen-Interviews:	Fragestellung z.B.	Codeworte z.B.
Fallanalyse: strukturierende Zusammenfassung	Welche Ergebnisse lassen sich pro Experte/in festhalten?	Gesamtaussage zur Zufriedenheit mit dem Curriculum
fallübergreifende Analyse von inhaltlichen Aspekten	Wie beantworten die ExpertInnen die einzelnen Fragen?	Aussagen zu Relevanz und Angemessenheit
Kontrastierende Analyse	Was sagen ExpertInnen zum Problem- und Erfahrungsorientierten Lernen?	Relevanz für die Universitätsausbildung und / oder für die Ausbildung am Oberstufen-Kolleg
Verknüpfende Analyse	Werden curriculare Inhalte sowohl der Ausbildung an der Uni als auch der Ausbildung am OS zugeordnet?	Aufsuchen aller Textstellen, in denen die Codeworte Inhalte und Angemessenheit vorkommen
Typisierende Strukturierung	Gibt es deutliche Unterschiede zwischen ExpertInnen (Typen) in der Beurteilung der Anschlussfähigkeit?	Konstruktion typischer Beurteilungsmuster aufgrund häufiger Aussagen

C. Zum Qualitätsfaktor „Zufriedenheit der Lehrenden mit dem Fachverständnis, der Integration / Differenzierung von Alltagserfahrung und wissenschaftlicher Theorie und den methodischen Fähigkeiten"

(5) Inhaltsanalysen von Leistungsnachweisen sollen sich auf sog. Minifacharbeiten[21], und auf Klausuren beziehen. Die Minifacharbeiten der KollegiatInnen, die für das Fachverständnis und die Integration / Differenzierung von Alltagserfahrung und wissenschaftlicher Theorie ausgewertet werden sollen, sind schriftliche Arbeiten, die nicht mit einem Textanalyseprogramm erfasst werden und daher auch nicht mit einer computergestützten Analyse ausgewertet werden können. Das betrifft ebenfalls die Analyse der Klausuren, die hinsichtlich der methodischen Fähigkeiten untersucht werden sollen. Für diese Texte wird das Verfahren der qualitativen Inhaltsanalyse nach Mayring gewählt und die Technik der strukturierenden Analyse mit dem Ziel inhaltlicher Strukturierung angewandt (Mayring, 1997, S.82). Sie eignet sich deshalb gut für dieses Material, weil mit Hilfe der theoretisch begründeten und oben definierten Kriterien bereits ein Kategoriensystem existiert, das auf das Material angewendet werden kann. Es werden alle Textstellen extrahiert, die unter die Kategorien zu subsumieren sind. Fehlen solche Textstellen, d.h., ist das Kriterium im Text nicht aufzufinden, müssen die Abschnitte, in denen eine kriteriumsbezogene Textstelle erwartet wird, auch mit vermerkt werden. Für die Feststellung von Defiziten können die Ergebnisse skaliert werden, indem die aufgelisteten Textstellen danach beurteilt werden, ob sie den Kriterien voll, wenig oder gar nicht entsprechen, bzw. ob sie gänzlich fehlen. Für die Durchführung dieser Technik wird vorgeschlagen, zunächst die Kategorien zu definieren und zu entscheiden, welches Sample von Text-

---

[21] Eine Mini-Facharbeit ist eine „kleine" selbständige schriftliche Arbeit von 4-10 Seiten, die im 4. Semester angefertigt werden kann und der Vorbereitung der selbständigen Facharbeit im 7. Semester als prüfungsrelevante Hausarbeit dient.

stellen unter eine Kategorie fallen soll. Dazu sollen dann konkrete Textstellen als Ankerbeispiele beschrieben werden. Zur Verbesserung der Trennschärfe der Kategorien können Regeln für eine eindeutige Zuordnung der Textstellen formuliert werden. Die gefundenen Textstellen werden wörtlich übernommen oder paraphrasiert und pro Kategorie zusammengefasst und bewertet.

Die bewerteten Aussagen können danach noch einer typisierenden Strukturierung unterzogen werden. Hierbei werden besonders extreme Ausprägungen beschrieben, besonders häufig vorkommende oder solche von theoretischem Interesse (ebd., S.90). Eine Typisierung kann von besonderem Interesse sein, wenn typische Defizite in den KollegiatInnenleistungen zu erkennen sind, die notwendige Entscheidungen zur Verbesserung der unterrichtlichen Arbeit provozieren könnten.

Ein exemplarisches Auswertungsschema zeigt beispielhaft Fragestellungen und Kriterien:

Tabelle 17: Exemplarisches Auswertungsschema für schriftliche Arbeiten nach der qualitativen strukturierenden Inhaltsanalyse

Qualitative strukturierende Inhaltsanalyse von schriftlichen Arbeiten	Fragestellung z.B. Zum Fachverständnis:	Kategorien nach den Merkmalen und Beurteilungskriterien z.B.:
Inhaltliche Strukturierung	Wie wird die Problembeschreibung konstruiert?	Wird das bio-psycho-soziale Modell verwendet?
Skalierende Strukturierung	Wie weit entspricht die Problembeschreibung den definierten Merkmalen und Kriterien?	Skala: stimmt überein, stimmt teilweise überein, stimmt nicht überein
Typisierende Strukturierung	Gibt es typische, häufig vorkommende Abweichungen von den Merkmalen und Kriterien?	Kann z.B. ein Typ „eindimensionale Sicht" beschrieben werden?

Entsprechende Auswertungsschemata können für alle Merkmale aller Zufriedenheitsindikatoren erstellt werden. Die für eine Auswertung ausgewählten Merkmale, Fragen und Kriterien werden allerdings erst in der Darstellung der Ergebnisse (Kapitel 5) aufgeführt.

D. Zum Qualitätsfaktor „Zufriedenheit mit der Selbstevaluation als Arbeitskultur und als Prüfprozess der Transaktion zwischen Theorie und Praxis"

(6) Problembezogene Gruppendiskussion: Der Fachkonferenz Gesundheitswissenschaften, der vier weibliche Lehrende (einschließlich der Autorin) angehören, werden zusammengefasste Ergebnisse der Evaluation und Thesen zu ihrer Interpretation vorgelegt. Die Diskussionen über diese Ergebnisse und Thesen werden auf Tonträger aufgenommen, mit einem Textverarbeitungsprogramm transkribiert und inhaltlich zusammengefasst. Unter den Kriterien Wissensmanagement und Lerngewinn soll diese Diskussion für das Ziel der Professionalisierung der Lehrenden als „professional community" (Altrichter, H., 2002) ausgewertet werden.

Zu allen Auswertungsstrategien ist abschließend zu sagen, dass die Vorgaben für die tatsächlichen Auswertungen durch das konkrete Material bestimmt werden. Das heißt, was an Auswertungen möglich ist, richtet sich auch nach möglichen Fehlerquellen, die bei der Erhebung dieser empirischen Daten eine Rolle spielen können, u.a. nach der Qualität von Tonaufnahmen, der Korrektheit von Transkripten, dem Kontext- und Textverständnis der Autorin. Solche Einflüsse werden, soweit sie erfasst werden konnten, in dem Punkt Durchführung der Untersuchungen beschrieben, die erzielten Auswertungsergebnisse werden in Kapitel 5 dieser Arbeit dargestellt.

4.1.5 Auswahl der KollegiatInnen und der ExpertInnen, Bildung des Samples für die Inhaltsanalysen

An der Fragebogenuntersuchung sollen alle KollegiatInnen teilnehmen, die im Studiengang Gesundheitswissenschaften eingeschrieben sind. Diese befinden sich im Sommersemester jeweils im 2., 4., 6., 8. Semester. Die Fragebögen werden in den Kurssitzungen verteilt und in Anwesenheit der Hilfskraft ausgefüllt.

An den Interviews im Nachgang zur Fragebogenerhebung sollen pro Semester 2 KollegiatInnen, jeweils männlich und weiblich, teilnehmen.

An der Kursreflexion zum Forschenden Lernen im Projekt sollen die KollegiatInnen teilnehmen, die im Wintersemester 1998 im 5. Semester sind und sich im Projektjahr befinden.

Die ExpertInnen, die interviewt werden sollen, sollen möglichst die Professorenschaft der Fakultät für Gesundheitswissenschaften repräsentieren (5 Personen). Zusätzlich sollen wissenschaftliche MitarbeiterInnen oder AssistentInnen in gleicher Anzahl befragt werden. Ihre Auswahl richtet sich nach der Bereitschaft zum Interview.

Die 4 Lehrenden der Fachkonferenz Gesundheitswissenschaften sollen an der Diskussion der Ergebnisse und Thesen teilnehmen.

Als Sample der zu analysierenden Texte kann nur auf diejenigen Arbeiten zurückgegriffen werden, deren Dokumentation von den KollegiatInnen gebilligt wurde. Angestrebt wird pro KollegiatIn und Jahrgang je 1 Text der Mini Facharbeit und der Klausur.

4.2 Durchführung der Untersuchungen

4.2.1 Zeit und Ort der Untersuchung

Die Daten zu den einzelnen Evaluationsbereichen wurden zu unterschiedlichen Zeitpunkten erhoben, die Leistungsnachweise wurden je nach unterrichtlicher Anforderung erstellt und dokumentiert.

Durchführung der Untersuchungen

Über einen Zeitraum von drei Jahren (1997 – 1999) wurden jährlich zum gleichen Zeitpunkt – jeweils vier Wochen vor Ende des Sommersemesters - an alle jeweils in den entsprechenden Semestern eingeschriebenen KollegiatInnen des Studiengangs Gesundheitswissenschaften Fragebögen verteilt. Die KollegiatInnen befanden sich zu diesem Zeitpunkt in ihren Kursen, so dass die Fragebögen nach dem Ausfüllen sofort wieder eingesammelt werden konnten. Nicht anwesende KollegiatInnen wurden nachbefragt. Die Befragungen wurden von einer studentischen Hilfskraft durchgeführt, dadurch sollten Antworten im Sinne sozialer Erwünschtheit vermieden werden. Fragen zu den items traten nicht auf. Interviews mit den KollegiatInnen wurden im Wintersemester 1999 jeweils in einer Mittagspause in der Cafeteria durch eine weitere studentische Hilfskraft durchgeführt. Die KollegiatInnen des Jahrgangs 1996 wurden ohne Vorankündigung am Ende des Kurses im Februar 1999 gebeten[22], eine schriftliche Kursreflexion zum Projekt zu verfassen. Die Interviews mit den ExpertInnen wurden im März 2000 durch eine wissenschaftliche Hilfskraft ad personam in ihren Arbeitszimmern an der Universität durchgeführt und mit dem Recorder aufgenommen. Die Diskussion der Fachkolleginnen (Lehrenden) über die Evaluationsergebnisse fand im März 2003 statt, sie wurde ebenfalls mit dem Recorder aufgenommen. Leistungsnachweise wurden aus den Kursen des vierten Semesters der Jahrgänge 1996, 1997 und 1998 erfasst. Der zeitliche Ablauf der einzelnen Untersuchungen kann an folgender Tabelle abgelesen werden

---

[22] Diese KollegiatInnen befanden sich im 6. Semester und hatten gerade das Projektjahr beendet. Lehrende dieses Projekts war die Autorin.

Tabelle 18: Zeitlicher Ablauf der Untersuchungen

Mai 1997	Mai 1998	Mai 1999	Februar 1999	März 1999	März 2000	März 2003
Fragebögen an KollegiatInnen		Kursreflexion	Interviews mit KollegiatInnen	Interviews mit ExpertInnen	Gruppendiskussion der Fachkolleginnen	
Leistungsnachweise (Klausuren, Mini-Facharbeiten) wurden 1998, 1999 und 2000 angefertigt.						

4.2.2 Beteiligte KollegiatInnen, ExpertInnen und Lehrende, Sample für die Inhaltsanalysen

Die Beteiligung der KollegiatInnen an den Untersuchungen richtete sich nach der jeweiligen Methode, mit der die jeweilige Fragestellung untersucht wurde. Mit dem Fragebogen waren alle KollegiatInnen erreicht worden, während die Interviews zur Validitätskontrolle mit zufällig ausgewählten KollegiatInnen aus den jeweiligen Semestern durchgeführt wurden. An der Kursreflexion beteiligten sich die in der Sitzung anwesenden KollegiatInnen der Kursgruppe des 6. Semesters des Aufnahmejahrgangs 1996. Von derselben Kursgruppe wurden Klausuren untersucht. Bei der Fragebogen-Studie wurden alle KollegiatInnen, die sich zu den Erhebungs-Zeitpunkten jeweils im 2., 4., 6. und 8. Semester befanden, befragt. Nach Alter und Geschlecht verteilten sie sich wie folgt:

Tabelle 19: Fragebogen-Beteiligung. Alter und Geschlecht

Fragebogen-Beteiligung		Erhebung 97	Erhebung 98	Erhebung 99	Summe / ∅*
Geschlecht	Männlich	19	22	14	55
	Weiblich	26	34	35	95
Summe		45	56	49	150
Alter ∅*	Männlich	19,16	21,77	21,50	20,81
	Weiblich	18,77	21,03	21,03	20,27

*Legende: ∅ = arithmetisches Mittel

An den **Interviews** nahmen 15 KollegiatInnen teil, davon waren 9 weiblich und 6 männlich. Sie verteilten sich wie folgt auf die verschiedenen Semester: 2. Semester – 2 männlich, 3 weiblich; 4. Semester – 3 männlich, 3 weiblich; 6. Semester – 1 männlich, 3 weiblich.

An der **Kursreflexion** beteiligten sich 14 KollegiatInnen des 6. Semesters, sie waren Mitglieder der Kursgruppe, die das Projekt "Befragung der Studierenden des Postgraduierten-Studiengangs" durchgeführt hatte.

Die **ExpertInnen**, allesamt Lehrende der Fakultät für Gesundheitswissenschaften der Universität Bielefeld, wurden brieflich um einen Interviewtermin gebeten, gleichzeitig wurden ihnen Informationen über den Studiengang zugeschickt. Es wurden diejenigen 10 Personen befragt, die in dem zur Verfügung stehenden Zeitraum erreichbar waren und Zeit für das Interview von etwa 1 Stunde erübrigen konnten. 3 Befragte waren weiblich, 7 männlich. 5 Personen gehörten der Gruppe der Professoren an, 5 Personen waren wissenschaftliche AssistentInnen bzw. wissenschaftliche MitarbeiterInnen.

Bei den **Gruppendiskussionen mit den Fachkolleginnen** beteiligten sich drei von vier Lehrenden der Fachkonferenz, einschließlich der Autorin, da eine Kollegin länger erkrankt war.

Für die **Inhaltsanalysen** wurden aus drei Kursen alle Leistungsnachweise (Klausur, Mini-Facharbeit) ausgesucht, die für die Untersuchung dokumentiert werden konnten.

4.2.3 Datenerhebung und Auswertungen

1997 wurden die KollegiatInnen das erste Mal mit dem Fragebogen nach ihren Bewertungen gefragt. Erste Zweifel an dem Verständnis des Fragebogens führten zu der Entscheidung, den Fragebogen zu überarbeiten. Einige Fragen nach der Curriculumstruktur und nach Beispielen für Themen, die KollegiatInnen erinnern sollten, wurden herausgenommen, da die Zahl der Antworten zu gering und zu wenig aussagekräftig war. Stattdessen wurde eine Themenliste vorgegeben. Die Themen sollten nach subjektiver Einschätzung ihrer Relevanz angekreuzt und einzelnen Semestern zugeordnet werden. Es wurden für die Beurteilung der Kursqualität und der eigenen Leistungsfähigkeit Fragen nach der Güte der Erinnerung an die Kurse hinzugenommen (Noten von 1 bis 5) und die Frage ergänzt, wie „leicht" die Noten vergeben werden konnten, um eine Relativierung der Urteile vornehmen zu können. Ergänzt wurde auch die Frage nach der Einschätzung der Relevanz der Unterrichtsinhalte. Die KollegiatInnen sollten 8 Themen aus einer Liste aus 24 auswählen und einem der acht Semester des Studiengangs zuordnen, in dem sie behandelt werden sollten. Außerdem wurden sie gebeten eigene Themenvorschläge zu machen, die aus ihrer Sicht auch wichtig sind und vorkommen sollten, und sie sollten angeben, ob sie mehr Beteiligungsmöglichkeiten bei der Kursgestaltung haben möchten. Es wurden für diese Evaluationsstudie nur die items des Fragebogens ausgewertet, die für die Fragestellung der Arbeit von Belang waren.

Nach der ersten Fragebogenauswertung wurde auch entschieden, zur Validierung der items einige zusätzliche Interviews zu den Fragekomplexen des Fragebogens mit gesprächsbereiten KollegiatInnen zu führen. Diese konnten wie geplant durchgeführt werden.

Die Interviews mit den ExpertInnen wurden wie geplant durchgeführt. Allerdings stellte sich heraus, dass z.T. die Vorinformationen nicht gelesen wurden und deshalb die Einführung in die Themenbereiche mehr Zeit als geplant in Anspruch nahm. Die Transkription war problemlos.

Für die Auswertung der qualitativen Daten wurde wie geplant das Vorgehen der qualitativen Inhaltsanalyse gewählt (Mayring, P., 1997), das den durch den Leitfaden vorstrukturierten Interviews sowohl der KollegiatInnen als auch der ExpertInnen, sowie den Texten von KollegiatInnen am ehesten gerecht wird, da jeweils Kategorien an das Material herangetragen werden und das Material auf diese Weise reduziert und für die gewünschten Aussagen verdichtet werden kann. Die Codierung des Materials wurde jeweils entsprechend dem Leitfaden vorgenommen, teilweise wurden einfache Skalierungen oder Gewichtungen vorgenommen.

Die Daten des Fragebogens wurden mit Hilfe des SPSS-Programms nach deskriptiver Statistik ausgewertet.

5. Ergebnisse der Untersuchungen der Evaluationsbereiche

5.1 Untersuchungsergebnisse zur Fachsystematik

5.1.1 Fragebogen- und Interviewaussagen von KollegiatInnen

Zur Auswertung der Fragebogenerhebung (A.) erfolgt unter (1) eine Beschreibung der Stichprobe. Es schließen sich unter (2) die Zahlen zum Fachinteresse und zur Studien- und Berufsperspektive an. Hier geht es im einzelnen

(2.1) um Fragen zum Studienwunsch im Zusammenhang mit Geschlecht, Qualifikationsvermerk und Einschätzung der Studien- und Berufsperspektive, genauer,

- ob sich KollegiatInnen, die nach der 10. Klasse einer allgemeinbildenden Schule mit oder ohne Qualifikationsvermerk (Q-Vermerk) für die Sekundarstufe II das Oberstufen-Kolleg beginnen, in ihrem Fachinteresse und Wunsch, Gesundheitswissenschaften (GSU) zu studieren, unterscheiden. Hierdurch soll überprüft werden, ob die KollegiatInnen mit Q-Vermerk sich eindeutiger in ihrem Fachinteresse / Studienwunsch äußern als diejenigen ohne Q-Vermerk;
- ob sich a) männliche und weibliche KollegiatInnen in ihrem Fachinteresse / Studienwunsch unterscheiden, und b) ob weibliche KollegiatInnen aufgrund der Vorstellung, mit dem Fach einen „helfenden Beruf" zu ergreifen, eher einen solchen Studienwunsch äußern;
- ob sich KollegiatInnen in ihrem Fachinteresse / Studienwunsch nach ihrer Einschätzung der Berufschancen für GesundheitswissenschaftlerInnen unterscheiden, denn es ist zu vermuten, dass eine nur diffus vorstellbare Berufsperspektive einen Studienwunsch nicht unterstützt;

(2.2) um Fragen zum Studienwunsch im Zusammenhang mit Kenntniserwerb, Leistungsfähigkeit und Belastung, und zwar im einzelnen darum,

- ob Fachinteresse / Studienwunsch im Zusammenhang stehen mit der Einschätzung der Qualität des Unterrichts für den Kenntniserwerb; hier ist die Annahme, dass positive Bewertungen eine Studienmotivation un-

terstützen könnten bzw., dass studieninteressierte KollegiatInnen den Kenntniserwerb in den Kursen aufgrund ihres Interesses am Fach besser beurteilen;
- ob Fachinteresse / Studienwunsch im Zusammenhang stehen mit der Einschätzung der eigenen Fähigkeit zum Kenntniserwerb, denn es könnte sein, dass auch hier die Einschätzung einer angemessenen Befähigung den Studienwunsch verstärkt;
- ob es eine Übereinstimmung gibt zwischen der Einschätzung der eigenen Fähigkeit zum Kenntniserwerb und der Beurteilung der Qualität des Unterrichts für den Kenntniserwerb; es wird angenommen, dass eine solche Übereinstimmung eher auf Zufriedenheit und damit eher auf den Wunsch nach einer Studienperspektive schließen lässt;
- ob Fachinteresse / Studienwunsch im Zusammenhang stehen mit den zeitlichen Belastungen durch das Fach und anderen außerschulischen Belastungen; hier ist eine Vermutung, dass stark belastete KollegiatInnen eher nicht studieren wollen.

Die Interviewaussagen (B) werden ebenfalls nach o.g. Fragen und Hypothesen ausgewertet und dienen, wie oben begründet, einer Validierung der Fragebogenergebnisse und ggf. der Generierung neuer Hypothesen.

A. Fragebogenerhebung
(1) Stichprobenbeschreibung zur Fragebogenerhebung
Die im Zeitraum von Juni 1997 bis Juni 1999 im Studienfach Gesundheitswissenschaften befindlichen KollegiatInnen (s.u. Tabelle 20) hatten den Fragebogen dreimal ausgefüllt, jeweils im Sommersemester 1997, 1998 und 1999. Die Zahl der Befragten pro Jahrgang ist unterschiedlich groß, da die Zahl der für das Fach aufgenommenen KollegiatInnen sich jeweils unterschied, die Teilnahme an der Befragung variierte, einige KollegiatInnen das Fach oder das OS abgebrochen oder es regulär nach dem 8. Semester (nach der Prüfung) verlassen hatten und eine unterschiedliche Zahl von Erstsemes-

tern jeweils hinzukam. Die Zahl der Befragten verteilt sich wie folgt auf die Semester (Tabelle 20):

Tabelle 20: Zahl der Befragten pro Semester und Erhebungszeitpunkt

Semester		2. Semester			4. Semester			6. Semester			8. Semester		
Erhebungszeitpunkt		97	98	99	97	98	99	97	98	99	97	98	99
Geschlecht	männlich	7	5	2	4	5	1	4	5	8	4	7	3
	weiblich	9	9	6	9	6	9	6	13	9	2	6	11
Anzahl insgesamt		16	14	8	13	11	10	10	18	17	6	13	14

Zu beachten ist, dass die KollegiatInnen, die 1997 im zweiten (vierten, sechsten, achten) Semester waren, 1998 im vierten (sechsten, achten) und 1999 im sechsten (achten) Semester waren, und dass jeweils neue KollegiatInnen des 2. Semesters hinzukamen. Diese Jahrgangs-Kohorten zu den 3 Erhebungszeitpunkten sind aus Tabelle 21 zu ersehen:

Tabelle 21: Jahrgangskohorten 1997 - 1999

KollegiatInnen im Semester	1997	1998	1999
2	Aufnahmejahrgang 96	Aufnahmejahrgang 97	Aufnahmejahrgang 98
4	Aufnahmejahrgang 95	Aufnahmejahrgang 96	Aufnahmejahrgang 97
6	Aufnahmejahrgang 94	Aufnahmejahrgang 95	Aufnahmejahrgang 96
8	Aufnahmejahrgang 93	Aufnahmejahrgang 94	Aufnahmejahrgang 95

Das Alter und die Zahl der KollegiatInnen unterschieden sich zum Erhebungszeitpunkt 1997 insofern, als sie im Durchschnitt um etwa 2 Jahre jünger waren als die KollegiatInnen 1998 und 1999. Das Altersspektrum ist recht heterogen. Die Anzahl der weiblichen KollegiatInnen ist zu jedem Erhebungszeitpunkt deutlich größer als die der männlichen und nimmt über die Erhebungszeitpunkte noch zu (von 57 % über 61 % zu 72 %).

Die KollegiatInnen kamen aus folgenden Bildungseinrichtungen zum Oberstufen-Kolleg:

67 % der Kollegiaten und 71 % der Kollegiatinnen wechseln direkt nach einer Schulausbildung an das Oberstufen-Kolleg. 18 % der Männer und 13 % der Frauen kommen aus dem Beruf, die übrigen machen entweder keine Angabe oder haben z. B. gejobbt.

Zu den drei Erhebungszeitpunkten kamen die KollegiatInnen von folgenden Schulen:

Die größte Gruppe ist repräsentiert durch die Herkunft von der Realschule mit durchschnittlich 13 KollegiatInnen. Auf dem zweiten Platz rangiert die Gesamtschule mit durchschnittlich 12 KollegiatInnen und auf dem dritten Platz das Gymnasium (10,3).

Über alle drei Erhebungszeitpunkte haben 24 KollegiatInnen einen Qualifikationsvermerk nach der 10. Klasse zum Übergang in eine Sekundarstufe II erhalten und 23 nicht, was dem Aufnahmeschlüssel des Oberstufen-Kollegs entspricht, der vorsieht, dass diese Gruppen zu je 50 % repräsentiert sind:

(2) Fach- und Studienperspektive

(2.1) Studienwunsch, Qualifikationsvermerk, Geschlecht und Einschätzung der Studienperspektive

Die KollegiatInnen, die sich im 2. Semester befanden, wurden gefragt, ob sie das Fach Gesundheitswissenschaften (GSU) am Oberstufen-Kolleg (OS) weiter studieren wollten (Fachinteresse), während die KollegiatInnen ab dem 4. Semester danach befragt wurden, ob sie das Fach GSU auch nach dem OS weiter studieren wollen (Studienwunsch oder -perspektive).

KollegiatInnen im 2. Semester sind zu allen drei Erhebungszeitpunkten in der Mehrheit entschlossen, im Fach Gesundheitswissenschaften am Oberstufen-Kolleg zu verbleiben. Ab dem 4. Semester äußert ein Drittel den Wunsch, das Fach nach dem OS auch weiter studieren zu wollen, und zwar ebenfalls zu allen drei Erhebungszeitpunkten.

Der Qualifikationsvermerk (Q-Vermerk) wirkt sich signifikant auf den Studienwunsch aus, es wollen mehr KollegiatInnen mit Q-Vermerk das Fach studieren als ohne:

Tabelle 22: Studienperspektive und Qualifikationsvermerk

Studienperspektive studieren ja / nein		Qualifikationsvermerk		Gesamt
		mit Qualifikation	ohne Qualifikation	
	GSU nicht weiterstudieren	34	52	86
	GSU weiterstudieren	41	23	64
Gesamt		75	75	150

Signifikanz: Chi-Quadrat nach Pearson = 0.003 (p=0,05)

Bei Analyse des Einflusses der Herkunftsschule zeigt sich, dass der signifikante Unterschied zwischen den Gruppen auf die KollegiatInnen, die ohne Q-Vermerk aus der Hauptschule kommen, zurückzuführen ist. Diese wollen ausnahmslos nicht studieren (Chi-Quadrat nach Pearson = 0,026, p=0,05).

Eine weitere Frage war, ob sich männliche und weibliche KollegiatInnen in ihrem Studienwunsch unterscheiden. Hierfür wurden nur die Antworten gewertet, die eine eindeutige Aussage für das Weiterstudium trafen. Werden alle Antworten über alle drei Erhebungszeitpunkte und über alle Semester analysiert, zeigt sich ein signifikanter Unterschied zwischen den Geschlechtern im Wunsch nach Weiterstudium, denn es wollen 32 % der weiblichen KollegiatInnen das Fach studieren aber nur 11 % der männlichen (Tabelle 23, zweiseitiger exakter Test nach Fisher: chi^2 = 0,016, p=0,05):

Tabelle 23: Geschlecht und Studienperspektive über die drei Erhebungen

Studienperspektive: Geschlecht:	GSU nicht weiterstudieren	GSU weiter studieren	Gesamt
Männlich	39 = 26 %	16 = 11 %	55 = 37 %
Weiblich	47 = 31 %	48 = 32 %	95 = 63 %
Gesamt	86 = 57 %	64 = 43 %	150 = 100 %

Die KollegiatInnen wurden auch gefragt, aus welchem Grund sie das Fach Gesundheitswissenschaften (GSU) weiterstudieren wollen bzw. nicht studieren wollen. Begründungen für das Fachstudium sind neben allgemeiner Zufriedenheit oder Interesse bei den weiblichen KollegiatInnen berufliche Tätigkeiten von GesundheitswissenschaftlerInnen, z.B. gesundheitswissenschaftliche Arbeit im Krankenhaus, Prävention, Gesundheitsförderung, Gesundheitsmanagement, Epidemiologie. Von männlichen KollegiatInnen werden Studienwünsche in Richtung Gesundheitswissenschaften im Zusammenhang mit Arbeit in der Rehabilitation und mit dem anderen Studienfach gesehen, wie z.B. bei dem Fach Umweltwissenschaften.

Der Zusammenhang zwischen dem Wunsch, GSU weiter zu studieren und der Einschätzung der Berufschancen ist erwartungsgemäß signifikant (Chi-Quadrat-Test nach Pearson 0.006, p=0,05). Die Studierwilligen beurteilen die Berufschancen um eine Note besser als die Nichtstudierwilligen (1,5 zu 2,7).

(2.2) Studienwunsch in Abhängigkeit von Kenntniserwerb, Leistungsfähigkeit und Belastung

Es bestand die Vermutung, dass es einen Zusammenhang geben könnte zwischen dem Studienwunsch der KollegiatInnen und der Beurteilung der Kursqualität und der eigenen Leistungsfähigkeit in bezug auf den Kenntniserwerb, sowie in bezug auf zusätzliche Belastungen im persönlichen Bereich oder durch Sicherung des Lebensunterhalts.

In einem ersten Schritt wird daher untersucht, wie die KollegiatInnen mit und ohne Studienwunsch die Qualität des Kursangebotes für den Kenntniserwerb benoten. In einem zweiten Schritt wird die Benotung der eigenen Fähigkeit Kenntnisse zu erwerben (persönliche Leistungsfähigkeit) zum Studienwunsch in Beziehung gesetzt. Der dritte Aspekt betrifft die Frage, ob sich die interne und externe Belastung der KollegiatInnen auf den Studienwunsch auswirken.

Tendenziell ließ sich feststellen, dass KollegiatInnen mit Studienmotiv die Qualität des Kenntniserwerbs tatsächlich etwas besser beurteilen als diejenigen, die angeben, Gesundheitswissenschaften (GSU) nicht studieren zu wollen, die Unterschiede hierzu sind im 1. und im 8. Semester signifikant. Zugleich schätzt die Gruppe der Studienmotivierten die eigene Leistungsfähigkeit zum Kenntniserwerb signifikant besser ein als die der Nichtmotivierten. Auch die Korrelation zwischen den beiden Urteilen über die Qualität und die eigene Leistungsfähigkeit ist signifikant. Das könnte einerseits bedeuten, dass die Beurteilungskriterien nicht trennscharf sind, dies wird in den folgenden Interviewauswertungen überprüft. Andererseits könnte es heißen, dass mit einem guten Urteil über die eigene Fähigkeit zum Kenntniserwerb zugleich über die Qualität des Kurses entsprechend gut geurteilt wird, und zwar in dem Sinne, dass ein Kurs nicht schlecht gewesen sein kann, in dem gut Kenntnisse erworben werden konnten. Damit könnte sich die Überzeugung gebildet haben, dass die eigene Fähigkeit dazu ebenfalls gut gewesen ist. Männliche und weibliche KollegiatInnen unterscheiden sich in dieser Hinsicht nicht.

Die untersuchte KollegiatInnengruppe teilt sich auf in etwa 44 %, die nicht zusätzlich regelmäßig arbeiten oder zeitweilig Geldverdienen müssen, und 56 %, bei denen die wöchentlichen Belastungen zwischen 1-4 und 15-19 Stunden, ja in Einzelfällen bis 30 Stunden liegen. Durch Geldverdienen und

Erwerbsarbeit werden die beiden Gruppen der Studierwilligen und der Nichtstudierwilligen signifikant unterschieden. Es scheint, als habe die zusätzliche Belastung einen Einfluss auf die Studienentscheidung. Bei denjenigen, die regelmäßig arbeiten, zeigt sich ein geringer geschlechtsspezifischer Unterschied im Studienwunsch und in der Belastung, denn es wollen mehr weibliche KollegiatInnen mit zeitlicher Belastung durch Erwerbsarbeit studieren als männliche. Weibliche KollegiatInnen gehen in größerer Zahl einer Erwerbsarbeit nach als männliche, insgesamt sind auch diejenigen, die das Fach nicht studieren wollen, durch viel zusätzliche Zeit mit Erwerbsarbeit belastet.

B. Auswertung der Interviewaussagen von KollegiatInnen

15 Interviews wurden zur Validierung des Fragebogens durchgeführt: Es wurden 6 männliche und 9 weibliche KollegiatInnen aus dem 2., 4. und 6. Semester im Alter zwischen 17 und 23 Jahren interviewt, die KollegiatInnen des 8. Semesters standen wegen der Abschlussprüfung nicht mehr zur Verfügung. Alter und schulische Herkunft der befragten KollegiatInnen unterscheiden sich nicht von denen der anderen KollegiatInnen im Studiengang Gesundheitswissenschaften (GSU).

Die Interviews wurden zu folgenden Fragen ausgewertet:

(1) Wie begründen die KollegiatInnen ihren Wunsch das Fach GSU weiter zu studieren? Begründen männliche und weibliche KollegiatInnen ihren Studienwunsch unterschiedlich?

(2) Welche Rolle spielt die Einschätzung der Berufschancen für den Studienwunsch? Könnte es einen Zusammenhang zwischen Studienwunsch und Berufsperspektive geben?

(3) Mit welchen Kriterien beurteilen die KollegiatInnen
   - die Qualität des Kurses im Hinblick auf die ihnen von den Lehrenden gebotene Chance zum Kenntniserwerb?
   - ihre eigenen Fähigkeiten Kenntnisse erwerben zu können?

Können sie Kenntnisse, die sie erwerben sollten oder Themen, die sie bearbeitet haben, erinnern?
Die wesentlichen Aussagen der KollegiatInnen wurden paraphrasiert. Um die Aussagen zur Begründung des Studieninteresses (Frage 1) und zur Bewertung der Berufschancen (Frage 2) kategorisieren zu können, wurden sie wie folgt gewichtet:

Frage (1): Kategorisierung und Gewichtung des Studien-Interesses
Gewicht 1: sehr interessiert, starkes sachliches, berufliches oder Studieninteresse
    Ankerbeispiel: „es interessiert total, später gute Berufschancen"
Gewicht 2: macht Spaß, ist interessant, momentanes Interesse steht im Vordergrund
    Ankerbeispiel: „macht Spaß"
Gewicht 3: Interesse an Kombination mit anderem Fach
    Ankerbeispiel: „Ziel ist Musiktherapie"

Gewicht 4: ein anderes Fach studieren
    Ankerbeispiel: „Medizin studieren"

Frage (2): Kategorisierung und Gewichtung der Einschätzung der Berufschancen von GesundheitswissenschaftlerInnen
Gewicht 0: keine Information über Berufschancen
Gewicht 1: schätzt Berufschancen sehr gut ein, weiß Berufsbeispiele
Gewicht 2: schätzt Berufschancen gut ein, weil GesundheitswissenschaftlerInnen perspektivisch gebraucht werden
Gewicht 3: schätzt Berufschancen durchschnittlich ein, weil das Fach in Deutschland noch neu ist, aber es im Ausland eher verbreitet ist
Gewicht 4: schätzt Berufschancen schlecht ein, weil die wirtschaftliche Lage Beschäftigungen nicht ermöglicht

Frage (3): Für die Auswertung werden die Aussagen daraufhin analysiert, welche Kriterien die KollegiatInnen für ihre Beurteilungen verwenden und ob diese den Vorstellungen der Lehrenden entsprechen, die zu den Items des Fragebogens geführt haben.

Ergebnisse zu Frage (1):
Die KollegiatInnen im 2. Semester (2 männlich, 3 weiblich) geben übereinstimmend an, dass ihnen das Fach Spaß macht und sie es interessant finden; eine weibliche Person denkt bereits an gute Berufsperspektiven. Im 4. Semester haben 3 männliche Kollegiaten schon genauere Vorstellungen: ein Kollegiat möchte Medizin studieren, die zwei anderen denken darüber nach, was sie mit einem Studium der Gesundheitswissenschaften machen könnten und verbinden es sinnvoll mit berufsaufbauenden Ideen (Medizintechnik) oder Studienangeboten wie Medienwissenschaften. Hier wird bereits deutlich, dass diese Kollegiaten die verschiedenen Möglichkeiten, die das Fach für Anknüpfungspunkte in Beruf und Studium bietet, wahrnehmen und für sich in Betracht ziehen. 3 Kollegiatinnen im 4. Semester finden das Fach sehr interessant, zwei von ihnen möchten es mit einem anderen Fach verbinden (Medien und Pädagogik), eine möchte sich beruflich ganz anders orientieren. Auch hier kommt das Fach mit seiner multidisziplinären Systematik den Interessen dieser Kollegiatinnen entgegen. Im 6. Semester haben die KollegiatInnen (1 männlich und 2 weiblich) klare Motive das Fach weiter zu studieren. Diese sind aus der Fachsystematik zu begründen. 1 Kollegiatin will ihr anderes Wahlfach studieren. Insgesamt zeigen 5 Personen ein ausgeprägtes studienorientiertes Interesse am Fach, 4 sind am Fach interessiert, 3 streben eine Kombination von Gesundheitswissenschaften mit ihrem zweiten Fach an und 3 wollen ihr zweites Fach studieren oder ganz etwas anderes machen.

Im Ergebnis bestätigt die überwiegende Mehrheit (12 von 15) der interviewten KollegiatInnen durch konkrete Aussagen, dass die Angebotsstruktur, die Inhalte des Faches und seine Vielfältigkeit zu den Gründen zählen, das Fach studieren zu wollen. Geschlechtsspezifische Unterschiede lassen sich in den Begründungen nicht feststellen.

Ergebnisse zu Frage (2):
Bei der Konstruktion des Fragebogens entstand Unsicherheit darüber, ob bei den KollegiatInnen die von den Lehrenden mitgeteilten Informationen über Berufs- und Studienmöglichkeiten „angekommen" waren.
Die Befragung ergab, dass nur 2 KollegiatInnen (1 aus dem 2. und 1 aus dem 4. Semester) keine Informationen über Berufschancen hatten. Die Einschätzungen der KollegiatInnen in den jeweiligen Semestern unterscheiden sich nicht wesentlich. Angegeben werden zur Begründung guter Berufschancen die Neuartigkeit des nicht so spezialisierten Faches, die Notwendigkeit der Gesundheitsförderung aufgrund von Gesetzen und die höhere Verantwortlichkeit für die Gesundheit allgemein. Kritische Einschätzungen werden mit den Argumenten belegt, dass der Beruf noch nicht sehr bekannt ist, und dass die wirtschaftliche Situation die eigentlich notwendige Gesundheitsförderung nicht zulässt. Die männlichen Befragten mit Informationen über Studien- und Berufsmöglichkeiten haben eine optimistischere Einschätzung der Berufschancen als die weiblichen Befragten.
Ein Zusammenhang zwischen Studienwunsch und Berufsperspektive lässt sich hier bei denen erkennen, die sich realistischer Weise über Fachkombinationen (Gewicht 3) oder ein Medizinstudium (Gewicht 4) gute Berufschancen ausrechnen, sowie bei 2 Personen, die das Fach interessant (Gewicht 2) finden.

Ergebnisse zu Frage (3):
Die Überprüfung der Validität des Fragebogens im Item „Beurteilung der Qualität des Kurses beim Kenntniserwerb" und „Beurteilung der eigenen Fähigkeiten zum Kenntniserwerb" wurde vor allem deshalb vorgenommen, weil der Verdacht bestand, dass die KollegiatInnen den Unterricht vornehmlich nach emotionalen Kriterien wie Sympathie / Antipathie beurteilen oder ihre Leistungsfähigkeit nach Wohlbefinden einschätzen und nicht selbstkritisch ihren Lernprozess reflektieren können. Um Beurteilungskriterien zu

den Themen und zur Vermittlung des angebotenen Stoffes zu erfahren, wurden die KollegiatInnen im Interview gefragt:
„Im Fach Gesundheitswissenschaften sollst Du gesundheitswissenschaftliche Kenntnisse erwerben: Welche Kenntnisse sind Dir noch in Erinnerung? An welche Schwerpunkte der vergangenen Semestern kannst Du Dich noch erinnern? Kannst Du eine Begründung geben: Warum sind Dir gerade diese Schwerpunkte noch in Erinnerung?"

Was von den Inhalten erinnert wurde und warum soll Hinweise darauf geben, wonach die Qualität des Kurses und die eigenen Fähigkeiten beurteilt werden. Denn die erinnerten Kenntnisse können illustrieren, welche Themen die KollegiatInnen gut oder schlecht erarbeiten konnten, womit sie indirekt auch etwas über ihre eigenen Fähigkeiten aussagen.

Zur Auswertung der Interviews wurden die Aussagen, die Qualitätsurteile in bezug auf den Unterricht enthalten, paraphrasiert und auf qualitative Urteile hin analysiert (Tabelle 24). Diese Urteile sind als „Schlüsselbegriffe" kursiv gedruckt. Die Qualitätsurteile beziehen sich auf folgende Unterrichtsmerkmale: das Lehrerhandeln, den Unterrichtsstoff, den Verlauf des Unterrichts, den Praxis- und den Erfahrungsbezug.

Tabelle 24: Aussagen der KollegiatInnen zur Qualität des Kenntniserwerbs und zum eigenen Kenntniserwerb

Nr.	Beurteilung der Qualität des Kenntniserwerbs	Aussagen über die eigenen Fähigkeiten zum Kenntniserwerb	Erinnerte Kenntnisse / Themen
1	Nervensystem war *schwer*, die Vorlesung über soziologische Grundbegriffe im 1. Semester *kompliziert*	*anstrengend* zu lernen, nicht gut *behalten*, keine gute *Erinnerung*, nur gut Referate *schreiben*	Alternativmedizin, Nervensystem und Stress, Fallbeispiele
2	Fallbeispiel und Vorlesung zu *langwierig*	im 2. Semester gut *mitgearbeitet* beim Thema Stress, hat *Spaß* gemacht	An 1. Semester zwar Erinnerung, aber Thema Stress war besser
3	Fallbeispiel faszinierend wie es *behandelt* wurde	Gute Erinnerung, weil es *alltäglich* ist und man nicht drüber nachdenkt	Fallbeispiel, Vorlesung über soziologische Grundbegriffe
4	Körperhaltung und Lebenssituation, *Zusammenhang* war interessant. Stress war total *interessant* aber sehr *anstrengend*	Leicht gefallen, den *Zusammenhang* von Körperhaltung, Lebenssituation und Lebensweise herzustellen, bei Stress ein gutes *Gefühl* gehabt, hat mich total interessiert	Haltung, Stress
5	Kommunikationskurs war sehr gut *aufgebaut*, sehr *erfahrungsbezogen*	(möglicherweise ist gemeint, dass durch den Erfahrungsbezug der Kenntniserwerb leichter fiel)	Kommunikation und Stress

Nr.	Beurteilung der Qualität des Kenntniserwerbs	Aussagen über die eigenen Fähigkeiten zum Kenntniserwerb	Erinnerte Kenntnisse / Themen
6	Besonderes Lob an Lehrende, die das sehr gut *rübergebracht* hat	Biologische Abläufe besonders interessant, konnte gut an vorhandene Kenntnisse *anknüpfen*	Kommunikation und Wohlbefinden, Stress als gesellschaftliche Erkrankung, Psychosomatik
7	Alternativmedizin war *interessant*	Unterschied zur Schulmedizin, beeindruckt durch Stressgeschichten, viel *erfahren* über sich, wie man damit *umgehen* kann	Stress
8	1. Semester war *interessant*	*Referate* gemacht zur *Verbindung* von Anatomie, Physiologie und Psychoneurologie, wahnsinnig interessant das Wissen, gut *anzuknüpfen* an Gelerntes	Anatomie, Physiologie, Psychoneurologie
9	Kommunikation, darauf geachtet, das Gelernte mit dem *Alltag* zu verbinden	Am Anfang nicht viel mitbekommen, dann eingestiegen, was es im *Alltag* für eine Bedeutung hat, man kann es ständig *verwenden*	Kommunikation
10	Die *fächerübergreifenden* Vorlesungen mit den Soziologen waren sehr gut	Interessant, weil man sich selbst *wiederfindet*, wie man z.B. in Prüfungen reagiert	Vorlesung, Stress

Untersuchungsergebnisse zur Fachsystematik

Nr.	Beurteilung der Qualität des Kenntniserwerbs	Aussagen über die eigenen Fähigkeiten zum Kenntniserwerb	Erinnerte Kenntnisse / Themen
11	Die *fächerübergreifenden* Vorlesungen mit den Soziologen waren nicht so gut, zu *hektisch*. Zu *viele* Arbeitsblätter zum Durcharbeiten. Nervensystem war total *interessant*	zur Vorlesung gearbeitet und dann parallel noch zu anderen Themen, das war zu *viel*, zu *anstrengend* die Arbeitsblätter kann mich gut dran erinnern, weil ich es *gut konnte*,	Soziologische Fachbegriffe Nervensystem
12	2.+3. Semester sehr *gut*	Viel *Spaß* gemacht die Struktur und Funktion des Körpers	Kommunikation, Stress, gesundheitswissenschaftliche Denkweisen, Struktur und Funktion des Körpers, Herz-Kreislauf-System
13	Der Stresskurs war *fächerübergreifend*, hat mich sehr *interessiert*, der Kommunikationskurs war superinteressant, die letzten beiden Semester waren sehr *theoretisch*	Aus dem Kommunikationskurs die meisten Kenntnisse *rausgezogen*, lese privat noch mehr darüber Man *saß* zu viel am Computer, war *langweilig*, zwar Wissen *rausgezogen*, aber man prägt es sich nicht so ein	Stress, Kommunikation

Nr.	Beurteilung der Qualität des Kenntniserwerbs	Aussagen über die eigenen Fähigkeiten zum Kenntniserwerb	Erinnerte Kenntnisse / Themen
14	Kommunikationskurs am besten, empirische Sozialforschung war ganz schön *viel*	Fand ich am spannendsten, war auch schön *anstrengend*, aber auch ganz spannend	Kommunikation, empirische Sozialforschung
15	Kommunikationskurs sehr interessant, viele *praktische* Übungen, Gesprächsrunden interessant, Methoden der Körperarbeit sehr *praxisnah* ... „Das ist halt einfach ein *rundes* Ding, ich kann so schlecht differenzieren, weil einfach die letzten Semester Gsu so eins waren"	Viele Referate *gemacht*, Leute *besucht*, an Kursen *teilgenommen*, selbst ganz viele *Übungen* gemacht	Kommunikationskurs, Methoden der Körperarbeit

Die aus den Aussagen extrahierten Schlüsselbegriffe unterscheiden sich, je nachdem ob die KollegiatInnen die Qualität des Kenntniserwerbs oder die eigenen Fähigkeiten beurteilen. In der ersten Spalte der Tabelle sind die Aussagen wiedergegeben, die sich auf die Qualität des Kenntniserwerbs beziehen. Was beurteilen die KollegiatInnen, wenn sie Unterricht gut oder schlecht finden?

Das Lehrerhandeln wird charakterisiert durch die Art und Weise, wie der Stoff behandelt („faszinierend, die Art der Behandlung", „sehr gut rübergebracht") und wie der Kurs strukturiert wird („sehr gut aufgebaut"), und auch, wie stark praxis- und erfahrungsbezogen der Kurs gestaltet wird („viel praktische Übungen", „im Alltag angewendet", „sehr theoretisch", „sehr erfahrungsbezogen") und ob er interdisziplinäre Erkenntnisse und Denken in Zusammenhängen ermöglicht oder erschwert („fächerübergreifend gut – nicht gut").

Der angebotene Stoff wird aufgrund seiner Schwierigkeit („schwer"), seiner Komplexität („kompliziert") und seines Umfangs („zu viel") eingeschätzt.

Der Verlauf des Kurses wird dadurch gekennzeichnet, dass ein Thema zu ausführlich („zu langwierig") oder zu schnell („zu hektisch") behandelt wird.

Der Praxisbezug wird über verschiedene Beispiele („Fallbeispiel, Übungen, Gesprächsrunden...") positiv hervorgehoben, ebenso wie der Erfahrungsbezug („man erfährt viel über sich selbst"). Fehlender Praxisbezug wird moniert und der Kurs wird als „sehr theoretisch" beurteilt.

Es zeigt sich in den Aussagen der KollegiatInnen, dass sich die Beurteilung zumeist an positiv oder negativ erlebten Kursverläufen, Themen und Stoffen und Arbeitsmethoden orientiert und dabei der Bezug zu bestimmten Inhalten sofort mitgedacht wird bzw. sich die Beurteilung an den interessanten und brauchbaren Inhalten orientiert, mit denen man sich identifizieren kann oder denen man bereits eigene Erfahrungen oder eigenes Vorwissen zuordnen kann.

Kriterien für die Beurteilung der eigenen Fähigkeiten zum Kenntniserwerb sind nach den analysierten Schlüsselbegriffen bezogen auf
- das Gedächtnis („leichte", „gute Erinnerung", „nicht gute" oder „keine Erinnerung", „Wissen nicht eingeprägt", „gut" oder „nicht gut behalten", „zu viel Stoff zu behalten"),
- den Kenntniserwerb im engeren Sinn, und zwar
    → den Kenntnisstand (das eigene vorhandene Wissen)

→ den Wissenserwerb oder den Zugewinn an Wissen („Kenntnisse rausziehen"),
→ die Anknüpfungsmöglichkeit an die subjektiv bewussten Kenntnisse („Anknüpfen an Gelerntes"),
→ die Verwertbarkeit der Kenntnisse im Alltag (sich wiederfinden, „Bedeutung im Alltag"),
→ das Herstellen von Zusammenhängen („Verbindung von Anatomie, Physiologie und Psychoneuroimmunologie"; „Zusammenhang von Körperhaltung, Lebenssituation und Lebensweise"),
- die Eigenaktivität im Unterricht („Referate gemacht", „Leute besucht", „zu viel am Computer gesessen", „gut mitgearbeitet") und
- die subjektiv empfundene Anstrengung („anstrengend zu lernen", „spannend und anstrengend", „Spaß gehabt" oder „Spaß gemacht")

Zwischen diesen Charakteristika gibt es einige Interdependenzen. So ist z.B. die Gedächtnisleistung eng verbunden mit der Möglichkeit, an vorhandene Kenntnisse anzuknüpfen und eine hohe Eigenaktivität zu zeigen, die dann immer interessenbezogen ist und „Spaß macht", und der Zugewinn an Wissen wird verknüpft mit der Anwendung der Kenntnisse im Alltag und mit dem Bezug auf die eigenen Erfahrungen.

Zusammenfassend kann zu der 3. Frage festgestellt werden, dass die KollegiatInnen zur Beurteilung der eigenen Fähigkeit sich Kenntnisse erwerben zu können, rekurrieren auf kognitive Aspekte, motivationale und emotionale Befindlichkeiten und personenbezogene Handlungsgesichtspunkte, die die Fähigkeit zum Behalten, Anknüpfungspunkte zu finden oder Kenntnisse zu verwerten bestimmen.

Damit unterscheiden die befragten KollegiatInnen in ihrem Urteilsprozess eindeutig, ob sie die eigenen Fähigkeiten oder den angebotenen Unterricht beurteilen, sie erinnern Kursinhalte und an diese gebundene Fähigkeiten zum Kenntniserwerb, sie erinnern genauso gut die Handlungsweisen der Lehrenden und beurteilen deren Effekte für das eigene Lernverhalten. Der

Fragebogen mit seinen Ergebnissen kann auf diesem Hintergrund durchaus als Ansatzpunkt für die Diskussion der Ergebnisse der Qualitätssicherung benutzt werden.

5.1.2 Die ExpertInnenbefragung: Meinungen von außen

Die ExpertInnen waren gefragt worden, wie sie das Curriculum „Gesundheitswissenschaften" am Oberstufen-Kolleg beurteilen. In Tabelle 25 ist das Auswertungsschema für die Interviews, gegliedert nach Fragestellungen, wiedergegeben.

Tabelle 25: Auswertungsschema für die Beurteilung der Anschlussfähigkeit der Fachsystematik

Qualitative Datenanalyse der ExpertInnen-Interviews	Fragestellungen	Analyse
Fallanalyse: strukturierende Zusammenfassung	(1) Welche Ergebnisse lassen sich pro ExpertIn festhalten?	Gesamtaussage zur Zufriedenheit mit der Fachsystematik
fallübergreifende Analyse von inhaltlichen Aspekten	(2) Wie beantworten die ExpertInnen die Fragen nach den Merkmalen der Fachsystematik?	Beurteilung der Merkmale der Fachsystematik
Kontrastierende Analyse	(3) Mit welchem Beurteilungsmaßstab beurteilen die ExpertInnen die Inhalte für das OS und die Uni?	Kriterien für die Relevanz und Angemessenheit der Inhalte am OS und an der Uni
Verknüpfende Analyse	(4) Werden curriculare Inhalte sowohl der Ausbildung an der Uni als auch der Ausbildung am OS zugeordnet?	Aussagen zu Inhalten, die angemessen für OS und Uni sind

Qualitative Datenanalyse der ExpertInnen-Interviews	Fragestellungen	Analyse
Typisierende Strukturierung	(5) Gibt es deutliche Unterschiede zwischen ExpertInnen in der Beurteilung der Anschlussfähigkeit?	typische Beurteilungskriterien der ExpertInnen

Legende: OS = Oberstufen-Kolleg

Eine Zusammenfassung der Ansichten der jeweiligen InterviewpartnerInnen und die Gewichtung ihrer Meinungen (mehr oder weniger zufrieden) vermitteln einen ersten Eindruck zur Zufriedenheit. Dieser Eindruck wird durch Beantwortung der zweiten Fragestellung für die Merkmale der Fachsystematik differenziert. Mit der dritten Frage werden die Kriterien für Relevanz und Angemessenheit erfasst, mit denen die Differenzen oder Gemeinsamkeiten der Ausbildung am Oberstufen-Kolleg und potentiell an der Universität gekennzeichnet werden, aus denen sich Beurteilungsmaßstäbe ergeben. Die vierte Frage resultiert aus der Annahme, dass sich aufgrund der Beurteilungsmaßstäbe bei den Befragten Differenzen in der Einschätzung ergeben können, was an grundständigen Inhalten perspektivisch antizipiert wird und was als angemessen für die Eingangssemester an der Universität und als relevant für das Curriculum am Oberstufen-Kolleg betrachtet wird. Weil nicht davon ausgegangen werden kann, dass die befragten Personen homogene Urteile abgeben und sich auf einen gleichen Beurteilungsmaßstab beziehen, ist in Frage 5 von Interesse, ob sich typische Urteilsmuster ergeben, die entweder auf eine ähnliche oder gemeinsame Basis schließen lassen oder auf rein individuelle Kriterien zurückzuführen sind. Eine gemeinsame Urteilsbasis könnte die Aussagekraft für die Einschätzung der Anschlussfähigkeit der Fachsystematik erhöhen.

Die Ergebnisse werden entsprechend der Nummerierung der Fragestellungen dargestellt.

(1) Gesamtaussage zur Zufriedenheit mit der Fachsystematik:
In den Interviews kommen grundsätzliche Einschätzungs-Tendenzen zum Ausdruck. Ohne bereits auf konkrete Verbesserungsvorschläge, Themenergänzungen oder methodologische Kritik einzugehen, die im nächsten Abschnitt unter der Fragestellung 2 berichtet werden sollen, lässt sich als ein erster Eindruck festhalten, dass die ExpertInnen positive und kritisch-konstruktive Urteile abgeben, zum Teil besondere Themen als zu schwergewichtig monieren sowie zwischen Anfänger- und Fortgeschrittenenausbildung unterscheiden.

Einen genaueren Eindruck der Zufriedenheit bzw. Unzufriedenheit mit der Fachsystematik erlaubt die Gewichtung der einzelnen Aussagen in den jeweiligen Interviews auf einer Skala von 100 % Zufriedenheit bis 0 % Zufriedenheit[1]. D.h., Aussagen, die als volle Zustimmung zu Inhalten, Methoden oder Lernprozess gewertet werden konnten, wurden mit 100 % gewichtet; Aussagen, die als Zustimmung zu werten sind, aber mit Vorschlägen wie „das Thema gehört an den Beginn der Ausbildung" verbunden werden, wurden mit 66 % gewichtet; Aussagen, die zwar als Zustimmung zu werten sind, aber ablehnende Kritikpunkte enthalten, wurden mit 33 % gewichtet; und Aussagen, die nur Kritikpunkte enthalten, wurden mit 0 % gewichtet. Ankerbeispiele[2] für diese Operationalisierung sind:

---

[1] Für diesen zweiten Auswertungsschritt wurden alle die Aussagen kodiert, die positive oder negative Bewertungen enthalten. Die Aussagen wurden „absolut" genommen, d.h., unabhängig davon, ob sie auf die zum Curriculum versendeten schriftlichen und im Interview mündlich wiederholten Informationen Bezug nehmen oder nicht, wurden sie als positive oder negative Bewertungen gezählt. Wurden mehrfach die gleichen Argumente genannt, wurden sie nur einfach gezählt.
[2] Alle Aussagen wurden für die Lesbarkeit sprachlich geglättet.

100 % Gewichtung:	„Der Nachteil bei der Stressforschung ist eben, dass ... dieser ganze Ansatz sehr pathogenetisch ist, er zielt auf die Vorgänge der Krankheitsentstehung, anstatt uns zu zwingen mal darüber nachzudenken, was eigentlich Gesundheit ist und wie Gesundheit erzeugt wird. <u>Ansonsten bin ich aber einig, dass das ein wichtiger Punkt ist</u>". *Erläuterung: Kritik bezieht sich nicht auf das Curriculum, sondern auf die Stressforschung. Das Thema selbst wird als wichtig angesehen.*
66 % Gewichtung:	„<u>Das gehört für mich mehr nach vorne</u>. Also ich würde den Einstieg dahin legen, aber bitte, das ist Geschmacksache. Ich sagte ja eingangs, dass die Betonung der menschlichen Emotion ein ganz wichtiger Gesichtspunkt ist, dass Emotion auch in Gesprächen eine zentrale Rolle spielt, ist gar keine Frage. Und dass die zwischenmenschliche Kompetenz, die soziale Kompetenz auch ein wichtiges Lernziel ist, darüber zu reden, darüber einzuführen, ist für mich auch keine Frage". *Erläuterung: Das Thema selbst ist wichtig, es wird der Vorschlag gemacht, es gleich am Anfang zu behandeln.*
33 % Gewichtung:	„... und im übrigen glaube ich auch, dass die Vermittlung von emotionaler Kompetenz ohnehin ein wichtiger Lehrinhalt ist. Und insofern <u>würde ich nicht so sehr den Schwerpunkt auf die Körperhaltung legen</u>, sondern auf die menschlichen Emotionen, ihre Funktionen und vor allen Dingen ihre Verknüpfung einer-

seits mit den sozialen Erfahrungen im Menschen und andererseits den mit der biologischen Verarbeitung dieser Erfahrung".

Erläuterung: Die Kritik, dass das Thema Körperhaltung einen Schwerpunkt bildet, steht im Vordergrund, die positive Wertung des Themas Emotion wird an anderer Stelle mit 100 % gewichtet.

0 % Gewichtung: „Also wenn das Lernziel einer solchen Veranstaltung darin bestehen soll, die Studierenden einzuführen in die Gesundheitswissenschaften, hieße das hier insbesondere in das Menschenbild der Gesundheitswissenschaften einzuführen. Da liegt ja das Entscheidende in der Tat bei uns darin, dass wir von einem sozio-psycho-somatischen Menschenbild ausgehen. ... Das denke ich mir, müsste vermittelt werden und müsste eigentlich dem klassisch medizinische Menschenbild gegenüber gestellt werden".

Erläuterung: Es herrscht der Eindruck vor, dass das Menschenbild nicht vermittelt wird, aber für die Einführung in Gesundheitswissenschaften essentiell ist.

Die Gewichtungen pro Person bieten folgendes Bild (Tabelle 26)[3]:

Tabelle 26: Zahl der gewichteten Einzelaussagen pro Person zur Zufriedenheit

Person-Nr.	Sehr zufrieden	Eher zufrieden	Eher nicht zufrieden	Nicht zufrieden	Summe
1	3	6	6	13	28
2	5	5	5	15	30
3	9	4	7	2	22
4	8	6	2	2	18
5	2	5	11	9	27
6	7	1	4	6	18
7	2	3	3	3	11
8	5	5	3	2	15
9	6	4	6	3	19
10	9	3	3	4	19
Summe	56	42	50	59	207
Zusammenfassung	98		109		207

Einen „Messwert" für Zufriedenheit kann man durch den Vergleich der Zahlen auf der eher positiven und auf der eher negativen Seite erhalten, sie geben den Eindruck wieder, der auch in den Interviews deutlich wurde: es gibt nicht ganz so viel positive Urteile (47 %) wie Kritikpunkte (53 %). In den folgenden Auswertungen werden diese Urteile detaillierter dargestellt.

(2) Beurteilung der Merkmale der Fachsystematik

Um die Beurteilungskriterien zur Fachsystematik herauszuarbeiten, wurden die Aussagen der ExpertInnen zum ersten Semester ausgewählt. Das erste

---

[3] Prozentangaben werden vom Textverarbeitungssystem als mögliche Gewichtungskennziffern angeboten, die Auswahl der %-Zahl muss bei der Auswertung festgelegt werden. Die Aussagen werden durch die Zuordnung der Gewichtungen nominal skaliert, nach Durchsicht der Interviews wurde aus Gründen der Praktikabilität eine vierstufige Skala angenommen. Die Prozent-Gewichtung entspricht den Skalenwerten "sehr zufrieden", "eher zufrieden", "eher nicht zufrieden" und "nicht zufrieden".

Semester eignet sich als exemplarische Analyseeinheit besonders gut, weil die wichtigsten Gesichtspunkte der Beurteilung hier bereits genannt werden, und die Interviewten später auf diese Aussagen zurückkommen. Für die Bewertung der Fachsystematik wurden Aussagen zu folgenden Bereichen analysiert:
- zur Methodologie, die das neue Paradigma sowie den Gegenstandsbereich impliziert,
- zum inter- oder multidisziplinären Forschungsansatz,
- zu den Kenntnissen (Themen, Grundkenntnisse / Grundlagenwissen) und
- zur richtigen Auswahl und Gewichtung von Methoden, Inhalten und Problemlösemöglichkeiten, sowie
- zur richtigen Struktur oder Systematik des Curriculums.

Zusammenfassung der Aussagen:
Für die Methodologie scheint einvernehmliche Meinung zu sein, dass das neue Paradigma des bio-psycho-sozialen Modells zu vermitteln ist, und dass dies bereits im ersten Semester zu erfolgen hat. Das Thema Körperhaltung / Körperwahrnehmung scheint für das erste Semester gut geeignet zu sein, sofern keine disziplinären Sichtweisen überwiegen (wie die biomedizinische Sichtweise). Es ist deutlich zu machen, dass das Verhalten auch durch Verhältnisse erzwungen wird, und dass nicht nur der einzelne Mensch mit seinem Haltungsproblem zu betrachten ist, sondern ebenfalls die Probleme der Bevölkerung, und dass auch der Gruppenbezug herzustellen ist. Zur Interdisziplinarität bzw. Multidisziplinarität wird die Verknüpfung der disziplinären Erkenntnisse betont, zu Beginn der Ausbildung wird aber nur eine multidisziplinäre Sichtweise als möglich betrachtet. Die Entscheidung, welche Kenntnisse an welchen Themen zu vermitteln sind, ist eher personenabhängig. Neben der Einzelmeinung, dass Emotionen eine Brückenfunktion haben und deshalb die emotionale Bewertung von Erfahrungen im Kontext von biologischen und sozialen Dimensionen im Vordergrund stehen müsste, gehen andere ExpertInnen auf die Notwendigkeit ein, am Thema Haltung zu-

nächst biologisches Grundlagenwissen zu vermitteln, ohne die psychosoziale Dimension zu vernachlässigen. Es sollte auch darauf geachtet werden, dass der Populationsbezug insbesondere bei gesundheitlicher Versorgung und Gesundheitsförderung nicht zu kurz kommt. Zur Systematik wird zum Teil hervorgehoben, dass mehr disziplinäre Grundlagenkenntnisse, insbesondere der Biologie und Medizin am Anfang vermittelt werden müssten, dass aber andererseits das Konzept auch in sich konsistent sei und es deshalb schwer sei Teile herauszubrechen.

Im Ergebnis kommen die ExpertInnen zu folgendem Urteil über die Fachsystematik des Curriculums: Grundlegend für die Gesundheitswissenschaften ist die Methodologie. In einer Einzelmeinung kommt zum Ausdruck, dass die für die Universität gewünschte Interdisziplinarität wegen mangelnder disziplinärer Fachkenntnisse der KollegiatInnen nur zu einer Multidisziplinarität führen könne. Für das Oberstufen-Kolleg wie für die Eingangssemester gelte, dass Grundlagenwissen und Überblickswissen zu vermitteln sei. Dabei wird davon ausgegangen, dass das Oberstufen-Kolleg nur einen Teilbereich dessen anbieten könne, was in der Universität angeboten werden müsste. Eine Einführung in die Forschungsmethoden sei unverzichtbar, aber der Anspruch "selbständig" zu forschen (Lehrforschungsprojekte) sei zu hoch, da dies auch im Grundstudium nicht anstünde. Die Themen werden als relevant für das Oberstufen-Kolleg angesehen, sofern sie bestimmte Auflagen erfüllen wie den Bezug zur Methodologie. Eine bestimmte Struktur des Studiengangs wird nicht einheitlich favorisiert, deutlich wird, dass die jetzige Struktur für das Oberstufen-Kolleg als wichtig erachtet wird. Eine Zusammenfassung der wichtigsten Kritikpunkte ergibt folgende Übersicht (Tabelle 27):

Tabelle 27: Zusammenfassung der Kritikpunkte zur Fachsystematik des Curriculums

Merkmale	Kritikpunkte
Methodologie	Das Menschenbild der Gesundheitswissenschaften - das neue Paradigma - wird nicht explizit vermittelt
	Die salutogenetische Betrachtungsweise kommt zu kurz
	Die Orientierung an der Bevölkerung ist nötig und die systemisch-strukturellen Aspekte müssen stärker betont werden
	Die systemische Einbindung der Inhalte darf nicht erst zum Schluss der Ausbildung behandelt werden
Interdisziplinarität – Multidisziplinarität	Statt interdisziplinärer können nur multidisziplinäre Inhalte vermittelt werden
	Das Curriculum erscheint zu disziplinär
Grundlagenwissen	Psychosoziale Einflüsse werden zu sehr betont, biologische und systemisch-strukturelle kommen zu kurz
Themen	Akzeptabel, wenn die anderen Kriterien (Methodologie etc.) berücksichtigt werden
Systematik	Individuum-Gruppe-Bevölkerung von Anfang an bei allen Themen

Über diese Kritikpunkte muss die Fachkonferenz diskutieren und entscheiden, was für die Curriculumrevision von Bedeutung ist.

(3) Beurteilungskriterien für die Relevanz und Angemessenheit der Inhalte

Im Interview wurden Fragen zur Relevanz der Inhalte des Curriculums am Oberstufen-Kolleg für die Gesundheitswissenschaften und zur Angemessenheit für die ersten Semester eines grundständigen Studiengangs an der Universität gestellt. Es interessierte, aus welchen Perspektiven argumentiert

wird und wie die Begriffe verwendet werden. Dies kann wieder an Beispielaussagen zum ersten Semester[4] verdeutlicht werden.
Für die einzelnen ExpertInnen ist der Begriff „Relevanz der Inhalte" nicht mit einer ausschließlichen Perspektive verbunden, und sie überschneiden sich in der Verwendung bestimmter Relevanzkriterien. Die Unterrichtsinhalte werden als relevant beurteilt, wenn sie
- inhaltlich dem Angebot an der Universität gleichen,
- eine paradigmatische Funktion erfüllen,
- eine systematische Funktion haben können,
- fachspezifisch und inter- oder multidisziplinär sind,
- eine fachsozialisierende Funktion haben (für Denken, Verhalten, Theorie und Praxis).

Der Begriff „Relevanz", wie er von den ExpertInnen verstanden wird, enthält Aspekte, die auch zur Beurteilung der Fachsystematik im letzten Abschnitt Verwendung fanden. Die Kritikpunkte an der Fachsystematik bezogen sich dort auf methodologische (Paradigmafunktion), auf interdisziplinäre und auf systematische Aspekte. Ergänzt werden die Beurteilungskriterien nun durch den Anspruch, dass das Curriculum eine fachsozialisierende Funktion haben sollte, und dass die Inhalte denen an der Universität gleichen sollten. Die Übereinstimmung der ExpertInnen im inhaltlichen Gebrauch des Begriffs verweist auf einen „common sense" im Verständnis von Relevanz für die Inhalte und Methoden der Gesundheitswissenschaften.

Mit dem Begriff „Angemessenheit" der Inhalte für das / die Eingangssemester eines grundständigen Studiengangs sind vor allem Vorstellungen verbunden, die sich auf didaktisch sinnvolle Maßnahmen für Studienanfänger beziehen, d.h. Inhalte sollten

---

[4] Das erste Semester eignet sich, wie oben bereits bemerkt, als Analyseeinheit gut, weil gleich zu Beginn des Interviews die eigenen Ansichten herausgestellt wurden, später beziehen sich die ExpertInnen oft darauf, dass sie sich wiederholen würden, weil sie ihre Meinung schon geäußert hätten.

- eine motivierende Funktion haben,
- einen Überblick oder Eindruck liefern können,
- in Grundlagen einführen können
- auch für einen geplanten Bachelor-Studiengang eine Funktion haben können.

Im Vergleich der Kriterien wird deutlich, dass für die Relevanz der Inhalte ein fachsystematischer und für die Angemessenheit ein didaktischer Maßstab angelegt wird. Die beiden Begriffe sind trotz ihrer Differenz eng miteinander verzahnt, denn in fast allen Aussagen zur Angemessenheit werden die fachsystematischen Bezüge mitbedacht, und die fachsystematische Beurteilung hat bei der Beurteilung der Angemessenheit eindeutige Priorität. Zum Beispiel wird betont, dass die relevanten disziplinären Fachinhalte zu vermitteln sind, oder dass die scientific community großen Wert auf allgemein anerkannte unverzichtbare Inhalte legt (Relevanz), und dass entsprechendes Vorwissen für einen Bachelor-Studiengang zu liefern sei (Angemessenheit). Das heißt, dass das Kriterium „Relevanz der Inhalte des Curriculums am Oberstufen-Kolleg für die Gesundheitswissenschaften" und das Kriterium „Angemessenheit der Inhalte für das Eingangssemester eines grundständigen Studiengangs" sich in ihrem kognitiven Bezugssystem unterscheiden, aber gleichzeitig korreliert sind, denn was nicht als relevant betrachtet wird, wird auch nicht als angemessen angesehen. Auch scheint ein weiteres Ergebnis absehbar: dass die Inhalte des Curriculums am Oberstufenkolleg, die für die Einrichtung und auch für die Gesundheitswissenschaften als relevant betrachtet werden, nur partiell (aber immerhin) adaptierbar erscheinen für einen grundständigen Studiengang. Dies kann mit den Ergebnissen der Auswertungen zur Gesamtaussage (1), und zur Fachsystematik (2), gestützt werden, und soll genauer im nächsten Abschnitt untersucht werden.

(4) Curriculare Inhalte, die sowohl der Ausbildung an der Universität als auch der Ausbildung am Oberstufen-Kolleg (OS) zugeordnet werden oder different bleiben

Der Anspruch des Oberstufen-Kollegs war es, solche fachlichen Grundlagen zu vermitteln, die für den Übergang in ein höheres Fachsemester seitens der Universität angerechnet werden können. Je relevanter die Inhalte und je angemessener die Ausbildung im didaktisch-methodischen Sinn eingeschätzt wird, umso mehr – so die Vermutung – kann von einer Gleichwertigkeit der Ausbildung ausgegangen werden. Es sollte die Frage beantwortet werden, ob die curricularen Inhalte des Studiengangs Gesundheitswissenschaften am Oberstufen-Kolleg für das / die ersten Semester eines grundständigen Studiengangs von Bedeutung sein könnten.

Für die Analyse dieser Gleichwertigkeit wurden die Aussagen zu allen acht Semestern ausgewertet. Es konnten verschiedene Kategorien aus diesen Aussagen erschlossen werden, aus denen ein „Raster" über die Art und Weise der Differenzbildung bzw. der Vergleichbarkeit der Ausbildung konstruiert werden konnte. Dieses Raster enthält die Kategorien

- *Kategorie 1 "Nulldifferenz":* keine prinzipiellen Differenzen, die Inhalte werden hier (OS) wie dort (Uni) vermittelt werden müssen, d.h. kein Unterschied bezüglich der zu vermittelnden Grundlagenkenntnisse, inklusive der für einen neuen Bachelor-Studiengang,
- *Kategorie 2 "Graduelle Differenz":* das OS kann nur eine Einführung oder einen Überblick geben, die Vertiefung erfolgt an der Uni, d.h. es gibt einen Unterschied bezüglich des notwendigen Einblicks oder Überblicks,
- *Kategorie 3" strukturell-systematische Differenz":* ein Erststudium am Oberstufen-Kolleg fehlt, das OS greift auf Inhalte des Graduierten-Studiums zu, d.h. es erfolgt teilweise eine Überlappung / Verdopplung, die vermieden werden sollte,
- *Kategorie 4 "Inhaltliche Differenz":* was am OS angeboten wird, kommt so nicht für die Uni in Frage und umgekehrt, unabhängig von den beste-

henden institutionellen Unterschieden, d.h. es gibt keine Vergleichbarkeit bezüglich der zu vermittelnden Grundlagenkenntnisse, inklusive der für einen neuen Bachelor-Studiengang,
- *Kategorie 5 "Institutionelle Differenz":* das OS kann allein aufgrund seiner Organisationsstruktur als Einrichtung zwischen Schule und Hochschule nur allgemein zum Studium motivieren oder auf ein Studium vorbereiten.

In Tabelle 28 werden zu den einzelnen Kategorien Ankerbeispiele genannt:

Tabelle 28:   Ankerbeispiele zu den Differenz-Kategorien

Differenz-Kategorien	Ankerbeispiele aus verschiedenen Interviews
Kategorie 1 "Nulldifferenz"	(5) Als Einstieg finde ich das sehr gut, weil es an der Erfahrung der Jugendlichen, AbiturientInnen anknüpft (71-72) ... In einem grundständigen Studiengang hier an der Universität meinen Sie jetzt? Ich weiß gar nicht, ob man da so große Unterschiede machen müsste. Ich sehe da eigentlich keinen prinzipiellen Unterschied (118-120).
Kategorie 2 "Graduelle Differenz"	(6) Sie spiegeln, denke ich, einen Teilbereich der Gesundheitswissenschaften wider, einen sehr wichtigen, aber nur einen Teilbereich (134-136)
Kategorie 3 "strukturell-systematische Differenz"	(2) Weil ich in dieser Phase der Ausbildung diesen Anspruch etwas als hochgegriffen sehe. Ich glaube nicht, dass das in dieser Phase der Ausbildung überhaupt notwendig ist.

Differenz-Kategorien	Ankerbeispiele aus verschiedenen Interviews
Kategorie 4 "Inhaltliche Differenz"	(7) Es ist schwer zu sagen, welches Studenten-, Studierendenklientel den Bachelor-Studiengang in Angriff nimmt, ob die mehr interessiert sind daran solche Selbsterfahrungssachen im weitesten Sinne haben zu wollen oder ob die das als esoterisch abtun würden. Für grundsätzlich halte ich das für eine gute Idee, nicht nur wissenschaftlich, sondern auch selbsterfahrungsmäßig an Gesundheitswissenschaften ranzugehen. Ich frage mich nur, ob ihr damit das Interesse und die Bereitschaft des Klientels trefft (61-70) ... die Leute oder ich als Student wäre möglicherweise abgeschreckt, weil ich etwas anderes erwartet hätte. Aber die andere Seite ist halt, dass ich glaube, dass es gut ist, mit Selbsterfahrungsstücken zu beginnen, um zu sagen, was bedeutet denn überhaupt Gesundheit und Körper (81-85).
Kategorie 5 "Institutionelle Differenz"	(3) Da kann ich dieselbe Antwort geben, das ist selbstverständlich in einem grundständigen Studiengang in das Zentrum zu stellen. Ist ganz klar. Also immer unterstellt, ein grundständiger Studiengang, der das ganze Gebiet der Gesundheitswissenschaften bedient. Was zur Zeit ja keine Hochschule plant, auch wir nicht, nach internationaler Tradition, weil das sich offenbar nicht bewährt hat. Wir müssen uns ja auch daran orientieren, was bisher so an Vorgaben international gekommen ist (176-183).

Für die Auswertung der Aussagen wurde festgelegt:
Keine Differenz oder Gleichwertigkeit aus Sicht der ExpertInnen wird dann postuliert, wenn Inhalte der Kategorie 1 zugeordnet werden können, partielle Differenz oder Gleichwertigkeit besteht nach Kategorie 2, Kategorie 3 bis 5 beschreiben eine eindeutige Differenz und gelten als Ablehnung der Gleichwertigkeit. Auch wenn bei manchen Aussagen die Zuordnung zu einer Kategorie nicht eindeutig möglich war, (weil aus dem Kontext z. B. hervorgeht, dass die Inhalte gleichzeitig als unverzichtbar und als Verdopplung des An-

gebots angesehen werden) sind sie insgesamt relativ aussagekräftig (Tabelle 29):

Tabelle 29: Zahl der Aussagen innerhalb der Kategorien zur "Angemessenheit der Inhalte"

Semester	Kategorie 1: Gleichwertigkeit	Kategorie 2: Partielle Gleichwertigkeit	Kategorie 3–5: Eher Differenzen	Häufigkeit Kategorie 1-2 im Vergleich zu 3-5
1	10	1	6	11 > 6
2	2	3	4	5 > 4
3	2	3	2	5 > 2
4	9	2	4	11 > 4
5+6	8	5	8	13 > 8
7+8	10	1	6	11 > 6
Summe	41	15	30	56 > 30

Die größere Zahl der Aussagen scheint für alle Semester bei Kategorie 1 und 2 zu liegen (56 > 30), das heißt, es wird unter bestimmten Bedingungen von einer Gleichwertigkeit der Inhalte ausgegangen. Diese Bedingungen waren bereits unter (2) "Beurteilung der Merkmale der Fachsystematik" genannt worden und beziehen sich auf das bio-psycho-soziale Paradigma, die Berücksichtigung der Faktoren „Verhalten und Verhältnisse" und „Individuum-Gruppe-Bevölkerung". Das erste Semester und die Semester 4 bis 8 erhalten eher das Urteil der Gleichwertigkeit als das 2. und 3. Semester. Zu diesen beiden Semestern ist eine gewisse Skepsis in den Aussagen zu bemerken, da die Komplexität der Themen für die Eingangssemester am Oberstufen-Kolleg zu hoch erscheint. Andererseits wird die Kenntnis der Zusammenhänge von Immunsystem, Psyche und Nervensystem als bedeutungsvoll angesehen. Die Inhalte des 4. Semesters sind als gleichwertig für den geplanten Bachelor-Studiengang bewertet worden, z. T. wird auf eine Kompetenzschulung und Praxiserfahrungen Wert gelegt. Inhaltlich unbestritten sind einerseits die Semester 5. + 6., andererseits wird sehr kontrovers gesehen, was als grundlegende Methodenausbildung zu betrachten ist, gerade in bezug auf einen eher praxisorientierten Bachelor-Studiengang. Die Inhalte des 7. und 8. Semesters gelten als Grundlagen, für die allerdings für das Oberstufen-Kolleg betont wird, dass sie nur "einführend" erarbeitet werden können. Diese "graduelle Differenz" kommt in Aussagen zu allen Semestern zum Ausdruck, in denen man die Frage wiederfindet, wie viel Zeit denn für die einzelnen Themen aufgewendet wird und "wie tief man einsteigt". Ein Unterschied in der Struktur der Fachsystematik wird vor allem dann gesehen, wenn Unklarheit herrscht bezüglich der Ausbildungsziele und -inhalte am Oberstufen-Kolleg, und wenn Inhalte eindeutig höheren Semestern als den Eingangssemestern zugeordnet werden. Inhaltliche Differenzen werden dann festgestellt, wenn die unterschiedlichen Klientel in den Blick genommen werden, wenn zu theorielastige Inhalte bei der Vermittlung befürchtet werden, oder wenn für bestimmte Inhalte wie die Epidemiologie angenommen wird, dass dafür am Oberstufen-Kolleg keine Grundlagen vermittelt werden. Institutionelle Differenzen, die einen grundsätzlichen Unterschied zwischen der Ausbildung am Oberstufen-Kolleg und im Grundstudium an der Universität ausmachen könnten, werden sehr selten benannt.

Im Ergebnis zeigt sich, dass der Anfangsverdacht, die Ausbildungsgänge der doch äußerst heterogenen Institutionen Oberstufen-Kolleg und Universität würden mit unterschiedlichen Maßstäben „gemessen" werden, so dass die ExpertInnen quasi mit einer universitären Brille jegliche Gleichwertigkeit ablehnen könnten, hat sich bei keinem Experten / keiner Expertin bestätigt. Es gibt nur wenige Aussagen zu grundsätzlichen „institutionellen Differenzen", aber viele Aussagen zu übereinstimmenden Ausbildungsinhalten. Graduelle Differenzen charakterisieren vor allem den Gedanken, dass am Oberstufen-Kolleg mit der Vermittlung von Grundlagen-Kenntnissen begonnen wird und an der Universität die Vertiefung erfolgen muss, was auch im Ausbildungssystem angelegt ist. Über einen strukturell-systematischen Aufbau eines gesundheitswissenschaftlichen Studiengangs herrscht unter den ExpertInnen keine Einigkeit. Unter dieser Kategorie verbergen sich auch die Interessen der einzelnen Professionen, und eine sinnvolle Abfolge von zu vermittelnden Grundlagen und Kompetenzen müsste diskursiv ausgehandelt werden. Es gibt relativ wenig Inhalte, die für einen universitären Ausbildungsgang als irrelevant und unangemessen beurteilt werden.

(5) Typische Beurteilungskriterien der ExpertInnen zur Beurteilung der Anschlussfähigkeit der Fachsystematik
Es wurde untersucht, welche Beurteilungskriterien die einzelnen ExpertInnen verwenden und welchen theoretisch möglichen Bezugsrahmen sie für Ihre Urteile annehmen, d.h., ob sie
- das Fach Gesundheitswissenschaften allgemein in Bezug nehmen,
- das grundständige Studium des geplanten "Bachelor of Health Communication" antizipieren,
- das Oberstufen-Kolleg in seiner Doppelfunktion als Sekundarstufe II und College mit der Vermittlung grundständiger Studienanteile für Gesundheitswissenschaften allgemein in den Blick nehmen,
- den Postgraduierten-Studiengang als „Background" für Lernziele oder Probleme wählen, oder
- die eigene Professionalität und die eigene Forschungstätigkeit in den Vordergrund stellen.

Die Interviews wurden hinsichtlich dieser Bezugssysteme überprüft, die Aussagen wurden paraphrasiert. Unterschiede lassen sich dann feststellen, wenn eindeutige Schwerpunkte in der Argumentation zu erkennen sind. Sind Übereinstimmungen bei den Bezugssystemen festzustellen, lassen diese den Schluss zu, dass die Beurteilung des Curriculums auf einer breiten gemeinsamen Basis, eines "common sense" der befragten GesundheitswissenschaftlerInnen beruht und nicht nur Individualmeinungen darstellen.
Um die gewählten Bezugssysteme für einen Vergleich zu "etikettieren", wurden folgende Begriffe als Label für die Personen 1-10 gewählt:

1. Paradigma-Orientierung mit Schwerpunkt Wissenschaftstheorie und gesellschaftlicher Verantwortung
2. Grundlagen-Orientierung mit Betonung des multidisziplinären Zugangs als neuem Paradigma
3. Paradigma-Orientierung mit Schwerpunkt Grundstudium auf Basis von Grundlagenkenntnissen
4. Paradigma-Orientierung mit Schwerpunkt Profession
5. Grundlagen-Orientierung mit Schwerpunkt Medizin
6. Grundlagen-Orientierung mit Schwerpunkt Innovation in Forschung und Lehre
7. Bachelor-Orientierung mit Schwerpunkt Akzeptanz durch scientific community
8. Bachelor-Orientierung mit Schwerpunkt Kritik aus gesundheitswissenschaftliche Sicht
9. Grundlagen-Orientierung mit Schwerpunkt gesellschaftliche Aufgaben
10. Bachelor-Orientierung mit Schwerpunkt Grundlagen

Die ExpertInnen benutzen als Bezugssystem für die Beurteilung des Curriculums vor allem das neue Paradigma des Faches Gesundheitswissenschaften (dreimal), die Grundlagenfächer, die das Fach "speisen" (viermal) und die Antizipation möglicher Inhalte für einen Bachelor-Studiengang Gesundheitskommunikation und -beratung (dreimal). Betrachtet man die Kombination dieser Kriterien, verschiebt sich das Bild in Richtung des Kriteriums „Grundlagen", das mit dem neuen Paradigma verbunden wird, und das sieben Personen für wichtig erachten, einschließlich der Person 7, die die Maßstäbe der scientific community anlegen will. Die gesellschaftliche Funktion des Faches betonen drei Personen, die die gesellschaftliche Verantwortung, die Aufgaben und kritische Sicht auch in der Ausbildung verankert wissen wollen. Eine Person hebt die Innovation in Forschung und Lehre heraus.

Die Anfangsvermutung, dass die ExpertInnen ihre Meinungen zu einem gesundheitswissenschaftlichen Curriculum am Oberstufen-Kolleg aus den Erfahrungen mit dem Postgraduierten-Studium oder der eigenen Profession bilden und entsprechend urteilen, hat sich demnach teilweise bestätigt. Da das Hauptkriterium die Aussage ist, dass das Curriculum Grundlagen vermitteln müsse, muss geprüft werden, was mit dem Kriterium „Vermittlung von Grundlagenkenntnissen" verbunden wird. Der Aufbau der Fakultät erfolgte nach „Grundlagen-Disziplinen", die einzelnen Abteilungen sind entsprechend organisiert und repräsentieren durch ihre FachvertreterInnen das Fachgebiet. Es zeigt sich in den Interviewaussagen, dass „das Fach" insgesamt von allen ExpertInnen als wichtiger Bezugspunkt benutzt wird. Jedoch lässt sich bei Durchsicht der Aussagen feststellen, dass hiermit insbesondere die Fachmerkmale gemeint sind, die mit dem neuen Paradigma verbunden werden. Es muss also einschränkend festgestellt werden, dass Grundlagenkenntnisse sich nicht „rein" auf die Herkunftsdisziplinen beziehen, sondern mit dem neuen Fach verbunden werden. Die Erfahrungen aus dem Postgraduierten-Studiengang spielen eine Rolle, wenn die Schwierigkeit des Stoffes oder die Notwendigkeit, für einen bestimmten Inhalt erst disziplinäre Grundlagen zu erarbeiten, charakterisiert wird. Die Inhalte werden von einem Drittel der Befragten auch danach beurteilt, ob sie für einen möglichen Bachelor-Studiengang „Health Communication" geeignet sein können.

5.1.3 Inhaltsanalyse von Leistungsnachweisen

Leistungsnachweise von KollegiatInnen wurden mit der qualitativen Inhaltsanalyse nach Mayring (1997) ausgewertet. Das Sample der Texte wurde nach folgenden Merkmalen ausgewählt:
Es sollten Leistungsnachweise von KollegiatInnen sein, die in dem Untersuchungszeitraum angefertigt worden sind, da die Kriterien für die Zufriedenheit der Lehrenden mit den Leistungen der KollegiatInnen in diesem Zeitraum unter den Lehrenden erarbeitet worden waren. Es sollten solche Leis-

tungsnachweise sein, in denen die Indikatoren zum Verständnis der Fachsystematik zum Ausdruck kommen können. Das heißt, es können nur solche Texte untersucht werden, für die der Anspruch bestanden hat, dass die o.g. Indikatoren erarbeitet werden sollten. Das trifft für die sogenannten Minifacharbeiten[5] zu, die im vierten Semester von KollegiatInnen zur Vorbereitung auf die prüfungsrelevanten Gruppen- und Facharbeiten im 5. und 7. Semester angefertigt werden (vgl. zu Minifacharbeiten Stückrath, J., 1993). Wichtig ist auch, dass die KollegiatInnen der Verwendung zugestimmt haben. Diese Auswahlgesichtspunkte treffen zu für Texte von KollegiatInnen
- des Jahrgangs 96, die im Sommersemester 1998 im 4. Semester waren[6] (11 Texte),
- des Jahrgangs 97, die im Sommersemester 1999 im 4. Semester waren (9 Texte),
- des Jahrgangs 98, die im Sommersemester 2000 im 4. Semester waren (9 Texte).

Auswertungsziel ist die Feststellung, inwieweit die Lehrenden mit dem im vierten Semester erreichten Fachverständnis der KollegiatInnen zufrieden sein können. Kriterium für die Zufriedenheit der Lehrenden mit dem Fachverständnis der KollegiatInnen sollte der Nachweis sein, dass folgende Aspekte der Fachsystematik als Qualitätsindikatoren in den sog. Minifacharbeiten der KollegiatInnen vorkommen (vgl. Kap. 4.1.2 C):
- Die Perspektive des bio-psycho-sozialen Modells bei der Problembeschreibung,
- Die Definition des Gegenstandsbereichs mit den Problemebenen Individuum-Gruppe-Bevölkerung,

---

[5] Sog. „Mini"facharbeiten wurden im vierten oder fünften Semester unter ähnlichen Bedingungen wie die normalen Facharbeiten oder Gruppenarbeiten geschrieben. Sie dienen der Vorbereitung dieser prüfungsrelevanten Hausarbeiten und sollen insbesondere die Erfüllung der formalen Anforderungen einüben helfen.
[6] Die Minifacharbeiten von 1998 und 2000 wurden von der Autorin betreut, die von 1999 können als „Kontrollgruppe" gelten, da sie von einer Kollegin betreut wurden.

Untersuchungsergebnisse zur Fachsystematik

- Die Integration Sozial- und naturwissenschaftlicher Kenntnisse zur Erklärung,
- Die kritische Reflexion von Lösungsperspektiven aus gesundheitswissenschaftlicher Sicht.

Als mögliche und sinnvolle Auswertungsstrategien können die inhaltliche, die skalierende und die typisierende Analyse durchgeführt werden (s. Tabelle 30).

Tabelle 30: "Fragen zum Fachverständnis aufgrund der Indikatoren der Fachsystematik"

Strukturierende Inhaltsanalyse	Fragestellungen zum Fachverständnis:	Qualitätsindikatoren der Fachsystematik:
Inhaltliche Strukturierung	(1) Wie wird das Problem beschrieben?	Zu (1) Verwendung des bio-psycho-sozialen Modells
	(2) Werden die Problemebenen erkannt und dargestellt?	Zu (2) Bezug auf Individuum-Gruppe-Bevölkerung;
	(3) Werden Erklärungsansätze aus den Sozial- und /oder Naturwissenschaften angewendet?	Zu (3) Verwendung von soziologischen oder psychologischen, naturwissenschaftlichen bzw. biologischen Modellen;
	(4) Werden (disziplinär orientierte) Lösungen kritisch eingeschätzt?	Zu (4) Beurteilung der Angemessenheit von Lösungsvorschlägen
Skalierende Strukturierung	(5) Wie weit entspricht die Problembeschreibung den definierten Merkmalen der Indikatoren?	Zu (5) Anwenden einer Skala wie „stimmt überein, stimmt teilweise überein, stimmt nicht überein"
Typisierende	(6) Gibt es typische, häufig vorkommende Abweichun-	Zu (6) Feststellen typischer Defizite beim Fachverständnis

Strukturierende Inhaltsanalyse	Fragestellungen zum Fachverständnis:	Qualitätsindikatoren der Fachsystematik:
Strukturierung	gen von den Merkmalen der Indikatoren?	

Für die Analyse der schriftlichen Arbeiten ist die Operationalisierung der in der Tabelle genannten Indikatoren erforderlich. Dafür ist zu berücksichtigen, in welchem Kontext und mit welcher Vorbereitung die Arbeiten entstanden sind. Sie sind ein schriftlicher Leistungsnachweis im vierten Semester, das der Erarbeitung des Zusammenhangs von zwischenmenschlicher Kommunikation und psychosozialer Gesundheit dient. Es hat zum Ziel, problematische belastende Kommunikationssituationen mit Hilfe kommunikationstheoretischer Ansätze analysieren zu können. Die definierten Probleme sollen dann mit Hilfe gesundheitswissenschaftlicher, soziologischer oder psychologischer Theorien erklärt werden, und es sollen Vorschläge gemacht werden, wie die Kommunikationsprobleme im Hinblick auf gelingende Kommunikation zu verändern wären. Für diese Arbeiten werden Oberthemen vorgegeben, zu denen sich die KollegiatInnen ein individuelles Thema suchen müssen, einige Literaturauszüge werden für jedes Thema zur Verfügung gestellt, im Unterricht wird die Gliederung einer solchen Arbeit sehr detailliert vorbereitet, indem ein exemplarischer Durchgang durch Themenfindung, Gliederung und Arbeitsplanung geprobt wird (vgl. Hackenbroch-Krafft, I., u.a., 2001). Die einzelnen Fach-Konferenzen legen Wert darauf, dass Gegenstandsdefinition, Theorien und Methoden des Faches in einer solchen Arbeit angewendet werden.

In den o.g. drei Jahrgängen wurden Mini-Facharbeiten mit folgenden individuellen Themen zu jeweils einem bestimmten Oberthema erstellt (Tabelle 31):

Tabelle 31: Individuelle Themen der Mini-Facharbeiten

Jahrgang 1996: Oberthema "Die Bedeutung gelingender Kommunikation für die AIDS-Prävention ..."	
1	... in bezug auf die psychischen Probleme Aidskranker
2	... am Beispiel des Umgangs der Gesellschaft mit HIV-infizierten Menschen
3	... und das Fehlen einer offenen Auseinandersetzung mit dem Problem AIDS
4	... und die Ausgrenzung von Homosexuellen
5	... zur Verhinderung von Arbeitsplatzverlust
6	... und die Schwierigkeit, Wissen in Verhalten umzusetzen
7	... und die mangelhafte Aufklärung spezifischer Zielgruppen
8	... und die besonderen Probleme aidskranker schwangerer Frauen
9	... unter dem Aspekt der Selbstkommunikation
Jahrgang 96: Oberthema "Die Bedeutung gelingender Kommunikation im Krankenhaus ..."	
10	...und die Auswirkung der Unzufriedenheit des Pflegepersonals auf die Patienten
11	...zwischen Personal und Patient in bezug auf den Krankenhausaufenthalt des Patienten
Jahrgang 97: Oberthema "Die Bedeutung gelingender Kommunikation für die AIDS-Prävention ... "	
12	... bei homosexuellen Paaren
Jahrgang 97: Oberthema " Die Bedeutung gelingender Kommunikation für Kinder und Jugendliche ... "	
13	... in Familien mit geschiedenen Eltern
14	... und Kommunikationsprobleme in Familien mit geschiedenen Eltern
15	... in bezug auf ihre Gesundheitsförderung in der Familie
16	... für die Bewältigung der gesellschaftlichen Anforderungen
17	...bei der sexuellen Aufklärung in türkisch / moslemischen u. deutsch / christlichen Elternhäusern
18	...und ihre Überforderung im schulischen und privaten Bereich
19	...am Beispiel von drei Konfliktpunkten: Trennung der Eltern, Erziehung, schulische Leistungen

20	...für die Gewaltprävention in der Schule
Jahrgang 98: Oberthema "Gesundheitsförderung durch gelingende Kommunikation - Beeinträchtigung des Wohlbefindens durch Kommunikationsprobleme"	
21	...am Beispiel jugendlicher Schüchternheit und Kommunikationsproblemen
22	...am Beispiel einer jugendlichen Ausreißerin
23	...am Beispiel eines negativen Asylbescheides für eine Flüchtlingsfamilie aus dem Kosovo
24	...am Beispiel der Unterschiede im Kommunikationsverhalten zwischen Männern und Frauen
25	...am Beispiel "Angst vor Prüfungen"
26	...am Beispiel "Missverständnisse zwischen zwei Kulturen"
27	...am Beispiel der Kommunikation zwischen Krankenschwester und Patient
28	...am Beispiel eines Mutter-Tochter-Konfliktes
29	...am Beispiel eines Konfliktes zwischen Pfleger und behinderter Patientin

Diese Themenauflistung zeigt die Bandbreite der Interessen und die Fähigkeit, Probleme aufzuspüren oder zu benennen. Von diesem ersten Schritt an bis zur Problembeschreibung und -analyse, bis zu Ansätzen der Erklärung und Ideen der Problemlösung müssen die vorab gestellten Anforderungen für eine fachgerechte Arbeit erfüllt werden. Hierzu wurden spezifische Aspekte der o.g. Indikatoren der Fachsystematik im Unterricht erarbeitet, und zwar jeweils bestimmt durch und gebunden an die Themen und mit dem Focus auf die gerade zu erarbeitenden Inhalte. Zur Operationalisierung wird auf die folgenden vermittelten Inhalte zurückgegriffen und der Erwartungshorizont expliziert:

- Die Problemsicht: Der Ansatz, in bio-psycho-sozialen Zusammenhängen zu denken, könnte sich in der Problembeschreibung in Hinweisen zeigen auf die Definition von Gesundheit als Beeinträchtigung des körperlichen und psychischen Wohlbefindens, der Leistungsfähigkeit, Selbstverwirklichung und Sinnfindung, die durch Kommunikationsprobleme hervorgerufen werden. Auch die Nicht-Wahrnehmung von kommunikativen Belastungen, der falsche Umgang mit solchen Belastungen, mit Risiken und Gefährdungen der sozialen Umwelt durch kränkende kommunikative Verhaltensweisen gehören zu Merkmalen dieses Zusammenhangs, ebenso wie nicht vorhandene Ressourcen zur Problembewältigung oder die Nichtwahrnehmung von Ressourcen, ihre fehlende Erschließung oder ihre Nicht-Inanspruchnahme;

- Die Problemebenen: Der Ansatz, nicht nur an individuelle gesundheitliche Probleme zu denken, sondern auch an die der sozialen Gruppe und der Bevölkerung insgesamt, könnte sich in der Problemanalyse zeigen. Die verschiedenen Problemebenen könnten verdeutlicht werden in Versuchen der Verallgemeinerung von Kommunikationsstörungen, die primär in konkreten Beispielen als individuelle Störungen erscheinen, auf solche von größeren Gruppen oder der Bevölkerung, und an dem Verweis auf die Gebundenheit der kommunikativen Verhaltensweisen an Lebenslagen und gesellschaftliche Lebensbedingungen;

- Die Erklärungsansätze: Der Ansatz der Integration kommunikationstheoretischer und psychologischer Erklärungsansätze sollte sich in einer sinnvollen Verwendung dieser Ansätze und in verständlicher Erklärung der dargestellten Probleme wiederfinden lassen;

- Die Lösungsansätze: Der Ansatz der Relativierung möglicher disziplinärer (psychologischer) Lösungsansätze im Sinne gesundheitsförderlicher Maßnahmen sollte sich in den Lösungsvorschlägen der KollegiatInnen erkennen lassen.

Für die Analyse des Fachverständnisses und die Operationalisierung der Indikatoren ist der Kontext wesentlich, in den das Thema der Mini-Facharbeit gestellt wird. In unserem Fall geht es ausschließlich um den Zusammenhang zwischen Gesundheit und Kommunikation, aber mit Bezügen zu biologischen und sozialen Faktoren, die für ein Verständnis dieses Zusammenhangs vorauszusetzen sind und in den Semestern vorher – allerdings unspezifisch, und nicht für diese Themen - erarbeitet worden sind. Zu den biologischen Faktoren, die zum Beispiel immer wieder bewusst gemacht werden, gehört die Wahrnehmungsfähigkeit der Sinne als physiologische Voraussetzung der Kommunikation, sowie die durch psychische Belastungen in konflikthaften Kommunikationssituationen hervorgerufenen körperlich spürbaren Stressreaktionen wie Herzklopfen oder Schweißausbruch. Zu den sozialen Faktoren gehört die Berücksichtigung der gesellschaftlichen Lebenslage unter den verschiedenen kulturellen Einflüssen. Die Indikatoren der Fachsystematik sollen sich daher im Ansatz eines Verständnisses eines so vermittelten bio-psycho-sozialen Modells in der Problembeschreibung, in der Definition des Gegenstandsbereichs durch Bezug auf das Individuum, die Gruppe und die Bevölkerung, in der Anwendung und Integration der vorgegebenen kommunikationstheoretischen und -psychologischen Erklärungsansätze und in der Beurteilung der vorgefundenen Lösungsansätze wiederfinden lassen. Hierbei kann es aber immer nur um gedankliche Ansätze gehen, die sich auffinden lassen sollen, da ein komplexes Fachverständnis nach den ersten drei Semestern noch nicht erwartet werden kann. Ankerbeispiele für die Analyse finden sich im Anhang zu 5.1.3.

(1) Wie wird das Problem beschrieben?
Hierzu wurden in den Mini-Facharbeiten die Beschreibungen des gesundheitlichen Problems betrachtet und die Textausschnitte ausgewählt, die Bezüge zum bio-psycho-sozialen Modell aufwiesen. 13 von den 29 Arbeiten zeigen diese Bezüge in der Problembeschreibung auf, 10 beziehen sich auf psycho-soziale Aspekte, 1 Arbeit benennt bio-soziale, 4 bio-psychische und 1 bezieht sich allein auf psychische Aspekte. Bedenkt man die thematische Einbettung der Mini-Facharbeiten in das Thema Gesundheitskommunikation, das leicht eine rein psychologische oder soziologische Betrachtungsweise nahe legt, kann konstatiert werden, dass doch fast die Hälfte der Kollegia-

tInnen in den untersuchten Mini-Facharbeiten begonnen hat, gesundheitliche Problemstellungen im bio-psycho-sozialen Modell zu verankern. Die andere Hälfte (15 Arbeiten) hat 2 Aspekte herausgehoben, dabei dominieren psycho-soziale Bezüge, die ebenfalls unverzichtbar für gesundheitswissenschaftliche Problemstellungen sind. Allein die Arbeit Nr. 14 mit einer rein psychologischen Problemsicht weist unter dem Kriterium des bio-psycho-sozialen Modells ein eingeschränktes bzw. rein disziplinäres Fachverständnis auf.

(2) Wie wird der Gegenstandsbereich analysiert? Werden die Problemebenen erkannt?

Die Beachtung der Problemebenen scheint für Kollegiatinnen schwerer zu sein als die Definition des gesundheitswissenschaftlichen Problems auf der Basis des bio-psycho-sozialen Modells. In 9 von 29 Arbeiten analysieren die KollegiatInnen das gesundheitliche Problem auf den verschiedenen Ebenen Individuum – Gruppe – Bevölkerung (bzw. Gesellschaft). In 13 Fällen beachten sie die individuelle und die Gruppenebene, in 2 Fällen die Gruppen- und die Bevölkerungsebene, in 2 Fällen die individuelle und die Bevölkerungsebene, ebenfalls in 2 Fällen nur die individuelle Ebene, und in 1 Fall nur die Gruppenebene. Positiv hervorzuheben ist, dass das Themenfeld des Zusammenhangs von Gesundheit und Kommunikation in den meisten Fällen zumindest von der individuellen Ebene abstrahiert und auf soziale Gruppen wie die Familie oder Randgruppen wie Homosexuelle bezogen werden kann. Außer in drei Fällen wird in den Arbeiten auch deutlich, dass gesellschaftliche Bezüge mit angedacht werden und Lebensumwelten (z.B. die Herkunft aus dem türkischen Kulturkreis) für die Kommunikation und die Gesundheit bedingend sind.

(3) Werden Erklärungsansätze aus den Sozial- und Naturwissenschaften angewendet?
Das Thema legt sozialwissenschaftliche Erklärungsansätze nahe. Die von den Lehrenden vorausgewählten Literaturauszüge bzw. die empfohlene Literatur, die die KollegiatInnen verarbeiten mussten, enthielten weniger Aussagen über medizinische oder biologische Zusammenhänge als über soziologische oder psychologische. Deshalb finden sich in allen Arbeiten (bis auf eine) sozialwissenschaftliche Erklärungsansätze. Die Literatur konnte in fast allen Arbeiten zur Erklärung des Problems genutzt werden. Nur die o.g. Arbeit fällt aus dem Rahmen, da die gewählte Erklärung nicht aus der Literatur stammte. In einigen Arbeiten konnten medizinische und soziologische Erkenntnisse aufgrund der gesundheitswissenschaftlichen Literatur integriert werden, was als eine gelungene Rezeption der Literatur zu betrachten ist. Eine selbständige Leistung der Integration von Erklärungsansätzen wird in zwei Arbeiten deutlich, in denen ausgehend von der umfassenden Problemsicht neben soziologischen und psychologischen Erkenntnissen auch medizinsoziologische Aspekte der Krankheitsbewältigung berücksichtigt werden.

(4) Werden Lösungsansätze kritisch eingeschätzt?
Zu diesem Punkt ist insgesamt keine positive Aussage zu machen. In 2 Arbeiten finden sich Aussagen, die als kritische Bemerkungen oder Relativierungen von Lösungsansätzen zu bewerten wären. Selbst wenn in Rechnung gestellt wird, dass im vierten Semester der Ausbildung, in dem diese Arbeiten geschrieben werden, der Schwerpunkt eher auf der Bewältigung einer nach Inhalt und Form komplexen Arbeit liegt, ist die Vernachlässigung einer kritischen Stellungnahme zum gewählten Thema nicht tolerabel. Hypothetisch sei hinzugefügt, dass bei den KollegiatInnen durch das auf Kritik an der Medizin und der gesundheitlichen Versorgung entstandene Fach Gesundheitswissenschaften der Eindruck entstanden sein könnte, das Fach selbst sei kritisch genug in der Anwendung wissenschaftlicher Ergebnisse und benöti-

ge deshalb wenig weitere Auseinandersetzung. Hier wird curriculare Arbeit zu leisten sein.

(5) Wie weit entspricht die Problembeschreibung den definierten Merkmalen?
An den Ergebnissen wird deutlich, dass das Denken mit dem bio-psychosozialen Modell der Gesundheit nicht abhängt von der Themenstellung. Beim Thema AIDS haben 5 KollegiatInnen von 10 das Problem umfassend beschrieben. An diesen Arbeiten (Nr. 1, 3, 5, 7 und 9) kann exemplarisch eine gute Übereinstimmung mit den Indikatoren der Fachsystematik erkannt werden. Es werden die biomedizinische Seite des Aidsproblems, die psychischen Belastungen und die sozialen Konsequenzen für das engere oder weitere soziale Umfeld oder für die Arbeitssituation thematisiert. Beim Thema „Kommunikation im Krankenhaus" wird in 2 Arbeiten das Modell vollständig benutzt, in 2 Arbeiten werden nur psychosoziale Aspekte benannt. In den anderen 14 Arbeiten zum Thema „Bedeutung gelingender Kommunikation für Kinder und Jugendliche" werden in 6 Arbeiten (Nr. 13, 16, 17, 20, 21 und Nr. 25) biopsychosoziale Aspekte des Problems beschrieben, in 8 gibt es eine partielle Übereinstimmung mit 2 Aspekten, in einer Arbeit wird nur der psychische Aspekt dargestellt. Weshalb Bezüge zum bio-psycho-sozialen Modell vollständig oder partiell hergestellt werden, lässt sich nur vermuten: die Auffassungsgabe der KollegiatInnen ist unterschiedlich oder die Vermittlungsfähigkeit der Lehrenden. Letzteres scheint nicht bestätigt werden zu können, da die Unterschiede in allen Jahrgängen bei den beiden Lehrenden auftauchen, die unterrichtet haben.

(6) Gibt es typische, häufig vorkommende Abweichungen von den Indikatoren?
Auffälligste Abweichung ist die fehlende kritische Einschätzung oder die fehlende Relativierung von Lösungsvorschlägen. Hier muss die Fachkonferenz Verbesserungen des Unterrichts diskutieren, insbesondere müssen die

aus den einzelnen Disziplinen kommenden Vorschläge für Problemlösungen in einen gesundheitspolitischen Kontext gestellt und auf Realisierungschancen überprüft werden.

Die Problembeschreibungen sollten verbessert werden, da das gesundheitswissenschaftliche bio-psycho-soziale Modell nicht mehrheitlich Verwendung findet. Unterrichtsthemen, die für KollegiatInnen disziplinär angelegt erscheinen wie das Thema
„Gesundheit und Kommunikation", sind deshalb besonders aus interdisziplinärer Sicht zu bearbeiten.

Die Problemebenen Individuum – Gruppe – Bevölkerung werden vielfach nicht in die Problemanalyse einbegriffen oder nur als Teilbereich behandelt. Zu oft wird die Ebene der Bevölkerung, die auf vielfältige Weise (z.B. Statistiken) integriert werden könnte, vernachlässigt und durch allgemeine Aussagen zur „Gesellschaft" ersetzt. Dabei verunklaren Aussagen wie „die Gesellschaft grenzt aus" vielfach komplexe Gesundheitsprobleme im privaten und politischen Raum.

Die verwendeten Erklärungsansätze repräsentieren einerseits – wie oben bereits ausgeführt – die zur Verfügung gestellte Literatur. Andererseits demonstrieren sie in vielen Fällen, dass nicht ausschließlich auf einzelne disziplinäre Kenntnisse zurückgegriffen wurde, sondern soziologische, psychologische und biomedizinische Aussagen integriert werden konnten.

5.2 Untersuchungsergebnisse zum Problem- und Erfahrungsorientierten Lernen

5.2.1 Fragebogen und Interviewaussagen von KollegiatInnen

A. Fragebogenerhebung

Um die Zufriedenheit der KollegiatInnen mit dem Curriculum zu erfassen, wurden sie einerseits gefragt, wie gut sie in den Kursen des Faches Gesundheitswissenschaften die Ziele erreichen konnten, die eigenen Erfahrungen einzubringen und gesundheitliche Probleme erarbeiten und bearbeiten zu können. Gefordert wurde hier eine Beurteilung der Qualität der Kurse, quasi eine Beurteilung der Lehrendenaktivitäten (Fremdbeurteilung). Andererseits wurden sie gefragt, wie sie ihre eigene Leistungsfähigkeit dabei einschätzten, die Ziele zu erreichen. Diese Frage implizierte eine Selbstwahrnehmung und die Beurteilung, wie gut sie Erfahrungen assoziieren und mitteilen konnten, und wie gut ihnen die Problemerarbeitung und -bearbeitung aus ihrer Sicht gelungen war (Selbstbeurteilung). Neben den einzelnen Urteilen interessieren auch Unterschiede in der Fremd- und Selbstbeurteilung, da möglicherweise gute Noten bei der Fremdbeurteilung und schlechte Noten bei der Selbstbeurteilung darauf schließen lassen könnten, dass sich die KollegiatInnen überfordert fühlten und bei umgekehrter Sachlage eine Unterforderung zu vermuten wäre. In beiden Fällen wäre die Zufriedenheit mit dem Curriculum beeinträchtigt.

Da diese Beurteilungen nur durch Noten erfasst wurden, wurde in zusätzlichen items im Fragebogen noch einmal inhaltlich nach Veränderungswünschen und Kritik gefragt und zur Selbstkontrolle auch noch danach, wie gut die KollegiatInnen glaubten, sich zu erinnern und wie leicht ihnen das Urteil fiel. Ähnliche Fragen mit dem Ziel der Validierung wurden ergänzend in den Interviews gestellt (s. im folgenden unter 5.2.1 B.).

Der Auswertung des Fragebogens wurden folgende Leitfragen und Vermutungen voran gestellt:

(1) Wie beurteilen KollegiatInnen die Erfahrungs- und Problemorientierung? Jeweils getrennt für die Erfahrungs- (A.1) und die Problemorientierung (A.2) wurden berechnet

- die Durchschnittsnoten (s.o. Fremdbeurteilung) für die Kurse 1 – 8, um einen ersten Eindruck zu gewinnen, wie gut die Lehrenden die Erfahrungs- und Problemorientierung gestaltet haben;
- die Durchschnittsnoten für die eigene Fähigkeit Erfahrungen einzubringen und Probleme zu erarbeiten (s.o. Selbstbeurteilung) für die Kurse 1 – 8, um sie mit der Fremdbeurteilung vergleichen zu können;

- Geschlechtsunterschiede über alle 8 Semester für die Selbst- und Fremdbeurteilung (Gesamtnote), es ist zu vermuten, dass die Kollegiaten sich und den Kurs eher schlechter beurteilen als die Kollegiatinnen, weil sie eher die Erarbeitung von Kenntnissen präferieren,
- Unterschiede schulischer Herkunft über alle 8 Semester für die Selbst- und Fremdbeurteilung, weil zu vermuten ist, dass KollegiatInnen je nach (schulischer) Erfahrung positiv oder ablehnend der Erfahrungs- und Problemorientierung gegenüberstehen,
- Unterschiede in der Benotung bei KollegiatInnen mit / ohne Q-Vermerk[7] über alle 8 Semester für Selbst- und Fremdbeurteilung, weil zu vermuten ist, dass KollegiatInnen je nach Zeugnisqualität sich besser oder schlechter einschätzen,
- Unterschiede zwischen den Noten der Fremd- und Selbstbeurteilung in der Erfahrungs- und Problemorientierung in jedem Kurs, erfasst jeweils für die KollegiatInnen im 2., 4., 6., und 8. Semester, um eine mögliche Notenverbesserung zum Ende der Ausbildung hin zu dokumentieren.

(2) Gibt es Aussagen zu Änderungswünschen und Kritik im Hinblick auf Erfahrungs- und Problemorientierung? Bestätigen diese Aussagen die Beurteilung?

(3) Wie gut konnten die KollegiatInnen sich an die Kurse erinnern und wie leicht fielen ihnen die Urteile? Bestätigen die Noten die anderen Urteile?

- Berechnung der Durchschnittsnoten für die Erinnerung und die Urteilsfindung
- Berechnung von Inter-Korrelationen zwischen den Selbst- und Fremdurteilen der Kurse; hohe Korrelationen zwischen den Urteilen insbesondere bei den jeweils gerade zurückliegenden Semestern könnten einerseits eine Urteilskonsistenz anzeigen, andererseits könnten auch Urteilstendenzen

---

[7] Qualifikationsvermerk nach der 10. Klasse, er berechtigt zum Übergang in die Sekundarstufe II

zu vermuten sein, die nicht auf guter Erinnerung basierten sondern eher Antwortfehlern in Fragebögen gleichkämen.

A. 1. Erfahrungsorientierung
Zu (1): Wie beurteilen KollegiatInnen die Erfahrungsorientierung?

In Tabelle 32 sind die Durchschnittsnoten der Kursbeurteilungen zur Qualität der Erfahrungsorientierung (Beurteilung der Lehrenden) zu den drei Erhebungszeitpunkten dargestellt:

Tabelle 32: Beurteilung der Qualität der Erfahrungsorientierung, Erhebungen 1997 - 1999 (Mittelwerte der Noten 1-5)

Kurse	Erhebung 97	Erhebung 98	Erhebung 99
Kurs 1:	2,60	2,74	2,27
Kurs 2:	2,49	2,87	2,31
Kurs 3:	3,26	2,95	2,72
Kurs 4:	2,63	2,45	2,46
Kurs 5:	2,29	2,83	2,97
Kurs 6:	2,67	2,77	3,00
Kurs 7:	4,00	3,31	2,71
Kurs 8:	4,00	3,15	3,00

Die meisten Noten liegen zu allen drei Erhebungszeitpunkten zwischen 2 und 3, etwas schlechter werden die Kurse im 7. und 8. Semester beurteilt. Das überrascht nicht, weil in diesen Semestern Themen angesprochen werden, bei denen es für die Lehrenden relativ schwer ist, erfahrungsbezogene Situationen herzustellen oder auf Erfahrungen der KollegiatInnen in Diskussionen zurückzugreifen. Auch die Noten für die Kurse im 5. und 6. Semester werden vermutlich themenabhängig beurteilt, da bei der Durchführung empirischer Untersuchungen eigene Erfahrungen nur dann von Bedeutung sind, wenn z.B. Fragebogenentwürfe oder Interviewleitfragen zu solchen Themen erstellt werden müssen, von denen KollegiatInnen persönlich betroffen sein könnten und deshalb aus eigener Erfahrung argumentieren könnten. Der

Vergleich der Mittelwerte der Noten für die Kurse 1 bis 4 (2,63) und 5 bis 8 (2,91) zeigt entsprechend einen signifikanten Unterschied (Wilcoxon-Test p<= 0,05). Wünschenswert wäre, dass sich die Kursbeurteilungen über die drei Erhebungszeitpunkte verbessern, dies gilt aber nur für die Kurse im 3. und 4. Semester und im 7. und 8. Semester. Für die Kurse im 1. und 2. Semester lässt sich keine Urteilstendenz erkennen, und die Noten für die Erfahrungsorientierung im 5. und 6. Semester werden zunehmend schlechter. Geht man davon aus, dass zu Studienbeginn ein kritisches Urteil gegenüber dem Anspruch „Einbringen eigener Erfahrungen" noch nicht entwickelt ist, und geht man weiter davon aus, dass sich die Urteilsfähigkeit in den folgenden Semestern verbessert, ist das Notenspektrum, das die KollegiatInnen aufzeigen, durchaus angemessen und der Kursrealität entsprechend. Denn in den ersten vier Semestern ist die Möglichkeit sehr viel besser, eigene Erfahrungen einzubringen als in der zweiten Studienhälfte.

Eine ähnliche Einschätzung ergibt sich bei der Beurteilung der eigenen Fähigkeit (Selbstbeurteilung) Erfahrungen einzubringen:

Tabelle 33: Beurteilung der eigenen Fähigkeit zur Erfahrungsorientierung, Erhebungen 1997 - 1999 (Mittelwerte der Noten 1-5)

Kurse	Erhebung 97	Erhebung 98	Erhebung 99
Kurs 1:	2,98	2,44	2,47
Kurs 2:	2,75	2,60	2,42
Kurs 3:	2,93	2,85	2,72
Kurs 4:	2,76	2,27	2,35
Kurs 5:	2,75	3,20	2,97
Kurs 6:	2,80	3,03	2,94
Kurs 7:	3,17	2,92	2,71
Kurs 8:	3,33	2,92	3,00

Die schlechtesten Noten (> 3) geben sich die KollegiatInnen in der Erhebung 97 im 7. und 8. Semester, in der Erhebung 98 im 5. und 6. Semester, und in der Erhebung 99 im 8. Semester. Auch diese Noten sind den Themen der

Kurse geschuldet. Bei einem Mittelwertsvergleich der Kurse 1 bis 4 (Mittelwert 2,61) und 5 bis 8 (Mittelwert 2,98) ist der Unterschied signifikant (Wilcoxon-Test $p \leq 0{,}05$). In den ersten drei und den letzten beiden Kursen verbessern sich die Einschätzungen im Verlauf der Erhebungen.
Die Mittelwerte zeigen auch Unterschiede in der Fremd- und Selbstbeurteilung, diese sind aber nicht signifikant. Trotzdem lässt sich anhand der Unterschiede bei den Durchschnittsnoten für jeden Kurs, die von den KollegiatInnen jeweils nach dem 2., 4., 6. und 8. Semester abgegeben wurden, feststellen, dass sie über die 8 Semester nach ihrer eigenen Einschätzung ihre Fähigkeit zur Erfahrungsorientierung verbessern können.

Zu den weiteren interessierenden Fragen, ob das Geschlecht, die schulische Herkunft und der Qualifikationsvermerks (Q-Vermerk) auf die Beurteilung der Qualität (Fremdbeurteilung) und der Fähigkeit zur Erfahrungsorientierung (Selbstbeurteilung) einen Einfluss haben, wurden folgende Ergebnisse errechnet:
Die schulische Herkunft hat bei der Beurteilung der Qualität der Kurse keinen Einfluss. Es gibt aber signifikante Unterschiede in der Selbstbeurteilung bei einigen Kursen in der Mitte der Ausbildung, nämlich den Kursen 3 und 5 ($p \leq 0{,}05$). Und zwar beurteilen die KollegiatInnen, die mit Berufsausbildung an das Oberstufen-Kolleg gekommen sind, im Vergleich zu den anderen Gruppen ihre eigene Fähigkeit zur Erfahrungsorientierung schlechter. Möglicherweise attribuieren sie mangelnde Gelegenheiten zum Einbringen eigener Erfahrungen, wie z.B. die durch die Unterrichtsinhalte bestimmten geringen Möglichkeiten im Kurs 5 (empirische Untersuchung), eher der eigenen Unfähigkeit. Sie zeigen auch insgesamt eine etwas schlechtere Selbstbeurteilung als die anderen Herkunftsgruppen, und zwar nicht nur in diesem Kurs, sondern bis auf Kurs 1 auch in allen anderen Kursen. KollegiatInnen mit „sonstigem" Bildungsweg, das sind meist Schulabbrecher, die vor Ausbildungsbeginn am Oberstufen-Kolleg gejobbt haben, beurteilen ihre eigene Fähigkeit in Kurs 4 (Gesundheit und Kommunikation) im Vergleich zu den

anderen Gruppen am besten, was möglicherweise der breiteren außerschulischen Erfahrung geschuldet ist. Der anfangs bei den Lehrenden entstandenen Vermutung, dass KollegiatInnen mit zweitem Bildungsweg der Erfahrungsorientierung skeptisch gegenüberstünden, kann nicht zugestimmt werden, da die Qualitätsbeurteilung keine signifikanten Unterschiede zwischen den Gruppen ergeben hat.

Der Q-Vermerk erzeugt bei der Fremdbeurteilung nur einen signifikanten Unterschied in Kurs 1, d.h. KollegiatInnen im ersten Semester ohne Q-Vermerk beurteilen diesen Kurs um etwa eine halbe Note schlechter als diejenigen mit Q-Vermerk. Bei der Selbstbeurteilung ist durchgängig die Tendenz einer schlechteren Beurteilung der eigenen Fähigkeit bei KollegiatInnen ohne Q-Vermerk vorhanden, allerdings ist der Unterschied nur in Kurs 7 signifikant. In Kapitel 5.1.1 wurde bereits auf das geringere Studieninteresse dieser KollegiatInnen hingewiesen, so dass der Vermutung weiter nachgegangen werden sollte, ob diese Gruppe nicht eine Leistungsverunsicherung seit Abschluss der 10. Klasse erlebt.

Zu (2): Aussagen zu Änderungswünschen und Kritik im Hinblick auf Erfahrungsorientierung

Diese items sind erst in der Erhebung 98 in den Fragebogen aufgenommen worden, von daher fehlen Antworten der Befragung 1997. Von den nur etwa 40 % der KollegiatInnen[8], die geantwortet haben, wünschen 17,3 %, dass die Lehrenden die Erfahrungsorientierung ermöglichen und fördern sollen, unterstützend äußern sich zusätzlich 3,3 %, die dafür ein angemessenes Kursklima als Bedingung fordern. 2,7 % wünschen sich noch mehr Erfahrungsberichte, und eine Person möchte mehr Mitgestaltungsmöglichkeiten. Die positive Einschätzung der Erfahrungsorientierung wird auch durch diejenigen verstärkt, die zufrieden sind (4,7 %), die nichts ändern wollen (2,7 %) und

---

[8] Es lässt sich nur spekulieren, warum diese Zahl so gering ist. Zu vermuten ist, dass für die KollegiatInnen diese Frage von untergeordneter Bedeutung ist und sie gleichzeitig eher Zufriedenheit mit dem Unterricht empfinden.

die eine positive Einschätzung des Studiengangs haben (2,7 %). Jeweils 2 KollegiatInnen (1,3 %) sind vom gesamten Oberstufen-Kolleg „komplett frustriert", diese äußern sich nicht direkt zur Erfahrungsorientierung, ebenso nicht diejenigen 2 Personen, die Kritik an den Lehrenden haben. Diejenigen KollegiatInnen, die sich zur Erfahrungsorientierung äußern, vermitteln eine positive Einschätzung.

Zusammenfassend kann zu den Ergebnissen zur Einschätzung der Erfahrungsorientierung durch die KollegiatInnen ausgesagt werden:

- Die Erfahrungsorientierung wird sowohl als eigene Fähigkeit, Erfahrungen einzubringen, als auch als Qualitätskriterium der Kurse, die dies ermöglichen sollen, mit gut bis befriedigend beurteilt.
- Die Noten geben die Möglichkeiten wieder, die die einzelnen Kurse vom Thema her geboten haben, in manchen Kursen ist es aufgrund der Unterrichtsinhalte schwerer Erfahrungen einzubringen.
- Die KollegiatInnen schätzen ihre eigenen Fähigkeiten Erfahrungen einzubringen zum Ende der Ausbildung besser ein als zum Anfang. Die Selbstbeurteilung gleicht sich der Beurteilung der Kursqualität somit an, eine Überforderung scheint daher nicht vorzuliegen.
- Das Geschlecht hat keinen Einfluss auf die Beurteilung.
- Die schulische Herkunft spielt insofern eine Rolle, als KollegiatInnen, die mit einer Berufsausbildung an das Oberstufen-Kolleg gekommen sind, ihre eigenen Fähigkeiten zur Erfahrungsorientierung in allen Kursen schlechter beurteilen als die KollegiatInnen mit anderer schulischer Herkunft.
- KollegiatInnen ohne Q-Vermerk beurteilen ihre Fähigkeiten Erfahrungen einzubringen schlechter als diejenigen, die mit Q-Vermerk an das Oberstufen-Kolleg kommen.
- Aussagen zum item „Änderungswünsche und Kritik" unterstützen eine positive Einschätzung der Erfahrungsorientierung.

Die Beurteilung der eigenen Urteilskraft, wie gut die Erinnerung an die Kurse ist und wie schwer die Notengebung war, fällt ähnlich aus wie die sonstigen Urteile zur Erfahrungsorientierung.

A.2 Problemorientierung
Zu (1) Wie beurteilen die KollegiatInnen die Problemorientierung?
Insgesamt wird die Qualität der Problemorientierung nach Tabelle 34 mit gut bis befriedigend beurteilt, eine Ausnahme bilden aber die Kurse 7 und 8, die zum Erhebungszeitpunkt 1999 gute Durchschnittsnoten erhalten (1,86 und 2,14). Zu diesem Erhebungszeitpunkt sind auch die Noten für die anderen Kurse etwas besser ausgefallen als in 98 und 97:

Tabelle 34: Fremdbeurteilung: Qualität der Problemorientierung nach Erhebungszeitpunkt

Erhebung	1997	1998	1999
Qualität	Mittelwert	Mittelwert	Mittelwert
Kurs 1:	2,74	2,77	2,61
Kurs 2:	2,65	2,83	2,49
Kurs 3:	3,07	2,92	2,85
Kurs 4:	3,04	2,51	2,45
Kurs 5:	2,46	2,72	2,42
Kurs 6:	2,57	2,72	2,45
Kurs 7:	3,00	2,92	1,86
Kurs 8	3,17	3,00	2,14

In der folgenden Tabelle 35 sieht man, dass die Durchschnittsnoten bei der Selbstbeurteilung der eigenen Fähigkeiten ähnlich ausgefallen sind;

Untersuchungsergebnisse zum Problem- und Erfahrungsorientierten Lernen

Tabelle 35: Selbstbeurteilung: Fähigkeit zur Problemorientierung nach Erhebungszeitpunkt

Erhebung	1997	1998	1999
Fähigkeit	Mittelwert	Mittelwert	Mittelwert
Kurs 1:	2,82	2,76	2,50
Kurs 2:	2,80	2,64	2,56
Kurs 3:	3,14	3,20	2,84
Kurs 4:	2,97	2,63	2,60
Kurs 5:	2,75	2,83	2,77
Kurs 6:	2,80	2,84	2,68
Kurs 7:	2,67	2,77	2,21
Kurs 8:	2,83	2,69	2,50

Der Vergleich der Mittelwerte der Selbst- und Fremdeinschätzung der Problemorientierung ergibt marginale Unterschiede, bis auf die Beurteilung der Kurse 5 und 6, bei diesen sind die Unterschiede zwischen der Beurteilung der eigenen Fähigkeiten und der Qualität der Kurse signifikant (Wilcoxon-Test $p \leq 0{,}05$), was mit dem Schwierigkeitsgrad des Stoffes in diesen Kursen zusammenhängen mag.

Ob die KollegiatInnen ihr Urteil über ihre Fähigkeit zur Problemorientierung zum Ende der Ausbildung hin verbessern, wurde wieder durch einen Vergleich der Beurteilungen der KollegiatInnen (Durchschnittsnoten für die Kurse 1-8) jeweils nach ihrem 2., 4., 6. und 8. Semester festgestellt. Während die Kurse 1 bis 3 in der Qualität ihrer Problemorientierung besser beurteilt werden als die Fähigkeit, und im 4. Kurs sich die Durchschnittsnoten für Qualität und Fähigkeit angleichen, gibt es o.g. signifikante Unterschiede für das 5. und 6. Semester.

Im 5. Kurs beginnt das Projektjahr, das von den Beteiligten immer als sehr schwer und anstrengend erlebt wird. Die Lehrenden, die die empirische Untersuchung von Problemen anleiten und insofern die Bedingungen für die Problemorientierung schaffen, schneiden in der Beurteilung besser ab als die KollegiatInnen selbst. KollegiatInnen, die sich im 8. Semester befinden, be-

urteilen im Rückblick ihre Fähigkeiten etwas besser als KollegiatInnen im 6. Semester, die die anstrengende empirische Projektarbeit gerade hinter sich gebracht haben.
Die Beurteilung des 6. Kurses ist ähnlich auffällig wie die des 5. Kurses. Es besteht eine Diskrepanz zwischen Qualitäts- und Fähigkeitsbeurteilung, und aus Sicht des 8. Semesters verbessert sich die Qualität im Rückblick um eine halbe Note. Da der 6. Kurs zum Projektjahr gehört, gilt das oben Gesagte.
Die Beurteilungen des 7. und 8. Kurses durch die KollegiatInnen des 8. Semesters (Tabelle 36) gleichen sich fast an, was für einen Lerngewinn und ein gewachsenes Selbstbewusstsein zum Ende der Ausbildung vor der Prüfung sprechen könnte.

Tabelle 36: Selbst- u. Fremdbeurteilung der Problemorientierung des 7. + 8. Kurses

Beurteilung der	Kurs 7	Kurs 8
Qualität der Problemorientierung	2,48	2,67
Fähigkeit zur Problemorientierung	2,52	2,64

Zu (2) Aussagen zu Änderungswünschen und Kritik im Hinblick auf Problemorientierung

Von den befragten KollegiatInnen haben sich 62 % nicht geäußert. Die größte Gruppe (16,7 %) derjenigen, die geantwortet haben, wünscht sich eine „tiefere Bearbeitung", 5,3 % äußern sich zufrieden. Eine Einzelmeinung lautet, die Problemorientierung lieber wegzulassen (1 Person = 0,7 %) oder mehr eigene Probleme zu bearbeiten (1 Person), einige wünschen sich kleinere Kursgruppen (2 %). Weitere Einzelmeinungen beziehen sich nicht direkt auf die Problemorientierung, sondern z.B. auf das Lehrer-Schüler-Verhältnis. Eine Bewertung der Aussagen ist nicht möglich.

Zusammenfassung der Ergebnisse zur Einschätzung der Problemorientierung durch die KollegiatInnen:

- Die Noten für die Selbst- und Fremdeinschätzung liegen zwischen 2 und 3.
- Die Beurteilungen streuen z. T. um eine Note, möglicherweise ist der Begriff der Problemorientierung in diesen Kursen nicht eindeutig.
- Die eigenen Fähigkeiten zur Problemorientierung werden bis zum 6. Semester schlechter beurteilt als die Qualität der Kurse, was drauf hindeutet, dass die Leistungsansprüche höher eingeschätzt werden als die eigene Leistungsfähigkeit, so dass Überforderungen auftreten können,
- Die Angleichung der Noten zwischen Selbst- und Fremdbeurteilung erfolgt im 7. und 8. Semester, so dass davon auszugehen ist, dass der Prüfungsjahrgang für sich eine gute Leistungsfähigkeit verbucht,
- Geschlecht, Q-Vermerk und Bildungsweg haben keinen signifikanten Einfluss auf die Beurteilung der Problemorientierung.
- Kritik wird in bezug auf den Wunsch einer „tieferen Bearbeitung" der Probleme geäußert.

Die Beurteilung der gerade zum Erhebungszeitpunkt zurückliegenden zwei Kurse unterliegt bei jeder Erhebung einer Urteilstendenz (möglicherweise einem „logischen Fehler"), da die Noten dieser beiden Kurse hoch und sehr hoch miteinander korrelieren.

Zu (3) Wie gut konnten die KollegiatInnen sich an die Kurse erinnern und wie leicht fiel ihnen die Beurteilung der Erfahrungs- und Problemorientierung?

Die Noten für die eigene Erinnerung und die Schwierigkeit, ein Urteil für die Beurteilung der Kurse insgesamt abzugeben (eingeschlossen die Kenntnisvermittlung), variieren zwischen den Noten 2 und 3. Es gibt aber eine Ausnahme: zum Erhebungszeitpunkt 1999 gibt sich das 8. Semester (Aufnahme-Jahrgang 95) für die Erinnerung an die eigene Leistungsfähigkeit die Note 3 und für die Schwierigkeit (Leichtigkeit) der Beurteilung im Durchschnitt die Note 3,7. Da diese KollegiatInnen auch die Beurteilung der Qualität der Kurse als eher schwierig einstufen (Notendurchschnitt 3,62), ist zu vermu-

ten, dass hier Probleme mit den Lehrenden oder eine besondere Verunsicherung vor der Abschlussprüfung eine Rolle spielten.
In der folgenden Tabelle 37 zeigt sich an den Interkorrelationen zwischen den Mittelwerten der Qualitäts- und Fähigkeitsbeurteilung über alle Kurse und alle drei Erhebungszeitpunkte ein Urteilsphänomen: KollegiatInnen, die sich zum Zeitpunkt der Fragebogenerhebung im 2.,4.,6.,8. Semester befanden, beurteilen die gerade zurückliegenden beiden Kurse (Kurs 2+1, 4+3, 6+5, 8+7) sehr ähnlich:

Tabelle 37: Rangkorrelation der Qualitäts- und Fähigkeitsurteile (= Fremd- und Selbstbeurteilung) für die Kurse 1, 3, 5, 7 nach dem 2., 4., 6., 8. Semester

Noten-Urteile über:	Erfahrungsorientierung			Problemorientierung		
Erhebungszeitpunkt Urteile nach dem:	97	98	99	97	98	99
2. Semester	Kurs 1			Kurs 1		
Qualität	.658**	.583**	.561**	.767**	.539**	.746**
Fähigkeit	.789**	.886**	.810**	.727**	.707**	.772**
4. Semester	Kurs 3			Kurs 3		
Qualität	.219	.536**	.401*	.440*	.365*	.614**
Fähigkeit	.544**	.493**	.475**	.363	.186	.411*
6. Semester	Kurs 5			Kurs 5		
Qualität	.463	.798**	.818**	.912**	.682**	.712**
Fähigkeit	.912**	.838**	.748**	.441	.670**	.912**
8. Semester	Kurs 7			Kurs 7		
Qualität	.632	.636*	.613*	.891*	.924**	.471
Fähigkeit	.767	.881**	.539*	.891*	.898**	.463

Legende: Qualitätsbeurteilung der Kurse (Fremdbeurteilung), Beurteilung der eigenen Fähigkeit (Selbstbeurteilung)

Die signifikanten (*) und hoch signifikanten (**) Korrelationen überwiegen. Die Urteilstendenzen sind möglicherweise erklärlich, weil es einen inhaltlichen Zusammenhang zwischen den Semestern (2+1, 4+3, 6+5, 8+7) gibt[9],

---
[9] Möglich wäre demnach ein sog. „Logical Error", vgl. Rauchfleisch, U., 1980, S.24

und diese jeweils auch von den gleichen Lehrenden unterrichtet wurden. Eine Ausnahme war eine Vertretungslehrende in Kurs 3 im Jahr 1997 und 1998. Auffällig sind hier die geringen Korrelationen, so dass anzunehmen ist, dass in der unterschiedlichen Benotung der Kurse 3 + 4 die Unzufriedenheit mit der zur Vertretung eingestellten Lehrenden und gleichzeitig die eigene Verunsicherung zum Ausdruck kommt.

B. Auswertung der Interviewaussagen der KollegiatInnen
Was verstehen die KollegiatInnen unter Gesundheitserfahrung und beurteilen sie diese als ausreichend?

Die Lehrenden hatten das Ziel zu vermitteln, dass das eigene Erleben, die eigenen Erfahrungen wesentlich sind für das Verständnis theoretischer Aussagen und forderten die KollegiatInnen auf, diese Bezüge beim Thema Gesundheit so oft wie möglich herzustellen und eigene Erfahrungen in den Unterricht einzubringen.

Die KollegiatInnen zeigen in den Interviews, dass sie unterschiedliche Bezugspunkte für den Begriff der Gesundheitserfahrung benutzen:

- Eigene Erfahrungen mit Gesundheit gemacht zu haben oder machen (sich wohlfühlen, krank fühlen, zum Arzt gehen, zum Heilpraktiker gehen u.ä.: 9 Aussagen),
- Erfahrungen im Fach Gesundheitswissenschaften machen oder gemacht (gelernt) zu haben (Körpererfahrung, Gesprächsführung, Entspannungstechniken u.ä.: 5 Aussagen),
- Erfahrungen mit der eigenen Gesundheit in den Unterricht einbringen (1 Aussage).

Diese drei "Erfahrungsmöglichkeiten" charakterisieren zutreffend den Begriff "Gesundheitserfahrung", der von den Lehrenden auch in diesen Zusam-

menhängen benutzt worden ist. Den didaktischen Bezugspunkt "Erfahrungen in den Unterricht einbringen" hat nur eine Person genannt[10].
Die Aussagen zur Erfahrungsorientierung lassen sich in vier Kategorien einteilen:
- keine Meinung dazu haben (sich nicht erinnern, nichts wissen, keine Aussage machen, anzunehmen, dass Wünsche noch erfüllt werden, u.ä.: 8 Personen),
- sich andere Themen erhofft zu haben (biologische oder psychologische Fakten, alternative Heilweisen: 3 Personen),
- erfahrungsbezogene Themen vertiefen wollen (Textarbeit zu viel, mehr autogenes Training, mehr Entspannungstechniken u.ä.: 3 Personen),
- zufrieden sein mit dem erfahrungsbezogenen Unterricht (viel von sich erzählen: 1 Person).

Keine Meinung haben die 5 KollegiatInnen, die sich im zweiten Semester befinden, und 3 der 6 KollegiatInnen im vierten Semester, die anderen 7 (3 im vierten Semester und 4 im sechsten Semester) haben ihre Urteilsfähigkeit bereits entwickelt, können einen Standpunkt beziehen und wissen, was mit der Frage gemeint ist. Sie unterscheiden sich durch ihre eindeutige Befürwortung der Erfahrungsorientierung (4 Personen) und durch ihre Ablehnung, die in dem Wunsch nach anderen Themen zum Ausdruck kommt (3 Personen).

Was verstehen KollegiatInnen unter Problemorientierung?
Insgesamt zeigen die Antworten, dass das angezielte Verständnis des Begriffs "gesundheitswissenschaftliches Problem" sich über die verschiedenen Semester entwickelt.
Im zweiten Semester ist bereits eine Vorstellung davon da, dass es um ein neues Verständnis von Gesundheit geht, dass dieses mit komplexen Problemen verknüpft ist, die die Gesellschaft insgesamt betreffen (wie z.B. Stress

---

[10] Bei Frage 2 zur eigenen Leistungsfähigkeit bei der Erfahrungs- und Problemorientierung wird in den Interviewfragen noch einmal Bezug hierauf genommen.

am Arbeitsplatz), und dass zur Lösung dieser Probleme oder zur Aufklärung der Bevölkerung verschiedene Denkweisen notwendig sind. Eine Person im zweiten Semester meint, sie hätte „keine Ahnung".

KollegiatInnen im vierten Semester definieren ein gesundheitswissenschaftliches Problem sowohl über Belastungen des Individuums, als auch in bezug auf größere Gruppen und die Bevölkerung. Sie beziehen Umwelt, Lebensstil und Lebensbedingungen, Kommunikationsweisen und die Psyche bei der Gefährdung des Wohlbefindens und als Gefährdung der Gesundheit mit ein und sehen einen bewussteren Umgang mit sich und der Gesundheit als notwendig an.

KollegiatInnen im sechsten Semester erweitern die Definition durch Bezüge auf Gesundheitspolitik und Gesundheitsversorgung, sie wählen abstraktere Begriffe zur Beschreibung wie "Sozialisationskrankheiten" und beziehen die soziale Lage und die ökonomischen Bedingungen für Gesundheit mit ein.

Insgesamt zeigen diese Aussagen, dass davon auszugehen ist, dass auch in der Beantwortung der Fragen des Fragebogens die Mehrheit der KollegiatInnen die Inhalte assoziiert, die im Unterricht zur Erfahrungs- und Problemorientierung vermittelt wurden. Die Beurteilung durch Noten repräsentiert von daher durchaus eine reale Einschätzung von Qualität und Leistungsfähigkeit, was im folgenden durch weitere Interviewaussagen erhärtet wird.

5.2.2 Die ExpertInnenbefragung: Meinungen von außen

Das Problem- und Erfahrungsorientierte Lernen enthält die Merkmale „Problemorientierung" und „Einbringen von Erfahrungen", die nach den Kriterien Relevanz und Angemessenheit beurteilt werden sollten. Das Auswertungsschema für das Problem- und Erfahrungsbezogene Lernen richtet sich nach den Vorgaben von Kapitel 4.1.4 B und kann entsprechend konkretisiert werden (Tabelle 38):

Tabelle 38: Auswertungsschema für die Beurteilung des Problem- und Erfahrungsbezogenen Lernens durch die ExpertInnen

Qualitative Datenanalyse der ExpertInnen-Interviews	Fragestellungen	Analyse
Fallanalyse: strukturierende Zusammenfassung	(1) Welche Ergebnisse lassen sich pro ExperteIn festhalten?	Gesamtaussage zur Zufriedenheit mit dem Problem- und Erfahrungsbezogenen Lernen
fallübergreifende Analyse von inhaltlichen Aspekten	(2) Wie beurteilen die ExpertInnen das methodisch-didaktische Vorgehen?	Aussagen zu Relevanz und Angemessenheit
Kontrastierende Analyse	(3) Mit welchen Kriterien beurteilen die ExpertInnen die Problem- und Erfahrungsorientierung am Oberstufen-Kolleg und an der Uni?	Aussagen zur Angemessenheit am Oberstufen-Kolleg und an der Uni
Verknüpfende Analyse	(4) Wird die Problem- und Erfahrungsorientierung mit Kompetenzen in Zusammenhang gebracht?	Aussagen zu Kompetenzen
Typisierende Strukturierung	(5) Gibt es deutliche Unterschiede zwischen ExpertInnen in der Beurteilung der Problem- und Erfahrungsorientierung?	typische Beurteilungskriterien der ExpertInnen

Untersuchungsergebnisse zum Problem- und Erfahrungsorientierten Lernen

Die Fragestellungen (1) und (2) sollen wieder einer ersten Gesamtsicht dienen, dafür werden die Aussagen der einzelnen InterviewpartnerInnen zusammengefasst. Bei Frage (3) interessiert, ob die Befragten Unterschiede für den Lernprozess von KollegiatInnen und Studierenden sehen, bzw. ob sie dieses Vorgehen nur für KollegiatInnen oder nur für Studierende oder für beide angemessen finden, mit Frage (4) wird untersucht, ob die methodisch-didaktische Vorgehensweise mit spezifischen Kompetenzen für GesundheitswissenschaftlerInnen zusammengebracht werden. Frage (5) zielt darauf ab, ggf. typische Urteile und damit Unterschiede oder Ähnlichkeiten zwischen den ExpertInnen beschreiben zu können.

(1) Gesamtaussage zur Zufriedenheit mit dem Problem- und Erfahrungsorientierten Lernen:

Die ExpertInnen verbinden mit den Begriffen ähnliche Vorstellungen wie die Lehrenden am Oberstufen-Kolleg und werten beide Methoden positiv, aber auch kritisch. Nach ihrer Meinung scheint dem universitären Lernen eher angemessen das Problemorientierte Lernen zu sein, es stelle aber hohe Anforderungen an die Studierenden und solle deshalb erst in späteren Semestern praktiziert werden. Das Erfahrungsorientierte Lernen wird als ausgesprochen nützlich für den Lernprozess betrachtet, sollte aber frühzeitig in systematisches Lernen überführt werden.

(2) Aussage zu Relevanz und Angemessenheit des didaktisch-methodischen Vorgehens:

Auf die Frage nach der Relevanz und Angemessenheit der Vermittlung durch Erfahrungs- und Problemorientierung geben die ExpertInnen zusammengefasst die Antwort, dass ein Erfahrungsbezug zwar vertretbar sei, aber nur in Verbindung mit einer klaren Problemorientierung. Der Einstieg löse vermutlich eine Motivation für das Fach aus, weil an die Erfahrungen der Jugendlichen angeknüpft wird. Dies sei in den ersten Semestern und besonders für das Oberstufen-Kolleg wichtig. Manche Studierende an der Universität könnten durch diesen Zugang aber auch abgeschreckt werden. Das problemorientierte Lernen wird als problembasiertes Lernen verstanden, das als Lehr- / Lernmethode hoch akzeptiert ist, aber wegen seiner Voraussetzungen (Selbstorganisation, Arbeitsfähigkeit) als riskant eingeschätzt wird. Auch müsste man aufpassen, dass die Systematik nicht zu kurz käme.

(4) **Beurteilungskriterien für die Angemessenheit des problem- und erfahrungsorientierten Vorgehens für das Oberstufen-Kolleg und die Eingangssemester der Universität:**

Im Anschluss an die Fragen zu den einzelnen Semestern wurden die ExpertInnen direkt gefragt, ob sie die Erfahrungs- und Problemorientierung auch für Studierende der ersten Semester eines grundständigen Studiengangs für angemessen halten.

Es kristallisierten sich zwei Meinungen zur Erfahrungsorientierung heraus, die sich für das Oberstufen-Kolleg und die Universität unterscheiden: Erfahrungsorientierung als eine grundsätzlich richtige Methode, um überhaupt Lernen zu ermöglichen und Motive und Interessen zu entwickeln, oder Erfahrungsorientierung nur als Einstieg, um einen „Aufhänger" zu bieten, der aber schnellstens durch systematische Arbeit ergänzt werden sollte. Für das Oberstufen-Kolleg wird diese Methode von allen als angemessen betrachtet, für die Universität sind es von den 10 Befragten nur 4 Personen, die diese Methode als grundsätzlich richtig ansehen, eine Person kann dazu keine Meinung äußern, weil aus ihrer Sicht die Erfahrungsorientierung für den postgraduierten Studiengang abgelehnt wird. Tabelle 39 zeigt die den Kriterien zugeordneten ExpertInnen:

Untersuchungsergebnisse zum Problem- und Erfahrungsorientierten Lernen

Tabelle 39: ExpertInnen 1-10 und ihre Beurteilungskriterien für die Erfahrungsorientierung

Beurteilungskriterien	Zutreffend für das Oberstufen-Kolleg	Zutreffend für die Eingangssemester der Universität
Erfahrungsorientierung ist grundsätzlich eine richtige Methode, um motiviert und interessiert zu lernen, um persönliche Anknüpfungspunkte zu gewinnen, um Theorie und Praxis zu verbinden und einen Bezug zum Leben und zur Gesellschaft herzustellen	(1) (2), (3), (4), (5), (6), (7) (8) (9) (10)	(1) (6) (7) keine Meinung (8) (9)
Subjektbezug an der Universität kann nur als Einstieg, als „Aufhänger", als Anknüpfungspunkt gelten, die systematische Ergänzung muss schnellstens erfolgen		(2), (3), (4), (5), (10)

Bei der Beurteilung der Problemorientierung sind drei Tendenzen zu erkennen: die grundsätzliche Befürwortung verbunden mit der Skepsis, ob die Methode am Oberstufen-Kolleg durchführbar ist, eine uneingeschränkte Befürwortung für beide Institutionen, eine eingeschränkte Befürwortung, da die Methode durch systematisches Lernen und Evaluation ergänzt werden muss. Die Skepsis von 3 ExpertInnen (Nr. 1, 9, 10) macht den Unterschied aus, in dem die Urteilskriterien bezüglich der Problemorientierung differieren. In Tabelle 40 sind die Grundaussagen der einzelnen ExpertInnen den drei Beurteilungstendenzen (unterstrichen) zugeordnet worden:

Tabelle 40: Urteilstendenzen der ExpertInnen 1-10 zur Problemorientierung

Zutreffend für die Anfangssemester der Universität	Zutreffend für das Oberstufen-Kolleg	ExpertInnen – Nr.:
	Grundsätzliche Befürwortung aber <u>Skepsis</u>, ob dies im Curriculum praktiziert wird, und ob es mit jüngeren Menschen bzw. Studienanfängern durchführbar ist	(1), (9), (10)
	Die Problemorientierung wird <u>uneingeschränkt</u> für wichtig gehalten	(2), (6), (7), (8)
Die Problemorientierung wird <u>uneingeschränkt</u> für wichtig gehalten		(1), (2), (6), (7), (8), (9), (10)
Das Problem-based Learning muss durch systematisches Lernen <u>ergänzt</u>, und es muss evaluiert werden	Das Problem-based Learning muss durch systematisches Lernen <u>ergänzt</u>, und es muss evaluiert werden	(3), (4), (5)

(4) Erfahrungs- und Problemorientierung und spezifische Kompetenzen

Die Aussagen der ExpertInnen wurden daraufhin überprüft, ob sie im Kontext mit bestimmten zu erwerbenden Kompetenzen genannt wurden, d.h., es wurde analysiert, welchen Lernerfolg die didaktische Methode der Erfahrungs- und Problemorientierung neben ihrem Effekt des "guten Einstiegs" und der „Motivierung" für KollegiatInnen und Studierende noch haben könnte. Im Ergebnis verstehen die ExpertInnen unter dem Begriff "Kompetenz" dabei sowohl eine kognitive Dimension als auch eine Handlungsfähigkeit, die GesundheitswissenschaftlerInnen aufweisen sollten. Die entsprechenden Textstellen aus den Interviews sprechen für sich und werden inhaltlich zusammengefasst pro Person wiedergegeben.

Untersuchungsergebnisse zum Problem- und Erfahrungsorientierten Lernen

Person 1:
Die subjektiven Erfahrungen sollen vor allem in der Praxis des Gesundheitswesens gemacht werden, weil die Fähigkeit frühzeitig entwickelt werden soll, dass die Studierenden als BürgerInnen, PatientInnen und besonders als GesundheitswissenschaftlerInnen das System intelligent nutzen können sollen. Damit würde ihnen bereits notwendiges Problembewusstsein über den "Moloch" Gesundheitswesen beigebracht.

Person 2:
Individuelle konkrete Erfahrungen, die nicht unbedingt persönliche sein müssen, sollen in theoretische Konzepte integriert werden können. Durch die Problemorientierung müssen die Studierenden die Kompetenz erwerben, sich selber ihr Wissen zu erarbeiten.

Person 3:
Die methodische Schulung durch Projekte, die mit ihren Themen und Problemen an den unmittelbaren gesundheitlichen Erfahrungen der KollegiatInnen ansetzen, wird "für das Entscheidende bei solchem Studium und bei der Ausbildung am Oberstufen-Kolleg insbesondere" gehalten.

Person 4:
Die Vorerfahrungen und das Vorwissen, die / bzw. das Studierende beim problembasierten Lernen einbringen müssen, sind die besten Voraussetzungen für gezieltes Weiterforschen nach Wissen und Erkenntnis.

Person 5:
Der problemorientierte Ansatz ist im Zusammenhang mit der Erfahrungsorientierung nur akzeptabel, wenn Wissenslücken durch eine systematische Ausbildung gefüllt werden.

Person 6:
Die Selbsterfahrung, die am Beginn des problembasierten Lernens steht, ist eine wesentliche Voraussetzung dafür, sich nicht nur mit isolierten Fakten zu beschäftigen, sondern mit dem ganzen Problem. Das führt zur Kompetenz, auch mit dem Wissen anderer nicht konfrontativ, sondern synergetisch um-

zugehen, es anwenden zu können, teamfähig zu werden und auf Problemlösungen gemeinsam hinzuarbeiten.

Person 7:
Auf individuellen Erfahrungen sollen kognitive Inhalte aufgebaut werden. Gesundheitswissenschaftliches Denken und Handlungsfähigkeiten stehen nicht in Beziehung zu didaktischen Aspekten.

Person 8:
Während die Erfahrungsorientierung eine Grundvoraussetzung für Lernen ist, kann das problemorientierte Lernen die Studierenden fit machen für die berufliche Tätigkeit, in der es um die Bearbeitung von Problemfeldern geht.

Person 9:
Persönliche Erfahrungen bieten einen besseren Zugang zu schwierigen Themen. Das problembasierte Lernen ist didaktisch sinnvoll, steht aber nicht im Zusammenhang mit sozialen Kompetenzen, deren Erwerb aber als wichtige Voraussetzung für berufliche Tätigkeit angesehen wird. Der Erwerb bestimmter Inhalte erscheint unverzichtbar für berufliche Fähigkeiten, insbesondere komplexe Probleme zu lösen.

Person 10:
Der erfahrungsorientierte Zugang zu Gesundheit und Krankheit führt über die Selbsterkenntnis zur gewünschten Einstellung gegenüber den Gesundheitswissenschaften. Praktische Beispiele und kleine Projekte ermöglichen das Einüben kommunikativer Kompetenz und insbesondere das Erlernen der Methoden. Das problembasierte Lernen scheint weniger geeignet, in wissenschaftliches Arbeiten einzuführen. Ältere Studierende können durch Selbsterarbeitung Wissen schaffen, was behalten wird und praxisrelevant umgesetzt werden kann.

Untersuchungsergebnisse zum Problem- und Erfahrungsorientierten Lernen

(5) Unterschiede zwischen den ExpertInnen in der Beurteilung des problem- und erfahrungsbezogenen Lernens:

Aufgrund der obigen Aussagen zur Angemessenheit der Erfahrungsorientierung in Punkt (3) lassen sich 3 Beurteilungsmaßstäbe unterscheiden:
- Die grundsätzlich positive Einschätzung zur Motivierung und als Einstieg (Person 2, 10),
- Die grundsätzlich positive Einschätzung für den gesamten Lernprozess (Person 6, 8, 9),
- Die relativ positive Einschätzung in Verbindung mit systematischer Wissensvermittlung und als möglicher Praxisbezug (Person 1, 3, 4, 5, 7).

Folgende Beurteilungen kann man für die Problemorientierung festhalten:
Eine grundsätzlich positive Beurteilung treffen die Personen 1, 2, 6, 7, 8, 9, wobei sich die Begründungen unterscheiden, denn Person 1 gibt keine Begründung ab, Person 2 sieht "das Lernen - lernen" oder "selbständig - Wissen - erarbeiten" im Vordergrund, Person 6 die Motivierung und Teamfähigkeit, Person 7 glaubt den positiven Berichten aus Maastricht über die richtige Didaktik, Person 8 sieht dadurch "ein Fitmachen für den Beruf" und Person 10 hat nur positive Erfahrungen gemacht, relativiert diese aber für AnfängerInnen, bzw. stellt deren Erfolg in Frage.

Eine relativ positive Beurteilung treffen die Personen 3, 4, 5, 10, die die Verbindung mit dem systematischen Lernen herstellen (Person 3, 4), eine Evaluation wünschen (Person 5) oder die Tücken betonen, die durch hohe Anforderungen an Selbstdisziplin und Selbständigkeit entstehen können (Person 10).

5.2.3 Inhaltsanalyse von Leistungsnachweisen

Die Zufriedenheit der Lehrenden mit ihrer Arbeit und ihrem Curriculum hängt in großem Masse davon ab, ob die KollegiatInnen mit ihren Leistungen die angestrebten Ziele erreichen. In Kapitel 4.1.2 wurde zur evaluativen Überprüfung der Zielerreichung für das Erfahrungs- und Problemorientierte

Lernen als Indikator festgelegt, dass die Kollegiaten in schriftlichen Leistungsnachweisen wie der „kleinen Hausarbeit" (Mini-Facharbeit) Alltagserfahrung und Theorie sowohl integrieren als auch differenzieren können sollen. Dafür waren die in Tabelle 41 genannten Merkmale und Kriterien festgelegt worden:

Tabelle 41: Indikator für die Zufriedenheit der Lehrenden mit dem Erfahrungs- und Problemorientierten Lernen

Die Integration / Differenzierung von Alltagserfahrung und wissenschaftlicher Theorie bei der Bearbeitung gesundheitswissenschaftlicher Probleme		
Merkmale	**Kriterien**	
	Integration	Differenzierung
Problembeschreibung	Eigene (fremde) gesundheitliche Erfahrungen wahrnehmen	Erfahrungen auf die Definition von Gesundheit beziehen
	Erfahrungen im lebensweltlichen Kontext reflektieren	Gesellschaftliche Bedingungen des lebensweltlichen Kontextes für Gesundheit allgemein benennen
Problemdefinition	Eine für die KollegiatInnen interessante Fragestellung entwickeln	Eine gesellschaftlich relevante Fragestellung entwickeln
	Entscheidung über die Bedingungen des lebensweltlichen Kontextes, die ein individuelles gesundheitliches Problem verursachen (individuelle Hypothese)	Entscheidung über die Bedingungen des lebensweltlichen Kontextes, durch die ein gesundheitswissenschaftliches Problem verursacht wird (generalisierte Hypothese)
Problemlösungsvorschläge	Vorschläge auf eigene Erfahrungen rückbeziehen	Vorschläge für allgemeine „Versorgungsbedarfe" entwickeln

Für die Auswertung im Rahmen einer strukturierenden Inhaltsanalyse werden zu den in der Tabelle genannten Merkmalen Fragestellungen formuliert. Die für die Analyse wesentlichen Begriffe werden kurzgefasst in Form von Referenzpunkten (Fettdruck) benannt:

(1) Fragestellungen zur Problembeschreibung
- Werden persönliche oder individuelle Gesundheitserfahrungen anderer Menschen beschrieben? **Referenzpunkt: individuelle Erfahrungen**
- Werden diese Erfahrungen in einem lebensweltlichen Kontext gesehen? **Referenzpunkt: Lebenswelt**
- Werden Gesundheitserfahrungen auf die Definition von Gesundheit bezogen? **Referenzpunkt: Gesundheitsdefinition**
- Werden Lebensbedingungen als gesellschaftliche Bedingungen gesehen? **Referenzpunkt: gesellschaftliche Bedingungen**

(2) Fragestellungen zur Problemdefinition:
- Werden individuelle Interessen an der Fragestellung / am Thema benannt? **Referenzpunkt: individuelles Interesse**
- Werden gesellschaftlich relevante Aspekte zum Thema benannt? **Referenzpunkt: gesellschaftliche Relevanz**
- Welche Bedingungen werden für das individuelle gesundheitliche Problem als verursachend gesehen? **Referenzpunkt: individualisierte Hypothesen**
- Werden diese Bedingungen für das gesundheitswissenschaftliche Problem verallgemeinert? **Referenzpunkt: generalisierte Hypothesen**

(3) Fragestellungen zu Problemlösungsvorschlägen:
- Werden Lösungsvorschläge auf eigene Erfahrungen rückbezogen und auf Realisierbarkeit überprüft? **Referenzpunkt: individualisierte Lösung**

- Werden bevölkerungsbezogene Lösungsvorschläge entwickelt und auf Realisierbarkeit überprüft? **Referenzpunkt: generalisierte Lösung**

Exemplarisch werden hier 3 Minifacharbeiten mit den entsprechenden Auswertungen vorgestellt, die Referenzpunkte sind kursiv gedruckt, fehlende Aussagen erhalten Minuszeichen:

Tabelle 42: Beispiele für die Auswertung der Mini-Facharbeiten

Nr. der Arbeit und Merkmale der Indikatoren	Indikatoren	
	Integration der Alltagserfahrung: Referenzpunkte	Differenzierung in bezug auf wissenschaftliche Theorie: Referenzpunkte
Nr. 1: Problembeschreibung	*Individuelle Erfahrung:* Ausgangspunkt ist eine Zeitungsmeldung über die Angst eines Aids-Infizierten, als „Aussätziger" behandelt zu werden *Lebensweltlicher Kontext:* Ausgrenzung, erzwungenes Alleinsein	*Definition von Gesundheit:* Psychische Probleme schwächen das Immunsystem zusätzlich *Gesellschaftliche Bedingungen:* Tabuthema, Gesellschaft sondert sich ab, Öffentliche Aufklärung vermeidet das Thema Kontakt und Vereinsamung
Nr.1: Problemdefinition	*individuelles Interesse:* ---- *individualisierte Hypothesen:* Isolation macht depressiv, mangelnder Kontakt führt zu einem Gefühl von Minderwertigkeit, überflüssig sein, nicht mehr gebraucht zu werden	*gesellschaftliche Relevanz:* Gelingende Kommunikation im sozialen Umfeld reduziert die psychischen Probleme Aidskranker *generalisierte Hypothesen:* Gelingende Kommunikation ist Prävention zum Leben mit Aids

Untersuchungsergebnisse zum Problem- und Erfahrungsorientierten Lernen

Nr. der Arbeit und Merkmale der Indikatoren	Indikatoren	
	Integration der Alltagserfahrung: *Referenzpunkte*	**Differenzierung in bezug auf wissenschaftliche Theorie:** *Referenzpunkte*
Nr.1: Lösungsvorschläge	*individualisierte Lösung:* ---	*generalisierte Lösung:* Mehr Information durch die Medien über alltägliches Leben der Aidskranken für mehr Solidarität, Toleranz und Verständnis und über die Auswirkungen gesellschaftlicher Einflüsse
Nr. 12 Problembeschreibung	*Individuelle Erfahrung:* --- *Lebensweltlicher Kontext:* ---	*Definition von Gesundheit:* --- *Gesellschaftliche Bedingungen:* Aufklärung und Wissensstand sind Voraussetzungen für gelingende Kommunikation
Nr. 12: Problemdefinition	*individuelles Interesse:* Bin nicht betroffen, das weckt aber meine Neugier *individualisierte Hypothesen:* Gelingende Kommunikation zwischen den Partnern führt zu "safer Sex"	*gesellschaftliche Relevanz:* Mit Aufklärung soll Änderung der Einstellung und des Verhaltens erreicht werden *generalisierte Hypothesen:* ---
Nr. 12: Lösungsvorschläge	*individualisierte Lösung:* ausführlich über eigene Wünsche und Bedürfnisse reden	*generalisierte Lösung:* Gelingende Aufklärung in Inhalt und Form für unterschiedliche Zielgruppen, Selbsthilfegruppen
Nr. 29	*Individuelle Erfahrung:*	*Definition von Gesundheit:*

Ergebnisse der Untersuchungen der Evaluationsbereiche

Nr. der Arbeit und Merkmale der Indikatoren	Indikatoren	
	Integration der Alltagserfahrung: Referenzpunkte	**Differenzierung in bezug auf wissenschaftliche Theorie:** Referenzpunkte
Problembeschreibung	Konflikte selbst erlebt *Lebensweltlicher Kontext:* Arbeit als Krankenpfleger in einer Behinderteneinrichtung	Beeinträchtigung des körperlichen und seelischen Wohlbefindens, der Leistungsfähigkeit *Gesellschaftliche Bedingungen:* Konfrontation mit Situationen und Aufgaben, für die ein Krankenpfleger nicht vorgebildet ist, keine Schulungen, personelle Engpässe
Nr. 29: Problemdefinition	*individuelles Interesse:* nicht unterstützen können in Konfliktsituationen *individualisierte Hypothesen:* Patientin reagiert aggressiv, weil sie einen verstärkten Wunsch nach Verständnis und Kontakt hat	*gesellschaftliche Relevanz:* ungenügende Zahl ausgebildeter Pflegekräfte, viele Aushilfskräfte, nur oberflächliche Einarbeitung, keine Hilfe im Konfliktfall, langdauernde Probleme zwischen Pfleger und Patient *generalisierte Hypothesen:* Die Vergangenheit in geschlossenen Anstalten bewirkt Angst vor Bevormundung und Misstrauen
Nr. 29: Lösungsvorschläge	*individualisierte Lösung:* kommunikative Kompetenz zur Beziehungsklärung könnte Konflikte lösen helfen	*generalisierte Lösung:* Änderung der Arbeitsbedingungen, mehr qualifiziertes Personal, mehr Zeit für Gespräche mit Behinderten, Schulung für Problemsituationen und Erwerb kommunikativer Kompetenz

Untersuchungsergebnisse zum Problem- und Erfahrungsorientierten Lernen

In Tabelle 43 finden sich die Ergebnisse der Analyse aller 29 Arbeiten.: Es wird die Zahl der Aussagen in den Arbeiten der jeweiligen KollegiatInnen-Jahrgänge 1997-1999 aufgeführt, die die Referenzpunkte erfüllen:

Tabelle 43: Anzahl der die Referenzpunkte erfüllenden Aussagen

Merkmale	Referenzpunkte	Jahrgang 97 Nr. 1-11	Jahrgang 98 Nr. 12-20	Jahrgang 99 Nr. 21-29	Summe der Aussagen	Summe der Aussagen in %
Problembeschreibung	Individuelle Erfahrung	5	4	4	13	44,8
	Lebensweltlicher Kontext	7	2	5	14	48,3
	Definition von Gesundheit	4	5	9	18	62,1
	Gesellschaftliche Bedingungen	10	6	5	21	72,4
Problemdefinition	Individuelles Interesse	3	6	8	17	58,6
	Individualisierte Hypothesen	3	2	4	9	31,0
	Gesellschaftliche Relevanz	11	7	6	24	82,8
	Generalisierte Hypothesen	10	6	6	22	75,9
Lösungsvorschläge	Individualisierte Lösung	6	6	9	21	72,4
	Generalisierte Lösung	9	6	1	16	55,2

Erläuterung der Punktezumessung: für jeden Referenzpunkt wurden die Aussagen nur einmal in jeder Arbeit gezählt. Sie wurden dann summiert und die Prozentangaben auf der Basis von 29 Arbeiten berechnet. Z.B. gibt es für den Referenzpunkt „individuelle Erfahrung" in den 11 Arbeiten des Jahrgangs 1997 (Nr. 1-11) nur in 5 Arbeiten zutreffende Paraphrasen, im Jahrgang 1998 gibt es bei den 9 Arbeiten (Nr. 12-20) 4 zutreffende Paraphrasen, im Jahrgang 99 gibt es bei den 9 Arbeiten (Nr. 21-29) ebenfalls 4 zutreffende Paraphrasen, usw.

In allen drei Jahrgängen wurde die Problembeschreibung in etwas weniger als der Hälfte der Aussagen auch auf individuelle Erfahrungen bezogen (44,8 %). Beim Thema Aids gab es keine direkten individuellen Erfahrungen, sie wurden über eigene oder fremde Einstellungen oder wahrgenommene aktuelle Zeitungsmeldungen vermittelt, bei anderen Themen (Eltern-Kind-Konflikte) wurden sie direkt beschrieben. Zum Teil sind sie in einen lebensweltlichen Kontext eingebettet worden (48,3 %). In etwa zwei Drittel der Aussagen wird ein gesundheitliches Problem definiert, das weiter untersucht werden soll, und es werden gesellschaftliche Bedingungen beschrieben, durch die es beeinflusst oder verursacht wird.

In der Problemdefinition wurde das individuelle Interesse am Thema in gut der Hälfte der Aussagen artikuliert (58,6 %), in etwa ein Drittel der Aussagen konnte aber von individualisierten Hypothesen bezogen auf einen Einzelfall nicht abstrahiert werden (31 %) und in 24,1 % der Aussagen findet man auch keine generalisierten Hypothesen. Eine Kollegiatin (Nr. 29) konnte sowohl Vermutungen über Ursachen für den Einzelfall als auch für das generelle Problem entwickeln. Erfreulich ist der hohe Prozentsatz (82,8 %) der Aussagen zur gesellschaftlichen Relevanz des Problems. Er belegt damit die Fähigkeit der KollegiatInnen, von ihrer subjektiven Meinung zu abstrahieren. Generalisierte Hypothesen konnten drei Viertel der KollegiatInnen formulieren.

72,4 % der Aussagen bezogen sich auf individuelle, 55,2 % auf generalisierte Lösungsvorschläge. An diesem Punkt wird besonders deutlich, dass es KollegiatInnen schwer fällt, für ein Thema in einem Kurs "Kommunikation und Gesundheit" andere Lösungsvorschläge zu entwickeln als die Verbesserung der kommunikativen Fähigkeiten von Individuen.

Es stellte sich oben die Frage (vgl. 4.1.2 C.2), ob KollegiatInnen durch die Erfahrungsorientierung Gefahr laufen, in ihren eigenen subjektiven Gedanken verhaftet zu bleiben und die Verallgemeinerung für größere Gruppen oder die Bevölkerung nicht nachvollziehen zu können. Schaut man sich die Arbeiten an, in denen individuelle Erfahrungen, individualisierte Hypothesen und Lösungsvorschläge einzeln oder zusammen auftreten, wird deutlich, dass in 5 Arbeiten der Individualbezug überwiegt, weil keine generalisierten Hypothesen oder Lösungen gefunden werden konnten. Die Mehrheit der KollegiatInnen (24 von 29) schafft aber den Transfer entweder über generalisierte Hypothesen oder Lösungen oder beides.

Aufgrund der Betreuung des Kurses im Jahrgang 99 durch die Autorin muss erwähnt werden, dass bei der Vorbereitung der Arbeiten großer Wert darauf gelegt wurde, den Zusammenhang von Gesundheit und Kommunikation über die wissenschaftlich gebräuchliche Definition von Gesundheit zu erarbeiten. Alle 9 KollegiatInnen dieses Jahrgangs konnten in ihren Arbeiten diese Definition verwenden. Es wurde auch gleichermaßen Wert gelegt auf die Begründung der individuellen und gesellschaftlichen Relevanz des Themas und auf generalisierte Lösungsvorschläge. Diese Forderungen konnten aber nicht von allen KollegiatInnen erfüllt werden (6 von 9). Für die Jahrgänge 97 und 98 galten für die Erstellung der Minifacharbeiten die allgemeinen Leistungsanforderungen, wie sie in den kolleginternen Richtlinien dargestellt wurden (s.o. und Stückrath, J., 1993).

Zur potentiellen Zufriedenheit der Lehrenden mit der Integration und Differenzierung von Alltagserfahrung und wissenschaftlicher Theorie nach dem

erfahrungs- und problemorientierten Unterricht lässt sich festhalten, dass es der Mehrheit der KollegiatInnen ansatzweise im vierten Semester gelingt,
- (individuelle) gesundheitliche Erfahrungen in ein gesundheitswissenschaftliches Problem zu transferieren, gesellschaftliche Bedingungen zu beschreiben und generalisierte Hypothesen aufzustellen,
- das Problem im lebensweltlichen und gesellschaftlichen Zusammenhang zu betrachten,
- neben individuums-bezogenen auch generalisierte Problemlösungen vorzuschlagen.

Aufgabe und Anforderung an die Lehrenden bleibt, den Schritt zur Abstraktion vom Einzelfall und zu verallgemeinerten Lösungsvorschlägen für gesundheitliche Probleme der Bevölkerung klarer zu vermitteln.

5.3 Untersuchungsergebnisse zum Forschenden Lernen

5.3.1 Inhaltsanalyse der Kursrückmeldungen von KollegiatInnen

Die Zufriedenheit der KollegiatInnen mit dem Forschenden Lernen wird aufgrund der schriftlichen Rückmeldungen zu den Kursen mit Projektarbeit untersucht. Es wurde vermutet, dass die KollegiatInnen durch die Beteiligung an einem konkreten Forschungsprozess trotz des schwer zu erarbeitenden Themenbereichs Methodik und Statistik, sowie der qualitativen und quantitativen Datenanalyse, mit den erworbenen Kompetenzen zufrieden sind und den Lernprozess insgesamt positiv beurteilen. Dazu wurden nach dem ersten Projektsemester Fragen gestellt in bezug auf die Durchführung des Interviews, das Behalten von Inhalten, das Gefühl von Unsicherheit im Projekt, die Beurteilung von langweiligen und interessanten Arbeitsschritten und die Einschätzung des gesamten Kurses. Diese Fragen wurden unvorbereitet und spontan in einer Viertelstunde beantwortet.

Zum Abschluss des Projekts, nach dem zweiten Projektsemester, gaben die KollegiatInnen ihre Rückmeldungen ab, ohne Vorgaben dazu zu erhalten. Auch diese kurze Projektreflexion wurde spontan erbeten und nahm nicht mehr als eine Viertelstunde Zeit in Anspruch. Während die Auswertung des ersten Kursrückblicks durch die o.g. Fragen vorstrukturiert war, wurden für die Analyse der Projektreflexion Auswertungs-Codes in Anlehnung an die o.g. Fragen erstellt, und zwar zur Beurteilung des Lernprozesses allgemein, zum Interesse am Projekt, zu Problemen mit dem Lernprozess, zu Aussagen zum Kursklima und zur Zusammenarbeit in der Gruppe, zu Aussagen zur Eigenaktivität und Selbständigkeit, zu Aussagen zum Erwerb methodischer Kompetenzen, zur allgemeinen Einschätzung des gesamten Projekts.

Für die qualitative Analyse der KollegiatInnen-Urteile wurden 5 Analyseschritte durchgeführt:

Tabelle 44: Qualitative Datenanalyse der Kursreflexion zum 1. Projektsemester und zum gesamten Projektjahr

Qualitative Datenanalyse der Kursreflexion	Fragestellung	Codeworte
Fallanalyse: strukturierende Zusammenfassung	(1) Wie beurteilen die KollegiatInnen das erste Projektsemester und das Projekt insgesamt?	Gesamtaussage zur Zufriedenheit mit dem Forschenden Lernen
fallübergreifende Analyse von inhaltlichen Aspekten	(2) Wie beurteilen die KollegiatInnen ihre Eigenaktivität?	Einschätzung der Interviewdurchführung und der Gruppenarbeit bzw. Eigenaktivität
fallübergreifende Analyse von inhaltlichen Aspekten	(3) Was haben KollegiatInnen von den Lerninhalten behalten? Wie beurteilen sie den Erwerb methodischer Kompetenzen?	Zusammenfassung der erinnerten Inhalte und der Aussagen zum Lernerfolg

Ergebnisse der Untersuchungen der Evaluationsbereiche

Qualitative Datenanalyse der Kursreflexion	Fragestellung	Codeworte
Kontrastierende Analyse	(4) Äußern KollegiatInnen Interesse am Projekt und was hat sie gelangweilt bzw. was fanden sie problematisch?	Aussagen zu Interesse / Desinteresse (Langeweile) und zu Problemen mit dem Lernprozess
Typisierende Strukturierung	(5) Gibt es deutliche Unterschiede zwischen KollegiatInnen in der Einschätzung des Forschenden Lernens?	Aussagen zum spontanen Kursrückblick, zu Interessen und zur Rückmeldung zum Projekt

Zu (1): Wie beurteilen die KollegiatInnen das erste Projektsemester und das Projektjahr insgesamt?

Das erste Projektsemester (das 5. Fachsemester oder der 5. Kurs) wird von den KollegiatInnen als anstrengend, arbeitsintensiv, trocken und theoretisch beschrieben. Es kostete fast alle mehr Kraft, mehr Durchhaltevermögen und mehr Zeit als die vorherigen Semester. Die Inhalte werden als schwer empfunden („eine unbekannte Sprache lesen und verstehen lernen"), der Forschungsprozess als komplex und kaum durchschaubar wahrgenommen („aufgrund der Themenkomplexität war es zunächst nicht so leicht, den Überblick zu bewahren"). Ein Drittel der Befragten hatte wenig Interesse an dem Thema und war enttäuscht über dessen Vorgabe. Von den anderen wird aber hervorgehoben, dass sie Interesse entwickeln konnten, dass ihnen die Eigenaktivität wichtig ist, dass sie Fachwissen erworben haben bzw. mehr über Forschung gelernt haben, und dass die Arbeit auch Spaß gemacht hat.

Die KollegiatInnen nehmen bei ihrer Beurteilung auch Bezug auf das Lernklima und dabei insbesondere auf die Unterstützung durch die Lehrende. Im wesentlichen beurteilen die KollegiatInnen den Lernprozess und die vermittelten Inhalte, melden ihre subjektive sozial-emotionale und kognitive Befindlichkeit zurück (Aufmerksamkeit, Konzentration, Interesse, Einflussnehmen, Stimmung, hat Spaß gemacht) und heben hervor, dass das Selbsttun mit hoher Priorität versehen ist (selbst Interviews durchführen, Exzerpte erstellen, auf Vorwissen zurückgreifen). Möglicherweise lassen sich hier Arbeits- bzw. Motivationstypen charakterisieren als solche, die eher lernorientiert - sachlich reagieren, solche die eher ihrer Befindlichkeit nachspüren und ihren eigenen Interessen nachgehen möchten und schließlich solche, die die Selbsttätigkeit bevorzugen. Dieser typisierenden Strukturierung wird weiter unten nachgegangen.

Zum Projektjahr insgesamt wurden die KollegiatInnen - wie oben bereits erwähnt - nicht direktiv befragt, sondern nach Ende der beiden Projektsemester nur um eine kurze Rückmeldung gebeten, um ihnen die Möglichkeit zu geben, das ihnen selbst Wichtige aufzuschreiben. Hierbei fällt auf, dass die meisten Aussagen zu den Lerninhalten (methodische Kompetenzen) gemacht werden, gefolgt von Aussagen zum Arbeitsklima und zur Kooperation in den Arbeitsgruppen. Es wird aber auch häufig auf den Lernprozess und die damit verbundenen Lernprobleme eingegangen.

Die Auswertung wurde nach folgenden Bereichen vorgenommen:
- Interesse und allgemeine Einschätzungen
- methodische Kompetenzen
- Eigenaktivität und Selbständigkeit
- Kursklima und Gruppenarbeit
- Äußerungen zum Lernen allgemein
- Lernprozess-Probleme

Zusammenfassend können folgende Ergebnisse festgehalten werden:
- 11 von 13 KollegiatInnen heben positiv hervor, dass sie methodische Kompetenzen erworben haben, nun Zusammenhänge erkennen können, die einzelnen Arbeitsschritte gut nachvollziehen konnten, ja sogar „eine empirische Untersuchung zu einem beliebigen Thema konzipieren" können (methodische Kompetenzen), und nur 2 KollegiatInnen betonen ex-

plizit, dass sie das Projekt zu theoretisch fanden und für sich darin keine Studien- oder Berufsperspektive sehen. Mit dem Erwerb methodischer Kompetenzen geht die Betonung der Eigenaktivität und Selbständigkeit parallel („konnte mir viel theoretisches Wissen aneignen", „konnte vorheriges Wissen übertragen"), die auch mit Spaß am spielerischen Umgang mit den Daten verbunden war.

- 7 KollegiatInnen bezeichnen das gute Arbeitsklima als einen wesentlichen Faktor des Wohlbefindens und des Spaßes an der Arbeit, der dadurch trotz des Zeitdrucks als relativ stressfrei erlebt wurde und bei einer Kollegiatin mit Stolz auf die geleistete Arbeit verbunden war. 2 KollegiatInnen hatten das Gefühl, aufgrund persönlicher Bedingungen nicht gut integriert zu sein, eine Aussage betrifft das Empfinden, dass die Arbeit für die Gruppen ungleich verteilt gewesen war.
- Neben positiven Einschätzungen des persönlichen Lernprozesses werden von 6 KollegiatInnen eine Reihe von Lernproblemen genannt, die zum Teil auf subjektiv empfundenen kognitiven Schwierigkeiten beruhten und mit der jeweiligen Anstrengungsbereitschaft, dem Interesse und dem Durchhaltevermögen gekoppelt waren, zum Teil auch mit strapaziösen Geduldsproben in bezug auf die Funktionsfähigkeit der Computer, mit zusätzlichen persönlichen Belastungen (Kollegiatin Nr. 4: Erwerbsarbeit) sowie dem Zeitaufwand, dem Zeitmangel und dem Zeitdruck verbunden waren.

Zu (2): Wie beurteilen die KollegiatInnen ihre Eigenaktivität?
Im ersten Kurs mussten die KollegiatInnen das Interview selbständig arrangieren, d.h., sie mussten telefonisch mit dem Interviewpartner Kontakt aufnehmen, sich verabreden und das Interview durchführen. Nach ihren Aussagen fiel es ihnen nicht schwer, da sie sich gut vorbereitet fühlten und nette Gesprächspartner hatten. Der Eindruck, durch das Interview etwas gelernt zu haben, wurde erwähnt, ebenso, dass es interessant war und Spaß machte.

Auf die Frage, was am Projekt interessant war, beziehen sich von 13 Antworten 6 auf die Arbeit in der Gruppe bzw. auf das Interview. Auch nach dem Projekt betonen 8 von 13 KollegiatInnen, dass es wichtig gewesen war zu erfahren, wie eine empirische Untersuchung geplant, durchgeführt und ausgewertet wird, und dass die Kooperation in einer Gruppe funktionieren kann.

Zu (3): Was haben KollegiatInnen von den Lerninhalten behalten? Wie schätzen sie den Erwerb methodischer Kompetenzen ein?

Nach dem ersten Kurs nennen 11 von 15 KollegiatInnen methodische Kursinhalte, an die sie sich gut erinnern, eine Person erinnert nur das gute Diskussionsklima und keinen Lerninhalt, 3 Personen äußern sich unklar. In Ergänzung zu den Aussagen nach dem Projektjahr, die eine positive Einschätzung des Erwerbs methodischer Kompetenzen zum Ausdruck brachten (s.o.), beurteilen die KollegiatInnen ihren Lernfortschritt als erfolgreich.

Zu (4): Äußern KollegiatInnen Interesse am Projekt, oder Langeweile oder Probleme?

7 KollegiatInnen fanden nach dem ersten Kurs vor allem die Phasen gut, in denen sie aktiv sein konnten oder eine gute Diskussionsatmosphäre herrschte, wie z.B. in der Gruppenarbeit oder bei der Interviewdurchführung. 2 Personen betonen eher theoretische Interessen. Langeweile entstand, wenn Texte alleine bearbeitet werden mussten und nicht verstanden wurden, in der Planungsphase für 3 KollegiatInnen besonders bei der Problembeschreibung, die zu oft „durchgekaut" wurde, bei der Vorbereitung des Interviewleitfadens für 3 KollegiatInnen, wenn es allgemein zu theoretisch und damit schwer verständlich wurde (3 KollegiatInnen), sowie bei der Literatursuche und beim Exzerpte schreiben.

Nach dem zweiten Projektsemester hat sich die Einschätzung etwas verändert. Wie oben dargestellt, sind mehr als 2/3 der KollegiatInnen der Meinung, dass sie methodische Kompetenzen erworben haben und der Lernprozess auch interessant war, eine direkte Ablehnung des Projekts äußern nach wie vor 2 KollegiatInnen. Dass sie auch Schwierigkeiten empfanden während des Arbeitsprozesses (s.o. Lernprobleme), schmälert die gesamte eher positive Einschätzung nicht.

Zu (5): Gibt es deutliche Unterschiede zwischen KollegiatInnen in der Einschätzung des Forschenden Lernens?
Ordnet man die entsprechenden positiven und negativen Aussagen zu Interessen / Langeweile zum ersten Projektsemester einerseits dem Begriff „methodische Arbeit und theoretische Bezüge" zu und fasst darunter alle Aussagen zusammen, die mit der inhaltlichen Unterrichtsarbeit zu tun haben, und ordnet man andererseits die Aussagen, die auf Gruppenaktivitäten oder selbständige Handlungen wie die Interviewdurchführung verweisen, dem Begriff Eigenaktivität / Selbständigkeit / Diskussionsklima zu, bleibt als ein negativer Aspekt die zu häufige Wiederholung mancher Themen, also eine Kritik am „pädagogischen Verhalten" der Lehrenden. Fokussiert man diese so komprimierten Urteile auf persönliche Vorlieben oder motivationale Dispositionen, könnten folgende Orientierungsmuster von KollegiatInnen beschrieben werden:
- Eine Aktivitätsorientierung mit den Kennzeichen: Spaß am Interview, an Gruppenarbeit, an guten Diskussionen, am guten Arbeitsklima,
- eine Interessenorientierung mit den Kennzeichen: wenig trockene Theorie, viel interessante Themen, persönliche Bezüge herstellen können,
- eine Theorie- oder Studienorientierung mit den Kennzeichen: Neugier auf Wissen, auf Theorie, Wunsch nach zügigem Lernprozess und weniger „pädagogischem Verhalten" der Lehrenden.

Werden die einzelnen Personen mit ihren Aussagen schwerpunktmäßig diesen drei Bereichen zugeordnet, so dass die Orientierungsmuster, die die Interessenäußerungen provozieren könnten, deutlich werden, zeigen sich nach dem ersten Projektsemester von den 15 TeilnehmerInnen 7 KollegiatInnen eher aktivitätsorientiert, 4 interessenorientiert und 4 studienorientiert.

Die Aussagen, die in der ersten Befragung zur Gesamtbeurteilung des ersten Projektsemesters erbeten worden waren, können ebenfalls diesen Orientierungsmustern zugeordnet werden. Die Aktivitätsorientierung kann danach durch die Kriterien „Eigenaktivität und Mitbestimmung" ergänzt werden. Die Interessenorientierung wird nochmals durch die Aussagen „Theorie ist trocken, langweilig und anstrengend / frühere Kurse waren anders und interessanter" gestützt und wäre vielleicht mit Interesse an „Lebensnähe" oder Arbeit an konkret erfahrbaren Gesundheitsproblemen am ehesten zu kennzeichnen. Der Theorie- oder Studienorientierung sind Aussagen zuzuordnen wie: „es war schwer, aber wir haben viel Neues über Forschung gelernt / es ging manchmal zu langsam voran / die Theorie erforderte hohe Aufmerksamkeit und Durchhaltevermögen / konnte gut auf Vorwissen zurückgreifen / interessant, aber es fehlte Zeit, deshalb Stress". Diese letzte Gruppe von KollegiatInnen nimmt auch die Schwierigkeiten mit neuem Stoff, mit Abstraktheit, Schwervermittelbarkeit des Stoffes und Anstrengung in Kauf.

Die Einschätzungen der KollegiatInnen nach dem Projektjahr haben sich verändert. Es kann z.B. vermutet werden, dass von jetzt 13 TeilnehmerInnen 2 KollegiatInnen, die nach dem ersten Kurs Enttäuschung über das Projekt mitteilten, das sie „viele Nerven gekostet hat", zwar einerseits bei ihrer ablehnenden Haltung geblieben sind, dass sie aber andererseits durchaus von einem Lerngewinn sprechen, wenn sie formulieren, dass es „im Nachhinein schon spannend war zu sehen, wie eine derartige Arbeit durchgeführt wird". Derartige Verschiebungen oder Einstellungsänderungen sind mehrfach aufgetreten, am deutlichsten ablesbar an der Reduzierung der Zahl der ablehnenden Äußerungen zum Projekt („Langeweile" bei den Inhalten 3 Äußerungen, gegenüber 12 Äußerungen zum Lerngewinn) und der Zunahme der Zahl der kritischen Äußerungen zu störenden Unterrichtsbedingungen (6 Äußerungen zu Störungen durch Computerprobleme, 3 Äußerungen zum Klima bzw. zur Gruppenarbeit).

Werden diesen KollegiatInnen obige Orientierungsmuster zugeschrieben, kann man jetzt 4 als aktivitätsorientiert, 7 als theoretisch- und studienorientiert, und 2 als interessen- und studienorientiert kennzeichnen. Es hat sich also eine Einstellungsverschiebung zu Gunsten einer Studienorientierung ergeben.

Zusammenfassend lässt sich feststellen, dass zwar emotionale und motivationale Faktoren und die subjektiven Einstellungen für die Zufriedenheit der Kollegiatinnen von großer Bedeutung sind, dass sie sich aber in Abhängigkeit von der Einschätzung des sozial-emotionalen Klimas, des erfahrenen Lerngewinns und den erfolgreichen eigenen Handlungen entwickeln. Eine statisch verstandene Typenbildung von Lernstil - Zufriedenheit aufgrund von Orientierungsmustern kann von daher nicht vertreten werden, die Didaktik sollte aber zugunsten der KollegiatInnen die unterschiedlichen motivationalen Orientierungen aufnehmen bzw. Anknüpfungsmöglichkeiten bieten, um optimale Lernprozesse erreichen zu können.

5.3.2 Inhaltsanalyse von Leistungsnachweisen

Die Zufriedenheit der Lehrenden mit dem Forschenden Lernen sollte sich an Klausuren der KollegiatInnen[11] aufzeigen lassen. Es wurden Klausuren ausgewählt, die zu Beginn des 6. Semesters im Kurs der Autorin geschrieben wurden, da auch die Rückmeldungen zum Projekt aus diesem Kurs stammten und sich so die Eindrücke von Seiten der Lehrenden und der KollegiatInnen zum gleichen Erfahrungsgegenstand und -zeitraum ergänzten. Die Klausuren sind für eine Bearbeitungszeit von 1 ½ Stunden konzipiert worden. Sie wurden im Februar 1999 nach dem ersten Projektsemester geschrieben, das vor allem mit der Konstruktion des Interviewleitfadens, der Durchführung der Interviews und ihrer Transkription ausgefüllt war. In dem auf

---

[11] Klausuren wurden ebenso wie die anderen KollegiatInnenleistungen anonymisiert bearbeitet.

dieses Semester folgenden fünfwöchigen Intensivkurs (12 Stunden pro Woche) sollten die methodischen Grundlagen des empirischen Vorgehens erarbeitet werden. Die Klausur wurde nach der ersten Hälfte des Kurses geschrieben.
Die Klausuren wurden einer skalierenden Inhaltsanalyse unterzogen. Dazu wurden die Antworten der KollegiatInnen zu den Klausurfragen nach den Kriterien zu den methodischen Grundbegriffen tabellarisch zusammengefasst und bewertet. Diese Kriterien waren gemäß dem in Kapitel 4.1.2-C.3 beschriebenen Indikator für die Zufriedenheit der Lehrenden mit den methodischen Qualifikationen:
- Unterscheidung der Begriffe Alltagsvermutung, wissenschaftliche Hypothese, empirische Hypothese (1. Aufgabe)
- Erkennen abhängiger und unabhängiger Variablen (2. Aufgabe)
- Erkennen von Skalenniveaus und Operationalisierung von Variablen (3. Aufgabe)
- Strukturierung eines Objektbereichs (4. Aufgabe)
- Richtige Überlegungen zu Auswertungsfragen und -strategien (5. Aufgabe).

In der Klausur wurden 2 Aufgabenstellungen alternativ zur Wahl gestellt: eine sehr detaillierte und klar strukturierte Form mit einzelnen Aufgaben und eine sehr allgemeine, die selbständig strukturiert werden musste („Entwerfe eine empirische Untersuchung"). Die klar strukturierte Aufgabe wurde von 7, die allgemein formulierte wurde von 6 KollegiatInnen gewählt.

Im Ergebnis wurden bei der ersten Aufgabenstellung von den 7 KollegiatInnen zusammen nur 46 % der möglichen Punktzahlen für die Aufgabenlösungen erreicht. Niedrigste Werte haben die erste und die vierte Aufgabe (s.o.) mit nur insgesamt 32 % bzw. 30 % der möglichen Punktzahlen. In der Gruppe schwanken die Punktzahlen zwischen 0,7 % und 72 %.

In bezug auf schulische Leistungskriterien, das Reproduzieren (z.B. Wiedergabe von Kenntnissen), das Reorganisieren (z.B. Übertragen des Gelernten

auf neue Sachverhalte) und das Transferieren (z.B. problembezogenes Denken für selbständige Lösungen)[12], kann man aussagen,
- dass Kenntnisse zwar gut reorganisiert werden können, wie es in den Aufgaben 1 bis 3 gefordert war, wobei die Anwendung auf Beispiele auch in der Aufgabe 1 gut gelang, dass sie aber zum Teil weniger gut reproduziert werden (viele Flüchtigkeitsfehler und Ungenauigkeiten),
- dass der Transfer für die Strukturierung eines neuen Sachverhalts, der in den Aufgaben 4 und 5 gefordert war, noch nicht gelungen ist.

Bei der alternativen Klausur mit ungegliederter Aufgabenstellung, die 6 KollegiatInnen gewählt hatten, wurden 54 % der möglichen Punktzahlen erreicht. Die Leistungen sind nicht so heterogen wie in der strukturierten Aufgabe (40 % bis 64 % der Punktzahlen).

Insgesamt zeigten sich bei der Inhaltsanalyse der Klausuren deutlich die Schwächen und Stärken der KollegiatInnen. Stärken zeigten sich in der Fähigkeit zur sinnvollen Strukturierung einer empirischen Untersuchung, Schwächen waren vor allem bei der Konkretisierung wissenschaftlicher Begriffe und bei dem umgekehrten Fall, der Abstraktion dieser Begriffe aus den Untersuchungen, zu beobachten. Fachbegriffe wurden z.T. nicht benannt, es wurde nur angegeben, „was man tun soll". Ungenauigkeiten in der Formulierung waren häufig. Die bei der strukturierten Aufgabenstellung vermutete generelle Schwäche bei der Strukturierung einer empirischen Untersuchung lässt sich durch die Ergebnisse der alternativen Aufgabenstellung nicht bestätigen. Es ist wahrscheinlich, dass die KollegiatInnen in der 4. Aufgabe unter der Strukturierung des Objektbereichs weniger den Ablauf einer Untersuchung, als das Aufspannen eines Merkmalsraumes durch Variablen und ihre Operationalisierung begriffen haben. Dieser Ansatz wiederum fehlt in der unstrukturierten Aufgabe bei 3 KollegiatInnen.

---

[12] vgl. MSWWF, Richtlinien und Lehrpläne für die Sekundarstufe II – Gymnasium / Gesamtschule – für das Fach Sozialwissenschaften, a.a.o., S.72 f.

Untersuchungsergebnisse zum Forschenden Lernen

Durch Auflistung der Ergebnisse von Aufgabe 1 (wissenschaftliche und empirische Hypothesen) in der strukturierten und der unstrukturierten Klausur kann aufgezeigt werden, ob der erreichte Standard in beiden Aufgaben vergleichbar ist (Tabelle 45). Für die einzelnen Kriterien wurden jeweils 0-2 Punkte vergeben (0 = falsche Antwort, 1 = z.T. richtige Antwort, 2 = richtige Antwort).

Tabelle 45: Vergleich der Klausuren bei der Aufgabenstellung „Formulierung wissenschaftlicher und empirischer Hypothesen"

	Strukturierte Klausur							Unstrukturierte Klausur					
Klausur-Nr **Kriterien**	1	2	3	4	5	6	7	8	9	10	11	12	13
Wiss. Hyp. - untersuchbar	0				0	0		2		2	2	2	2
- verallgemeinerbar	0				0	0		2		2	2	2	2
- konditional	0		1		0	0		2		2	2	2	2
- falsifizierbar	2		0		2	2		2		2	2	2	2
Emp. Hyp. - operational definiert		0	2	2	2			1	0	1	0		1
- quantifzierbar		2	0	0	0		1	1	0	1	0		2
- Population		0	0	0	0			0	2	2	2		0
Summe	2	2	3	2	4	2	1	10	4	2	8	8	11

Legende: wiss. Hyp. = wissenschaftliche Hypothese; emp. Hyp. = empirische Hypothese, leere Felder= keine Antworten

Die Tabelle 45 zeigt, dass die KollegiatInnen in der unstrukturierten Aufgabenstellung die Kriterien für die wissenschaftliche Hypothese besser erfüllten als in der strukturierten, und dass die empirische Hypothese in beiden Aufgabenstellungen mangelhaft ausgeführt wird. Abgesehen von der Leistungsfähigkeit der KollegiatInnen - die leistungsstärkeren könnten sich eher die unstrukturierte Aufgabe gewählt haben - ist vermutlich die Formulierung einer wissenschaftlichen Hypothese im konkreten Kontext einfacher als die abstrakte Unterscheidung von Merkmalen. Die Annahmen des situierten Lernens könnten hier zutreffen (vgl. Kap. 3.3.3.) In beiden Gruppen gleich ist die noch unausgeprägte Vorstellung von der empirischen Hypothese, sowohl in bezug auf ihre Merkmale, als auch auf die Formulierung im Kontext. Möglicherweise ist dieses Ergebnis dem Stand der Arbeit im Projekt geschuldet. In der Phase, in der die Klausuren geschrieben wurden, waren methodische Kenntnisse theoretisch erarbeitet worden, die erst im Laufe des folgenden Semesters konkret zur Auswertung des Materials benötigt worden waren. Eine Integration des Erwerbs methodischer Kenntnisse in die Phase der Auswertung wäre eine mögliche Alternative.

6. Bewertung der Ergebnisse zur Zufriedenheit der Akteure

In Kapitel 5 sind die verschiedenen Faktoren, die die Zufriedenheit der Akteure (der KollegiatInnen, der ExpertInnen, der Lehrenden) beeinflussten, untersucht worden. Fragestellungen und Hypothesen entwickelten sich aus einer theoretischen und praktischen Interessenlage:

Für die Studienzufriedenheit der KollegiatInnen spielen Inhalte und Methoden, die Qualität des Unterrichts, sowie der wissenschaftliche Habitus und der gesellschaftlich prognostizierte Status eine nicht unwesentliche Rolle. Die mögliche Verunsicherung durch ein Studium, das noch am Anfang einer Disziplinentwicklung steht und erst marginal im Bildungs- und Wirtschaftssystem verankert ist, gab Anlass zu verschiedenen Vermutungen bezüglich der Fach- und Studieninteressen der KollegiatInnen, der Bewältigung der Leistungsanforderungen aufgrund der Fachsystematik, der Art und Weise des Vorgehens nach dem Problem- und Erfahrungsbezogenen Lernen und nach dem Forschenden Lernen. Die KollegiatInnen wurden durch Fragebögen und Interviews befragt, und sie sollten darüber Auskunft geben, wie zufrieden sie mit ihrer Ausbildung am Oberstufen-Kolleg sind oder waren.

Die Evaluation durch die ExpertInnen hatte für das institutionelle Interesse der Fachkonferenz die Funktion, den Übergang der KollegiatInnen in ein höheres Fachsemester eines universitären Studiengangs, perspektivisch eines grundständigen gesundheitswissenschaftlichen Studiengangs, zu erleichtern, um damit die Attraktivität des Faches zu erhöhen und Zukunftsperspektiven zu garantieren. Es erschien daher sinnvoll, die Anschlussfähigkeit des Curriculums durch ExpertInnen der gesundheitswissenschaftlichen Fakultät überprüfen zu lassen mit dem Ziel, eine Einbindung in den wissenschaftlichen Diskurs zu erreichen und begründete Anstrengungen zur Revision des Curriculums unternehmen zu können. Die ExpertInnen wurden zum Curriculum interviewt und nahmen zu inhaltlichen und methodischen Fragen Stellung.

Die Zufriedenheit der Lehrenden mit ihren Entscheidungen zum Curriculum war bisher noch nicht systematisch überprüft worden. Ob aus ihrer Sicht die

Ziele erreicht wurden, die mit der Fachsystematik, dem Problem- und Erfahrungsbezogenen Lernen und dem Forschenden Lernen angestrebt wurden, wurde daher an Leistungsnachweisen von KollegiatInnen untersucht.

Die Zufriedenheit der Akteure insgesamt (der KollegiatInnen, der ExpertInnen, der Lehrenden) gilt nach dem EFQM-Modell der Evaluation als Nachweis dafür, dass das Management die richtigen Entscheidungen über die einzusetzenden qualitätsfördernden Faktoren vor Beginn des Evaluationsprozesses getroffen hatte (vgl. Kapitel 2.3.2). Die Ergebnisse der empirischen Überprüfung der von der Fachkonferenz eingesetzten qualitätsfördernden Faktoren (der Fachsystematik, dem Problem- und Erfahrungsorientierten Lernen und dem Forschenden Lernen) sollen nun die Defizite oder Erfolge bilanzieren helfen.

Im folgenden werden daher die empirischen Ergebnisse zu diesen drei Evaluationsbereichen zusammenfassend dargestellt und im Hinblick darauf bewertet, wie zufrieden sich die Beteiligten (KollegiatInnen, ExpertInnen, Lehrende) mit der Fachsystematik, mit dem Problem- und Erfahrungsbezogenen Lernen und mit dem Forschenden Lernen zeigten. Theoretische und empirische Ergebnisse anderer Studien werden vergleichend in Bezug genommen. Die im Anschluss folgenden Thesen wurden der Fachkonferenz der Lehrenden im Fach Gesundheitswissenschaften zur Diskussion und Entscheidung vorgelegt. Die Ergebnisse dieser Diskussion werden wiederum in Kapitel 7 einer Bewertung unterzogen, die dann den gesamten Prozess der Selbstevaluation zum Gegenstand hat. In diesem letzten Schritt des Evaluationsprozesses wird abschließend die Effektivität und der Erfolg des Verfahrens reflektiert werden.

6.1 Die multidisziplinäre Fachsystematik und das Ziel der Entwicklung eines gesundheitswissenschaftlichen Fachverständnisses

6.1.1 Zur Zufriedenheit der KollegiatInnen

Nach dem EFQM-Modell war mit der Entscheidung über die Fachsystematik als ein qualitätsfördernder Faktor das Ziel der Fachkonferenz bestimmt worden, ein gesundheitswissenschaftliches Fachverständnis bei den KollegiatInnen zu entwickeln. Die theoretische Diskussion zur Fachsystematik (Kapitel 3.3.1) sollte den Zusammenhang zwischen der Fachsystematik und dem Fachverständnis als Lern- und Vermittlungsleistung begründen und absichern. Die multidisziplinäre Orientierung, das bio-psycho-soziale Modell der Gesunderhaltung und Krankheitsvermeidung, die Gegenstandsbetrachtung auf der individuellen, der gruppen- und bevölkerungsbezogenen Ebene, sowie die sozialwissenschaftliche Methode sind Merkmale der Fachsystematik, die eine Herausforderung für das Fachverständnis als Identifikation mit dem Fach und der Perspektive eines Fachstudiums bedeuten. Wenn die noch nicht absehbare Studien- und Berufsperspektive, mögliche zusätzliche persönliche Belastungen und Leistungsverunsicherungen den Erwerb eines adäquaten Fachverständnisses zusätzlich erschweren würden, war das Ziel der Fachkonferenz in Frage gestellt. Insofern waren das Interesse an einem Fachstudium, die positive Beurteilung des Kenntniserwerbs im Fach, sowie die Einschätzung, die Studienanforderungen trotz sonstiger Belastungen bewältigen zu können, als Indikatoren für die Zufriedenheit der KollegiatInnen mit dem gewählten Studienfach definiert worden, und es war zusammenfassend formuliert worden (vgl. Kapitel 4.1.2):

Die Zufriedenheit der KollegiatInnen äußert sich

- im Fachinteresse (= Fortsetzung des Studiums am Oberstufen-Kolleg nach Ende des zweiten Semesters bis zum Abschluss nach 4 Jahren),

- in der Studienmotivation (=Wunsch nach Weiterstudium nach dem Oberstufen-Kolleg in einem Fach mit Bezug zu den Gesundheitswissenschaften),
- in der Übereinstimmung der Einschätzung der eigenen Leistungsfähigkeit beim Kenntniserwerb mit der Einschätzung der Studienanforderungen,
- in der Einschätzung, dass die mit dem Studienfach verbundenen Leistungsanforderungen bewältigbar sind,
- in der positiven Beurteilung der Studien- und Berufsperspektiven.

Im einzelnen wurde untersucht: (1) Der Studienwunsch im Zusammenhang mit schulischer Herkunft, dem Geschlecht und der Einschätzung der Studienperspektive, (2) Der Studienwunsch im Zusammenhang mit der Einschätzung des Kenntniserwerbs, der Leistungsfähigkeit und der Belastung. Es werden jeweils getrennt die Fragebogen- und die Interviewergebnisse dargestellt.

Ergebnisse:

Zu (1) Der Studienwunsch im Zusammenhang mit schulischer Herkunft, dem Geschlecht und der Einschätzung der Studienperspektive

Fragebogenergebnisse: Die Zahl der KollegiatInnen mit Studienwunsch für ein Fach im Bereich Gesundheitswissenschaften nimmt über die Semester ab und pendelt sich zum Ende der Ausbildung hin bei 1/3 Studierwilligen ein. KollegiatInnen, die ohne Q-Vermerk zum Oberstufen-Kolleg kommen, scheinen mehr verunsichert zu sein, ob sie studieren sollen, als diejenigen mit Q-Vermerk, und es wollen mehr weibliche KollegiatInnen das Fach weiter studieren als männliche. Als Begründungen für ein Fachstudium werden neben allgemeiner Zufriedenheit und Interesse auch berufliche Tätigkeiten von GesundheitswissenschaftlerInnen genannt. Je positiver die Berufschancen eingeschätzt werden, um so eindeutiger ist der Wunsch, das Fach studieren zu wollen.

Interviewergebnisse: Die Aussagen der KollegiatInnen zu ihrem Studieninteresse stützen die Fragebogenergebnisse: sie schätzen die Multidisziplinarität des Faches, seine Kombinationsmöglichkeiten in beruflicher Hinsicht und im Hinblick auf verschiedene Studienfächer. Ein Zusammenhang zwischen Studienwunsch und Berufsperspektive lässt sich bei denen erkennen, die sich realistischer Weise über Fachkombinationen oder ein Medizinstudium Berufschancen ausrechnen, sowie bei denen, die das Fach interessant finden. Es werden konkrete Berufstätigkeiten antizipiert, wie auch aus den Fragebogenergebnissen zu entnehmen war.
Der Studienwunsch scheint mit der Einschätzung der Berufsperspektive korreliert zu sein.

Zu (2) Der Studienwunsch in Abhängigkeit von der Einschätzung des Kenntniserwerbs, der Leistungsfähigkeit und der Belastung
Fragebogenergebnisse: KollegiatInnen, die das Fach weiter studieren möchten, beurteilen sowohl die Qualität des Kenntniserwerbs als auch ihre eigenen Fähigkeiten (diese erheblich) besser als diejenigen, die das Fach nicht weiter studieren möchten. Geschlechtsunterschiede gibt es dabei nicht. Die Noten für die Qualität des Kenntniserwerbs bezogen auf den Studienwunsch liegen zwischen 1,7 und 2,9 über alle 8 Kurse, und für die eigene Leistungsfähigkeit zwischen 2,0 und 2,8. Der korrelative Zusammenhang zwischen den Urteilen über die eigene Leistungsfähigkeit und die Qualität des Unterrichts ist signifikant, das heißt, eine gute Kurseinschätzung der KollegiatInnen führt auch zu einer guten Selbsteinschätzung, und eine schlechte Kursbeurteilung führt auch zu einer schlechten Selbstbeurteilung. Zeitweiliges Geldverdienen und Erwerbsarbeit neben der Ausbildung beeinflussen den Studienwunsch nicht, denn auch bei denjenigen, die nicht zusätzlich arbeiten, gibt es etwa die gleiche Anzahl von Studierwilligen und Studierunwilligen. Deutlich ist aber, dass mit der Stundenbelastung die Zahl der KollegiatInnen steigt, die keinen Studienwunsch angibt, und dass mehr

weibliche als männliche KollegiatInnen trotz Zusatzbelastungen studieren wollen.

Interviewergebnisse: Der Zusammenhang zwischen Selbsteinschätzung und Kurseinschätzung wird durch die Aussagen der Interviewten bestätigt und in verschiedensten Aspekten konkretisiert. Sie beurteilen für die Kursqualität das Handeln der Lehrenden („faszinierend", „gut aufgebaut", „sehr theoretisch", „sehr erfahrungsbezogen", „fächerübergeifend"), den vermittelten Stoff („schwer", „komplex", „viel"), den Verlauf des Kurses („langwierig", „hektisch"), und den Praxisbezug („Fallbeispiel", „Übungen", „Erfahrungen"). Ihre eigenen Fähigkeiten zum Kenntniserwerb beurteilen sie nach ihrer Erinnerungsleistung („leichte, gute oder keine Erinnerung"), nach dem Kenntniserwerb direkt („an eigenes Wissen anknüpfen können", „Kenntnisse rausziehen", „Bedeutung im Alltag wiederfinden", „Zusammenhänge zwischen disziplinären Kenntnissen herstellen können"), nach der Eigenaktivität im Unterricht („Referate", „Gespräche", „Computer"), und nach der subjektiv empfundenen Anstrengung („Anstrengung", „Spaß"). Die Unterscheidung der Selbst- und Fremdbeurteilung ist genauso eindeutig wie deren Interdependenz, denn positiv oder negativ beurteilte Kurse werden entsprechend mit der eigenen Leistungsfähigkeit verknüpft: wird ein Kurs als interessant beurteilt, wird die Eigenaktivität, der Wissenserwerb, die besondere Leistungsfähigkeit oder der Erfahrungsbezug erwähnt. Das heißt, der Kurs hat den KollegiatInnen das geboten, was sie für ein gutes Leistungserleben benötigten.

Wie sind die Ergebnisse zu bewerten?
Zu (1): Die KollegiatInnen scheinen mit dem Fach am Oberstufen-Kolleg zufrieden zu sein und wollen es in dieser Institution 8 Semester studieren, aber die Orientierung auf ein Studium des Faches danach in einem grundständigen Studiengang ist nur bei einem Drittel von ihnen vorhanden. Um einschätzen zu können, ob diese geringe Zahl von Studierwilligen dem Fachverständnis bzw. fehlender Fachidentifikation anzulasten sind, wird auf

aktuelle empirische Ergebnisse zu Hochschulzugang und Studienmotiven Bezug genommen.

Nach Bargel hat sich seit den neunziger Jahren die Sicherheit oder Unsicherheit der AbiturientInnen, ein Studium aufzunehmen, kaum verändert, „sie ist jedoch nicht allein von der Note im Abiturzeugnis abhängig, sondern in starkem Maße auch von der sozialen Herkunft und in gewissem Umfang vom Geschlecht (selbst bei gleich gutem Notendurchschnitt)" (Bargel, T., 2002). Der Grad der Sicherheit unterscheidet sich auch pro Studienfach und für die Universität oder Fachhochschule. In seinem Studentensurvey sind in 2001 z.B. Uni- bzw. Fachhochschulstudierende zu 41 % bzw. zu 32 % sicher gewesen, dass sie ein Fachstudium der Sozialwissenschaften aufnehmen werden (ebd.). Bei den Fachhochschulen konstatiert er, „finden sich immer mehr Studierende mit der allgemeinen Hochschulreife. Allerdings weisen sie im Zeugnis der Zugangsberechtigung einen deutlich schlechteren Notenschnitt auf als die Studierenden an den Universitäten." (ebd.).

Ähnlich sind die Ergebnisse für die in dieser Arbeit untersuchten KollegiatInnen-Stichprobe zu interpretieren:

- KollegiatInnen, die ohne Q-Vermerk an das Oberstufen-Kolleg kommen und im Fach Gesundheitswissenschaften studieren (etwas mehr als 50 %), könnten aufgrund ihres schlechten Notendurchschnitts bezüglich ihrer Leistungsfähigkeit verunsichert sein und sind daher in ihrer Sicherheit, ein Fach wie die sozialwissenschaftlich ausgerichteten Gesundheitswissenschaften zu studieren, am ehesten den Fachhochschulstudierenden zu vergleichen.
- Die Gruppe der Studieninteressierten insgesamt ist der Gruppe der Studierenden an der Universität vergleichbar, die eine klare Entscheidung für das Fach getroffen haben.
- Weibliche KollegiatInnen werden in ihrem Studienwunsch unterstützt, bzw. ihnen kommt das Fach in seinen Ausbildungs- und Berufsmöglichkeiten entgegen.

Bargel nennt als Begründungen für die Fachwahl vor allem das Fachinteresse und die eigene Eignung, und bei Studierenden der Medizin (neben denen der Ingenieurwissenschaften und des Lehramts) findet er häufig inhaltliche Berufsbezüge (ebd.). Auch die Zufriedenheit mit Studienangeboten wird damit in Zusammenhang gebracht, dass „der Studierende das Gefühl hat, dass seine Kenntnisse erweitert ... und sein Interesse geweckt wird ..." (Jentsch, M., u.a., 2001, S.50). Hier sind auch wieder Bezüge insofern herzustellen,

- als KollegiatInnen in ihren Begründungen zur Fachwahl an erster Stelle ihre Zufriedenheit und ihr Interesse benennen, und an zweiter Stelle deutlich auf die Möglichkeiten des beruflichen Spektrums auch als Alternative zur Medizin verweisen, und
- sich die KollegiatInnen, die Gesundheitswissenschaften weiter studieren wollen, in ihrer Leistungsfähigkeit (Eignung) signifikant besser einschätzen als diejenigen, die das Fach nicht studieren wollen (s.u., zum 2. Themenbereich).

Zu diesem Themenbereich kann nun eine erste Diskussionsthese formuliert werden:

> **1. These:**
>
> Das Ziel, über die multidisziplinäre Fachsystematik ein Fachverständnis zu vermitteln, das KollegiatInnen so zufrieden stellt, dass sie ein Fachinteresse und eine Fach-Studienmotivation entwickeln, ist für ein Drittel der Befragten erreicht worden. Gemessen an einer vergleichbaren Population von Studienanfängern ist diese Zahl zwar als normal zu betrachten, sie ist aber nicht ausreichend, wenn man institutionelle Kriterien wie die Auslastung des Faches und die Förderung von Chancengleichheit bildungsferner Schichten ansetzt, da die Leistungsverunsicherung der KollegiatInnen ohne Q-Vermerk zu einer erhöhten Abbruchquote oder einem Fachwechsel führen könnte

Zu (2): In ihrer Untersuchung zu Motiven für die Studienfachentscheidung haben Niketta / Lüpsen als eine Motivkomponente einen fachspezifischen Faktor beschrieben, der insbesondere auf den items „besonderes Interesse am Fach", „meine Begabung und Fähigkeiten", und „wissenschaftliches Arbeiten" hohe Ladungen aufweist (Niketta, R., Lüpsen, S., 1998, S.72). Sie finden, dass der „Zusammenhang zwischen Studienfach und den Motiven für diese Fachentscheidung ... auch in anderen Untersuchungen gut dokumentiert" ist (Urban 1993, Bargel, T., 2002). Somit wäre davon auszugehen, dass, wenn sich die KollegiatInnen, die das Fach weiter studieren wollen (besonderes Interesse am Fach), in ihrer Leistungsfähigkeit (Begabung und Fähigkeiten) erheblich besser einschätzen als diejenigen, die diese Absicht nicht äußern, dieses kein zufälliges Ergebnis zu sein scheint, sondern in den o.g. systematischen Kontext einzuordnen ist. Niketta / Lüpsen konnten auch keine geschlechtsspezifischen Unterschiede hinsichtlich der Größe des jeweiligen Fachinteresses nachweisen (1998, S.75).

Der Zusammenhang zwischen der Einschätzung der eigenen Leistungsfähigkeit beim Kenntniserwerb und der Einschätzung der Kursqualität zum Kenntniserwerb zwingt den Blick einerseits auf die Interdependenz der Urteilsbildung, andererseits auf die Interaktion von subjektiv erlebtem Lernerfolg und subjektiv erlebter Unterrichtsqualität, die der Urteilsbildung zugrunde liegt. Dieser Zusammenhang zwischen positiv bewerteten Lernsituationen und entsprechenden Leistungseinschätzungen, bzw. negativem Erleben und einem Gefühl von Leistungsversagen oder Misserfolg, unabhängig von der tatsächlichen Leistung (Rosemann, B., Schweer, M.K.W., 1996), und den Konsequenzen für die Lernmotivation ist auch für die Situation der Studierenden an Hochschulen thematisiert worden, für die bessere Lernumgebungen zur Förderung des Interesses und der intrinsischen Motivation gefordert und beschrieben werden (Winteler, A., 2000). Diese Forderung steht in der Tradition der neueren lernpsychologischen Diskussion. Sie widmet bei der Lehr- / Lerninteraktion der Seite der Lernenden große Aufmerksamkeit (Mandl, H., u.a., 1993, Winteler, A., 2002), da sich insbesondere die Eigenaktivität der Lernenden aus Sicht konstruktivistischer Lehr- / Lernmodelle fördernd auf einen befriedigenden Lernfortschritt bei der Vermeidung „trägen Wissens" auswirken. In einer Evaluationsstudie zum problembasierten Lernen im Medizinstudium (Mandl, H., Bruckmoser, S., Kontschak, J., 1999) wurde festgestellt, dass die Studierenden parallel zur hohen Akzeptanz der Veranstaltungen auch ihren Lernerfolg als sehr hoch einschätzten, so dass die Zufriedenheit mit den Lehrbedingungen sich motivierend und leistungsfördernd ausgewirkt haben kann. Zur Bedeutung der Zufriedenheit für die Leistungsmotivation wird bei Ursachenerklärungen von Erfolg und Misserfolg darauf verwiesen, dass „Freude und Zufriedenheit nach Erfolg, wenn man ihn der eigenen Fähigkeit zuschreibt, besonders intensiv erlebt werden" (Rheinberg, F., 1997, S.80; Meyer, W.-U, 1973). Und im Zuge neuerer Erkenntnisse der Neuropsychologie des Lernens wird die positive subjektive Bewertung der Erfahrungen beim Lernprozess als besonders wichtig herausgestellt (z.B. Scheich, H., 2001; Nuissl von Rein, E. 2001).

Zu diesem Themenbereich kann die zweite Diskussionsthese formuliert werden:

2. These:

Das Ziel, KollegiatInnen über die Qualität des Kenntniserwerbs in den Kursen mit ihrem eigenen Kenntniserwerb zufrieden zu stellen, ist nach den Notenurteilen gelungen. Zur Aufrechterhaltung der Lern- und Studienmotivation sollten einerseits Rückmeldungen von KollegiatInnen zu ihrer Leistungsfähigkeit und zur Beurteilung des Kurses regelmäßig abgefragt werden, zum anderen sollten die Qualitätsmerkmale des Unterrichts, die die Lern- und Studienmotivation stützen, wie die Förderung der Eigenaktivität, der Erfahrungsbezug, das Anknüpfen an vorhandene Kenntnisse, fest in der Unterrichtspraxis verankert werden.

6.1.2 Zur Zufriedenheit der ExpertInnen

Nach dem EFQM-Modell der Evaluation wurde die Zufriedenheit der ExpertInnen mit den Entscheidungen der Lehrenden zur Fachsystematik zum zweiten Indikator für die Qualität des Curriculums bestimmt. Die ExpertInnen waren gebeten worden, das Curriculum Gesundheitswissenschaften am Oberstufen-Kolleg daraufhin einzuschätzen, ob die Lehrinhalte relevant für die Gesundheitswissenschaften sind und ob sie sich für die Eingangssemester eines grundständigen Studiengangs der Gesundheitswissenschaften eignen würden. Sie sollten also die Relevanz und die Angemessenheit der Fachsystematik beurteilen. Die Stellungnahmen der ExpertInnen wurden zum einen insgesamt erfasst und darauf überprüft, welchen Grad an Zufriedenheit sie widerspiegeln, zum anderen wurden sie gemäß den Merkmalen der Fachsystematik zur Methodologie, zum Gegenstandsbereich, zu den Methoden und zu Struktur und Inhalten des Curriculums einer qualitativen Datenanalyse unterzogen. Diese hatte auch zum Ziel, die der Zufriedenheit zugrunde liegenden kognitiven Bezugssysteme zu analysieren, um Gemeinsamkeiten und Unterschiede der Beurteilungsmaßstäbe erkennen zu können. Im folgenden sollen die Ergebnisse der Analysen zusammengefasst und Diskussionsthesen zur Zufriedenheit der ExpertInnen mit der Fachsystematik und für mögliche curriculare Konsequenzen aufgestellt werden. Zunächst werden die Ergebnisse zur Zufriedenheit mit den Merkmalen der Fachsystematik und mit der Relevanz und Angemessenheit der Inhalte zusammengefasst. Anschließend werden nochmals die typischen Bezugssysteme für diese Zufriedenheit aufgezeigt.

Zusammenfassung der Ergebnisse zur Zufriedenheit mit der Fachsystematik:

Bei der Untersuchung der Zufriedenheit mit der Fachsystematik zeigte sich, dass es über alle Interviews gesehen fast genauso viel positive Urteile wie

Kritikpunkte zu den Merkmalen der Fachsystematik gibt, mit individuellen Beurteilungsunterschieden und Übereinstimmungen:

Zur Methodologie : Übereinstimmend wurde festgestellt, dass deutlicher die Mehrdimensionalität der Gesundheit erfasst werden müsse, klarer das neue Paradigma des ganzheitlichen bio-psycho-sozialen Menschenbildes vermittelt werden müsse, mehr eine Betonung der Gesundheit und der salutogenetischen Sichtweise erfolgen müsse, statt Krankheiten und Probleme herauszustreichen, wie es das Curriculum zu vermitteln schien. Der Bevölkerungsbezug und die systemische Sicht dürfe nicht vernachlässigt werden, auch hier gäbe es Defizite.

Interdisziplinarität – Multidisziplinarität: Hierzu gab es unterschiedliche Auffassungen. Eine Ansicht war von der Vorstellung geprägt, dass der Anspruch interdisziplinär zu sein, nicht erreicht werden könnte, da die Vorbildung durch die Einzeldisziplinen bei den KollegiatInnen fehlte, es könnte höchstens ein multidisziplinärer Zugang geboten werden und aufgezeigt werden, dass es verschiedene Sichtweisen gibt. Mehrere andere Ansichten stellten den Gehalt der Themen an Möglichkeiten eines interdisziplinären Zugangs heraus und akzeptieren die Schwerpunktsetzung durch die Lehrenden mit unterschiedlichen Fachkompetenzen.

Zum Grundlagenwissen: Notwendig sei es, für de Studienfachentscheidung einen Überblick zu schaffen und eine konzeptionelle Basis für einen Bachelor-Studiengang. Ein Teilbereich der Grundlagenkenntnisse der Gesundheitswissenschaften sollte widergespiegelt werden, manche Themen sollten vertieft werden, manche andere nicht zu sehr ausgeweitet werden (Psychoneuroimmunologie). Eine Vermittlung struktureller und systemischer Aspekte des Gesundheitswesens, der sozialen Lage und der Lebensweise sei nötig, hier träten Mängel auf. Eine grundlegende Kenntnis der Methoden des Faches sei wichtig, aber es solle nicht eigene Forschung betrieben werden, da dafür das Niveau am Oberstufen-Kolleg zu niedrig sei.

Zur Auswahl und Bearbeitung der Themen:

- Das Thema Körperhaltung sei akzeptabel, wenn über die individuelle Ebene hinaus gegangen wird und die bio-psycho-soziale Sicht und der systemische Ansatz deutlich wird;
- Psychoneuroimmunologie sei sehr komplex, der Anspruch zu hoch, genauere Erkenntnisse zu erarbeiten. Eine Einführung sei aber wichtig und auch, sich mit komplexen wissenschaftlichen Systemen auseinander zu setzen;
- Stress, Coping-Strategien und Selfmanagement - Ansätze seien wichtig für eine salutogene Betrachtung, die zu kurz komme (eine Aussage lautet, dem Thema Stress keinen so breiten Raum zu geben, weil die Psychologen das bereits tun), die praktische Umsetzung (Erprobung, Kompetenzschulung) wird einmal gefordert;
- Das Thema Emotionen in Gesprächen sei sehr wichtig, ebenso der kommunikationstheoretische wie der präventive Aspekt kommunikativer Kompetenz und die Gesundheitsförderung, es könnte auch Skill-Training angeboten werden, die Kompetenzentwicklung werde generell zu sehr vernachlässigt (andererseits könne man diese auch in der Praxis erwerben). Der Bezug zur Arbeits-, Betriebs- und Organisationspsychologie und -soziologie sei herzustellen, ebenso zu Managementkonzepten. Praxisbezug sei zu empfehlen;
- Die Methoden der Gesundheitswissenschaften sollten unbedingt vermittelt werden, Inhalte könnten wechseln, die Methoden würden bleiben. Statistische und epidemiologische Kenntnisse seien erforderlich, diese dabei aber bereits als Forschungsmethoden anzuwenden, scheint z.T. zu anspruchsvoll (Grundlagen fehlen z.B. um Forschungsberichte zu lesen).
- Unbestritten sind die Themen Risikofaktoren, Lebensweise, soziale Lage, Gesundheitssystem und -politik, obwohl dieses letzte Thema z.T. zu komplex erscheint und deshalb auf grundlegende Widersprüche reduziert werden sollte.

Zur Struktur / Systematik: In den Eingangssemestern dürfte man sich nicht in Detailwissen verlieren, man müsste in Grundlagen einführen, bei der „großen Linie" bleiben, eher mehr in die Breite gehen, die Vertiefung für spätere Semester (an der Universität) vorbehalten. Ein Problem dabei sei, dass sich Themen überschneiden würden. Schwierig sei die richtige Reihenfolge der Themen zu finden, ein expliziter Vorschlag hierzu lautet: in den ersten drei Semestern physische und physiologische Aspekte verknüpfen mit sozialen und kulturellen Bezügen, im vierten Semester psychologische Grundlagen mit Bezug auf die strukturellen Bedingungen der Lebensweise erarbeiten, danach die wirtschaftlichen und sozialen Bedingungen und erst dann die empirischen Methoden. Abschließend sei der Blick auf die Perspektiven des Gesundheitssystems richtig.

Ob die Inhalte als gleichwertig bzw. unter bestimmten Bedingungen (wie Verdeutlichung des Menschenbildes oder des Kontextes von Verhalten und Verhältnissen) als gleichwertig zu akzeptieren sind, ist für die einzelnen Semester unterschiedlich. Die meisten Aussagen mit Richtung auf Gleichwertigkeit erhalten das 7. und 8. Semester (Gesellschafts- und Systembezug) und das erste Semester (biologische Grundlagen und Erfahrungsbezug), gefolgt vom 4. Semester (Kommunikation und Kompetenzschulung, Bachelor-Studiengang). Das 5. und 6. Semester (Empirisches Projekt, Methodenausbildung) werden unter Einschränkungen (keine selbständige Forschung) als unverzichtbar betrachtet, das 2. und 3. Semester (Psychoneuroimmunologie und Stresstheorien) werden einerseits als zu überfrachtet, andererseits als zu wenig gesundheitswissenschaftlich ausgerichtet (das 3. Semester) angesehen.

Für das Oberstufen-Kolleg gilt bei allen ExpertInnen, dass es aufgrund der institutionellen Vorgaben zur Ausbildungsorganisation und zum Klientel „nur" eine Einführung in alle Themenbereiche bieten und Vorwissen für ein universitäres Studium liefern könne, in einem grundständigen Studium müsse mehr Zeit investiert werden und man müsse in die Fachgebiete tiefer einsteigen.

Bezugssysteme für die Beurteilung der Fachsystematik:
Die Begriffe „Relevanz" und „Angemessenheit" wurden insgesamt einer unausgesprochenen Übereinkunft der „scientific community" entsprechend verwendet. Das heißt, relevant im Curriculum ist zwar einerseits das, was dem Studienangebot an der Universität entspricht, andererseits aber auch, was die neue paradigmatische Ausrichtung vermittelt, was systematische Grundlagen für später zu erarbeitende fachspezifische oder inter- bzw. multidisziplinäre Themen legen könnte, und was fachsozialisierend im Sinne eines Erwerbs von Denkhaltungen und praktischer Kompetenzen wirken könnte. Für den Begriff der Angemessenheit wurden didaktisch-methodische Kriterien verwendet, d. h., für Studienanfänger an der Universität sollen die Inhalte motivierende Funktion haben, einen Überblick oder Eindruck bieten, in Grundlagen einführen können und auch dem neuen Bachelor-Studiengang mit Vorwissen dienlich sein.

Die ExpertInnen gingen bei ihren Urteilen von unterschiedlichen Bezugssystemen aus. Drei Orientierungstendenzen mit jeweils individuellen Dimensionen ließen sich hierzu aufzeigen, die zwar nicht trennscharf sind, aber Schwerpunkte charakterisieren:

- **Eine Grundlagenorientierung:** Für 4 ExpertInnen war primär in grundständigen Studiengängen der Erwerb von Grundlagenkenntnissen ausschlaggebend. Mit dem Erwerb dieser Kenntnisse wurde jeweils eine multidisziplinäre Orientierung, die Disziplin des eigenen Herkunftsfaches, die innovative kritische Funktion der Gesundheitswissenschaften für Forschung und Lehre, und die gesellschaftliche Aufgabe des neuen Faches verbunden.

- **Eine Paradigma-Orientierung:** 3 ExpertInnen sahen das neue Paradigma der Gesundheitswissenschaften als verpflichtende Herausforderung an, dabei wurden Bezüge hergestellt zur Wissenschaftstheorie und gesellschaftlichen Verantwortung des Faches, zu den für die neue Sicht der Gesundheit notwendigen grundständigen Studienanteilen, und zur Profession des Herkunftsfaches.

- **Eine Bachelor-Orientierung**: 3 ExpertInnen bezogen sich vornehmlich auf einen neuen Bachelor-Studiengang, der gemäß der Übereinkunft der scientific community gestaltet werden müsse, der das neue Paradigma vermitteln müsse, der die Grundlagenfächer der Gesundheitswissenschaften repräsentieren müsse.

Wie sind diese Ergebnisse zu bewerten?

Da die Analyse der Urteilskriterien der ExpertInnen fast einer Evaluation der Evaluation nahe kommt, soll ein kritisches Zitat am Anfang der eigenen Bewertung der ExpertInnen-Evaluation stehen: „Evaluation kann wichtig und nützlich sein – aber auch gefährlich, wenn sie nicht selbst evaluiert und kritisch hinterfragt wird" (Lind, G., 2003, S.1). Auch wenn der Autor diesen Satz auf die Validität von Testverfahren bezieht, kann er durchaus auf durch Interviews gewonnene qualitative Daten, die ExpertInnenurteile ja sind, bezogen werden. Denn die Akzeptanz der ExpertInnenurteile setzt voraus, dass diese auch von den Betroffenen als ExpertInnen angesehen werden, und „insofern müssen diese auch selbst der Beurteilung der von ihren Entscheidungen und Urteilen unmittelbar Betroffenen unterliegen" (Künzel, R., 1997, S.2). Die inhaltliche Kompetenz der peers konnte für diese Untersuchung vorausgesetzt werden, aber der Urteilsprozess selbst musste einer Überprüfung unterzogen werden, damit der Urteilsmaßstab bzw. die Beurteilungskriterien transparent werden und die Stärken- und Schwächenanalyse der Relevanz und Angemessenheit der Fachsystematik im Sinne sachverständiger Beratung (ebd., S.3) die Fachkonferenz überzeugen können.

Die inhaltsanalytische Untersuchung der Beurteilungskriterien und der Bezugssysteme der peers zeigten, dass die ExpertInnen sich insgesamt mit ihren Beurteilungskriterien zur Fachsystematik des Curriculums an wissenschaftlichen Standards der spezifischen scientific community orientieren, die sich für das Studienfach Gesundheitswissenschaften bereits ausgebildet und diese Standards definiert hat. Mehr oder minder vehement wird das neue Paradigma, die neue Fachidentität und die besondere gesellschaftliche Verantwortung des Faches in Theorie und Praxis betont und eine entsprechende Fachsozialisation eingefordert. Institutionelle Borniertheiten, Partialinteressen oder Vorurteile aufgrund des eigenen Herkunftsfaches, die auch befürchtet worden waren, sind marginal zu erkennen und werden selbst transparent gemacht: „Gerade die Hochschule hat keinen Platz für falsche, das sind insbesondere nach außerwissenschaftlichen (z.B. interessengebundenen) oder außerhochschulischen (z.B. allgemeinpolitischen) Kriterien berufene oder handelnde Autoritäten, weil die Hochschularbeit in der Produktion und Weitergabe interpersonell kommunizierbaren und damit durch eine Gemeinschaft von Experten kontrollierbaren Wissens besteht" (ebd., S.2). Der Schwierigkeit, ein Curriculum zu beurteilen, dass noch keine Entsprechung in einem grundständigen Angebot an einer deutschen Hochschule hat, wird durch Rekurs auf Grundlagenkenntnisse, methodologische Überzeugungen und die Vorstellung von möglichen Inhalten eines Bachelor-Studiengangs begegnet.

Insofern kann nach dieser Auswertung abschließend auf der Basis von Übereinstimmungen auf Stärken und Schwächen des Curriculums verwiesen werden, und nicht, wie anfangs befürchtet, auf Grund von vorurteilsbelasteten Einzelmeinungen. Unterschiede in den Urteilen sind bedenkenswert und bieten Anreize zur Diskussion.

Die ExpertInnen stimmen bezüglich der **Relevanz der Merkmale der Fachsystematik** darin überein,
- dass alle Inhalte zwar als relevant angesehen werden, aber zum Teil nicht im richtigen Kontext mit den anderen Merkmalen stehen, zum Teil zu intensiv und zum Teil zu wenig bearbeitet werden,
- dass die mangelhaft realisierten methodologischen Grundsätze des Faches kritisiert werden (explizite Vermittlung des Paradigmas fehlt, salu-

togenetische Betrachtungsweise ist nicht deutlich, zum Teil fehlende Orientierung an gruppenspezifischen Fragen und Bevölkerungsfragen und systemisch-strukturellen Aspekten),
- dass eine zu disziplinäre „Erscheinung" des Curriculums wahrgenommen wird,
- dass psychosoziale Einflüsse überbetont werden zu Ungunsten biologisch und systemisch-struktureller Grundlagen.

Unterschiede in den Urteilen gibt es bei dem Anspruch der Interdisziplinarität und der Lehrforschung, bei der Auswahl und Bearbeitung der Themen und bei der Struktur des Studiengangs. Alle als relevant beurteilten Inhalte werden auch für ein universitäres Eingangssemester als didaktisch-methodisch angemessen beurteilt.

Es lässt sich als Ergebnis folgende dritte Diskussionsthese für die Fachkonferenz formulieren:

3. These:
Die ExpertInnen zeigen sich teilweise zufrieden mit der Fachsystematik. Die Struktur des Faches und die Themen werden etwa von der Hälfte der ExpertInnen als in sich konsistent beurteilt. Sofern die methodologischen Kriterien bei der Erarbeitung der Themen berücksichtigt und das Verhältnis von Grundlageneinführung und aufbauendem Detailwissen beachtet wird (was allerdings schwer zu entscheiden sein wird), gibt es eine durchgängige Zustimmung. Zu überarbeiten ist die Methodenausbildung und das Verhältnis von biologischen, sozialen bzw. psychologischen und systemisch-strukturellen Grundlagen. Zu konkretisieren ist die salutogenetische Ausrichtung und zu korrigieren ist das zu disziplinäre „Erscheinungsbild" des Curriculums.

6.1.3 Zur Zufriedenheit der Lehrenden

Um die Zufriedenheit der Lehrenden mit dem erreichten Fachverständnis der KollegiatInnen zu untersuchen, wurden in Kapitel 5.1.3 selbständige schriftliche Arbeiten von 29 KollegiatInnen aus zwei Kursen mit unterschiedlichen

Lehrenden danach analysiert, wie die KollegiatInnen die Merkmale der Fachsystematik in ihre Arbeiten aufgenommen haben. Folgende Aspekte der Fachsystematik sollten als Qualitätsindikatoren in den Arbeiten vorkommen:
- für die Problembeschreibung wurde das bio-psycho-soziale Modell der Gesundheit des Menschen erwartet,
- für die Problemebenen des Gegenstandsbereichs galt die Beachtung des Individuums, der Gruppe und der Bevölkerung,
- für die Erklärungsmöglichkeiten sollten sozial- und oder naturwissenschaftliche Kenntnisse angewendet werden,
- für die Lösungsvorschläge sollte die kritische Reflexion oder die Relativierung disziplinärer Ansätze erkennbar sein.

Zu berücksichtigen war bei diesen Arbeiten der zeitliche und der inhaltliche Kontext, sie waren jeweils im vierten Semester zur Gesundheitskommunikation geschrieben und entsprechend für verschiedene Themen wie „Zur Bedeutung gelingender Kommunikation für die Aids-Prävention", „....im Krankenhaus", „...für Kinder und Jugendliche" vorbereitet worden.

Zusammenfassung der Ergebnisse:
Etwas weniger als die Hälfte der KollegiatInnen (13 von 29) hat das komplette Modell der Gesundheit verarbeitet, etwa die Hälfte (15 von 29) hat psychosoziale oder bio-soziale oder bio-psychische Aspekte berücksichtigt, eine Person hat rein psychologisch argumentiert.
Die drei Problemebenen Individuum - Gruppe - Bevölkerung wurden von etwa einem Drittel (9 von 29) beschrieben, die individuelle und / oder die Gruppen- und /oder die Bevölkerungsebene wurde 17 mal berücksichtigt, drei KollegiatInnen bezogen sich entweder auf die individuelle oder die Gruppenebene. Positiv war vermerkt worden, dass das Themenfeld des Zusammenhangs von Gesundheit und Kommunikation in den meisten Fällen zumindest von der individuellen Ebene abstrahiert und auf soziale Gruppen wie die Familie oder Randgruppen bezogen werden konnte. Auch wurden in 90 % der Arbeiten gesellschaftliche Bezüge mit angedacht und Lebensum-

welten (z.B. die Herkunft aus dem türkischen Kulturkreis) für Kommunikation und Gesundheit einbezogen.

Da das Thema selbst sozialwissenschaftliche Erklärungsansätze nahe legt, die KollegiatInnen mit entsprechender Literatur versorgt worden waren und nur die Aufgabe hatten, eine Literaturquelle selbständig zu recherchieren, finden sich auch fast nur sozialwissenschaftliche Erklärungsansätze. Alle außer einer KollegiatIn konnten diese Ansätze auf die geschilderten Probleme anwenden und diese erklären. 4 KollegiatInnen konnten zusätzlich medizinsoziologische Aussagen verwenden.

Kritische Aussagen zu Erklärungsansätzen oder Relativierungen von Problemlösungsvorschlägen sind nur rudimentär in 2 Arbeiten vorhanden.

Bewertung der Ergebnisse:
Etwa der Hälfte der KollegiatInnen gelingt das Denken im bio-psychosozialen Modell der Gesundheit, auch unabhängig von der jeweiligen Themenstellung und der zuständigen Lehrenden. Das Ziel der Fachkonferenz, allen beteiligten KollegiatInnen das neue Paradigma zu vermitteln, ist insofern nicht erreicht worden. Die Problemebenen Individuum – Gruppe – Bevölkerung werden zum Teil nicht gemeinsam in der Problemanalyse behandelt. Zu oft wird die Ebene der Bevölkerung vernachlässigt und durch allgemeine Aussagen zur „Gesellschaft" ersetzt. (Hier scheint die Kritik der ExpertInnen sich zu bestätigen, dass dieses Strukturmerkmal im Curriculum zu marginal erscheint). Dadurch werden vielfach komplexe Gesundheitsprobleme im privaten und politischen Raum übergangen. Die benutzten Erklärungsansätze demonstrieren in vielen Fällen, dass nicht ausschließlich auf einzelne disziplinäre Kenntnisse zurückgegriffen wurde, sondern soziologische, psychologische und biomedizinische Aussagen integriert werden konnten. Auffälligstes Ergebnis ist der fehlende kritische Standpunkt der KollegiatInnen, so dass sie Lösungsvorschläge nicht relativierend beurteilen konnten.

Die curriculare Arbeit der Fachkonferenz, die dem Ziel diente, ein gesundheitswissenschaftliches Fachverständnis zu entwickeln, wurde von zwei Faktoren beeinflusst, auf die zukünftig mehr geachtet werden muss. Der erste Faktor beschreibt die Bildungsvoraussetzung der KollegiatInnen, der zweite Faktor benennt die Schwierigkeit der Umsetzung des neuen gesundheitswissenschaftliche Paradigmas und der methodologischen Grundsätze, mit dem weder die ExpertInnen noch die Lehrenden selbst zufrieden waren. Daraus folgt die vierte Konsequenz für die Arbeit der Fachkonferenz:

> **4. These** Die Lehrenden können mit den erreichten Ergebnissen zum Fachverständnis nur graduell zufrieden sein. Die Fachkonferenz muss das Curriculum und den Unterricht insbesondere im Hinblick auf die Vermittlung des bio-psycho-sozialen Modells der Gesundheit und der unterschiedlichen Problemebenen sowohl strukturell als auch inhaltlich verbessern, insbesondere müssen die aus den einzelnen Disziplinen kommenden Vorschläge für Problemlösungen in einen gesundheitspolitischen Kontext gestellt und auf Realisierungschancen überprüft werden, so dass KollegiatInnen einen eigenen Standpunkt entwickeln können.

6.2 Problem- und Erfahrungsorientierter Unterricht und das Ziel der Integration / Differenzierung von Alltagserfahrungen und wissenschaftlichen Theorien

In Kapitel 3.3.2 wurde beschrieben, dass der Lernprozess im gesundheitswissenschaftlichen Studiengang die Interessen und Erfahrungen der KollegiatInnen aufnehmen und sie durch die Methode der Problemorientierung strukturieren und wissenschaftlich bearbeitbar machen soll. Diese Verbindung von Erfahrungs- und Problemorientierung charakterisiert eine besondere Lernkultur im Studiengang Gesundheitswissenschaften. Sie hat zum einen das Ziel, zur Integration von Alltagserfahrung und wissenschaftlicher Theorie und Erkenntnis zu befähigen und dadurch das Begriffsverständnis zu fördern und die Abstraktionsfähigkeit zu schulen, und zum anderen die Fähigkeit zu entwickeln, Alltagserfahrung und wissenschaftliche Begriffe zu differenzieren, Erfahrungen zu verallgemeinern und das erworbene Wissen auf neue Problemsituationen anwenden zu können. Diese Lernkultur wurde nach dem EFQM-Modell der Evaluation zu einem der qualitätsfördernden Faktoren bestimmt, der zur Zufriedenheit der KollegiatInnen, ExpertInnen und Lehrenden mit dem Unterricht beitragen sollte.

Die KollegiatInnen wurden dazu mit einem Fragebogen befragt, der durch Interviews ergänzt wurde. Die ExpertInnen äußerten sich ebenfalls in Interviews. Die Zufriedenheit der Lehrenden wurde durch eine Inhaltsanalyse von Leistungsnachweisen, den sog. Mini-Facharbeiten, eruiert.

6.2.1 Zur Zufriedenheit der KollegiatInnen

A. Fragebogenerhebung

Die zwei Merkmale der Erfahrungs- und Problemorientierung, das Einbringen von Erfahrungen und die Problembearbeitung, sollten von den beteiligten KollegiatInnen hinsichtlich ihrer individuellen Leistungsfähigkeit (Selbstbeurteilung) und hinsichtlich der Qualität des Unterrichts, der ihnen diese Leistungen ermöglichen sollte (Fremdbeurteilung der Lehrenden), beurteilt werden. Die Daten wurden nach folgenden Leitfragen ausgewertet:

(1) Wie schätzen KollegiatInnen die Erfahrungs- und Problemorientierung in der Selbst- und der Fremdbeurteilung ein?

(2) Gibt es Aussagen zu Änderungswünschen und Kritik im Hinblick auf Erfahrungs- und Problemorientierung?

(3) Wie gut konnten die KollegiatInnen sich an die Kurse erinnern und wie leicht fielen ihnen die Urteile?

Die letzte Frage diente einer validierenden Kontrolle, da die Vermutung bestand, es könnten sich für Fragebögen typische Antworttendenzen ergeben.

Zusammenfassung der Ergebnisse:
Zu (1): Die Noten für die Selbst- und Fremdbeurteilung der Erfahrungsorientierung liegen im Durchschnitt zwischen 2 und 3, die Qualität der Kurse 7 und 8 verbessert sich von 1997 bis 1999 um eine Note (von 4 auf 3). Die Kurse 5-8 erhalten im Durchschnitt etwas schlechtere Noten als die Kurse 1-4. Unterschiede zwischen den Noten der Kurse sind nicht bedeutsam.

Das Geschlecht hat keinen Einfluss, die schulische Herkunft spielt insofern eine Rolle, als KollegiatInnen, die mit einer Berufsausbildung an das Oberstufen-Kolleg gekommen sind, ihre eigenen Fähigkeiten zur Erfahrungsorientierung in allen Kursen schlechter beurteilen.

Die Qualität der Problemorientierung wird insgesamt ebenfalls mit Noten zwischen 2 und 3 beurteilt, wobei die Mittelwerte sich von 1997 bis 1999 verbessern, und 1999 die Kurse 7 und 8 am besten abschneiden (1,86 bzw. 2,14). Die Beurteilung der eigenen Fähigkeiten fällt ähnlich aus, nur streuen die Urteile um etwa eine Note, was auf Unklarheiten im Verständnis des Begriffs Problemorientierung oder auf tatsächlich heterogener Leistungsfähigkeit und einer dem entsprechenden Selbsteinschätzung beruhen könnte.

Die Selbst- und Fremdbeurteilung, d.h. die Beurteilung der eigenen Fähigkeiten und die Beurteilung der Kursqualität, unterscheidet sich in 5 Kursen, in 3 Kursen nicht (dem 4., 7. und 8.). Die Qualität der Kurse wird in 5 Kursen besser eingeschätzt als die eigene Fähigkeit zur Problemorientierung. Die Vermutung ist, dass im Fall einer solchen Diskrepanz die KollegiatInnen ein Gefühl der Überforderung hatten. In Kurs 4, 7 und 8 gleichen sich die Urteile, so dass zum Ende der Ausbildung dieses „pädagogische Defizit" abgebaut werden konnte, allerdings nicht für das sog. Projektjahr des 5. und 6. Kurses.

Das Geschlecht hat keinen signifikanten Einfluss auf die Benotung der Problemorientierung. Die weiblichen Kursteilnehmer beurteilen im Durchschnitt die Qualität der Kurse und ihre eigenen Fähigkeiten etwas besser als die männlichen. Der unterschiedliche Bildungsweg der KollegiatInnen (direkt von der Regelschule auf das Oberstufen-Kolleg, nach der Berufsausbildung oder mit sonstigen „Bildungswegen" wie zwischenzeitlichem Geldverdienen) hat ebenfalls keinen signifikanten Einfluss auf die Beurteilung der Problemorientierung. Allerdings beurteilen diejenigen mit „krummen" Bildungswegen vor dem Oberstufen-Kolleg ihre Fähigkeiten zur Problemorientierung im Durchschnitt etwas besser als die anderen KollegiatInnen, ausgenommen sind hiervon nur die Kurse 5 und 6 (methodische Kenntnisse und Verfahrensweisen) für die die Selbstbeurteilung etwas schlechter ausfällt.

Der Q-Vermerk hat keinen signifikanten Einfluss auf die Beurteilung der Problemorientierung. Aber: der Unterschied zwischen den KollegiatInnen mit und ohne Q-Vermerk ist in Kurs 5 nahezu bedeutsam (p=0.063).

Bei der Einschätzung der eigenen Fähigkeiten werden der Kurs 1 und die Kurse 7 und 8 von der Gruppe mit Q-Vermerk signifikant besser beurteilt. Das gibt Anlass zu der Vermutung, dass die Selbsteinschätzung am Anfang und am Ende der Ausbildung doch beeinflusst wird von den schulischen Vorerfahrungen.

Zu (2): Nur 40 % der befragten KollegiatInnen haben auf die Frage nach Kritik oder Änderungswünschen zur Erfahrungsorientierung geantwortet (Kritik von 4,7 %). Zur Problemorientierung haben sich 62 % nicht geäußert. Die Hälfte der KollegiatInnen, die geantwortet haben, wünscht sich eine tiefere Bearbeitung der Probleme, die andere Hälfte möchte eher das Lehrenden-KollegiatInnen-Verhältnis verbessern.

Zu (3): Die Noten zur Erinnerung und zur Schwierigkeit der Urteilsfindung variieren im Durchschnitt zwischen 2 und 3 mit einer Ausnahme: KollegiatInnen des 8. Semesters im Jahr 1999 geben sich auf die Frage, wie schwer ihnen ein Urteil über ihre eigene Leistungsfähigkeit und die Kursqualität fiel, im Durchschnitt eine Note schlechter, nämlich 3,71 (Leistungsfähigkeit) und 3,62 (Kursqualität). Zu vermuten ist Leistungsverunsicherung vor der Abschlussprüfung oder mangelnde Klarheit der Prüfungsanforderungen.

B. Ergebnisse der Interviewauswertung

Die 15 Interviews wurden nach zwei Fragen ausgewertet:
(1) Was verstehen die Kollegiatinnen unter den Begriffen der Erfahrungs- und Problemorientierung?
(2) Wie schätzen sie ihre eigene Leistungsfähigkeit dabei ein?
Zu (1)Verständnis der Begriffe: Erfahrungsorientierung wurde in drei Richtungen gedeutet:
- Erfahrungen mit Gesundheit / Krankheit gemacht zu haben
- an eigene Erfahrungen mit Gesundheit / Krankheit anknüpfen
- neue Erfahrungen mit Gesundheit (theoretisch und praktisch) im Studienfach machen.

Diese Deutungen stimmten mit der Vorstellung der Lehrenden überein, denn sie bezeichnen die außerinstitutionelle Selbst-Erfahrung, deren bewusste Reflexion gewünscht wird, die methodisch-didaktische Dimension, die diese Erfahrungen im Unterricht nutzen will, und die Dimension des Lernprozesses, durch den neue Erfahrungen gewonnen werden können.

Der Begriff Problemorientierung wurde über die Frage, was ein gesundheitswissenschaftliches Problem sei, rekonstruiert. KollegiatInnen hatten je nach Semesterstatus ein spezifisches Verständnis davon, das konkret auf die erarbeiteten Semesterthemen zu beziehen ist:
- im 2. Semester herrscht das „neue" Verständnis, die neue Denkweise von Gesundheit, vor, verbunden mit komplexen gesellschaftlichen Gesundheitsproblemen,
- im 4. Semester wird bereits ein Problem über gesundheitliche Belastungen von Individuen, Gruppen und der Bevölkerung im Zusammenhang mit Umwelt, Lebensstil und Lebensbedingungen definiert,
- im 6. Semester wird obige Definition erweitert durch Aspekte der Gesundheitsversorgung und Gesundheitspolitik. (KollegiatInnen des 8. Semesters konnten nicht interviewt werden).

Der Prozess der Problemlösung, der mit der Problemorientierung ebenfalls verbunden ist, wurde von den KollegiatInnen nicht erwähnt.
Zu (2): Die Fragen zur eigenen Leistungsfähigkeit bei der Erfahrungs- und Problemorientierung sollten der Überprüfung der Validität der Notengebung im Fragebogen dienen, denn es wurde erwartet, dass die KollegiatInnen die Güte ihrer Selbstbeurteilung genauer angeben konnten. Dies ist auch der Fall, es gibt zumindest drei Abstufungen bei der Beurteilung: Überforderung, Unterforderung und angemessene Forderung. Anzunehmen war, dass diese Abstufungen mit Noten parallel gehen. Bei der Erfahrungsorientierung überwog das Urteil angemessen gefordert zu sein, obwohl auch beschrieben wurde, dass ein Gefühl von Überforderung entsteht, wenn Erfahrungen zu persönlich sind als dass sie mitgeteilt werden könnten, und insbesondere, wenn die Verbindung zwischen den eigenen Erfahrungen und der Theorie nicht hergestellt werden konnte. Bei der Problemorientierung überwog das Gefühl der Überforderung, es wurde vor allem begründet mit der Schwierigkeit, den Transfer von einem individuellen Problem zu dem einer Gruppe oder der Bevölkerung zu leisten und den Bezug zur Theorie zu finden.

Bewertung der Ergebnisse
Die unterschiedliche Benotung der Erfahrungsorientierung in den Kursen 1 - 4 und 5 - 8 könnte davon abhängen, dass in den ersten Semestern des Studiengangs aufgrund der Themen leichter ein Erfahrungsbezug herzustellen ist als im Projektjahr mit seinem Methodenschwerpunkt oder in den letzten beiden Semestern, in denen eher theoretisch-abstrakte Literatur zu erarbeiten ist. Insofern schätzten die KollegiatInnen die Möglichkeiten der Erfahrungsorientierung bei den jeweiligen Kursthemen realistisch ein und gaben diese in den entsprechenden Noten zur Qualität des Unterrichts wieder.
Die KollegiatInnen schienen ihre eigenen Fähigkeiten, Erfahrungen in den Unterricht einzubringen, zum Ende der Ausbildung besser einzuschätzen als zum Anfang und glichen sich in ihrer Fähigkeitsbeurteilung der Beurteilung der Kursqualität an. Wie beim Kenntniserwerb bestand die Möglichkeit, dass

die Selbst- und Fremdbeurteilung differiert, was z.B. bei sehr guter Qualitätsbeurteilung aber schlechter Fähigkeitsbeurteilung eine Überforderung der KollegiatInnen bei der Erfahrungsorientierung bedeuten könnte. Dies scheint nach diesen Ergebnissen nicht der Fall zu sein, sowohl die Noten für die eigene Leistung als auch die Interviewaussagen sprechen für eine angemessene Anforderung. Die Verbesserung der Fähigkeit im Verlaufe der Ausbildung wäre gerade auch bei methodischen und gesundheitspolitischen Themen der Kurse 5 - 8 wünschenswert, weil der Bezug der relativ abstrakten Kenntnisse auf konkrete Lebenserfahrungen ein Lernen mit Verständnis und Tiefe erleichtert.

Dies würde auch der Vorstellung von Lernen entsprechen, die für Studierende beschrieben wurde: ihr Lernkonzept speise sich vor allem aus dem Bedürfnis, „durch Erfahrung fähig(er) zu werden, (etwas zu tun, zu wissen, zu denken)" (Marton, F., Dall'Alba, G., Beaty, E., 1993, zitiert nach Winteler, A., 2002, S.44). Das heißt, als höchst zufriedenstellend gilt, mit Wissenschaft als eigener Welt des Forschens umgehen zu können. Sie in die eigene persönliche Vorstellungswelt integrieren zu können, aber auch wieder zu abstrahieren, damit Wissen generell zur Verfügung steht, um neue Erfahrungen deuten zu können. Gleichzeitig wird diese Art des Lernens auch als „Tiefenlernen" bezeichnet, die dem „Oberflächenlernen" gegenüber gestellt wird (Marton, F., Säljö, R., 1976 a, b, 1984, ebd.). Während das Oberflächenlernen den reproduktiven Anteil des Lernprozesses charakterisiert, soll das Tiefenlernen mit dem Versuch einhergehen, „dem Stoff oder der Aufgabe Sinn und Bedeutung abzugewinnen" (ebd.) und zwar insbesondere bei den Studierenden, die Interesse am Fach entwickelt haben. Dieses wichtige Ziel ist von KollegiatInnen für die Problemorientierung viel schwerer zu erreichen, sie empfinden den Anspruch, die Verbindung zwischen Erfahrungen und Theorie herzustellen, in der Mehrheit als Überforderung und geben diesen Eindruck in den Noten und den Interviewaussagen wieder, insbesondere für das Projektjahr. Betroffen hiervon sind vor allem diejenigen, die aufgrund schulischer Vorerfahrungen eher in der eigenen Leistungsfähigkeit verunsichert sind. Es scheint angesichts der Forschungsergebnisse zum „trägen Wissen", „die zeigen, dass in Schule und Universitäten häufig träges Wissen erworben wird" (vgl. Gruber, H., Mandl, H., Renkl, A.,1999, zitiert nach Gräsel, C., Mandl, H., 1999, S.372), nicht unerklärlich, dass die KollegiatInnen es als Anstrengung und als ungewohnt, oder dass sie sich ungeübt empfinden, dem Anspruch nachzukommen, einen Wissenstransfer zu leisten und das Gelernte auf konkrete Beispiele und Erfahrungen anzuwenden (Hier greift möglicher Weise die Kritik der ExpertInnen, dass für Anfangssemester die Anforderung zu hoch ist). Auch haben empirische Studien aufgewiesen, dass derartige Lehransätze, die dem üblichen eher passiven und rezeptiven Lernen widersprechen und aktive Teilnahme fordern, auch Abwehr bei den so "verwöhnten" Studierenden hervorrufen können (Winteler, A., 2000, S.141). Möglicherweise fehlt aber auch das Einüben in den Prozess des problemlösenden Lernens. Dass sich Diskrepanzen in der Selbst- und Fremdeinschätzung der Problemorientierung zum Studienende hin im 7. und 8. Semester ausgleichen und die Urteile sich verbessern, dass sogar diese Kurse in der letzten Fragebogenerhebung am besten abschneiden, ist ermutigend für diese neue Lernkultur. Zudem muss das Empfinden einer Aufgabenschwierigkeit bei der Problemorientierung für den Lernerfolg und die Zufriedenheit nicht nachteilig sein, denn wie in den Interviews zum Ausdruck kommt, können die KollegiatInnen den Schritt vom persönlichen Sinn zur allgemeinen Bedeutung bei der Anwendung erworbenen Wissens durchaus leisten. Um aber die Abhängigkeit der Problemorientierung von den jeweiligen (schweren oder leichten) Kursthemen und -inhalten zu mindern, und die Problemorientierung eher als Arbeitsmethode zu etablieren, könnte es eine Hilfe sein, eine Struktur problemlösenden Verhaltens einzuüben, wie sie beim problem-based-learning über das 7-steps-Modell üblich ist (vgl. Kahlke, W., u. a., 2000).

Für die Lehrenden der Fachkonferenz kann nunmehr zu der Frage, ob das Ziel der Differenzierung und Integration von Alltagserfahrung und wissenschaftlichen Theorien, das über die Erfahrungs- und Problemorientierung angestrebt wird, bei den KollegiatInnen die erhoffte Studienzufriedenheit erbracht hat, folgende Diskussionsthese aufgestellt werden:

> **5. These:**
> Die Erfahrungsorientierung ist für die zweite Studienhälfte im Sinne der Anregung der ExpertInnen zu intensivieren. Gerade für die zunehmend abstrakteren Inhalte sollten Bedingungen hergestellt werden, die Erfahrungen mit dem Gesundheitssystem ermöglichen, um eine bessere Zufriedenheit mit der eigenen Leistungsfähigkeit zu erreichen. Die Problemorientierung, die inhaltlich eng auf die jeweiligen Semester bezogen ist, sollte durch eine Suprastruktur ähnlich wie die 7-steps beim „problem-based-learning" ergänzt werden, um dadurch den Prozess des problemlösenden Lernens mehr zu betonen, durch den vom ersten Semester an bereits die jeweiligen Arbeitsschritte gelernt werden können.

6.2.2 Zur Zufriedenheit der ExpertInnen

Die ExpertInnen waren gefragt worden, für wie relevant sie die Erfahrungs- und Problemorientierung im gesundheitswissenschaftlichen Unterricht halten und für wie angemessen sie dieses didaktisch-methodische Vorgehen für KollegiatInnen am Oberstufen-Kolleg und für Anfangssemester an der Universität einschätzen.

Ihre Aussagen waren einer qualitativen Datenanalyse unter 5 verschiedenen Fragestellungen unterzogen worden, die Antworten sollten einen Eindruck darüber vermitteln, wie zufrieden die ExpertInnen mit der Erfahrungs- und Problemorientierung sind.

Zusammenfassung der Ergebnisse

Als Gesamteindruck zur Erfahrungs- und Problemorientierung kann festgehalten werden, dass
das Aufgreifen persönlicher Erfahrungen als förderlich für den Lernprozess angesehen wird, und zwar insbesondere in den ersten Semestern, da die Studierenden durch Anknüpfen an Vorerfahrungen Zugang zu schwierigen Themen gewinnen können. Um nicht in persönlichen Erfahrungen verhaftet zu bleiben, müsse aber die Theorie-Praxis-Verbindung über Praktika hergestellt werden. Da Wissen schnell veraltet, müsse gelernt werden, wie man es sich erarbeiten kann. Dabei kann das problembasierte Lernen von Vorteil sein, sofern es für AnfängerInnen nicht eine zu hohe Anforderung darstellt. Es sollte frühzeitig genug in systematisches Lernen überführt werden bzw. durch systematische Arbeit ergänzt werden und mit gründlicher Evaluation gekoppelt sein.

Für das Fach Gesundheitswissenschaften wurden sowohl die Erfahrungsorientierung als auch die Problemorientierung als relevant betrachtet, z.T. nicht nur aus unterrichtsmethodischen Gründen, sondern auch, weil unmittelbare Erfahrungen mit dem Gesundheitssystem erst die richtige Problemorientierung ermöglichen. Der Theorie-Praxis-Bezug ist durch das problembasierte Lernen herstellbar. Dieses sei sehr anspruchsvoll, weil es hohe Anforderungen an Selbststeuerung und Eigenverantwortung stelle, und es würde, wenn es gut funktioniere, auch für das Studium insgesamt akzeptiert und nicht nur für die Eingangssemester.

Alle 10 ExpertInnen halten die Erfahrungsorientierung als motivierende und Interessen weckende Methode im Fach am Oberstufen-Kolleg grundsätzlich für richtig.

Die ExpertInnen unterschieden sich in ihren Annahmen darüber, ob sie die Erfahrungsorientierung grundsätzlich nur für die Anfangssemester positiv sehen oder für das gesamte Studium, ob sie sie nur in Verbindung mit systematischer Wissensvermittlung oder Praxisbezug akzeptieren wollen. Es wurde auch deutlich, dass die Problemorientierung eher akzeptiert ist, wenn sie in Verbindung mit systematischem Lernen stattfindet. Eine eher positive Einschätzung hatten die Personen, die über das problemorientierte Lernen an anderen Hochschulen im Ausland (z.B. Maastricht, Niederlande) informiert waren.

Bewertung der Ergebnisse
In den Aussagen der ExpertInnen ist die Auseinandersetzung um didaktischmethodische Prinzipien einer guten Lehre wiederzuerkennen, bei der auf eigene Erfahrungen rekurriert wird (z.b. selbst Anknüpfungspunkte finden können, Praxis erfahren haben) und persönliche Lernzielvorstellungen von Bedeutung sind (z.B. Problembewusstsein, Lernen lernen, Theorie und Praxis verbinden, wissenschaftlich arbeiten). Dabei geht es um die alltäglichen Fragen hochschulischer Lehre: wie die Studierenden am besten zu motivieren sind, wie die besten Lernergebnisse zu erreichen sind und wie erwünschte Kompetenzen am ehesten erzielt werden. Wird die Methode der Problemorientierung befürwortet, sind Informationen über positive praktische Erfahrungen an anderen Hochschulen vorausgegangen. Bei den Uninformierten scheint eher Unsicherheit zu bestehen, dass die Methode der Erfahrungs- und Problemorientierung die Effekte erzielen kann, die die einzelnen sich wünschen. Diese Unsicherheit bezieht sich insbesondere darauf, von den individuellen Bezugspunkten abstrahieren und theoretische Bezüge herstellen zu können. Bei manchen wirkt es auch wie ein Zugeständnis, dieses Vorgehen unter bestimmten Bedingungen wie „nur für den Einstieg nutzen, nur mit evaluativer Überprüfung und nur mit systematischer Wissensvermittlung" als möglich zu erachten.

Welche Folgerungen sind aus diesen Aussagen der ExpertInnen zu ziehen? Für die Lehrenden der Fachkonferenz soll dafür zunächst erörtert werden, welche Bedeutung der Lernumgebung für die Interessenentwicklung und die Lernmotivation der Studierenden im Rahmen der Diskussion um Problemorientiertes Lernen zugemessen wird, und wie die o.g. Argumente der Exper-

tInnen auf diesem und dem Hintergrund der Ausführungen im Kapitel 3.3.2 einzuschätzen sind. Dabei geht es vornehmlich um die Fragen,
- ob Erfahrungsorientierung „nur" ein Aufhänger zur situativen Motivierung der Studierenden ist oder sein sollte, und
- ob Problemorientierung die Interessenentwicklung und die Lernmotivation fördert.

Der Ausgangspunkt für die Entscheidung, das Erfahrungsorientierte Lernen mit dem Problemorientierten Lernen zu verbinden, waren Beobachtungen zur Interessenentwicklung und zur Lernmotivation im Studiengang Gesundheitswissenschaften sowie Erkenntnisse der konstruktivistischen Pädagogik. Der weite Erfahrungsbegriff von Hentigs (1973) wurde bezogen auf die subjektiv erlebte "Alltagserfahrung", diese wurde nach der für den Unterricht adaptierten Methode des Problemorientierten Lernens mit fachlichen Themen verknüpft bearbeitet. Somit wird der Stellenwert des erfahrungsbezogenen Unterrichts nicht verabsolutiert, sondern auf notwendige institutionalisierte Lernprozesse bezogen. Es wird so eine Lernumgebung hergestellt, die die Lernenden animiert, ihre bis dahin "unbegriffenen" Alltagserfahrungen zu beschreiben, zu analysieren und auf einer wissenschaftlichen Ebene methodisch zu ordnen, inhaltlich zu klären und letztlich zu begreifen. Mit dieser Ver-Objektivierung wird zwar die "besondere" Erfahrung verlassen, aber sie wird durch die Intersubjektivität von Problemen, Fragestellungen und Erklärungen als eine "allgemeine" neu wahrgenommen (vgl. Regenbrecht, A., 1995, S.6)[1]. Damit ist die Bedeutsamkeit eines Problems zwar der Subjektivität entkleidet, aber für das Individuum ist sie nicht verschwunden, denn der Erkenntnisgewinn ist wieder individuell nutzbar und damit bedeutsam. Unterricht ist insofern "Konfrontation mit wissenschaftli-

---

[1] Regenbrecht zitiert John Dewey, der das Ziel dieses Vorgehens als das Erreichen einer "gelungenen Erfahrung" definiert, was nur durch Aufarbeitung der Erfahrungen nach der Methode naturwissenschaftlichen Denkens als möglich erscheint (ebd., S.9). Das Problemorientierte Lernen entspricht in seinem Verlauf dem hypothesenprüfenden Vorgehen der Naturwissenschaften.

cher Systematik unter dem Aspekt der Bedeutsamkeit" (Ladenthin, V., 1995, S.28), der den Lernenden die Chance bietet, ihre Interessen zu entwickeln und motiviert zu lernen. Dieses Prinzip der konstruktivistischen Pädagogik will die Lernenden veranlassen, sich aktiv, selbständig und zielgerichtet mit dem Lehrstoff auseinander zu setzen, denn "Wissen (gewinnt) erst dann Bedeutung für einen Lernenden ..., wenn es aktiv durch individuelle Erfahrungen konstruiert und verändert wird" (Winteler, A., 2000, S.133). Eine mit diesem Prinzip verbundene Annahme ist, dass sich eine Verknüpfung von lernrelevanten Kognitionen mit erfahrungsrelevanten Emotionen einstellt, die Interesse und Aufmerksamkeit bewirken kann[2] (Pekrun, R., 1998, S.235 f.; 1992, S.318 /319). Wenn die subjektive Valenz eines Lehrstoffes positive Emotionen bewirkt, kann sich dies förderlich auf die Leistungsfähigkeit auswirken, was in Verbindung mit der Entwicklung des Selbstkonzepts schulischer Leistungsfähigkeit auch zu besseren Leistungen führen kann (ebd., S.239). Um Interesse und Aufmerksamkeit längerfristig zu binden scheint es nötig zu sein, die subjektiven Erfahrungen nicht nur als „Einstieg" zu wählen, um einen „Aufhänger" zur situationalen Weckung von Neugier zu haben (die „catch"-Komponente nach Mitchel, zitiert nach Krapp, A. 1998, S.191), sondern diese in die systematische Wissenserarbeitung zu integrieren, denn für die Aufrechterhaltung des Interesses (die „hold"-Komponente, ebd.) ist z.B. ein wichtiger Faktor, dass „Schüler den aktuellen Lerninhalt als etwas persönlich Sinnvolles wahrnehmen" (Krapp. A., 1998, S.191).

Über die Frage, ob eine solche Lernumgebung die Lernmotivation der Studierenden fördert, wird gerade auch im Zusammenhang zum motivinduzierenden Gehalt situierten Lernens nachgedacht (Stark, R., Mandl, H., 2000)[3].

---

[2] Auch aus der neuropsychologischen Gedächtnisforschung wird die Interdependenz zwischen Aufmerksamkeit, Emotion und Gedächtnis berichtet (Markowitsch, H. J., 1992, S.30)
[3] Im Übrigen wird noch nicht lange darüber nachgedacht, dass nicht nur kognitive, motivationale oder emotionale Persönlichkeitsvariablen ausschlaggebend für erfolgreiches Ler-

Denn unbestritten ist, dass in situierten Lernansätzen eher motivierende Lernumgebungen konstruiert werden, aber unklar ist die motivationspsychologische Basis, die dem konstruktivistischen Lernparadigma über ein angemessenes theoretisches Konstrukt Erklärungen und empirische Untersuchungen zu seiner Überprüfung liefern könnte (ebd., S.110).

Es scheint trotzdem sinnvoll, auf solche motivationstheoretischen Konzepte und empirische Ergebnisse zu rekurrieren, die Begründungen für die Unterstützung von Interessenentwicklung und Lernmotivation, und damit letztlich auch für Kompetenzentwicklung im Rahmen des Erfahrungs- und Problemorientierten Lernens aufweisen können.

Der motivationstheoretische Ansatz von Deci und Ryan, die Selbstbestimmung des eigenen Handelns, ist ein geeigneter Erklärungsversuch für solche motivationsunterstützenden Lernbedingungen (Deci, E. L., Ryan, R.M., 1985, zitiert nach Krapp, A., 1993). Die Autoren definieren drei Grundbedürfnisse als generelle Antriebsmechanismen selbstbestimmten Handelns und persönlicher Höherentwicklung, das Bedürfnis nach sozialer Eingebundenheit, Kompetenz und Autonomie. Um sich auf Anforderungen von außen einzulassen, kommt es demnach darauf an, dass die Menschen sich in ihrem Autonomiebestreben unterstützt fühlen, d.h., nicht zu stark eingeengt werden im Ausprobieren eigener Handlungsmöglichkeiten, dass sie in ihrem Kompetenzerleben nicht durch abwertende kontrollierende Bemerkungen beeinträchtigt, sondern durch Rückmeldungen über Können und Defizite und Verbesserungsmöglichkeiten informiert werden, und dass sie sich sozial eingebunden erleben, d.h., in ihrem persönlichen Bemühen in der Lerngruppe akzeptiert werden. Krapp stellt dar, dass "empirische Befunde zeigen, dass auf Selbstbestimmung beruhende Formen der Lernmotivation zu qualitativ besseren Lernleistungen führen und das Gelernte dauerhafter gespeichert wird. Außerdem konnte man in verschiedenen pädagogischen Kontex-

---

nen sind, sondern dass diese mit Umgebungsbedingungen transaktional (Lazarus 1981) verbunden sind und dadurch interaktiv sozialisiert werden (Winteler, A., 2000, S.140).

ten nachweisen, dass die Entstehung selbstbestimmter Motivation zu einem wesentlichen Teil von der Gestaltung der Lernumgebung und dem Verhalten der Lehrer und Erzieher bestimmt wird (z.B. Grad der Autonomieunterstützung...)" (Krapp, A., 1993, S.201).

Für das Setting des Erfahrungs- und Problemorientierten Lernens könnte folgende Hypothese formuliert werden: Da die KollegiatInnen ermuntert werden, aufgrund eigener Erfahrungen selbständig ein Problem zu formulieren, erleben sie ein Gefühl von Autonomie, sie können nicht nur selbst auswählen, was sie für sich als bedeutsam erachten, sie sind auch "ExpertInnen" im Explorieren von Situation, Kontext und eigenem Erleben. Die Methode der Problemorientierung zeigt den Weg der Problemerklärung und -lösung in Abhängigkeit von wissenssystematischen Inhalten, sie strukturiert das Handeln, die KollegiatInnen können dabei selbst ihre Kompetenz erleben, ihre Defizite werden als individuelle Informationen rückgemeldet und fördern das Lernen. Durch die damit verbundene klare Akzeptanz persönlicher Erfahrungen und persönlicher Geschichte durch die Lehrenden wird die soziale Einbindung unterstützt. Für den Hochschulbereich werden ähnliche Vermutungen aufgrund empirischer Untersuchungen angestellt und durch Bedingungen ergänzt, die sich auf das Verhalten der Lehrenden beziehen, wie deren Engagement und Interesse, die inhaltliche Relevanz des Lehrstoffes und die Instruktionsqualität (Prenzel, M., 1996, S.22). Der letzte Punkt wird als nicht zu unterschätzende Einflussgröße für die Interessenentwicklung und das selbstständige Lernen der Studierenden betont, die möglichst "mit authentischen Problemfällen der Expertenpraxis konfrontiert werden" und diese in systematischer Anleitung erarbeiten sollten, die sukzessive in mehr Eigenverantwortung übergehen müsste (Krapp, A., 1998, S.195). Auch dieser Aspekt ist durch das Konzept des Erfahrungs- und Problemorientierten Lernens angedacht, da es über 8 Semester gelernt wird und die positive Beurteilung auch der eigenen Kompetenz zunimmt, je fortgeschrittener die KollegiatInnen im Studium sind (vgl. Kapitel 6.2.1). Ein ähnliches Ergebnis wird in einer niederländischen Studie mitgeteilt, die konstatiert: "...findings suggest that students in a problem-based curriculum become more accomplished self-directed learners over the four curriculum years ..." (Dolmans, D., Schmidt, H., 1994, S.372; Norman, G. R., Schmidt, H. G., 1992). Abschließend soll erwähnt werden, dass zahlreiche evaluative Überprüfungen des Erfolges Problemorientierten Lernens an angelsächsischen, amerikanischen und niederländischen Universitäten durchgeführt wurden, bei denen diese Art des Unterrichts inzwischen sehr verbreitet ist. Ein in Deutschland durchgeführtes Modellvorhaben nach dem problemorientierten Lernen in der Ausbildung von Medizinern wurde mit positivem Erfolg für die Studierenden evaluiert (Mandl, H., Bruckmoser, S., Konschak, J., 1999). Als Evaluationsergebnisse wurden in dieser und anderen Studien z.B. aufgezeigt,

- dass die nach dieser Struktur angebotenen Kurse für die Studierenden hoch attraktiv waren, dass die Kursziele erreicht wurden und die Prüfungen bestanden wurden (ebd., S.4),
- dass erfolgreiches Studieren nach der Methode auch davon abhängt, wie engagiert die Innovation implementiert wird, wie lange die Studierenden mit dieser Methode arbeiten und ob günstige Bedingungen wie kleine Gruppen gegeben sind (Kalaian, H.A., Mullan, P.B., Kasim, R.M., 1999),
- dass sich Prüfungsergebnisse im Problemorientierten Lernen der (evaluierten) Medizinausbildung im Vergleich zu herkömmlichem Unterricht nach Abschluss der Ausbildung nicht mehr unterscheiden; dabei führt das problemorientierte Lernen aber zu mehr Zufriedenheit und positiveren Studieneinstellungen (Kaufman, D. M., Mann, K. V., 1999),
- dass den Lehrenden durch ihre neue Rolle bei dieser Form des Unterrichts auch neue Fähigkeiten abverlangt werden, nämlich die Studierenden darin zu unterstützen, wie sie problemlösend denken und sich adäquat neues Wissen aneignen können, und dass diese Fähigkeiten für zu-

künftiges professionelles Denken und Handeln und lebenslanges Lernen unverzichtbar sind (Gräsel, C., Mandl, H., 1999, S.380; Smith, C. A., Powell, S. C., Wood, E. J., 1995),
- dass es mit dem Problemorientierten Lernen tatsächlich besser gelingt, anwendbares Wissen zu vermitteln, und das heißt auch, den Transfer von konkreten Beispielen zur Theorie und umgekehrt leisten zu können (Gräsel, C., Mandl, H., 1999, S.379).

Zusammenfassend ist festzuhalten, dass solche Lernbedingungen wie kleine Gruppen, eine hohe instruktionale Qualität des Materials und der Anleitung, eine gute Infrastruktur für eigenständige Recherchen und eine exzellente Betreuung unabdingbare Voraussetzungen sind, wenn diese Methode erfolgreich sein soll, und dass es partiell als wünschenswert angesehen wird, diesen Lernstil durch systematische Kenntnisvermittlung als „dual approach" zu ergänzen (Smith, C. A., Powell, S. C., Wood, E. J., 1995, S.151).

Für die weitere Verbesserung der Qualität des Curriculums im Hinblick auf das Ziel, die Differenzierung und Integration von Alltagserfahrung und wissenschaftlicher Theorie durch die Erfahrung- und Problemorientierung zu erreichen, folgt somit als Diskussionsthese:

> **6. These:**
> Die Erfahrungsorientierung ist für die Lernenden ein interessenbindender und motivierender Faktor. Sie sollte nicht nur als „Einstieg" in ein Thema, sondern als Basis für selbständige problemorientierte Arbeit genutzt werden. Diese sollte klar strukturiert nach gut durchdachten Fallmaterialien den KollegiatInnen sukzessive zur selbständigen Erledigung übertragen werden. Es wäre opportun, die Fallbeschreibungen, die Literatur und die „essentials" der erwünschten Basiskenntnisse mit den ExpertInnen zu diskutieren und zu entscheiden. Ggf. könnten Leistungsüberprüfungen in Absprache mit ihnen stattfinden, um die Unsicherheit bezüglich des didaktisch-methodischen Vorgehens zu reduzieren und überzeugende Evaluationsergebnisse präsentieren zu können.

6.2.3 Zur Zufriedenheit der Lehrenden

Das Ziel, mit Hilfe des didaktisch-methodischen Vorgehens der Erfahrungs- und Problemorientierung sowohl die Differenzierung als auch die Integration von Alltagserfahrung und wissenschaftlichen Theorien zu erreichen, impliziert die Fähigkeit zur Abstraktion von der konkreten Alltagserfahrung und zur Verallgemeinerung, und die Fähigkeit, Wissen im Sinne eines Transfers auch auf konkrete Probleme anzuwenden zu können. Zu drei Schritten des problemorientierten Vorgehens, der Problembeschreibung, der Problemdefinition und den Problemlösungsvorschlägen wurden jeweils Kriterien für die Konkretisierung und die Abstraktion definiert und durch Referenzpunkte markiert. Schriftliche Arbeiten der Kollegiatinnen wurden danach analysiert, inwieweit sie diese Referenzpunkte erfüllten.

Zusammenfassung der Ergebnisse:
Einer Mehrheit der KollegiatInnen im vierten Semester des Studiengangs Gesundheitswissenschaften ist es durchaus gelungen, ein gesundheitliches Problem aufgrund individueller Erfahrungen unter Berücksichtigung der Lebenslage zu beschreiben, dieses Problem richtig unter Anwendung der

Definition von Gesundheit in seiner gesellschaftlichen Bedingtheit zu analysieren, das individuelle Interesse zu formulieren und die gesellschaftliche Relevanz zu begründen, sowie allgemeine Hypothesen und Lösungsvorschläge zu entwickeln. Diese Ergebnisse werden kurzgefasst in der folgenden tabellarischen Übersicht (Tabelle 46) beschrieben:

Tabelle 46: **Ergebnisse zur Konkretisierung und Abstraktion in schriftlichen Arbeiten**

Referenzpunkte	Alltagserfahrung / Konkretisierung	Abstraktion / Verallgemeinerung
Individuelle Erfahrung und lebensweltlicher Kontext	Von etwa *der Hälfte* der KollegiatInnen wurden Alltagserfahrungen beschrieben	Diese konnten *zumeist* in einen lebensweltlichen Kontext eingebettet werden
Bezug auf die Gesundheitsdefinition und gesellschaftliche Bedingungen als verursachende Faktoren	In fast *zwei Drittel* der Arbeiten wurde ein gesundheitswissenschaftliches Problem in Verbindung gebracht mit der Gesundheitsdefinition	Das Problem konnte von *fast allen* auf dem Hintergrund gesellschaftlicher Bedingungen definiert werden
Individuelles Interesse und Gesellschaftliche Relevanz	Das individuelle Interesse findet sich in *mehr als der Hälfte* der Texte	Die gesellschaftliche Relevanz des Problems wird von mehr als *80 %* der KollegiatInnen beschrieben
Individualisierte und generalisierte Hypothesen	*Ein Drittel* der KollegiatInnen formulierte ausschließlich individuelle Hypothesen,	Verallgemeinerte Hypothesen konnten *drei Viertel* der KollegiatInnen aufstellen
Individualisierte und generalisierte Lösungsvorschläge	In fast *drei Viertel* der Texte werden Lösungen für Individuen vorgeschlagen	Mehr als *die Hälfte* der Texte weisen allgemeine Lösungsvorschläge auf

Bewertung:
Durch die unterschiedliche Unterrichtspraxis und die differierenden Ansprüche der Lehrenden an die Leistungen, die im vierten Semester in den sog. Minifacharbeiten erbracht werden sollen, gibt es in den untersuchten Arbeiten ein weites Spektrum an Ansätzen mit den Referenzpunkten umzugehen. In manchen Arbeiten sind abhängig vom Thema und von der Problembeschreibung ein überwiegender Individualbezug und deutliche Mängel bei der Anwendung theoretischer Kenntnisse zu erkennen, dies könnte aber auch der Leistungsheterogenität der KollegiatInnen und nicht dem methodischen Vorgehen zugeschrieben werden.

Wird als Ziel angestrebt, dass möglichst alle KollegiatInnen mit diesen Referenzpunkten arbeiten können, müsste die Fachkonferenz sich auf gemeinsame Standards einigen und die unterrichtlichen Vorgaben sowie die individuelle Betreuung entsprechend gestalten, insbesondere für die Gruppe der KollegiatInnen, die Schwächen in der Abstraktion und Verallgemeinerung von hypothetischen Zusammenhängen aufweist. Zur Diskussion gestellt wird auf Grund dieser Ergebnisse folgende These:

---

7. These:
Das Ziel der Differenzierung und Integration von Alltagserfahrung und wissenschaftlicher Theorie kann durch das didaktisch-methodische Vorgehen der Erfahrungs- und Problemorientierung erreicht werden, wenn die anzustrebenden Leistungsstandards in der Fachkonferenz vereinheitlicht werden. Dazu gehört die Festlegung von Referenzpunkten zu den einzelnen Schritten der problemorientierten Arbeit, durch die die konkrete Erfahrung über wissenschaftliche Kenntnisse verallgemeinert und in theoretische Reflexion überführt werden kann.

6.3 Forschendes Lernen und das Ziel des Erwerbs methodischer Qualifikationen

Das Forschende Lernen wird als curriculares Prinzip über Lehrprojekte im 5. und 6. Semester der Ausbildung realisiert. Ob das Ziel des Erwerbs methodischer Qualifikationen durch Forschendes Lernen zu erreichen ist, wurde an einem Projekt untersucht, das von der Autorin selbst mit den Kollegiatinnen durchgeführt worden war. Für die Qualitätssicherung des curricularen Prinzips nach dem EFQM-Modell waren zwei Aspekte von Bedeutung: die Beurteilung des Projekts durch die KollegiatInnen, um deren Zufriedenheit mit dem Unterricht und ihre eigene Einschätzung der Projektarbeit zu erfassen, und die Beurteilung von Leistungsnachweisen in diesem Projekt durch die Autorin, um mit den Mitgliedern der Fachkonferenz den leistungsbezogenen Erfolg der KollegiatInnen und damit die Zufriedenheit der Lehrenden feststellen zu können.

6.3.1 Zur Zufriedenheit der KollegiatInnen

Zusammenfassung der Ergebnisse

Die KollegiatInnen gaben zwei Rückmeldungen zum Projektverlauf ab, die erste nach dem ersten Projektsemester, die zweite nach dem Projektjahr. Nachdem das erste Semester des Projektes - bei dem die „highlights" in der Selbsttätigkeit gelegen haben - vor allem als anstrengend, arbeitsintensiv, trocken und theoretisch beschrieben wurde und die fehlende Mitbestimmung bei der Themenwahl kritisiert wurde, wird nach dem zweiten Semester des Projektes das Jahr insgesamt positiver beurteilt, da die meisten KollegiatInnen hervorheben, dass sie Interesse am Projektthema entwickeln konnten, methodische Kompetenzen erworben haben und sich eher zutrauen, selbständiger methodisch arbeiten zu können, sich auch selbst Wissen anzueignen und dieses auch anzuwenden. Sie betonen mehrheitlich, dass ihnen die selbständige Interviewdurchführung und die Auswertung am meisten Spaß gemacht habe, und dass wesentlich das gute Kursklima und die gute Grup-

penarbeit dazu beigetragen haben. Nach dem ersten Projektsemester konnten mögliche motivationale Orientierungen der KollegiatInnen beschrieben werden:
- z.T. können sie als eher aktivitätsorientiert charakterisiert werden, sie haben Spaß an Eigenaktivität, an Arbeit in Gruppen mit einem guten (Arbeits-) Klima, an produktiven Diskussionen, und sie legen Wert auf Mitbestimmung,
- z.T. urteilen sie eher interessenorientiert, sie mögen keine „trockene" Theorie, die ihnen zu anstrengend und langweilig ist, sie wollen interessante Themen mit „Lebensnähe" bearbeiten, zu denen sie persönliche Bezüge herstellen können,
- z.T. urteilen sie eher theorie- und / oder studienorientiert, denn sie haben Neugier auf theoretisches Wissen, mögen einen zügigen Lernprozess und weniger „pädagogisches" Verhalten der Lehrenden, nehmen Anstrengung und Schwierigkeiten in Kauf mit der Abstraktheit von Inhalten, empfinden Stress, wenn die Zeit fehlt für gründliche Bearbeitung.

Diese Urteilsmuster sind aber nicht statisch zu sehen, denn nach dem zweiten Projektsemester ändert sich die Meinung, so dass es nun zusätzliche Orientierungsmuster gibt:
- eine Aktivitätsorientierung
- eine Theorie- und / oder Studienorientierung
- eine Aktivitäts- und Theorieorientierung
- eine Interessen- und Theorie- und / oder Studienorientierung

Hier scheint der positive Effekt einer motivationalen und Interessenentwicklung aufgrund erfolgreicher eigener Lernhandlungen eingetreten zu sein.

Bewertung der Ergebnisse

Die schlechtere Bewertung des ersten Projektsemesters im Verhältnis zum Projektjahr gibt Anlass zu der Vermutung, dass die KollegiatInnen am Anfang des Lehrprojektes in ihrer Motivation und in ihrem Interesse durch die vorgegebene Aufgabenstellung beeinträchtigt waren. Das Projektthema [4] war fremdbestimmt worden, und so haben sie im ersten Projektsemester vermutlich höchstens extrinsisch motiviert (Schiefele, U., 1996, S.59) mitgearbeitet und gelernt. D. h., der Anreiz zur Mitarbeit lag darin, dass sie einen Schein erwerben mussten und keine Alternative eines anderen Unterrichtsangebots zur Verfügung stand. Entsprechend erlebten sie mehrheitlich den Unterrichtsstoff als zu schwer, zu abstrakt etc., sich selbst als inkompetent und hoben die Eigenaktivität und die Selbständigkeit bei der Durchführung der Interviews als außerordentlich positiv hervor. Ein solcher Effekt kann gut durch den Ansatz von Deci und Ryan (1993) erklärt werden, der besagt, dass "intrinsisch motiviertes Verhalten ... nur möglich [ist], wenn die handelnde Person sich als kompetent und selbstbestimmt erlebt" (Schiefele, U., 1996, S. 54/55).

Kritik an mangelnden Mitwirkungsmöglichkeiten bei der Seminargestaltung, wenig aktivierende Unterrichtsmethoden und fehlender Praxisbezug sind auch im Hochschulbereich wiederholt als die Probleme benannt worden, durch die die Motivation und die Interessenentwicklung der Studierenden beeinträchtigt wird (Jentsch, M., Lehmpfuhl, U., Rotermund, M., 2001; Bohnsack, F., 2000). Umgekehrt wird auch postuliert, dass die mit einer eigenständigen Handlungsregulation verbundenen Strategien des selbstgesteuerten Lernens, wie Planung, Durchführung und Kontrolle von Lern- bzw. Studienhandlungen mit positiv erlebten emotionalen Befindlichkeiten einhergehen und intrinsische Motivation zur Weiterführung der Aktionen

---

[4] Eine Expertenevaluation des Curriculums durch Studierende des Postgraduierten-Studiengangs mit dem Ziel der Kontaktaufnahme, dem informationellen Austausch und der Erhöhung der Akzeptanz.

induziert (Konrad, K., 1996a + b). Intrinsisch motiviertes Lernen wird dabei als durch den Unterrichtsgegenstand oder die angebotene Selbsttätigkeit induziert verstanden (Schiefele, U., 1996, S. 52).

Im Zusammenhang mit dem untersuchten Projekt und den Rückmeldungen der KollegiatInnen liegt es nahe anzunehmen, dass die veränderten Einstellungen zum Unterricht im zweiten Semester des Lehrprojekts der zunehmenden Kompetenz der KollegiatInnen im Umgang mit empirischen Methoden und der zunehmenden Selbständigkeit bei der Auswertung der Daten ("Spaß mit den Daten zu spielen") zuzurechnen ist. Dabei spielt die besonders hervorgehobene gute Arbeit der Gruppen und das insgesamt als angenehm erlebte Arbeitsklima eine große Rolle. Deci und Ryan (1993) beschreiben dieses Phänomen der sozialen Einbindung neben dem Erleben von Kompetenz und Autonomie als die dritte wesentliche Dimension der Motivation. Diese wird auch für das studentische Lernen als relevant angenommen: "*Erlebte soziale Einbindung* bedeutet, dass eine Person den Eindruck hat, dass die Lernaufgaben bzw. deren Bewältigung von relevanten anderen Personen angemessen gewürdigt und anerkannt werden und wenn sie sich in eine Gemeinschaft eingebunden wägt ..." (Straka, G., 2001, S.308). Das soziale Klima gilt deshalb als ein Faktor einer selbstlernförderlichen Umgebungsbedingung, der sich auf das Interesse und die emotionale Befindlichkeit auswirkt (ebd., S. 315). Dieses Ergebnis der KollegiatInnen-Rückmeldung ist von besonderer Bedeutung, weil sowohl im Oberstufen-Kolleg als auch für den Hochschulbereich über Schwierigkeiten beim kooperativen problemorientierten Lernen berichtet wird (Renkl, A., Gruber, H., Mandl, H., 1996).

Als wichtiges Ergebnis der Untersuchung ist festzuhalten, dass die bereits durch die Literatur belegte Wechselwirkung zwischen motivationalen Orientierungen, Emotionen und Interessen bei Lernenden auf der einen Seite und Lernumgebungsbedingungen einschließlich des Lehrendenverhaltens auf der anderen Seite (Straka, G., 2001, S.318), einen nicht zu unterschätzenden

Einfluss auf Einstellungsänderungen und damit auf die Entwicklung der lernenden Persönlichkeit hat. Dies macht es Lehrenden möglich, auch solche Lernenden, die zunächst "nichts mit empirischen Methoden zu tun haben wollen", mit Hilfe Forschenden Lernens an methodische Kompetenzen heranzuführen und für die Relevanz empirischer Arbeit aufzuschließen. Der Fachkonferenz wird daher folgende These zur Diskussion gestellt:

---

8. These:
Der Erwerb methodischer Qualifikationen durch Forschendes Lernen wird aus Sicht der KollegiatInnen dann als zufriedenstellend erlebt, wenn die Mitwirkungsmöglichkeiten hoch sind und die kooperative Arbeit in Gruppen gelingt. Über die Sicherung dieser Bedingungen muss entschieden werden, d.h., die Art der Anleitung von Gruppen muss in der Fachkonferenz festgelegt werden, die Themenfindung muss Aufgabe der Gruppen sein und die Qualität der pädagogischen Begleitung des Gruppenprozesses muss gesichert werden.

6.3.2 Zur Zufriedenheit der Lehrenden

Zusammenfassung der Ergebnisse

Die Ergebnisse der Klausuren bei den beiden unterschiedlichen Aufgabenstellungen unterschieden sich deutlich. Die Klausur mit der Aufgabe „Plane eine Untersuchung ..." erzielte wesentlich bessere Punktwerte als die Klausur mit einzelnen Fragen. In dieser Fragen- und Wissens-Klausur kamen unvermutete Defizite zum Ausdruck wie

- die zwar richtige Unterscheidung von Hypothesenarten aber die fehlende, unvollständige oder falsche Benutzung von Fachbegriffen,
- redundante, ungenaue Formulierungen,
- statt Definitionen abzugeben werden Tätigkeiten beschrieben (was man tun muss),

- rudimentäre und partielle Aufgabenlösungen für inhaltliche Fragen der Strukturierung eines Objektbereichs bei mehreren KollegiatInnen in ähnlicher Weise,
- grundlegende Verständnisprobleme z.B. bei Skalenniveaus oder Auswertungsfragen (typologische Analyse),
- unvollständige Klausurbearbeitung, auch bei einer Person, die eine insgesamt sehr gute Arbeit abgegeben hat.

Bewertung der Ergebnisse
In den beiden Klausuren kommt keine zufriedenstellende Leistung im Sinne eines Erreichens von 70 % der möglichen Punktzahl zum Ausdruck. Verursacht haben dieses Ergebnis möglicherweise die Form und der Inhalt der Aufgabenstellungen, die Nichtbeachtung von Leistungsdefiziten bei den KollegiatInnen und die spezifischen Unterrichtsbedingungen[5].
Zur Form und zum Inhalt der ersten Aufgabenstellung (durch Fragen strukturierte Klausur) und zu Unterrichtsbedingungen kann vermutet werden:
- Die Zeit von 1,5 Stunden für die 5 Aufgaben war zu kurz; ein Hinweis darauf ist das Auslassen der letzten Aufgabe durch eine KollegiatenIn, die insgesamt die Klausur sehr gut bewältigt hat.
- Die Aufgabenstellung war zum Teil nicht klar genug formuliert worden; ein Hinweis darauf ist der gemeinsame Antwortstil von 6 Personen in den zwei letzten Aufgaben (Strukturierung des Objektbereichs und Nutzen der typologischen Analyse).

---

[5] Zur Einschätzung der Ergebnisse sind folgende Faktoren wichtig: Das Lernklima war vorherrschend durch Ungeduld gekennzeichnet, endlich mit den Daten arbeiten zu können, aber gleichwohl parallel das Programm und die Auswertungsstrategien für die qualitative Inhaltsanalyse und für deskriptive Kennwerte quantitativer Daten lernen zu müssen. Hinzu kamen oft Störungen durch Computerausfälle, die die Kontinuität der Arbeit behindert haben und die Stimmung beeinträchtigten. Die Lernbedingungen entsprachen so keineswegs idealen Vorstellungen. Dieser Zustand änderte sich im Verlauf des Semesters nicht.

- Bestimmte Themen waren nicht gut vorbereitet worden, z.B. häufen sich zu viele Ungenauigkeiten und Flüchtigkeitsfehler in den Aufgaben 1 und 3 (Begriffsdefinitionen und Skalenniveaus / Operationalisierung).
- Die Lernhandlungen im Unterricht entsprachen nicht der Aufgabenstruktur, es war etwas anderes geübt worden als die Aufgabenstellung verlangte.
- Der Zeitpunkt der Leistungsüberprüfung fiel in eine Phase, in der die Lehrumgebung als wenig KollegiatInnen-orientiert charakterisiert werden kann, da die Vermittlung methodischen Wissens im Vordergrund stand und die Anwendung der Kenntnisse zur Auswertung der Interviewdaten noch nicht erfolgte. Möglicherweise war die Lernmotivation deshalb nicht sehr ausgeprägt.

Zur Form und zum Inhalt der unstrukturierten Aufgabenstellung und zu Unterrichtsbedingungen kann vermutet werden:
- das Thema "eine empirische Hypothese definieren" war nicht gut vorbereitet worden (in beiden Klausuren übereinstimmende schlechte Ergebnisses).
- Die Aufgabenstellung entsprach eher den Lernhandlungen im Unterricht, da die selbständige Strukturierung des Themas, die Formulierung einer wissenschaftlichen Hypothese, Angaben zur Untersuchungsmethode und zu Auswertungsmöglichkeiten besser gelungen ist.

Zur Leistungsfähigkeit der KollegiatInnen ist zu vermuten, dass sie stärker ausfällt, wenn analog zum Unterricht Aufgaben in einen Zusammenhang eingebettet selbständig erledigt werden müssen, als wenn Wissen abgefragt wird. Wie bei empirischen Untersuchungen zum problem-based learning wird hier deutlich, dass die Leistungen dann am besten sind, wenn die Art und der Inhalt der Prüfung mit den Unterrichtsbedingungen im Zusammenhang stehen, weil dann erst die gewünschten Trainingseffekte zu erwarten sind: „One factor that influences retrieval of knowledge is the provision of a context similar to the context at the time of learning" (Norman, G. R.,

Schmidt, H. G., 1992, S.599). Ein Beispiel dazu ist die bessere Leistung bei der Formulierung der wissenschaftlichen Hypothese in der unstrukturierten Klausur, die vermutlich einfacher in den konkreten selbstgewählten Kontext einzubetten war. Demgegenüber ist die Forderung in der Fragen- und Wissens-Klausur, Merkmale von Hypothesen abstrakt zu unterscheiden und gleichzeitig dieses Wissen zu konkretisieren, schwerer zu erbringen: „So konnte bereits mehrfach gezeigt werden, dass Studierende, die in einem problemorientierten Kontext lernen, sich generell mehr um das Verstehen von Sachverhalten und weniger um das Auswendiglernen von Fakten bemühen" (Kohler, B., 1998, S.60/61). Zu verstehen wäre diese Aussage insofern, als der Unterricht problemorientiert durchgeführt wurde und die Vorstellung der KollegiatInnen zu Leistungszielen sich eher auf Verständnis und Tun konzentrierten als auf Wissensreproduktion. Trotzdem hatte die Mehrheit von 7 KollegiatInnen die strukturierte Klausur gewählt, vielleicht in der Annahme, dass die gestellten Fragen einfacher zu beantworten sind und eigene Überlegungen zu viel Zeit kosten würden. Hier trifft zu, dass die Überprüfung des Lernerfolges sich danach zu richten hat, welche Art von Wissen erworben werden sollte: „So kann beispielsweise der explizit angestrebte Erwerb prozeduraler Wissensbestände nicht sinnvoll überprüft werden, indem Begriffsklärungen und Definitionen gefordert werden" (ebd., S.62). Insofern ist auch plausibel, dass in der "Abfrage-Klausur" eher die Schwächen der KollegiatInnen zum Vorschein kommen, die mit "Oberflächenlernen" (Auswendiglernen und Reproduzieren des Stoffes) in Verbindung zu bringen sind wie Ungenauigkeiten und unvollständige Formulierungen und in einem Fall besonders der Versuch, das unverstandene Lehrbuchwissen zu reproduzieren. Winteler zitiert entsprechende empirische Untersuchungen, die aufzeigen konnten, dass Lehrkonzeptionen, die Verständnis und Anwendbarkeit des Wissens anstreben, in ihren Ergebnissen mit Oberflächenlernen negativ korrelieren (Winteler, A., 2000, S.141).
So lässt sich abschließend festhalten, dass die Zufriedenheit der Lehrenden

mit dem Forschenden Lernen der KollegiatInnen auch davon abhängt, ob die Leistungsüberprüfung dem Lernprozess angemessen erfolgt[6]. Unabhängig von der Aufgabenstellung festgestellte Defizite, insbesondere die bei mehreren KollegiatInnen auftretende Beschreibung eines Tätigkeitsprozesses („man bestimmt die Variablen"), ohne aber mitzuteilen, was genau getan werden muss (welche Variablen wie bestimmt werden), müssen zukünftig genauer beobachtet und zurückgemeldet werden. Dazu gehört auch die ausführlichere verbale Darstellung von Inhalten und der genauere Gebrauch von Begriffen[7].
Folgende These wird daher zur Diskussion gestellt:

9. These:
Es ist evident, dass die Evaluation des Ziels, Methodenkompetenz durch Forschendes Lernen zu entwickeln, insgesamt durch eine Analyse von 15 Klausuren nicht zu erreichen ist. Es konnte nur ein Eindruck gewonnen werden über eine dreiwöchige Unterrichtsarbeit und das vorausgegangene Semester als Wissensbasis. Dabei zeigte sich, dass eine angemessene Themenstellung in der Klausur zu besseren Leistungen führte und damit zu potentieller Zufriedenheit der Lehrenden. Um die Wirksamkeit des Forschenden Lernens für die Entwicklung von Methodenkompetenz im Rahmen des problem- und erfahrungsorientierten Unterrichts genauer zu überprüfen, sollte ein komplexeres Evaluationskonzept entwickelt werden, das Wissen und Handeln abfragt.

---

[6] Wahrscheinlich wäre es sinnvoller gewesen, die abschließenden Projektberichte einer evaluativen Prüfung zu unterziehen, denn diese repräsentieren den Lernprozess eher. Allerdings hätten dann keine individuellen Leistungen vorgelegen.

[7] Insgesamt ist zu bemerken, dass die Einschätzung der Ergebnisse und damit die Feststellung der Zufriedenheit mit den Leistungen der KollegiatInnen subjektiv gefärbt ist und stark den Anspruch der Autorin widerspiegelt, der nicht unbedingt von den Kolleginnen geteilt werden muss.

7. Zufriedenheit der Fachkonferenz mit der Selbstevaluation

Nach der Begründung der Ziele der Selbstevaluation, der Darstellung der Ergebnisse und ihrer Bewertung im Kontext der gewählten theoretischen Bezüge der konstruktivistischen Pädagogik folgt im Evaluationsprozess die Diskussion der am Unterricht beteiligten Lehrenden über ausgewählte Thesen, die oben aus den Evaluationsergebnissen abgeleitet wurden. Diese Diskussion wird im Hinblick auf Wissensmanagement und das Lernen der Lehrenden ausgewertet. Das individuelle Erfahrungswissen, das in Form subjektiver Hypothesen über Bedingungen des Lernprozesses vorliegt, wird so an den Evaluationsergebnissen geprüft und ggf. unter Einbeziehung der theoretischen Bezüge reformuliert. Ob und wie die theoriegeleiteten Zielsetzungen sich in praktische Unterrichtsarbeit umsetzen ließen und wie diese Umsetzung nach der Evaluation einzuschätzen ist, ist Gegenstand des Kapitels 7.1. Im Kapitel 7.2 wird der Prozess der Evaluation reflektiert. Hier geht es um die Frage, welche der Unterrichtspraxis angemessenen Verfahren zur Selbstevaluation von Form und Inhalt des Studiengangs Gesundheitswissenschaften in Zukunft gewählt werden sollten.

Inwieweit dieser Ansatz der Selbstevaluation für andere Schulen brauchbar ist, soll in Kapitel 7.3 erörtert werden.

7.1 Rückwirkung auf die Curriculumrevision, auf die Reflexion der Praxis und Potenziale zu ihrer Veränderung

Von der Fachkonferenz Gesundheitswissenschaften am Oberstufen-Kolleg war die Entscheidung zur Selbstevaluation in der Absicht getroffen worden, bestimmte Evaluationsbereiche daraufhin zu überprüfen, ob bzw. wie weit die mit diesen Entscheidungen verbundenen Ziele erreicht werden konnten und ob bzw. welche qualitätssichernden Maßnahmen zu erfolgen haben. Der Grad der Zufriedenheit mit der Selbstevaluation als Arbeitskultur und als Prüfprozess der Transaktion zwischen Theorie und Praxis soll sich in der Diskussion der Ergebnisse der Evaluation herausstellen, die zur Fachsystematik, zum Problem- und Erfahrungsorientierten Lernen und zum Forschenden Lernen in den voran gegangenen Kapiteln erarbeitet wurden. Als Kriterien für diesen „Zufriedenheitsindikator" werden im EFQM-Evaluationsmodell das erfolgreiche Wissensmanagement und der Lerngewinn benannt. In einer Übersicht wurde im Kapitel 4.1.2 - C4 der Zusammenhang verdeutlicht. Auf die beispielhaften möglichen neuen Entscheidungen zur Qualitätssicherung soll hier nochmals hingewiesen werden (Tabelle 47):

Tabelle 47: **Indikator für die Zufriedenheit der Lehrenden mit der Selbstevaluation als Arbeitskultur und als Prüfprozess der Transaktion zwischen Theorie und Praxis und mögliche Entscheidungen zur Qualitätssicherung**

Merkmale	Kriterien	
	Wissensmanagement (Beispiele)	Lerngewinn (Beispiele)
Entscheidungen zur Fachsystematik	Ggf. eine neue Struktur, neue Inhalte und Methoden	Ggf. neue Rezeption der Paradigmen der Gesundheitswissenschaften
Entscheidungen zum Problem- und Erfahrungsorientierten Lernen	Ggf. eine neue Schwerpunktsetzung oder eine neue didaktisch-methodische Orientierung	Ggf. verbesserte Vermittlung der kognitiven Kompetenzen der Konkretisierung, Abstraktion und Verallgemeinerung
Entscheidungen zum Forschenden Lernen	Ggf. eine Ausweitung oder Eindämmung des Ansatzes oder eine Neuorientierung in der methodischen Ausbildung	Ggf. Erprobung neuer Konzepte der Vermittlung methodischer Kompetenzen
Entscheidungen zum Prozess der Selbstevaluation	Ggf. eine Institutionalisierung oder eine Beendigung	Ggf. intra- und interinstitutioneller Austausch zum EFQM-Modell

Um die Thesendiskussion zur Selbstevaluation und zur Curriculumrevision durchzuführen, wurden die Lehrenden zu einer Fachkonferenz eingeladen. Die zur Fachsystematik geführte Diskussion zu vier ausgewählten Thesen führte zu einer kontroversen Auseinandersetzung der Lehrenden, durch die aber letztlich auch Kompromisse ermöglicht, Fragen neu gestellt und Perspektiven eröffnet wurden. Dieser Schritt in der Selbstevaluation, der nach dem EFQM-Modell die Neubewertung von Prozessen und Ergebnissen bedeutet und zu neuen Zielen und einer neuen Praxis anleiten soll, stellt sich im Modell zwar als gut begründetes und handhabbares Element des Lehrer-Forscher-Konzeptes dar, ist aber konkret aufgrund der Komplexität der Themen und der Interaktion der Beteiligten schwer einholbar. Hierfür gibt es Gründe, die sowohl in dem Aktionsforschungsansatz des Lehrer-Forscher-Konzeptes liegen, als auch darin, welche Rolle die "professional community" für das Denken und Handeln der Einzelnen spielt (Altrichter, H., 2002, S.18).

Der Lernprozess der forschend Lehrenden, der durch den Kreislauf von Zielbegründung mit theoretischen Bezügen, von Untersuchungsplanung, Datensammlung, Auswertung und Interpretation für die (den) aktiv Forschende(n) bereits kognitive Entwicklung, Erfahrungs- und Erkenntnisgewinn bedeuten kann, ist in seiner Komplexität an die an der Curriculumentwicklung beteiligten Lehrenden nur rudimentär zu vermitteln und nur partiell nachzuvollziehen.

Auch wenn "die Einbettung der individuellen Forschung in eine professionelle Gemeinschaft ... als wichtiges Kriterium von Aktionsforschung genannt" wird (ebd., S.19) und normal sein sollte im Wissenschaftsprozess, ist das Ziel, die Bezugsgruppe als "forschungskritische Instanz" (ebd., S.20) zu nutzen, in der sich die Ergebnisse bewähren müssen, mehr als nur eine einfache Aufgabe der Information. Altrichter stellt die Frage, welche Potentiale und welche Bedeutung gerade der soziale Aspekt für die Professionalisierung der Lehrendengruppe hat und wie diese kommunizieren muss, damit die Potentiale für professionelles Lernen nutzbar sind (ebd., S.21). Er rekurriert für die lernenden Lehrenden auf das Konzept des situierten Lernens nach Lave und Wenger (1991) und leitet daraus Bedingungen ab, die die Entwicklung von „professional communities" befördern sollen. So ist mit dem situierten Lernen als wesentlicher Bedingung die nicht bestreitbare Tatsache verbunden, dass sich zunächst alle Beteiligten unter den für sie im Alltag herrschenden Arbeits- und Zeitvorgaben auf die Situation einlassen müssen und gewillt sein müssen, Lernen als soziales Lernen zu akzeptieren *(Lernen in der Situation)*. Hinzukommt,

- dass die Kommunikation in der Praxisgemeinschaft durch die gemeinsame Praxis, die aber nur individuell erfahren wird, bestimmt wird, und sich diese als ein gemeinsames Drittes als Gesprächsgegenstand ergibt *(Lernen in und durch die Gruppe)*;
- dass das Lernen der Gruppe uneinheitlich verlaufen kann, je nach Befindlichkeit, Motivation und eigenen Interessen, und z.B. geprägt sein kann vom Bewahrenwollen alter erfolgreicher Konzepte, aber auch vom Wunsch nach Veränderung und Verbesserung der Praxis durch Lernen aus der Forschung *(Lernen durch Aushandeln von Interessen)*;
- dass die Mitglieder sich mit ihren Produkten auch identifizieren, über die Auseinandersetzung neue Erkenntnisse gewinnen und sich über das Festlegen neuer Ziele die individuelle sowie die Gruppenidentität als „corporate identity" entwickeln kann *(Identitätsbildung)*; und schließlich,
- dass alle Mitglieder der Gruppe durch die Distanz von der unmittelbaren Arbeit auf einer metakommunikativen Ebene die Möglichkeit haben, sich neu in die Rolle einer Lernenden hinein zu versetzen, um die verschiedenen Parts der Teilnehmer an einer Lehrer-Forscher-Gruppe auszufüllen, sei es als jemand, der die Forschungsergebnisse verteidigt, oder jemand, der den unmittelbaren Praxisbezug als Evidenzkriterium herstellt, oder jemand, der die Ergebnisse für sich als neu verbucht und

überlegt, wie diese in der Praxis umzusetzen sind *(Gegenseitige Akzeptanz individueller Partizipation).*
Diese skizzierten Bedingungen sollen im Zusammenhang mit dem im EFQM-Modell beschriebenen Rückkopplungsprozess des Wissensmanagements und der Lernergebnisse helfen, den Verlauf der Diskussion zu verstehen und die Ergebnisse zu bewerten. Denn wie Wissensmanagement erfolgt (Reinmann-Rothmeier, G. u.a., 2001) und aus welchen Ergebnissen was gelernt wird, ob die curriculare Praxis auf dem Hintergrund der evaluierten fachdidaktischen und lerntheoretischen Bezüge angemessen kritisch eingeschätzt wird, ist letztlich das Kriterium dafür, ob sich die professional community, die Fachkonferenz der Lehrenden, als solche bewährt[1].
Welche konkreten Bedingungen beeinflussten demnach die Diskussion der Fachkonferenz und wie wirkten sie sich aus? Im folgenden werden exemplarisch die relevanten Bezüge zwischen wahrgenommenen Bedingungen und der Diskussion hergestellt. Sie werden beschrieben, um die wesentlichen Aspekte der Praxisreflexion, die Altrichter aufzeigt (s.o., kursiv gedruckt), und die Möglichkeiten der Entwicklung einer „professional community" auszuloten[2]:

Lernen fand in folgender Situation statt:
Die Zeit für die Diskussion war auf etwa zwei Stunden begrenzt worden, sie musste im normalen Alltag „untergebracht" werden und konnte nicht weiter ausgedehnt werden. Die Situation des neu strukturierten Oberstufen-Kollegs, das mit einer neuen Unterrichtsorganisation und neuen Zielsetzungen begonnen hatte, erforderte viel Initiative und zusätzliche Aktivitäten, so dass das Klima alles andere als entspannt zu charakterisieren war. Bei den beteiligten drei Lehrenden war ein Gefühl von Überlastung spürbar, aber trotz-

---

[1] Der Begriff Wissensmanagement wird nicht besonders expliziert, da er sich aus dem Text inhaltlich ergibt.
[2] Die von Altrichter gebrauchten Begrifflichkeiten (ebd., S.21-24) werden nicht wörtlich, sondern inhaltlich rezipiert, um sie direkt für die Analyse der Diskussion nutzen zu können.

dem auch die Bereitschaft, die Evaluationsthesen zu diskutieren, und insofern auch noch mal ein Sich-Einlassen auf Zielsetzungen, die vor mehr als 5 Jahren entwickelt worden waren und durch die neuen Organisationsstrukturen erst neu bestimmt werden müssen. So musste auch immer wieder die für die neue Unterrichtspraxis relevante Frage gestellt werden, was denn die Ergebnisse für das neue sechssemestrige Curriculum bedeuten könnten, und ob sie überhaupt übertragbar seien. Ein weiterer wichtiger Aspekt war die Tatsache, dass ein Mitglied der Fachkonferenz längerfristig erkrankt war und die fehlende Fachkompetenz deutlich spürbar war, insbesondere bei den Fragen einer Curriculumrevision. Die Debatte um biologische Grundlagen und eine Reformulierung der Schwerpunktthemen musste daher ausgesetzt werden[3].

Lernen fand in und durch die Gruppe statt und wird deutlich an der Annahme, Ablehnung oder Neuinterpretation der Evaluationsthesen und den gezogenen Konsequenzen. Die Erfahrungen der Lehrenden mit den Studieninteressen und Wünschen der KollegiatInnen, die Forschungsarbeit einer Kollegin zu AbsolventInnen und ihren Studienmotiven und die schlechten Studienbedingungen für die KollegiatInnen führten zu einer Ablehnung der Evaluationsthese 1, die besagte, dass das Fach am Oberstufen-Kolleg mehr Absolventen und mehr Studierwillige „produzieren" müsse. Es könne nicht davon ausgegangen werden, dass mehr KollegiatInnen als SchülerInnen im Durchschnitt (etwa ein Drittel) gewillt sein sollen zu studieren. Die Forderung nach mehr individueller Förderung von KollegiatInnen, die aufgrund ihrer Schulkarriere in ihrer Studienperspektive verunsichert sind, wird unter dem Aspekt der Eindeutigkeit der Rückmeldungen über den Leistungsstand und der dadurch zu gewinnenden Sicherheit gesehen, denn die schulische Verunsicherung müsse als normal betrachtet werden, insbesondere an einer Einrichtung der Sekundarstufe II, die für viele die einzige Chance darstellt,

---

[3] Vgl. auch die Zusammenfassung der Ergebnisse der Diskussion im Anhang zu 7.1, hier den Punkt 2 unter II. Zur Zufriedenheit der ExpertInnen.

ein Abitur zu erreichen. Das Oberstufen-Kolleg und die Fachvertreterinnen der Gesundheitswissenschaften könnten sich nicht anheischig machen, gesellschaftliche Missstände der schulischen Bildung völlig aufheben zu wollen. Wegen der Gruppe von KollegiatInnen ausländischer Herkunft ohne Q-Vermerk wird geplant, interkulturelle Fragen zu Gesundheitssystemen und zur Gesundheitsversorgung neu in das Curriculum mit aufzunehmen. Einige KollegiatInnen hätten auch durch die eigenständige Wahl eines solchen Themas für ihre schriftlichen Prüfungsarbeiten gezeigt, dass Interesse vorhanden sei, obwohl es ihnen schwer falle, Gesundheits- und Krankheitsbehandlungen, die in ihren Herkunftsländern üblich seien, gegenüber den in Deutschland praktizierten zu akzeptieren. Der gesellschaftliche Anpassungsdruck, dem sie unterliegen, würde hier sehr deutlich werden. Der Wunsch der Evaluatorin, den Anteil der selbstständigen Arbeit der KollegiatInnen zu erhöhen, um die Lernmotivation und das Lernergebnis auf individuellen Lernwegen zu unterstützen (These 2), wird zwar geteilt, aber es scheint aktuell nur schwer vorstellbar, dies in die Praxis umzusetzen. Nach Auffassung einer Kollegin käme hinzu, dass zum Ende der Ausbildung eine Art Ermüdung bei sebständigen Aktivitäten zu verzeichnen gewesen sei, so dass für das neue Curriculum überlegt werden müsse, in welchen Semestern und an welchen Themen Eigenaktivität und Selbständigkeit in „guter Dosierung" zu fordern sei.

Gelernt wurde auch durch Integration individueller Interessen und Relativierung alter Positionen und curricularer Strukturen:
Die ExpertInnenkritik (These 3). wurde durch die Lehrenden uneinheitlich aufgenommen. Es wurde gefragt, ob im Curriculum der sozialstrukturelle Aspekt bei den Unterrichtsthemen nur nicht nicht zu erkennen war, ob er gar nicht eingebunden oder nur durch individuelles Engagement vertreten war? Die Kontroverse darüber, wie sie sich in der These darstellt, konnte zwar nicht ausgeräumt werden, eine Einigung war aber letztlich möglich durch kritische Reflexion der alten Curriculumstruktur, die aufgrund der Schwer-

punktsetzungen zwar die individuelle Problemebene betonte, aber durchaus mit sozialstrukturellen Themen zu ergänzen ist, so dass auch nach außen sichtbar dieser Bezug hergestellt wird.

Ein weiterer Streitpunkt war die Kritik der Evaluatorin an der unterrichtlichen Umsetzung der neuen Paradigmen der Gesundheitswissenschaften (These 4). Diese Kritik wurde direkt aufgrund der Evaluationsmethode in Frage gestellt. Denn es sei etwas überprüft worden, was nicht von allen bewusst als Leistung gefordert worden sei. Der Anspruch, im Nachhinein an Leistungsnachweisen von KollegiatInnen wie Minifacharbeiten einen Maßstab anzulegen, der zwar implizit in allen wissenschaftstheoretischen Diskussionen von allen Beteiligten vertreten worden sei, aber nicht explizites Lernziel war, sei nicht gerechtfertigt. Relativ leicht war die Einigung darüber, dass für das neue Curriculum dieser Anspruch klarer gestellt werden müsse, aber unklar blieb, ob alle „essentials" der Fachsystematik in jedem Leistungsnachweis zu erbringen sein müssten oder ob nicht sukzessive Schwerpunkte in den jeweiligen Semestern zu setzen sind.

Lernen erfolgte durch Identifizierung mit den eigenen Ergebnissen und in Auseinandersetzung mit den neuen Erkenntnissen:
ExpertInnenkritik, dass die salutogenetische Ausrichtung des Faches nicht genügend berücksichtigt würde und der Eindruck vorherrsche, Gesundheitsprobleme beherrschen das Fach (These 4), wurde nicht geteilt. Die Problemorientierung des Curriculums als didaktische Zugangsweise zur Strukturierung des Lernprozesses basiere auf gut belegten Erkenntnissen zum situierten Lernen und dem wissenschaftlichen Vorgehen des Problemlösens und widerspräche nicht der Zielrichtung des Faches zu vermitteln, welche Faktoren Gesundheit erhalten und welche Gesundheitspotentiale zu fördern sind. Wissenschaftlicher Ausgangspunkt für Forschung seien immer Probleme, die allerdings unterschiedlich gelagert sein könnten, es könnten auch solche Probleme sein, die mit der Frage zusammenhängen, wie Gesundheit erhalten werden kann. Die Intensivierung der Vermittlung von Ansätzen der Gesund-

heitsförderung wird als gute Möglichkeit gesehen, alte Überlegungen wieder zu aktivieren, z.B. zu Coping-Strategien oder zu Angeboten verschiedener Organisationen und Institutionen Recherchen durchführen zu lassen und ggf. auch praktische Beispiele erfahrbar zu machen.

Lernen war möglich durch Akzeptanz individueller Partizipation am Lehrer-Forscher-Prozess:
Voraussetzung des Lehrer-Forscher-Handelns der Evaluatorin war die kooperative Entscheidung der Fachkonferenz gewesen, ihr die Evaluation durch unterrichtsorganisatorische Voraussetzungen zu ermöglichen. Nur durch diese Entscheidung war die Durchführung der Evaluationsstudie gesichert worden. Das partielle Heraustreten aus dem Unterrichtsalltag, die Hinwendung zu theoretischen Begründungen der eigenen curricularen Praxis, die methodische Umsetzung der Selbstevaluation und die Produktion von Ergebnissen war durch die Fachkonferenz legitimiertes Handeln. Insofern bestimmte die Rolle der Evaluatorin, die ihrer professional community die Ergebnisse ihrer Evaluation vorgelegt hat, die Aussprache in gleicher Weise wie die Rolle der kritischen Kolleginnen, die diese Ergebnisse rezipierten, reflektierten und bewerteten. Diese Rollen änderten sich im Laufe der Diskussion mehrfach: die Evaluatorin wurde z.B. zur Lernenden in dem Ausmaß, wie deutlich wurde, dass eigenes Unterrichtshandeln zur kritischen Revision anstand, sie wurde zur Verteidigerin ihrer Erkenntnisse zur Notwendigkeit der Vermittlung der gesundheitswissenschaftlichen Paradigmen (These 4), und zur Verstehenden beim Problem des Arbeitsaufwandes, der mit guten Rückmeldungen an die KollegiatInnen verbunden ist, sie wurde zur Aufklärerin bei der Begründung des Problemorientierten Lernens als praktischer Umsetzung des situierten Lernens (These 5). Die kritischen Kolleginnen hatten ihrerseits vergleichbare Funktionen, sie argumentierten z.B. als Lehrer-Forscher mit den Erkenntnissen eigener evaluativer Arbeit, sie verteidigten das unverzichtbare didaktisch-methodische Vorgehen des Erfahrungs- und Problemorientierten Lernens (These 6), sie klärten Zusammen-

hänge des interkulturellen Lernens auf (These 1) und sie lernten die Qualität des eigenen Unterrichts mit der Lernmotivation und den Leistungen der KollegiatInnen in Beziehung zu setzen (These 6).
Die Praxisgemeinschaft der Lehrenden der Fachkonferenz Gesundheitswissenschaften hat auf diese Weise ein wesentliches Kriterium selbstevaluativer Arbeit erfüllt: „Die Produktion von Praxis, von Wissen und von Identität gehen in diesen Prozessen Hand in Hand. Praktisch handeln heißt auch, sich in einer Praxisgemeinschaft zu situieren, Identität zu zeigen und (‚früher produzierte') Praxis, Wissen und Identität in diesen Handlungen als Ressource zu nutzen" (Altrichter, H., 2002, S.25/26).

Nach diesen Ergebnissen kann jetzt neues Wissen organisiert, der Lerngewinn nach dem EFQM-Modell an die beteiligten Lehrenden rückgekoppelt werden und für die Festlegung neuer Ziele und qualitätsfördernder Faktoren ausgewertet werden. Damit wird auch der Indikator für die Zufriedenheit der Lehrenden mit der Selbstevaluation als Arbeitskultur und als Prüfprozess der Transaktion zwischen Theorie und Praxis operationalisiert, denn aufgrund der Kriterien des Wissensmanagements und des Lerngewinns werden mögliche Entscheidungen zur Qualitätssicherung getroffen, die die Ziele der Selbstevaluation betreffen. Sie werden in folgender Tabelle 48 zusammengefasst:

Tabelle 48: Die Zufriedenheit der Lehrenden mit der Selbstevaluation als Arbeitskultur

Qualitäts-fördernde Faktoren	Rückkopplungs-Kriterien	
	Wissensmanagement	Lerngewinn
Entscheidungen zur Fachsystematik	Neue Struktur im neuen Curriculum: Aufgabe der zweisemestrigen Sequenz des empirischen Projektes Neue Inhalte: Interkulturelle Gesundheitssysteme Neue Methoden: Praxisrecherchen Kleine selbstständige Untersuchungen	Bewusstere Vermittlung • des bio-psycho-sozialen Modells der Gesundheit • der drei Problemebenen Individuum-Gruppe-Bevölkerung • der multidisziplinären Erklärungsansätze • der kritischen Reflexion gesundheitswissenschaftlicher Erkenntnisse in einer eigenen Stellungnahme Feedback-Prozesse zur Verbesserung • der Unterrichtsqualität • der Lernmotivation • der Leistungsfähigkeit
Entscheidungen zum Problem- und Erfahrungsorientierten Lernen	Keine neue didaktisch-methodische Orientierung, Versuch der besseren Umsetzung durch Fallbeispiele in allen Semestern	Verbesserte Vermittlung der kognitiven Kompetenzen der Konkretisierung, Abstraktion und Verallgemeinerung
Entscheidungen zum Forschenden Lernen	Neuorientierung in der methodischen Ausbildung durch „kleine" eigenständige Recherchen	Erprobung neuer Konzepte der Vermittlung methodischer Kompetenzen

Zufriedenheit der Fachkonferenz mit der Selbstevaluation

Qualitäts-fördernde Faktoren	Rückkopplungs-Kriterien	
	Wissensmanagement	**Lerngewinn**
Entscheidungen zum Prozess der Selbstevaluation	Eine Weiterführung wird bereits durch die neue Organisationsstruktur der Einrichtung gefordert	Intra- und inter-institutioneller Austausch zum EFQM-Modell

Sind Entscheidungen getroffen worden, muss nicht nur überlegt werden, welche Maßnahmen erfolgen sollen um diese Entscheidungen umzusetzen. Es muss auch überlegt werden, auf welche Weise der Evaluationsprozess effektiv und funktional organisiert und durchgeführt werden kann. So steht im nächsten Kapitel das Verfahren der Evaluation nach dem EFQM-Modell zur Diskussion. Erst die kritische Bestandsaufnahme kann eine angemessene Adaptation ermöglichen.

7.2 Effektivität und Funktionalität der Methoden und Verfahren der Selbstevaluation

Das Oberstufen-Kolleg[4] als neu strukturierte Organisation der Sekundarstufe II[5] muss sein komplettes Bildungsangebot einer evaluativen Überprüfung unterziehen und wird sich nach drei Jahren der Entwicklung und Erprobung sowohl der Bewertung durch die Schuladministration als auch der durch ExpertInnen des wissenschaftlichen Beirats stellen müssen. Anders als in groß angelegten Evaluationsuntersuchungen, denen Schulen und Hochschulen zum Zweck übergeordneter Steuerungs- und Kontrollzwecke unterliegen, z.B. bei der PISA - Studie oder der im Hochschulgesetz von Nordrhein-Westfalen[6] verankerten Lehrevaluation, ist die hier geforderte Selbstevaluation fokussiert auf eine singuläre Einrichtung. Sie ist den mit den Ministerien ausgehandelten institutionellen Zielen, aber auch dem gesellschaftlichen Auftrag des Leistungsvergleiches mit dem Regelschulsystem verpflichtet. Hieraus folgt eine Evaluation zwar im kleineren Rahmen, da alle Fachkonferenzen als klein(st)e Organisationseinheiten der Institution dazu aufgefordert sind, aber diese ist durch die Neuorganisation der ganzen Institution quasi definiert als Teil eines umfassenden Projektmanagements, wodurch sie als Qualitätssicherung für das gesamte Projekt verstanden werden kann: "Evaluation als Qualitätssicherung dient der Unterstützung der Realisierung einer Bildungsmaßnahme in den drei Hauptphasen: Planung, Entwicklung und Einsatz" (Tergan, S.-O., 2000, S.37). Da die Planung für das neue Konzept

---

[4] Zu Beginn der Dokumentation der selbstevaluativen Aktivitäten der Fachkonferenz ist darauf verwiesen worden, dass sich im Zuge bildungspolitischer Umorientierungen ministerielle Entscheidungen des Landes NRW zu Gunsten einer dreijährigen Ausbildung mit Abitur und zum Abbau des Collegemodells des Oberstufen-Kollegs ergeben könnten, was nunmehr seit dem Wintersemester 2002 eingetroffen ist.

[5] Vgl. Verordnung über die Ausbildung und Prüfung am Oberstufen-Kolleg an der Universität Bielefeld vom 20.Juni 2002, Gesetz- und Verordnungsblatt für das Land Nordrhein-Westfalen – Nr. 17 vom 11. Juni 02.

[6] Hochschulgesetz NRW vom 1. April 2000, §6

bereits erfolgt ist und die Curriculumentwürfe durch externe ExpertInnen[7] beraten wurden, muss sich die Evaluation zum derzeitigen Zeitpunkt auf die Entwicklungsphase konzentrieren. In dieser Phase wird jedes Kursangebot des Curriculums wiederholt darauf überprüft werden müssen, ob es die in der Planung gesetzten Ziele und Rahmenvorgaben des Faches und der Institution erfüllt, und es muss ggf. auch verbessert werden, denn: "Gegenstand der Evaluation ist die Frage, ob die anzuwendenden bzw. angewendeten didaktischen Maßnahmen (Methoden / Medien) den zu vermittelnden Inhalten und der didaktischen Gesamtkonzeption entsprechen. Gegenstand der Evaluation sind also zum einen Qualitätsmerkmale des Bildungsangebotes selber im Hinblick auf die gewählten Ziele und Kriterien, zum anderen die pädagogische Qualität des Bildungsangebotes sowie einzelner seiner Komponenten ... Spezifische Gegenstände der Evaluation sind Effekte des betreffenden Bildungsangebotes hinsichtlich Akzeptanz, Lernprozess / Lernerfolg und Lerntransfer ..." (ebd., S.41).

Eine Umsetzung evaluativer Maßnahmen mit entsprechenden Methoden wie Befragung, Beobachtung, Tests oder Fragebögen muss aber die Bedingungen der Praxis berücksichtigen, unter denen solche Untersuchungen überhaupt möglich sind. Im letzten Kapitel war beschrieben worden, dass die professional community in ihrem Arbeitskontext Zeit und Raum haben und geben muss, damit in Distanz zu dieser Praxis überhaupt gemeinsames Lernen stattfinden kann. Geschuldet ist die generelle Schwierigkeit der Initiierung eines Evaluations- und Lernprozesses u.a. der erheblichen Arbeitsintensität bei der Curriculum- und Unterrichtsentwicklung, und dem zeitlichen Aufwand von Korrektur- und Betreuungsaufgaben sowie Beratungs- und Organisationsarbeit. Eine pragmatische Lösung für zukünftige evaluative Maßnahmen in Eigenregie muss daher wenig zeitaufwendig, aber informativ und wirksam sein, d.h., die Ergebnisse müssen schnell verfügbar und be-

---

[7] Tagung des wissenschaftlichen Beirats im Oktober 2002

wertbar sein[8]. Im Rückblick auf das EFQM-Modell[9] (siehe Abbildung 4) kann festgestellt werden, dass es in diesem Prozess der Selbstevaluation keine unverzichtbaren Faktoren gibt, will man die Selbstevaluation als Qualitätssicherung anlegen. Und diese ist für die nächste Phase der Curriculumentwicklung notwendig, denn im Rahmen der neuen Struktur des Oberstufen-Kollegs, das mit seinem sechssemestrigen Ausbildungsgang neue Institutionsziele verfolgt[10] und für das die Fachkonferenzen bereits neue Curricula entwickeln mussten, wird ein Prozess der Selbstevaluation[11] gefordert, für den alle Elemente dieses Modells konstitutiv sind (Abbildung 4):

---

[8] Eine Form der Selbstevaluation in dem Umfang der vorliegenden Arbeit ist deshalb einmalig und nur zum Zweck einer Pilotstudie realisierbar.

[9] In der Graphik 1 sind in Klammern die Bezeichnungen des Originalmodells ergänzt worden.

[10] Hier wird die Einbeziehung der kulturellen und der Leistungs-Heterogenität und die Orientierung an der Lernerperspektive betont.

[11] Extrablatt (Hrsg. Kollegleitung) Nr. 243 vom 07.01.03: „Der Wissenschaftliche Rat trägt allen Fachkonferenzen auf, die Erprobung der Studienfachcurricula als einen auf zunächst drei Jahre angelegten Entwicklungsprozess zu betrachten und ihn als Entwicklungsvorhaben zu strukturieren. Dazu gehört insbesondere
   a. die Formulierung von Zielsetzungen, Hypothesen, Entwicklungs- und Erprobungsaufgaben sowie von Evaluationsschritten
   b. die Erstellung eines Zeitplans, der die Schritte für die Bearbeitung der einzelnen Aufgaben strukturiert
   c. die Organisation eines kontinuierlichen Prozesses der Beratung mit Dezernenten und Fachgutachtern ..."

Zufriedenheit der Fachkonferenz mit der Selbstevaluation

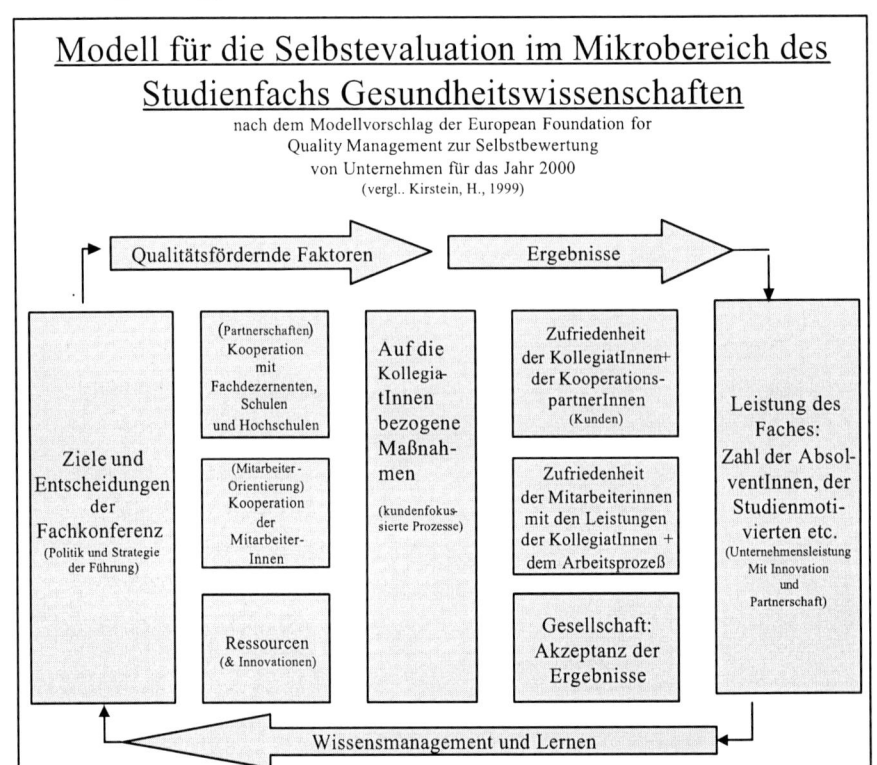

Abbildung 4: EFQM-Modell für die Selbstevaluation im Studienfach

Modell für die Selbstevaluation im Mikrobereich des Studienfachs Gesundheitswissenschaften

nach dem Modellvorschlag der European Foundation for
Quality Management zur Selbstbewertung
von Unternehmen für das Jahr 2000
(vergl.. Kirstein, H., 1999)

Qualitätsfördernde Faktoren → Ergebnisse

Ziele und Entscheidungen der Fachkonferenz (Politik und Strategie der Führung)	(Partnerschaften) Kooperation mit Fachdezernenten, Schulen und Hochschulen	Auf die KollegiatInnen bezogene Maßnahmen (kundenfokussierte Prozesse)	Zufriedenheit der KollegiatInnen + der KooperationspartnerInnen (Kunden)	Leistung des Faches: Zahl der AbsolventInnen, der Studienmotivierten etc. (Unternehmensleistung Mit Innovation und Partnerschaft)
	(Mitarbeiter-Orientierung) Kooperation der MitarbeiterInnen		Zufriedenheit der Mitarbeiterinnen mit den Leistungen der KollegiatInnen + dem Arbeitsprozeß	
	Ressourcen (& Innovationen)		Gesellschaft: Akzeptanz der Ergebnisse	

← Wissensmanagement und Lernen →

- Qualitätsfördernde Faktoren sind <u>Ziele und Entscheidungen</u> der Fachkonferenz zu Maßnahmen innerhalb des Faches, die dem Auftrag der Institution entsprechen müssen,
- Qualitätsfördernde Faktoren beziehen sich auch auf gute Bedingungen für die Selbstevaluation, vor allem ist dies die gelingende <u>Kooperation</u> der Lehrenden untereinander und mit anderen PartnerInnen in Schule und Hochschule, sowie die Organisation von (Zeit-, Geld-) <u>Ressourcen</u>,

Effektivität und Funktionalität der Methoden und Verfahren

- Qualitätsfördernde Faktoren sind die <u>Maßnahmen</u>, mit denen die Ziele erreicht werden sollen,
- Als <u>Ergebnis</u> wäre dann festzustellen: die Zufriedenheit der Akteure (Lehrende und KollegiatInnen), der Kooperationspartner (z.B. Fakultätsvertreter, Dezernent der Bezirksregierung, Lehrer anderer Schulen), und der Gesellschaft (hier: der scientific community)
- Als <u>Ergebnis</u> wäre dann auch festzustellen: die Leistungen des Studiengangs (Zahl der KollegiatInnen, Zahl der AbiturientInnen, evtl. Veröffentlichungen der Fachkonferenz, Tagungen, Projekte, Berichte etc.),
- Abschließend erfolgt die Bewertung der Ergebnisse für das <u>Wissensmanagement</u> und das <u>Lernen</u>, danach wieder die Definition neuer Ziele und Entscheidungen.

Macht dieses Modell der Evaluation weiterhin Sinn für die neuen Aufgaben? Zur Beantwortung dieser Frage wird nochmals im Rückblick das Vorgehen in dieser Arbeit bewertet und die Rückmeldung der Fachkonferenz zum Verfahren gewürdigt.

Nach wie vor bleibt der Ausgangspunkt für die Wahl des Modells bestehen: das Lehrer-Forscher-Konzept soll auch in Zukunft von Bedeutung sein, wenn auch in neu organisierter Form. Das heißt, originäre Entwicklungsarbeit und deren Selbstevaluation verbleibt bei den Lehrenden, besondere Forschungsschwerpunkte werden extra mit personellen Ressourcen ausgestattet[12]. Die qualitätsfördernden Faktoren des Modells sind für die neuen Zielsetzungen angemessen, geht es doch zum einen um Kooperationsprozesse mit externen und internen PartnerInnen, die nicht nur gewünscht werden, sondern in den neuen Institutionszielen verankert sind, und zum anderen um die Adressaten unserer Bemühungen, die KollegiatInnen als Kunden. Zufriedenheit, Leistungsfähigkeit und gesellschaftliche (bildungspolitische) Akzeptanz sind die Kriterien, die sinnvoller Weise an die Ergebnisse der E-

---

[12] Vgl. Erlass des Ministeriums für Schule, Wissenschaft und Forschung des Landes Nordrhein-Westfalen (MSWWF) vom 30. März 2001, Az.: 721-Oberstufen-Kolleg

valuation angelegt werden sollten. Der Auswertungsprozess durch Wissensmanagement und Lernen ist die notwendige Rückmeldung für neue Ziele und Maßnahmen.

Kritik an der "platten" Übertragung von Qualitätsmanagement-Systemen der Industrie auf die Schule (Strittmatter, A., 1999) und damit der Einführung eher kontraproduktiver Maßnahmen kann für die spezielle Situation des Oberstufen-Kollegs und der Fachkonferenzen relativiert werden:

- Innerhalb des institutionellen Rahmens sind die Mitglieder der Fachkonferenz die "Führungspersonen", die Entscheidungen treffen.
- Es geht nicht um technische oder technologische Strategien des Unterrichtens mit Erfolgszwang, wie eine zu weit gefasste Analogie zu Industriebetrieben mit spezifischen Produktionskapazitäten suggerieren könnte, sondern um die Überprüfung selbstgesetzter Ziele selbst entwickelter Curricula.
- Die Berücksichtigung der Zufriedenheit der "Kunden", der KollegiatInnen, der KooperationspartnerInnen oder der eigenen Zufriedenheit der Lehrenden als Maßstab verhindert die Einstellung, dass es um "Produkte" eines Lehrerfolges gehen könne; denn die Lernenden und die Lehrenden beurteilen als Subjekte den Unterricht selbst, die ExpertInnen als KooperationspartnerInnen werden gebeten, ihre Zufriedenheit über curriculare und Leistungsergebnisse mitzuteilen, so dass unterschiedliche Perspektiven sich gegenseitig ergänzen.
- Es gibt zwar als vordefinierte „Qualitätsnorm" die Orientierung an den Richtlinien für die Abiturprüfung in Nordrhein-Westfalen, diese gewähren allerdings einen relativ breiten Handlungsspielraum für Inhalte, Methoden und Leistungserbringung ("Kontingenz-Evaluation" nach Strittmatter, A., 1999, S.228).
- Es gibt als notwendiges Pendant die sog. "explorative Evaluation" (ebd., S.229) "zur besseren Aufklärung der Wirklichkeit, zur Erklärung von

Problemen und zur Lösungsfindung" (ebd.) durch die Selbstevaluation der Lehrenden.

Ein weiterer Aspekt ist, dass das EFQM-Modell durch seine flexiblen Einsatzmöglichkeiten dazu geeignet ist, für die unterschiedlichen Bedarfe ein "maßgeschneidertes Vorgehen" (Mandl, H., Reinmann-Rothmeier, G., 2000, S. 95) zu ermöglichen und damit "... von universal anwendbaren 'Rezepten' Abschied zu nehmen und statt dessen stärker auf die Besonderheiten der gegebenen Situation einzugehen" (ebd.). Diese Autoren betonen, dass die Verantwortlichkeit für den Evaluationsprozess nicht nur bei den Entwicklern von Bildungsangeboten liege, sondern dass alle Beteiligten, insbesondere die Nutzer und Nutzerinnen der Angebote in der ihnen eigenen Form zu Erfolg oder Misserfolg betragen können. Insofern sei es unverzichtbar, bei den Lernenden z.B. selbstevaluative Aktivitäten zu fördern, indem sie aufgefordert werden zu Selbstbeobachtungen (z.B. zur Wahrnehmung des eigenen Lernprozesses und von Erfolgs- und / oder Misserfolgserlebnissen), zur Selbstprotokollierung ihrer Beobachtungen und zur Selbstkontrolle bei der Anwendung des Gelernten (ebd., S.93/94). Diese Ergebnisse müssten im gesamten Prozess der Evaluation wieder Verwendung finden, sollen sie nicht zu einer Demotivierung der Beteiligten führen, die ein Recht darauf haben zu wissen, ob und wie mit ihren Eindrücken umgegangen wird. Derartige Ergebnisse können in die Erhebung eingehen, die zur Zufriedenheit der Lernenden durchgeführt werden sollte. Diese gehört in den Ablauf der formativen Phase der Entwicklungsevaluation, ebenso wie die Analyse des Lernerfolges und des Lerntransfers (ebd., S.98), sie sind im EFQM-Modell unter dem Begriff "Leistungen des Curriculums" zu subsumieren.

Wenn auf dieser eher formalen Ebene der Frage nach der Angemessenheit eines Evaluationsmodells auch Akzeptanz herstellbar zu sein scheint, ist doch in einer kritischen Einschätzung der dargestellten Evaluationsmaßnahmen rückblickend festzustellen, dass der erste konkrete Schritt für einen sinnvollen Prozess selbstevaluativer Arbeit, der mit der Festlegung der Ziele und Entscheidungen beginnen muss, am schwersten zu realisieren ist. Wie im letzten Kapitel beschrieben wurde, ist für eine Arbeitsgruppe die Einigung auf gemeinsame Ziele mühsam, da die Erfahrungen und das Erleben der Praxis individuell gedeutet wird und Hypothesen über Ursachen von Problemen selten übereinstimmen. Deshalb muss diese Phase des Beginns der Selbstevaluation einen Vorlauf haben, in dem es darum gehen sollte, das Erfahrungswissen als Alltagstheorie zu formulieren, mit gemeinsam diskutierten und damit explizierten Hypothesen zu verbinden und zu versuchen, auf der jeweilig angemessenen theoretischen Reflexionsebene, entweder der fachdidaktischen, der allgemein unterrichtsmethodischen oder auch der pädagogisch-psychologischen, einen Konsens zu erarbeiten, der es den Beteiligten ermöglicht, die letztlich gefundenen Ergebnisse entweder in den theoretischen Kontext einzuordnen und/oder begründet nach anderen Erklärungsmöglichkeiten zu suchen.

Nun wird sicher eingewendet, dass solcher Art wissenschaftliche Einbettung persönlicher Vermutungen für einen normalen Unterrichtsalltag zu ambitioniert wäre. Andererseits erscheint Erkenntnisgewinn nur schwer möglich, wenn diese Distanzierung von unmittelbarer Erfahrung nicht erfolgt. Es könnte sich dann das Gefühl einstellen, „man habe die Ergebnisse ja schon gewusst oder erahnt", und der evaluative Aufwand könnte - auch zu recht - in Frage gezogen werden. Auch wird dem Argument zu begegnen sein, die eigene Kompetenz reiche nicht aus für solche Reflexion oder die Zeit müsse für andere, wichtigere Tätigkeiten investiert werden. Hier müsste einerseits die institutionelle Unterstützung für die Entwicklung von „communities of practice" ansetzen, die solche Arbeit anerkennt, fördert und nutzt, andererseits gilt es, verschüttetes vorhandenes Wissen der Beteiligten zu nutzen. Eine relativ pragmatische Überlegung zur Entwicklung von solchen Praxisgemeinschaften stellt Altrichter im Zusammenhang mit Lehrer-Forschung vor: „Die Talente an der eigenen Schule, die für die schulische Weiterentwicklung wertvolle Qualifikationen mitbringen, zu entdecken, kann nicht falsch sein. Weiters bedarf es Foren zur Identifikation von Netzwerken des Wissens, in deren Rahmen das Know-How von KollegInnen verschiedener Schulen ausgetauscht werden kann" (Altrichter, H., 2002, S.27)[13]. Im Hinblick auf zukünftige Evaluationsarbeit wird so die erste Aufgabe der Fachkonferenz sein, sich über die Möglichkeiten einer theoretischen „Erdung" der eigenen Praxis Gedanken zu machen und sich einer institutionellen Unterstützung zu versichern. Für einen perspektivischen Evaluationsprozess lassen sich unter Berücksichtigung der bisher erarbeiteten Evaluationsergebnisse, den Rückmeldungen der Fachkonferenz und einer perspektivischen kommunikativen Validierung in dieser Gruppe in bezug auf das neue Curriculum exemplarisch Beispiele zur Fachsystematik und zum didaktisch-methodischen Vorgehen für mögliche Ziele und Entscheidungen nennen[14]:

- Das Ziel, die Verbesserung der Leistungsfähigkeit der KollegiatInnen bei der Einschätzung unterschiedlichster Gesundheitssysteme soll durch die Integration interkultureller Themen erreicht werden. Eine Annahme hierzu ist, dass durch den spezifischen Erfahrungsbezug die Integration bzw. Differenzierung von Alltagserfahrung und wissenschaftlicher Theorie erleichtert wird, dass Interesse und Lernmotivation erhalten bleibt, und dass ein tieferes Verständnis anderer kultureller Gesundheitsvorstellungen zu erzielen ist.
- Das Ziel, ein gesundheitswissenschaftliches Fachverständnis zu entwickeln, soll durch Vermittlung der paradigmatischen Merkmale der Gesundheitswissenschaften erreicht werden, wobei zwei Methoden zu unterscheiden wären: die explizite und die implizite Vermittlung; nach der

---

[13] Einen ähnlichen Kooperationsvorschlag für die Lehrerbildung macht u.a. Effe-Stumpf (Effe-Stumpf, G., 2002).

[14] Es ist evident, dass für die neue Ausbildungsstruktur auch die institutionell vorgegebenen Ziele für die Selbstevaluation zu berücksichtigen sind. Dazu gehört z.B. die Neugestaltung des ersten Semesters, das noch nicht mit dem Fachunterricht beginnt, sondern in fachübergreifenden Grundkursen in Fächergruppen einführt, um den KollegiatInnen einen Einblick in andere Fächer als die gewählten zu gewähren und damit die eigene Entscheidung überprüfen zu können.

jeweiligen Methode wäre der Erfolg zu überprüfen. Dabei müssten zwei Zeitpunkte der Überprüfung festgelegt werden, in der Mitte der Ausbildung, d.h. nach drei Semestern, und am Ende der Ausbildung, nach sechs Semestern.
- Das Ziel einer angemessen Selbstbeurteilung der eigenen Leistungsfähigkeit soll durch eine Verbesserung des Systems der Leistungsrückmeldungen für kooperative Verhaltensweisen, wissenschaftsmethodische Fähigkeiten und kognitive Kenntnisse erreicht werden.
- Das Ziel, relevantes Wissen aktualisieren und auf neue Sachverhalte anwenden zu können soll durch eine Verbesserung des problemorientierten Lernens erreicht werden, indem solche Fallbeschreibungen zur Erarbeitung nach dem 7-steps-Modell vorgegeben werden, für die gemeinsam die Wissensbasis erarbeitet worden ist.

In einem ersten Schritt wird mit diesen Festlegungen die Frage nach der „Politik und Strategie der Fachkonferenz" berührt, die entsprechend dem EFQM-Modell bereits einen komplexen Entscheidungsprozess erfordert. Die Festlegung der daraus folgenden qualitätsfördernden Faktoren, die aus einer guten Kooperation mit den PartnerInnen, einer befriedigenden gemeinsamen Arbeit, der effektiven Nutzung der vorhandenen Ressourcen und den auf die KollegiatInnen gerichteten klug definierten und operationalisierten Maßnahmen bestehen, ist der nächste Schritt, der zu intensiver Auseinandersetzung zwingt. Entscheidungen, die hier anstehen, betreffen die Art und Zahl der Kontakte zu Vertretern von Schule und Hochschule[15], und sie betreffen vor allem die effektive und funktionale Organisation der Kooperation im Prozess der Selbstevaluation, womit insbesondere pragmatische Methoden zur Durchführung der evaluativen Maßnahmen, deren Auswertung und Interpretation gemeint sind. Um den gesamten Prozess zu verdeutlichen, ist in der Graphik 5 das EFQM-Modell in neuer Form dargestellt worden (s.u.). Es

---

[15] Diese Kontakte sind auch durch Organisationserlass vorgeschrieben, vgl. Fußnote 6 in diesem Kapitel

enthält exemplarisch das Ziel der Leistungsverbesserung von KollegiatInnen durch Integration interkultureller Themen in die Unterrichtsinhalte:

Abbildung 5: Selbstevaluation nach dem EFQM-Modell

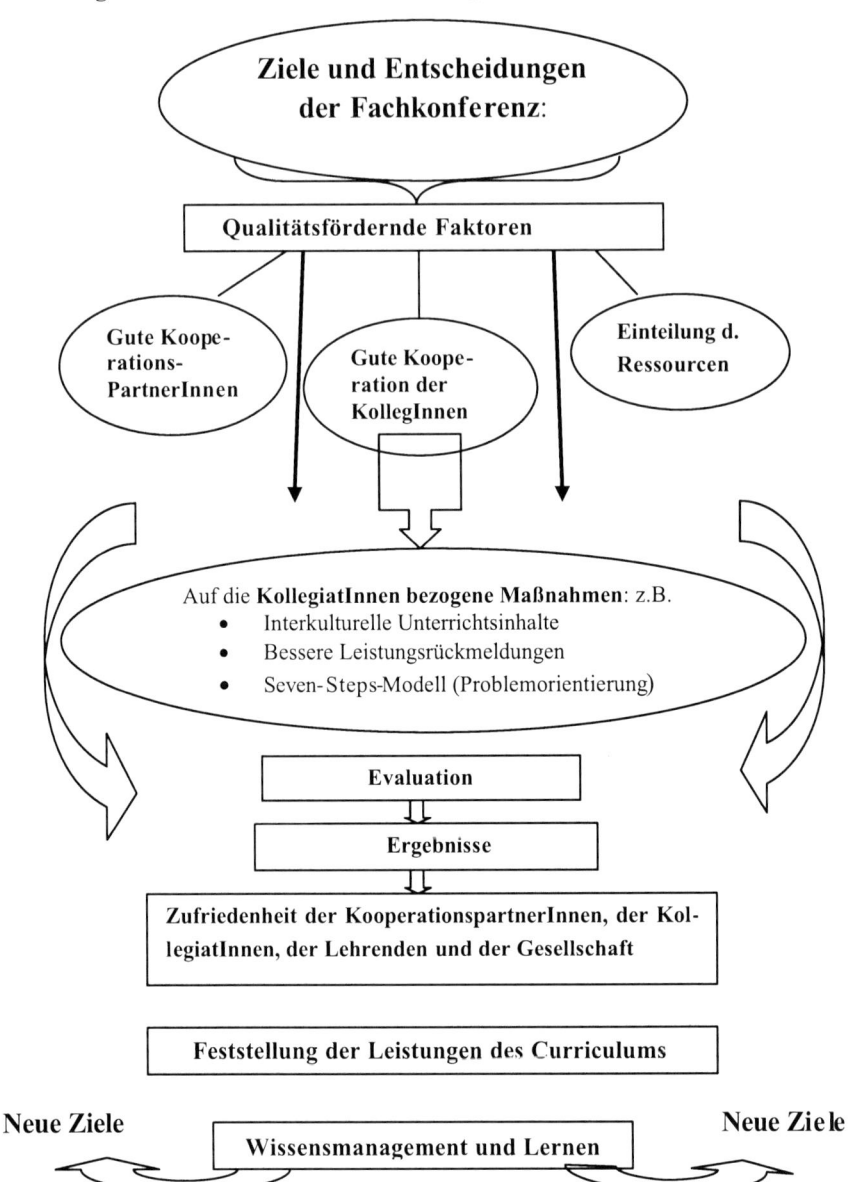

```
        ┌─────────────────────────────┐
        │   Ziele und Entscheidungen  │
        │      der Fachkonferenz:     │
        └─────────────────────────────┘
                      │
        ┌─────────────────────────────┐
        │   Qualitätsfördernde Faktoren │
        └─────────────────────────────┘
           │           │           │
    ┌──────────┐  ┌──────────┐  ┌──────────┐
    │   Gute   │  │   Gute   │  │Einteilung│
    │ Koope-   │  │ Koope-   │  │d.        │
    │ rations- │  │ ration   │  │Ressourcen│
    │Partner-  │  │   der    │  │          │
    │  Innen   │  │KollegInnen│  │          │
    └──────────┘  └──────────┘  └──────────┘
```

Auf die **KollegiatInnen bezogene Maßnahmen**: z.B.
- Interkulturelle Unterrichtsinhalte
- Bessere Leistungsrückmeldungen
- Seven-Steps-Modell (Problemorientierung)

Evaluation

Ergebnisse

Zufriedenheit der KooperationspartnerInnen, der KollegiatInnen, der Lehrenden und der Gesellschaft

Feststellung der Leistungen des Curriculums

Neue Ziele ← Wissensmanagement und Lernen → **Neue Ziele**

Effektivität und Funktionalität der Methoden und Verfahren

Dieses Modell ist nun in ein Evaluationsdesign zu übersetzen (Tabelle 49). Die Tabelle zeigt eine beispielhafte Übersicht zu möglichen Entscheidungen und dazu gehörenden qualitätsfördernden Faktoren, die nach ihrer Umsetzung im Ergebnis zur Zufriedenheit der Akteure und zu guten Leistungen führen sollen:

Tabelle 49: Ein mögliches Evaluationsdesign

Qualitätsfördernde Faktoren	Zufriedenheit der Akteure mit der Umsetzung der Entscheidungen und der Leistungsfähigkeit des Studiengangs			
	KollegiatInnen	ExpertInnen / KooperationspartnerInnen	Lehrende	Leistungsfähigkeit des Studiengangs
Ziele und Entscheidungen	• Interkulturelle Themen • Fallbearbeitung im problemorientierten Lernen (POL) - Seven-Steps-Modell • Leistungsrückmeldungen	• Interkulturelle Themen • Basiskenntnisse • POL als Methode	• Lernmotivations- u. • Leistungsverbesserung von KollegiatInnen • Eigene Kooperation zur Festlegung der Basiskenntnisse und der Fallstrukturierung	• Hohe Zahl von AbsolventInnen, • weniger AbbrecherInnen • weniger FachwechslerInnen

Qualitätsfördernde Faktoren	Zufriedenheit der Akteure mit der Umsetzung der Entscheidungen und der Leistungsfähigkeit des Studiengangs			Leistungsfähigkeit des Studiengangs
	KollegiatInnen	ExpertInnen / KooperationspartnerInnen	Lehrende	
Selbstevaluationsprozess I: empirische Überprüfung der Zielerreichung	• Beurteilung der Themen durch die Gruppe • Beurteilung des POL • Beurteilung der selbständigen Arbeit • Beurteilung der Rückmeldungen	• Diskussion über Themen, Unterrichtsinhalte und Methoden • Diskussion über KollegiatInnenleistungen • Beurteilung von KollegiatInnenleistungen	Prüfprozess der Transaktion zwischen Theorie und Praxis, d.h.: • Beobachtung der Verhaltensweisen von KollegiatInnen in anderen Kursen • Diskussion der Fachkonferenz über KollegiatInnen-Leistungen • Reflexion über den Prozess der Fallentwicklung	• Vergleich der Zahlen der Unterrichtsforschung mit den Zahlen des Studienfachs
Selbstevaluationsprozess II: Bewertung der Ergebnisse	Beurteilung der Zufriedenheit der KollegiatInnen, der ExpertInnen und der Lehrenden auf dem Hintergrund aktueller Kenntnisse sozialwissenschaftlicher und pädagogischer Forschungen, bildungspolitischer Entwicklungen und eigener curricularer Erfahrungen			Wie weit wurden die Ziele erreicht?

Effektivität und Funktionalität der Methoden und Verfahren

Quali-tätsför-dernde Faktoren	Zufriedenheit der Akteure mit der Umsetzung der Entscheidungen und der Leistungsfähigkeit des Studiengangs			
	KollegiatInnen	ExpertInnen / KooperationspartnerInnen	Lehrende	Leistungsfähigkeit des Studiengangs
Selbstevaluationsprozess III: Umsetzung	Umsetzung der gewonnenen Erkenntnisse in neue Zielsetzungen, und Entscheidungen			

Für den Evaluationsprozess wird nun eine Übereinkunft darüber eingefordert, wie der Zusammenhang zwischen den angestrebten Zielen und den curricularen Entscheidungen begründet werden kann. Wird z.B. für das Ziel der Leistungsverbesserung der KollegiatInnen beim interkulturellen Lernen die Entscheidung getroffen, den qualitätsfördernden Faktor interkulturelles Thema in jeden Kurs zu integrieren, muss dies durch unterrichtliche Maßnahmen durchgeführt werden. Diese Maßnahmen müssen begründet sein. Beispielsweise wurde in der Thesendiskussion postuliert, KollegiatInnen ausländischer Herkunft seien wesentlich mehr mit dem westlichen Gesundheitssystem identifiziert als deutsche KollegiatInnen und würden interkulturelle Themen von daher nicht aus eigenem Interesse vorschlagen. Ein Angebot, sich mit anderen Gesundheitsvorstellungen und -systemen oder auch mit kritischen Aspekten des deutschen Umgangs mit Gesundheitsproblemen von MigrantInnen zu beschäftigen, könnte die Gefahr der Stigmatisierung enthalten, könnte aber auch den Weg ebnen, eigene Kompetenzen zu entdecken (z.B. bei Befragungen die Muttersprache zu benutzen), eigene oder Bezugsgruppen-Erfahrungen zu rekonstruieren, die Verallgemeinerung auf Probleme größerer Gruppen zu leisten und auch die Bearbeitung abstrakter theoretischer Texte durch den möglichen unmittelbaren Rückbezug auf die konkreten Erfahrungen besser zu bewältigen. Die Fachkonferenz müsste sich zur Absicherung dieses Begründungszusammenhangs von ExpertInnen des interkulturellen Lernens einen möglichen theoretischen Hintergrund erläutern lassen oder diesen selbst erarbeiten. Ein anderes Beispiel wäre die Zielsetzung der Verbesserung der Leistungsmotivation, für die Erkenntnisse zum Zusammenhang von subjektiv erlebtem Lernerfolg und entsprechend positiv erlebter Unterrichtsqualität bereits in dieser Arbeit dargestellt worden sind, so dass sich die Fachkonferenz auf diese stützen kann um im Kontext unterrichtlicher Maßnahmen weiter die Zufriedenheit mit der Qualität des Unterrichts zu untersuchen. Das könnte z.B. auch zur Folge haben, dass Aspekte des in dieser Arbeit verwendeten Fragebogens (s. Anhang) erneut Verwendung finden, und zwar insbesondere die items zur Einschätzung der eigenen Leistungsfähigkeit und zur Beurteilung des Unterrichts.

Hieran knüpft sich die Frage an, welche Methoden zur Überprüfung des Erreichens der Ziele aufgrund der curricularen Maßnahmen zum Einsatz kommen sollen. Ein Vorschlag war, die strukturell angelegte Leistungsüberprüfung und Leistungsrückmeldung durch das Portfolio-System[16] zu nutzen. Dieser Vorschlag kann für die Überprüfung der Zufriedenheit der KollegiatInnen konkretisiert werden, indem der Rückmeldebogen (sog. Bewertungsbogen) für KollegiatInnen und Lehrende halbstandardisiert wird, d.h., vorgegebene Items und offene Fragen enthält oder, sofern dies nicht möglich ist, einen Anhang erhält. Beispielsweise wäre es möglich, solche Items abzufragen wie:

---

[16] Das Portfolio-System könnte bedeuten, dass KollegiatInnen eine Leistungsmappe anlegen, in der sie pro Kurs die ihrer Meinung nach besten Arbeiten dokumentieren, dies auf einem Bewertungsbogen begründen und dazu eine Rückmeldung der Lehrenden erhalten. Ein anderer Modus ist, vor einer Leistung festzulegen, ob sie in das Portfolio soll, unabhängig von ihrer erzielten Qualität.

- Beurteile Deine eigene Leistungsfähigkeit in diesem Kurs mit den Noten 1 bis 5
- Beurteile die Unterstützung der Lehrenden in diesem Kurs mit den Noten 1 bis 5
- Wie hoch war Dein Interesse an den bearbeiteten Themen in diesem Kurs? Beurteile Dein Interesse mit den Noten 1 bis 5 etc.

Im Weiteren wäre es notwendig, sich für die externe Evaluation durch ExpertInnen für Verfahren zu entscheiden, die wenig Zeit in Anspruch nehmen und leicht durchzuführen wären, wie Gruppendiskussionsverfahren zusammen mit einer Fachkonferenz, oder einzelne Interviews oder Befragungen mit einer GesprächspartnerIn. Auch für die Gespräche mit ExpertInnen müssen vorab Qualitätsindikatoren definiert werden, da sonst ihre Zufriedenheit nicht feststellbar wäre.

Der Zeitrahmen für die Entwicklungsphase des Curriculums bezieht sich auf das 2. bis 6. Semester, für diesen Zeitraum muss die Evaluation geplant werden. Geklärt werden müsste auch, wann und wie oft ExpertInnengespräche stattfinden sollten. Empfehlenswert wäre ein erster Zeitpunkt in der Mitte der Ausbildung, da dann noch Veränderungen möglich sind, und ein zweiter am Ende der Ausbildung zur abschließenden Bewertung. Der gesamte Evaluationsprozess sollte arbeitsteilig durchgeführt werden, d.h., kursbezogene Überprüfungen sind von den verantwortlichen Lehrenden durchzuführen, und für die Organisation der externen Evaluation muss jeweils eine verantwortliche Person bestimmt werden.

Zusammenfassend lässt sich für ein zukünftiges Evaluationsmodell festhalten:

- Ausgangspunkt ist immer die Zieldiskussion, die Entscheidungen zur Folge hat,
- Entscheidungen betreffen die Kooperation der Fachkonferenz, die KooperationspartnerInnen, die KollegiatInnen und die Ressourcen wie Zeit und Geld,

- Qualitätsfördernde Faktoren müssen für die Kooperation der Fachkonferenz, die KooperationspartnerInnen, die KollegiatInnen und die Ressourcen definiert werden, denn sie sollen die Ansatzpunkte sein, um die Ziele zu erreichen,
- Für die Überprüfung, ob und wie weit die Ziele erreicht wurden, müssen Methoden wie Befragung, Interview und Tests zur Überprüfung der Zufriedenheit der Akteure festgelegt werden,
- Die Auswertung der Ergebnisse muss mit institutioneller Unterstützung erfolgen,
- Die Interpretation der Ergebnisse und die Rückbindung für neue Zielsetzungen ist ein erstes Ergebnis des Evaluationsprozesses.

Im folgenden letzten Kapitel sollen abschließend Ideen entwickelt werden, wie ein solcher Evaluationsprozess auf andere Einrichtungen, insbesondere Schulen, transferiert werden könnte.

7.3 Möglichkeiten und Bedingungen eines reflexiven Verfahrens der Selbstevaluation nach EFQM-Ideen für andere Fächer und Institutionen

Als diese Arbeit begonnen wurde, waren die Ideen der European Foundation for Quality Management (EFQM) sehr aktuell und wurden zusammen mit TQM-Modellen für Schulen und Universitäten diskutiert. Inzwischen gibt es etliche Schulen, Universitäten und andere Institutionen in verschiedenen Ländern, die versuchen, Schul- und Organisationsentwicklung nach dem EFQM-Modell zu gestalten[17]. Eine wesentliche Bedingung für die erfolgrei-

---

[17] Seit 1999 nehmen z.B. in Bayern und Mittelfranken 10 Gymnasien an einem staatlichen Versuch teil (http://www.kubiss.de/schulen/pvs/pvs4nbg/pvsqm-03.htm), bereits 1995 hat die Arbeitsgruppe Steiermark ein Online-Handbuch zu EFQM in der Schule herausgegeben (a.a.o.), 2001 hat es eine Habilitation zur Anwendung des Modells in einer Schule und in einer Hochschule gegeben (Lang, H., 2001), die Deutsche Gesellschaft für Evaluation (DeGEval) machte ihre 4. Jahrestagung zur Selbstevaluation in der Kinder- und Jugendhilfe zum Thema EFQM (Dokumentation der 4. Jahrestagung "Selbstevaluation" vom 23.-24. März 2001 in der Akademie Remscheid, HG: Akademie Remscheid, Küppelstein 34,

che Anwendung des Modells ist, dass die Betroffenen diesen Prozess der Selbstevaluation selbst wünschen, sich aus Eigeninitiative mit dem Modell auseinandersetzen und es für die eigenen Bedürfnisse anpassen, oder dass in Institutionen die Notwendigkeit der Überprüfung von Führungsentscheidungen in den Blick gerät, bzw. die Überprüfung der Politik und Strategie den Leitenden selbst ein Anliegen ist. Es setzt in jedem Fall Überzeugungsprozesse voraus und die Unterstützung der Beteiligten, denn ein Kriterium wie Mitarbeiterzufriedenheit wird sich nicht einstellen, wenn diese sich als "Opfer" von Bewertungsmaßnahmen fühlen, denen sie misstrauisch gegenüber stehen (Tenberg, R., 2001, S.2). Es erfordert als top-down-Modell professionelle Evaluatoren, die als Assessoren für die Adaptation und Anwendung des EFQM-Modells ausgebildet werden. Wie z.B. Hopfenmüller für die Fachhochschule-Regensburg beschreibt, kann es unter solchen Bedingungen nur von "oben" eingesetzt und mit finanzieller Unterstützung realisiert werden (Hopfenmüller, M., 1999a+b)[18].

42857 Remscheid, Karl-Heinz Lichtenberg), über die Foxdenton School in Oldham, Lancashire, UK, berichtete Mel Farrar 2000 (a.a.o.), der Öffentliche Dienst in NRW führt Qualitätsmanagement nach dem EFQM-Modell ein (http://www.qm-infocenter.de/), auch über die Anwendung des EFQM-Modells in der spanischen Tourismusindustrie wurde berichtet (Camison, C., Total quality management in hospitality, Tourism Management, 1996, Vol.17, No. 3, S.191-201). Und neuerdings liegt eine Studie über die Evaluation einer Studienberatung in einer Universität nach dem Modell vor (Schwan, R., u.a., 2002). Die Zahl der deutschen URL-Adressen mit den Stichworten EFQM-Schule-Hochschule liegt inzwischen bei über 360.

[18] 1999 war die FH-Regensburg nach Aussage des Autors "die erste deutsche Hochschule, die es sich zum Ziel gesetzt hat, das EFQM-Modell hochschulweit anzuwenden. Bislang wird es in Deutschland nur innerhalb einzelner Fachbereiche und Institute umgesetzt" (Hopfenmüller, M., 1999, S.5). Berichtet wird auch, dass ein Lehrerkollegium, das sich an dem bayrischen Modellversuch beteiligte, sich selbst kundig machte, den Leitfaden für Selbstbewertung auf die eigene Schule anwendete, um dann zusammen mit Eltern und Schülern unter Anleitung eines professionellen "EFQM-geschulten Unternehmensberaters" auf einer Tagung die "Gesamtschau" der Ergebnisse zu diskutieren (Räde, A., Schulentwicklung nach dem EFQM-Modell, in: Lehrerinfo, http://www.lehrerinfo-bayern.de/info_lehrer/3_02_efqm.asp).

Der Ansatz der Selbstevaluation in der Fachkonferenz Gesundheitswissenschaften am Oberstufen-Kolleg war nicht in eine institutionelle organisatorische Maßnahme nach dem EFQM-Modell eingebettet, sondern wurde für den Prozess der Selbstevaluation im Rahmen des Lehrer-Forscher-Konzeptes in einer kleinen relativ selbstständigen Arbeitsgruppe genutzt und den eigenen Interessen und Bedürfnissen angepasst. Dieser Ausgangspunkt hat Chancen geboten, die in anderen Schulentwicklungsprozessen so nicht gegeben waren: "Erkenntnisse aus dem bundesweiten Modellversuch Qualitätsentwicklung in beruflichen Schulen (QUABS) deuten darauf hin, dass die Kernzone schulischer Qualität, der Unterricht, mit Qualitätsmanagement-Instrumentarien nur schwer erreicht werden kann" (Tenberg, R., 2002, S.1). Tenberg berichtet weiter, dass die wissenschaftliche Begleitung des Modellversuchs nach drei Jahren ergeben habe, „dass das Entwicklungsfeld Unterricht zunächst ausgespart wurde ... Die Entwicklungsbereiche *Arbeitsbedingungen, Schulverwaltung, Administration und Logistik* dominieren die QM-Aktivitäten quantitativ und qualitativ. Erst gegen Ende der Versuchszeit wurden einzelne, eher vorsichtige Ansätze eingeleitet, die mit einer längerfristigen Intervention in das Bezugsfeld Unterricht intendiert waren" (ebd., S.2). Diese Ergebnisse reiht er ein in ähnliche bereits veröffentlichte Forschungsergebnisse (z.B. Altrichter, H., Posch, P. 1999, S.193-256), zu deren Deutung er 6 Faktoren heranzieht, die nach ExpertInnenmeinung die Qualitätsentwicklung von Unterricht (und nicht nur den von beruflichen Schulen) hemmen können: (1) die Qualität von Unterricht sei schwer zu definieren, (2) es gebe keine oder zu wenig Rückmeldungen zum Unterricht, (3) die Motivation zur didaktisch-methodischen Entwicklung von Unterricht sei zu schwach, (4) es sei eine Überforderung, Qualitätsentwicklung von Unterricht zu betreiben und gleichzeitig die kognitiven und psychosozialen Interaktionsprozesse zu meistern, (5) ein solches Qualitäts-Engagement würde sich nicht auszahlen, und (6), der Beamtenstatus von LehrerInnen würde dem entgegenstehen (ebd., S.2). Diese Faktoren beschreiben sowohl subjektive

Bedingungen von LehrerInnenpersönlichkeiten wie Motiviertheit und Interesse am beruflichen Fortkommen, als auch strukturelle Bedingungen der Schulen und der Unterrichtsarbeit wie die Komplexität der Tätigkeit und deren institutioneller Organisation. Eine „geglückte" Verbindung zwischen Arbeitsbedingungen und Arbeitszufriedenheit, persönlichen Kompetenzen und Zielvorstellungen für die berufliche Praxis beschreibt damit die Ausgangsbasis professioneller Entwicklungschancen. Bevor die oben genannten das Qualitätsmanagement von Unterricht hemmenden Einflüsse genauer betrachtet werden, muss daher akzeptiert werden, dass erst die kollegiale Herstellung angemessener Arbeitsbedingungen, das Erleben der Selbstwirksamkeit und erfolgreichen Einflussnahme auf die Veränderung schulischer Bedingungen, eine unterstützende Kommunikationskultur und die kritische Selbstreflexion der Personen in Leitungsfunktionen eine Situation schaffen können, in der ein abgeschottetes Einzelkämpfertum in geschlossenen Unterrichtsräumen nicht mehr als Voraussetzung für ein „Überleben" in der Praxis notwendig erscheint (ebd., S.2). Das Einräumen von Zeit für solche Prozesse der Veränderung auf der institutionellen Ebene ist eine wesentliche Voraussetzung, eine andere ist die Eröffnung von Optionen im Mikrobereich einzelner Fachkonferenzen. Damit ist gemeint, dass die Lösung, kollegiale Teams zu bilden (ebd., S.6), die eine professional community (s.o.) entwickeln wollen, als ein Angebot offeriert werden könnte, mit zur Verfügungstellung von Ressourcen (z.B. Entlastungsstunden) und Einbindung in gewünschte methodisch-didaktische Diskussions- und Fortbildungsprozesse der Institution. Die Attraktivität eines Wechselspiels von „Nachfrage und Angebot" im Bereich Unterrichtsevaluation könnte darin bestehen, von Beginn an bestimmte implizite Annahmen, die in den o.g. hemmenden Einflussfaktoren aufscheinen, zu explizieren, und durch eine öffentliche Debatte zu enttabuisieren. Z.B. könnte damit erreicht werden

- dass die Schwierigkeit, die Qualität von Unterricht zu „definieren" dadurch umgangen wird, dass die „schmuddelige" Praxis, durch die theoretisch attraktive Konzepte wie handlungsorientiertes oder situiertes Lernen immer belastet erscheinen, als Ausgangspunkt für Evaluation genommen wird. Das könnte zur Folge haben, dass nicht eine „objektive" Qualität eines Konzeptes als Ideal erreicht werden und der eigene Unterricht daran gemessen werden soll, sondern dass die Praktiker ihre eigenen Überlegungen zu diesen Konzepten verbalisieren, ihre eigenen Zielvorstellungen formulieren und auf diese Weise als einzig kompetente Personen die eigene Evaluierung durchführen;

- dass der Mangel an Rückmeldungen durch solche Teams aufgefangen werden kann, dies scheint evident, nur ist damit verbunden, dass in Form kollegialer Beratung die kommunikativen Ebenen der Rückmeldung zu trennen sind und die Teams über Fortbildungen in die Lage versetzt werden, sich über Sach- und Beziehungsebenen sowohl in der LehrerInnen-SchülerInnen-Interaktion als auch in der kollegialen Interaktion zu verständigen und die subjektiven Theorien über Erfolg oder Misserfolg durch intersubjektive Rückmeldungen zu relativieren bzw. in Perspektiven von Entwicklung umzusetzen;

- dass die durch solche evaluative Arbeit mögliche kognitive und psychosoziale Befriedigung eine persönliche berufliche Weiterentwicklung ermöglicht, die eine soziale und institutionelle Anerkennung durch deren Rückbindung in internen Fortbildungen, Herbeiziehen von ExpertInnen oder organisatorischen Veränderungen zur Folge haben kann, was die administrative Beurteilung von Unterricht (abgesehen von beamtenrechtlichen Vorschriften) erübrigen würde, womit der auf den LehrerInnen lastende Druck, sich gegenüber einer immer „alles schon besser wissenden", qua Amt perfekten Beurteilungsbehörde permanent verteidigen zu müssen, vermindert würde und vielleicht zugunsten einer offensiven Auseinandersetzung um eine je individuelle „best practice" abgelöst werden könnte;

- dass das Gefühl der permanenten Überforderung durch fachliche, didaktisch-methodische, und pädagogische Anforderungen durch bewusste Reduzierung der Komplexität auf wenige Aspekte der Selbstevaluation durchaus entlastend wirken könnte, sofern diese kollegial verantwortet und durchgeführt wird;
- dass das Gefühl, ein solches Engagement würde sich nicht „auszahlen", durch eine erhöhte Arbeitszufriedenheit ausgeglichen werden könnte, und schließlich
- dass der Beamten- oder Angestelltenstatus nicht immer damit verbunden ist, in der vorgegeben Hierarchie aufsteigen zu wollen, sondern durchaus die Option, in eigener Regie Entwicklungsprozesse anzustoßen und selbständig mit Handlungsspielräumen operieren zu können, als gewinnbringend für sich verbucht werden könnte.

Eine Selbstevaluation unter einigermaßen guten strukturellen Voraussetzungen könnte so durchaus zu einem intellektuellen Vergnügen werden, dessen Spaß an theoretischer Reflexion und praktischer Überprüfung auch auf andere Teams ansteckend wirken und sich langfristig auf die Entwicklung der Organisation Schule positiv auswirken könnte.

8. Zusammenfassende Einschätzung und Ausblick

Reflexion der Praxis – Praxis wissenschaftlicher Reflexion: der Titel der Arbeit war ihr Programm. In wieweit war die Praxis das „Kriterium der Wahrheit" (vgl. Kapitel 1.2) für dieses Programm? Welche Ziele und welche Ansprüche konnten eingelöst werden? Ziele und Ansprüche betrafen unterschiedliche Arbeitsbereiche: Das Curriculum und den Unterricht, den Evaluationsprozess und die Behauptung, Evaluation sei möglich als wissenschaftliche Reflexion der Praxis. Dieser letzte Aspekt ist der wesentliche und soll zuerst betrachtet werden, denn wird die Wissenschaftlichkeit der Reflexion in Frage gestellt, bleiben Evaluation und Unterricht der Subjektivität verhaftet und damit alle Aussagen zur Qualitätssicherung unüberprüfbar.

Wodurch zeichnet sich eine wissenschaftliche Reflexion der Praxis aus? Kann – bzw. konnte die betriebene LehrerInnen - Forschung diesen Anspruch einlösen?

Im Bewusstsein, dass eine solche Studie eingebunden ist in den Kontext von spezifischem Unterricht mit besonderen Lernenden und Lehrenden, dass diese Studie auf die Zeit bezogen werden muss, in der sie entstanden ist, dass Veränderungen von Institution und Zielen in die Bewertung der Ergebnisse eingehen müssen, und dass das Angewiesensein auf verbale Rückmeldungen der Beteiligten die Ausgangsbasis für die Überprüfung von Zielsetzungen sind, konnte nur eine Wissenschaft im Sinne qualitativer Forschung unter Zuhilfenahme quantitativer Daten betrieben werden, die gerade darauf aus ist, an einem Einzelfall Praxisveränderungen auf ihre Zielgerichtetheit hin und damit auf die gewünschte Qualität hin zu überprüfen.

Zu Beginn der Arbeit wurde zur Wissenschaftlichkeit der Evaluation die These aufgestellt, dass Selbstevaluation als Reflexion der curricularen Praxis nur dann der Qualitätssicherung dient, wenn sie theoriegeleitet, methodisch kritisch und durch externe Experten begleitet Rückwirkungen auf die beteiligten Lehrenden und ihre Arbeitskultur im Sinne neuer Zielsetzungen und im Sinne von Weiterentwicklung und Verbesserung des Unterrichts hat. Es

sollte die Meinung relativiert werden, dass handlungsleitende Interessen und wissenschaftliches Erkenntnisinteresse zueinander im Gegensatz stünden (Kapitel 1.2). Das handlungsleitende Interesse an spezifischen Evaluationsfragen resultierte zwar aus der Unterrichtspraxis und der institutionellen Situation mit ihren Problemen, aber theoretische Begründungen der praktischen curricularen Arbeit machten einen wesentlichen Teil der Vorarbeiten des Evaluationsprozesses aus, denn erst danach waren überhaupt Ziele der Evaluation herzuleiten. Es waren drei wesentliche didaktisch-methodische Strukturelemente, deren Zielerreichung durch die Selbstevaluation überprüft und deshalb theoretisch begründet wurden:
- die multidisziplinäre Fachsystematik und das Ziel der Entwicklung eines gesundheitswissenschaftlichen Fachverständnisses,
- Problem- und Erfahrungsorientierter Unterricht und das Ziel der Integration / Differenzierung von Alltagserfahrung und wissenschaftlicher Theorie,
- Forschendes Lernen und das Ziel des Erwerbs methodischer Qualifikationen.

Das allgemeine wissenschaftliche Erkenntnisinteresse an der Untersuchung solcher fachdidaktischen Fragen ist durch die Diskussion der scientific community längst belegt und konnte ausführlich dargestellt werden. Wie verhält es sich nun mit den durch diese Arbeit erbrachten besonderen Erkenntnissen? Es sollten keine aus Theorien abgeleiteten Fragestellungen empirisch überprüft werden, denn diese deduktive Vorgehensweise wäre dem Gegenstand der Forschung, dem Curriculum und dem Unterricht, nicht gerecht geworden. Aber die induktive Untersuchung von Zusammenhängen, in die das theoretische Vorwissen eingeflossen ist, machte es möglich, diese im Licht der theoretischen Ansätze zu beleuchten und zu überprüfen, ob sie für das Alltagshandeln in dieser besonderen Situation Erkenntnisse liefern können, das heißt, ob sie praktisch relevant geworden sind oder werden können. Zu allen drei untersuchten Bereichen waren die empirisch gefundenen Ergebnisse entweder in sich aussagekräftig oder konnten mit denen allgemeinerer „größerer" Studien, deren wissenschaftliches Vorgehen außer Frage steht, in Beziehung gesetzt werden. Das methodische Vorgehen in dieser Evaluationsstudie war von der Vorstellung geprägt, eine Verbindung zwischen quantitativer und qualitativer empirischer Arbeit zu finden, die dem Gegenstand angemessen sein könnte. Dabei kann nicht von einer Dominanz eines methodischen Vorgehens oder einem starren Verhältnis von Über- und Unterordnung der beiden methodischen Ansätze gesprochen werden. Es war angemessen, eine wiederholte Befragung einer großen Gruppe von KollegiatInnen über einen Zeitraum von drei Jahren mit einem Fragebogen durchzuführen, der auf die spezifischen Evaluationsbedürfnisse der Fachkonferenz zugeschnitten war und quantitative Auswertungen ermöglichte. Da dieser Fragebogen nicht standardisiert, sondern nur nach Augenscheinvalidität von der Fachkonferenz revidiert wurde, empfahl sich eine genauere Befragung einer Stichprobe von KollegiatInnen, um vor allem das Begriffsverständnis des Fragebogens und damit seine Validität zu überprüfen. Die qualitative Analyse dieser Interviews gab wertvolle Aufschlüsse über die Art und Weise, wie über das Curriculum gedacht wurde und ob und wie die Fragen im Fragebogen verstanden wurden. Auch die qualitative Analyse von 10 ExpertInnen-Interviews war dem Gegenstand insofern angemessen, als es um die Erhebung der subjektiven Einschätzungen von wenigen Personen ging, die als Lehrende einer Fakultät bewertende Aussagen zu ihnen schriftlich vorgelegten Informationen machen mussten. Mit der qualitativen Forschung war hier der Versuch unternommen worden, die Konstruktionen von Subjekten über ein ihnen bekanntes Arbeitsgebiet aber eine relativ unbekannte Institution (das Oberstufen-Kolleg) als deren subjektive Wirklichkeit zu erfassen. Im Ergebnis gab es außer individuellen Ansichten auch intersubjektive Übereinstimmungen, die ein Bild der scientific community konstituierten und zu weiterer Diskussion anregten, da eine gemeinsame Verständigungsbasis aufgewiesen werden konnte.

Zur Absicherung der Vercodung von Interviews wurde die sog. Intercoder-Reliabilität benutzt, d.h., die Interviews wurden von zwei Personen codiert. Zudem wurden sie transkribiert, dokumentiert und in allen codierten Aussageeinheiten so expliziert, dass der Prozess des Zustandekommens der Daten zu jeder Zeit und für jeden zu überprüfen ist. Schwieriger zu beurteilen ist die Validität der Ergebnisse. In der Interviewsituation ist mit der Trennung von InterviewerIn und AuswerterIn und dem jeweils ähnlichen Setting versucht worden, Authentizität zu gewährleisten, von der auch deshalb ausgegangen werden kann, da die interviewten ExpertInnen keine spezifischen Interessen am curricularen Prozess des Faches Gesundheitswissenschaften, an einer besonderen Selbstdarstellung oder an Täuschungen haben konnten, bzw. solche Verhaltensweisen aufgrund der privilegierten ExpertInnensituation nicht begründbar oder verständlich wären. Allerdings ist eindeutig, dass sich Einstellungen aufgrund von Erfahrungen ändern, und dass diese Aussagen nur für den in der Interviewsituation vorgelegten Curriculumplan Gültigkeit besitzen können.

Die methodisch kritische Durchführung der Selbstevaluation ist auch durch das Prinzip der kommunikativen Validierung unterstützt worden. Die Gültigkeit der Untersuchungsinstrumente und der gewonnenen Ergebnisse wurde durch die betroffenen Lehrenden hinterfragt, ihre Vertrauenswürdigkeit auf dem Hintergrund eigener Erfahrungen abgewogen, Interpretationen revidiert und neu sozial konstruiert. Allerdings ist hierzu festzustellen, dass Differenzen zwischen den Lehrenden und der für die Untersuchungen frei gestellten Kollegin vor allem darin bestanden, dass letztere zu viele Arbeitsergebnisse auf einmal in zu wenig Zeit vermitteln musste und es fast unmöglich war, einen gleichen Kenntnisstand zu erreichen. Selbstkritisch muss hierzu angemerkt werden, dass nur durch fortlaufende Rückmeldungen und

Diskussionen von Ergebnissen in einer zukünftigen Evaluation eine befriedigende Gesprächsbasis zu erreichen wäre.

Ein ähnliches Problem entstand durch die Formulierung der Diskussionsthesen, in denen umfangreiche empirische Ergebnisse verdichtet und bewertet wurden. Diese Reduktion von Komplexität ist einerseits zwar notwendig, hat aber andererseits zur Folge, dass sich Unterrichtsrealität in Abstraktion „verflüchtigt" und der Rückholprozess auf eine Ebene gemeinsamen Diskurses nur schwer möglich ist. Aber dieser Diskurs ist gerade notwendig für die Verwertung des gewonnenen Wissens, seine Umsetzung im Unterricht zur Verbesserung der Qualität des Curriculums und um den weiteren Prozess der Evaluation zu gestalten.

Und damit steht auch der Evaluationsprozesses, der nach dem EFQM-Modell begonnen und durchgeführt wurde, zur Diskussion.

Die Erprobung des Modells an einem Einzelfall der curricularen Qualitätssicherung führt zu der Frage der Verallgemeinerung des Verfahrens: welchen Wert kann ein solches Vorgehen für andere haben? Ist es praktikabel? Ist es effektiv? Sind neue Erkenntnisse zu gewinnen und wie? Die Besonderheit der vorliegenden Arbeit bestand darin, dass curriculare Zielsetzungen und ihre Umsetzung im Unterricht zur Überprüfung anstanden, und dass mit dem ganzen Prozess nach dem EFQM-Modell ein systemischer gut strukturierter Ansatz verfolgt wurde, mit dem eigene Ansprüche an der „Kundenzufriedenheit" von KollegiatInnen und Kooperationspartnern, den ExpertInnen, und an der eigenen Zufriedenheit gespiegelt wurden. Dieser Ansatz kann von jeder Gruppe von Lehrenden verfolgt werden, unabhängig von einer Fachdisziplin, er ist insofern praktikabel, weil er für die eigenen Bedürfnisse zu gestalten ist. Er ist auch effektiv, wenn kleinere empirische Vorhaben durchgeführt, und ihre Ergebnisse relativ schnell rückgemeldet werden. Der Wert des Modells steckt in der Beteiligung aller Akteure, eine wichtige und unverzichtbare Voraussetzung von Selbstevaluation. Was allerdings nicht selbstverständlich ist, ist der Bezug der fachdidaktischen Vorhaben auf theoretische Ansätze der Erklärung von Lernen und Verhalten im Fach. Hier kann nur angedacht werden, dass Beratung durch professionelle KollegInnen oder externe ExpertInnen eine Lücke schließen hilft, die sich in der Praxis von Lehrenden oft als selbst konstruierte Fallgrube darstellt: die Unterrichtsplanung und -durchführung stellt nicht zufrieden, der Versuch, „mehr desselben" zu verordnen führt zu mehr Unzufriedenheit, oft erfolgt die Attribuierung von widerständigen Verhaltenseigenschaften oder Unvermögen auf die Lernenden oder die Zuschreibung von Unfähigkeit auf die Lehrenden. Ein notwendiger Perspektivenwechsel, eine Deutung aus fremder theoretischer Sicht und damit die Chance zu einer Wahrnehmungsveränderung findet so nicht statt. „Man sieht nur, was man weiß" ist eine Erkenntnis (nicht nur) der konstruktivistischen Pädagogik, und sie führt konsequenter Weise zu der Forderung nach theoriegeleiteter bzw. hypothesengeleiteter Forschung im Prozess der Selbstevaluation.

Literaturverzeichnis

ABHOLZ, H.-H., u.a., (Hrsg.), 1992, *Wer oder was ist Public Health?* Argument Sonderband AS 198

ADRIAANSE, H., Rijksuniversiteit Limburg, 1992, Faculty of Health Sciences, in: Arbeitsgruppe Didaktik der Gesundheitswissenschaften, 1992, a.a.O., S.57-58

ALISCH, L.-M., BAUMERT, J., Beck, K., (Hrsg.),1990, *Professionswissen und Professionalisierung*, Braunschweig

ALTRICHTER, H., WILHELMER, H., SORGER, H., MOROCUTTI, I, (Hrsg.), 1989, *Schule gestalten: Lehrer als Forscher*, Klagenfurt

ALTRICHTER, H., 1989, *Lehrer als Forscher*, in: Altrichter, H. u.a. (Hrsg.), a.a.O., S.3-15

ALTRICHTER, H., 1990, *Ist das noch Wissenschaft? Darstellung und wissenschaftstheoretische Diskussion einer von Lehrern betriebenen Aktionsforschung*, München

ALTRICHTER, H., SCHRATZ, M., (Hrsg.), 1992, *Qualität von Universitäten*, Innsbruck

ALTRICHTER, H., 1996, *Der Lehrerberuf: Qualifikationen, strukturelle Bedingungen und Professionalität*, in: Specht, W., Thonhäuser, J., (Hrsg.), 1996, a.a.O., S.96-172

ALTRICHTER, H., POSCH, P., 1997, *Möglichkeiten und Grenzen der Qualitätsevaluation und Qualitätsentwicklung im Schulwesen*, Innsbruck-Wien

ALTRICHTER, H., POSCH, P., 1998, *Lehrer erforschen ihren Unterricht: eine Einführung in die Methoden der Aktionsforschung*, Bad Heilbrunn

ALTRICHTER, H., Posch, P. 1999, *Aufbauprozesse der Qualitätsentwicklung im Schulwesen. Vergleichende Analyse ihrer Merkmale und Bedingungen*, in: Altrichter, H., Posch, P. (Hrsg.), a.a.O., S. 193-256

ALTRICHTER, H., POSCH, P. 1999, (Hrsg.), *Wege zur Schulqualität*, Wien

ALTRICHTER, H., LOBENWEIN, W., 1999, *Forschendes Lernen in der Lehrerbildung? Erfahrungen mit reflektierenden Schulpraktika*, in: Dirks, U., Hansmann, W., (Hrsg.), 1999, a.a.O., S.169-196

ALTRICHTER, H., 2002, *Die Rolle der „professional community" in der Lehrerforschung*, in: Dirks, U., u. a. , (Hrsg.), 2002, a.a.O., S. 17-36.

ANTONI, C. H., SOMMERLATTE, T., 2001, *Wissensmanagement*, Düsseldorf

ARBEITSGEMEINSCHAFT DER PROREKTOREN FÜR LEHRE, STUDIUM UND STUDIENREFORM

DER UNIVERSITÄTEN DES LANDES NRW, 1997, *Votum zur Einrichtung gestufter Studiengänge, Wissenschaftliches Sekretariat für die Studienreform im Land NRW,* Bochum

ARBEITSGRUPPE DIDAKTIK DER GESUNDHEITSWISSENSCHAFTEN, Oberstufen-Kolleg, 1992, *Persönlichkeitsentwicklung und berufliche Qualifizierung als konstituierende Ziele einer gesundheitswissenschaftlichen Didaktik, Bericht über ein Kolloquium am 5./6. Oktober 1992,* Bielefeld

ARBEITSGRUPPE METHODENLEHRE 1977, *Didaktik sozialwissenschaftlicher Methodenlehre,* Weinheim

ARBEITSGRUPPE STEIERMARK 1995 (Hrsg.), *EFQM in der Schule,* Online-Handbuch 2001, URL:
http://www.stvg.com/stvg.nsf/3915d68e4d5e30b3c1256a1d00287521/49293d81e30b01fdc1256a7000549152

ARBEITSSTAB FORUM BILDUNG, (Hrsg.), 2001, *Qualitätsentwicklung und Qualitätssicherung im internationalen Wettbewerb – Vorläufige Empfehlungen und Expertenbericht,* Bonn (Geschäftsstelle der Bund-Länder-Kommission für Bildungsplanung und Forschungsförderung, Herrmann-Eilers-Str.10. 53113 Bonn)

ARBEITSSTAB FORUM BILDUNG, (Hrsg.), 2001b, *Neue Lehr- und Kernkultur, Vorläufige Empfehlungen und Expertenbericht,* Bonn (Geschäftsstelle der Bund-Länder-Kommission für Bildungsplanung und Forschungsförderung, Herrmann-Eilers-Str.10. 53113 Bonn)

ARNOLD, E., 2000, *Ein Konzept zur hochschuldidaktischen Weiterqualifikation von Assistentinnen und Assistenten,* in: Strittmatter-Haubold, V., (Hrsg.), 2000, a.a.O., S.41-52

BADURA, B., 1994, *Public Health: Aufgabenstellungen, Paradigmen, Entwicklungsbedarf,* in: Schaeffer, D., Moers, M., Rosenbrock, R. (Hrsg.), a.a.O., S.55-71

BAIER, W. K., BERGMANN, K.E., 1995, *Anmerkungen zu einer Theoriebildung in "Public Health",* in: Gesundheitswesen 57 (1995), S.499-501

BARGEL, T., *Informationen und Ergebnisse aus der Konstanzer Hochschulforschung* Ausgabe Nr. 5 / August 1999, und *Studierendensurvey 1983-2001 im WS 2000/01,* Internetquelle 2002: http://www.uni-konstanz.de/FuF/SozWiss/fg-soz/ag-hoc/news/intinf52.html

BARKHOLZ, U., HOMFELDT H.-G., 1992, *Zweiter Zwischenbericht der wissenschaftlichen Begleitung,* Flensburg / Trier

Literaturverzeichnis

BARROWS, H.S., Tamblyn, R., 1980, *Problem-based Learning*, New York

BAYER, M., BOHNSACK, F., KOCH-PRIEWE, B., WILDT, J. (Hrsg.), *Lehrerin und Lehrer werden ohne Kompetenz? - Professionalisierung der Lehrerbildung*. Bad Heilbrunn 2000

BECKER, H., 1968, *Quantität und Qualität – Grundfragen der Bildungspolitik*, Freiburg im Breisgau

BECKERS, R., 1993, *Professionalisierungschancen von Gesundheitswissenschaftlern, Ergebnisse einer Expertenbefragung 1992*, Deutscher Verband für Gesundheitswissenschaften, Bielefeld.

BEETZ, S., 1997, *Autonome öffentliche Schule – Diskussion eines Auftrags zu Schulentwicklung. Der Bremer Weg: Von autonomer Praxis und der Verordnung autonomer Schulentwicklungen*, in: Zeitschrift für Pädagogik 43, 1997, Heft 1, S.149-164

BENGEL, J., STRITTMATTER, R., WILLMANN, H., 1998, *Antonovskys Modell der Salutogenese, Diskussionsstand und Stellenwert*, in: Bundeszentrale für gesundheitliche Aufklärung (Hrsg.), Was erhält Menschen gesund?, Köln 1998

BERENDT, B., GRALKI, H.-O., HECHT, H., HOEFERT, H.-W. (Hrsg.), 1979, *Hochschuldidaktik*, Salzburg

BERENDT, B., 1992, *Stärkung der Qualität der Lehre durch hochschuldidaktische Weiterbildung und Beratung*, in: Altrichter, H., Schratz, M., (Hrsg.), 1992, a.a.O.

BERENDT, B., STARY, J., (Hrsg.), 1993, *Evaluation zur Verbesserung der Qualität der Lehre und weitere Maßnahmen*, Weinheim

BERKEL, van, H.J.M., 1989, *Assessment in a Problem-based Medical Curriculum*, Manuscript for higher Education, Maastricht

BIELEFELD, J., 1986, Körpererfahrung. *Grundlage menschlichen Bewegungsverhaltens*, Göttingen

BILDUNGSKOMMISSION NRW, 1995, *Zukunft der Bildung – Schule der Zukunft. Denkschrift der Kommission "Zukunft der Bildung – Zukunft der Schule" beim Ministerpräsidenten des Landes Nordrhein-Westfalen*. Neuwied / Kriftel / Berlin

BMWFT: Bundesminister für Bildung, Wissenschaft, Forschung und Technologie, 1995, *Das soziale Bild der Studentenschaft in der Bundesrepublik Deutschland, 14. Sozialerhebung des Deutschen Studentenwerks*, Bonn

BOHNSACK, F, LEBER, S. (Hrsg.) 2000, *Alternative Konzepte für die Lehrerbildung*, Bad

Heilbrunn / Obb.

BOHNSACK, F., 2000, *Probleme und Kritik der universitären Lehrerausbildung*. In: Bayer, M. 2000, a.a.O., S. 52ff.

BORTZ, J., DÖRING, N., 1995, *Forschungsmethoden und Evaluation für Sozialwissenschaftler*, Berlin

BOS, W., 1994, *Was fällt Ihnen zur akademischen Lehre ein? Ein inhaltsanalytischer Beitrag zur Validierung der Evaluation der Hochschullehre durch Befragungen*, in: Mohler, P., 1994, a.a.O., S.61-80

BOUD, D., (Hrsg.), 1987, *Problem-based Learning in Education for the Professions*, Kensington

BOUD, D., FELETTI, G., (Hrsg.), 1991, *The Challenge of Problem Based Learning*, New York

BRÄHLER, E., 1986, *Körpererleben - ein subjektiver Ausdruck von Leib und Seele*, Berlin

BRÄMER, R., 1991, *Akademische Lehrer in technischen Studiengängen – Studentische Urteile im deutsch-deutschen Vergleich*, in: Das Hochschulwesen 1991/4, S. 159-164

BREUER, F., KEIL, W., KLEIBER, D., MEIER, F., PIONTKOWSKI, U., 1975, *Psychologie des wissenschaftlichen Lernens*, Münster

BRINEK, G., SCHIRLBAUER, A., (Hrsg.), 1996, *Vom Sinn und Unsinn der Hochschuldidaktik*, Wien

BRÜGELMANN, H., (Hrsg.), 1999, *Was leisten unsere Schulen? Zur Qualität und Evaluation von Unterricht*, Seelze-Velber

BRÜGELMANN, H., 1999, *Merkmale "guter Schulen": eine empirische Perspektive*, in: Brügelmann, H., (Hrsg.), 1999, a.a.O., S.111-113

BRUNER, J.S., 1966, *Toward a Theory of Instruction*, Cambridge / Massachusetts

BRUNER, J.S., 1973, *Der Akt der Entdeckung*, in: Neber, H., 1973, a.a.O., S.15-27

BRUNER. J. S., (HRSG.), 1974, *Lernen, Motivation und Curriculum*, Frankfurt am Main

BUCHEN, S., Carle, U. (Hrsg.), 1999, *Jahrbuch für Lehrerforschung Bd.2*, Weinheim und München

BÜLOW-SCHRAMM, M., 1995, *Wer hat Angst vor den Evaluatoren? Umgang mit Akzeptanzproblemen von Evaluationsverfahren*, in: Verbeek, D.. u.a., 1995,a.a.O., Teil D 1.6

Literaturverzeichnis

BÜRMANN, I, FRANCKE, R., HUBER, L., SCHMIDT, W., (Hrsg.), 1978, *Auswertung, Rückmeldung, Kritik im Hochschulunterricht*, Bd.1, Blickpunkt Hochschuldidaktik Nr.50, Hamburg

BUHREN, C. G., KILLUS, D., MÜLLER, S., 1998, *Wege und Methoden der Selbstevaluation*, Dortmund

BUHREN, C.G. / KILLUS, D. / KIRCHHOFF, D / MÜLLER, S., 1999, *Qualitätsindikatoren für Schule und Unterricht. Ein Arbeitsbuch für Kollegien und Schulleitungen*, Dortmund

BUNDESASSISTENTENKONFERENZ, 1970, *Forschendes Lernen – Wissenschaftliches Prüfen*, Schriften der BAK 5, Bonn

BUND-LÄNDER-KOMMISSION 2000, Internetquelle http://www.blk-lll.de

BUNDESMINISTER FÜR BILDUNG, WISSENSCHAFT, FORSCHUNG UND TECHNOLOGIE (BMWFT), 1995, *Das soziale Bild der Studentenschaft in der Bundesrepublik Deutschland, 14. Sozialerhebung des Deutschen Studentenwerks*, Bonn

BURKARD, C., *Wie Selbstevaluation gelingen kann*, in: Buchen, S., Carle, U., 1999, a.a.O., S.175

BURNS, C.W., 1999, *Teaching Portfolios and the Evaluation of Teaching in Higher Education: Confident Claims, Questionable Research Support*, in: Studies in Educational Evaluation, Vol. 25, Issue 2, S.131-142

BUSCH, Ph., 1999, *Zusammenfassung der Berichte aus den Arbeitsgruppen*, in: Hochschulrektorenkonferenz 4/1999, a.a.O., S.121-126

CHRISTIE, C.A., ALKIN, M.C., 1999, *Further Reflections on Evaluation Misutilization*, in: Studies in Educational Evaluation, 25 (1999), S.1-10

COFFIELD, F., 1996, *Towards the Learning Society: Quality Assurance in Higher Education*, in: BRINEK, G., SCHIRLBAUER, A., a.a.O., S.41 – 57

CREEMERS, B., PETERS, T., REYNOLDS, D., (Hrsg.); 1989, *School Effectiveness and School Improvement: Proceeding of the Second International Congress*, Rotterdam

DAHLGAARD, J., 1999, *Erfahrungen mit der Implementierung von TQM an Hochschulen*, in: Hochschulrektorenkonferenz, Qualität an Hochschulen, Beiträge zur Hochschulpolitik 1/99, S.55-72

DALIN P., ROLFF, H.-G., 1990, *Institutionelles Schulentwicklungsprogramm. Eine neue Perspektive für Schulleiter*, Kollegium und Schulaufsicht. Soest 1990

DASCHNER, P., ROLFF, H-G., STRYCK, T., (Hrsg.), *Schulautonomie – Chancen und Grenzen. Impulse für die Schulentwicklung*. Weinheim

DEPPE, H.-U., FRIEDRICH, H., MÜLLER, R. (Hrsg.), 1991, *Öffentliche Gesundheit – Public Health*, Frankfurt/Main, New York

DECI, E.L., RYAN, R.M., 1985, *Intrinsic Motivation and Self-Determination in Human Behavior*, New York

DER MINISTER FÜR WISSENSCHAFT UND FORSCHUNG DES LANDES NORDRHEIN-WESTFALEN, 1988, *Hochschule 2001*, Düsseldorf

DEUTSCHER INDUSTRIE- UND HANDELSTAG (Hrsg.), 1995, *Berufsbildung, Weiterbildung, Bildungspolitik 1994/95. Die Berufs- und Weiterbildungsarbeit der Industrie- und Handelskammer*, Bonn

DIPPELHOFER-STIEM, B., 1987, *Forschendes Lernen im internationalen Vergleich*, in: Dippelhofer-Stiem, B., Lind, G., 1987, a.a.O., S.22-40

DIPPELHOFER-STIEM, B., LIND, G., (Hrsg.), 1987, *Studentisches Lernen im Kulturvergleich*, Weinheim

DIRKS, U., HANSMANN, W., (Hrsg.), 1999, *Reflexive Lehrerbildung. Fallstudien und Konzepte im Kontext berufsspezifischer Kernprobleme*, Weinheim

DIRKS, U., HANSMANN, W. (Hrsg.), 2002, *Forschendes Lernen in der Lehrerbildung. Auf dem Weg zu einer professionellen Unterrichts- und Schulentwicklung*. Bad Heilbrunn

DÖPP, W., 1990, *Das Modell des Lehrer-Forschers an der Laborschule – Kritische Rekonstruktion der Folgen seiner Institutionalisierung in der Praxis*. Dissertation, Universität Bielefeld

DOLMANS, D., SCHMIDT, H. (1994). *What Drives the Student in Problem-based Learning?*, in: Medical Education, 28, 372-380.

ECKERLE, G., 1983, *Wissenschaftliche Grundbildung*, Baden-Baden

EDER, F., 1996, *Die Befindlichkeit von Schülerinnen und Schülern als Indikatoren von Schulqualität*, in: Specht, W., Thonhauser, J., (Hrsg.), a.a.O., 1996, S.320-343

EFFE-STUMPF, G., 2002, *Nachdenken über die Ausbildung von Lehrerinnen und Lehrern*, in: Asdonk, J, Kroeger, H., Strobl, G., Tillmann, K.-J., Wildt, J., 2002, Bildung im Medium der Wissenschaft, Weinheim, S.155-166

ELLIOTT, J., 1991, *Action Research for Educational Change*, Philadelphia – Buckingham – Bristol

EMER, W., HORST, U., OHLY, K. P., 1991, (Hrsg.), *Wie im richtigen Leben. Projektunterricht für die Sekundarstufe II*, Bielefeld

EMER, W., HORST, U., KROEGER, H., 2000, *Eine zentrale Lernsituation selbständigen Lernens: Projektarbeit in der Sekundarstufe II*, in: Landesinstitut für Schule und Weiterbildung (Hrsg.), 2000, a.a.O., S.134-149

ERICHSEN, H.-U., 1992, *Begrüßung und Einführung zum Thema*, in: Hochschulrektorenkonferenz, Hochschulen der Zukunft – Erneuert oder zweite Wahl, a.a.O., S. 15 – 23

ERICHSEN, H.-U, 1995, *Qualitätssicherung in Forschung, Lehre und Management*, in: Hochschulrektorenkonferenz, Qualitätssicherung in Hochschulen, S. 19 – 26, Bonn

FAKULTÄT FÜR GESUNDHEITSWISSENSCHAFTEN, 1999, *Leitbild der Fakultät*, Universität Bielefeld, http://www.uni-bielefeld.de/gesundhw/fakultaet/leitbild.html

FARRAR M.R., CRABTREE H., 1999, *Achieving Customer Loyalty in an Educational Market Place Total Quality Management*, Vol. 10 Numbers 4 & 5 July 1999, S.531-539.

FARRAR, M., 2000, *Structuring Success. A Case Study in the Use of the EFQM Excellence Model in School Improvement*, in: Total Quality Management, Vol. 11, Nr.4/5&6, 2000, S.691-696

FATZER, G., ECK, K. D., (Hrsg.), 1990: *Supervision und Beratung. Ein Handbuch.* Köln

FATZER, G., 1998, *Ganzheitliches Lernen – humanistische Pädagogik, Schul- und Organisationsentwicklung*, Paderborn

FEND, H., 1989, *Was ist eine gute Schule?*, in: Tillmann, K.-J., 1989, a.a.O., S.14-25

FILIP, S.-H., (Hrsg.), 1981, *Kritische Lebensereignisse*, München-Wien-Baltimore

FLICK, U., 1995, *Qualitative Forschung: Theorie, Methoden, Anwendung in Psychologie und Sozialwissenschaften*, Reinbek bei Hamburg

FLICK, U., KARDORFF, v. E., STEINKE, I., (Hrsg.), 2000, *Qualitative Forschung – ein Handbuch*, Reinbek bei Hamburg

FLICK, U., 2000a, *Konstruktivismus*, in: Flick, U., Kardorff, v. E., Steinke, I., (Hrsg.), 2000, a.a.O., S.150-164

FLICK, U., 2000b, *Design und Prozeß qualitativer Forschung*, in: Flick, U., Kardorff, v. E., Steinke, I., (Hrsg.), 2000, a.a.O., S.252-265

FLICK, U., 2000c, *Triangulation in der qualitativen Forschung*, in: Flick, U., Kardorff, v. E., Steinke, I., (Hrsg.), 2000, a.a.O., S. 309-318

FORSCHUNGSBERICHT des Oberstufen-Kollegs von 1997-1999, Oberstufen-Kolleg,

Bielefeld

FORSCHUNGS- UND ENTWICKLUNGSGRUPPE "Gesundheitswissenschaften" des Oberstufen-Kollegs, zentrale wissenschaftliche Einrichtung der Universität Bielefeld, 1987, *Gesundheitswissenschaften – Beiträge zur Diskussion*, Bielefeld

FRANK, A., 1990, *Hochschulsozialisation und akademischer Habitus – eine Untersuchung am Beispiel der Disziplinen Biologie und Psychologie*, Weinheim

FRANZKOWIAK, P., 1986, *Kleine Freuden, kleine Fluchten*, in: Wenzel, E. 1986, a.a.O., S.121-174

FREY, K., 1998, *Die Projektmethode*, Weinheim

FRIEDRICHS, J., 1985, *Methoden empirischer Sozialforschung*, Opladen

FRITSCH, U., MARAUN, H.-K., (Hrsg.), 1998, *Über ein anderes Bild von Lehre*, Weinheim

FÜLLGRAFF, G., RÄBIGER, J., 1997, *Entwicklungsperspektiven für Studiengänge an Universitäten*, in: Kälble, K., von Troschke, J., (Hrsg), a.a.O., S. 83-88

FUESSER-NOVY, Beatrix, 1987, Kursbuch 88 *„Gesundheit"*, Berlin

FUHR, H., 1998, Deutsche Gesellschaft für Qualität e.V.: *Qualitätsmanagement im Bildungssektor*, in: Hochschulrektorenkonferenz 5/98, a.a.O., S.47-65

GERBER, U., STÜNZNER, W. v., 1999, *Entstehung, Entwicklung und Aufgaben der Gesundheitswissenschaften*, in: Hurrelmann, K., (Hrsg.), 1999, a.a.O., S.9-64

GEW (Gewerkschaft Erziehung und Wissenschaft), 1996, *Die Selbständigkeit von Schule. Positionspapier des Hauptvorstandes der GEW zur Diskussion*. Frankfurt a.M.

GEWERKSCHAFT ERZIEHUNG UND WISSENSCHAFT (Hrsg.), 1997, *Dokumentation zur Veranstaltung „Haus des Lernens" am 4. Oktober 1996 in Wuppertal*, Essen

GLASERSFELD, E. v., 1995, *Aspekte einer konstruktivistischen Didaktik*, in: Landesinstitut für Schule und Weiterbildung, 1995a, a.a.O., S.7-14

GÖPEL, E., WELTEKE-BETHGE, R., 1990, *Entwurf eines Studiengangs „Gesundheitswissenschaften" am Oberstufenkolleg in Bielefeld*, in: Laaser, U., Wolters, P., Kaumann, F.X., 1990, a.a.O., S.121-134

GÖPEL, E., GÜNTHER-BOEMKE, G., SCHNEIDER, A., 1991a, *Der Studiengang Gesundheitswissenschaften am Oberstufen-Kolleg der Universität Bielefeld*, in: Prävention, Zeitschrift für Gesundheitsförderung, Heft 4, 1991, S.139-142

GÖPEL, E., GÜNTHER-BOEMKE, G., SCHNEIDER, A., 1991b, *Optionen für gesunde Lebensweisen aufstellen. Das Konzept des Studiengangs Gesundheitswissenschaften am Oberstufen-Kolleg in Bielefeld*, in: Päd-extra, Sonderdruck Gesundheitsförderung, S.33-36, 1991, Wiesbaden

GÖPEL, E., GÜNTHER-BOEMKE, G., SCHNEIDER, A., 1992, *Der Studiengang Gesundheitswissenschaften am Oberstufen-Kolleg, Bielefeld*, Oberstufen-Kolleg, Erfahrungsbericht zur Vorlage beim Ministerium für Wissenschaft und Forschung in Nordrhein-Westfalen, unveröffentlichtes Manuskript, Bielefeld

GOOD, T. L., 1989, *Using Classroom and School Research to Professionalize Teaching*, in: Creemers, B. u.a., 1989, S. 3-22

GRÄSEL, C., 1997, *Problemorientiertes Lernen*, Göttingen

GRÄSEL, C., Mandl, H., 1999, *Problemorientiertes Lernen in der Methodenausbildung des Pädagogikstudiums*, in: Empirische Pädagogik, 1999, 13 (4), 371-391

GROßMAß, R., 2000, *Psychische Krisen und sozialer Raum – Eine Sozialphänomenologie psychosozialer Beratung*, Tübingen

GRUBER, H., MANDL, H., RENKL, A.,2000, *Was lernen wir in Schule und Hochschule: Träges Wissen?*, in: Mandl. H., Gerstenmaier, J., (Hrsg.), a.a.O. S139-156

GRÜHN, D., 1992, *FU-Berlin – Diskussion über Qualität der Lehre in Gang gekommen*, in: Das Hochschulwesen 2-92, S. 92

GÜNTHER-BOEMKE, G., 1991, *Für die Einheit von Erleben, Erkennen und Handeln im gesundheitswissenschaftlichen Unterricht, Gesundheitswissenschaften und Schulpraxis*, Vortrag, Pädagogische Hochschule Freiburg, 24.6.1991

GÜNTHER-BOEMKE, G., 1997, *Studienbegleitende Evaluation im Studiengang Gesundheitswissenschaften Teil 1 für den Zeitraum von 1997 – 1999*, interner Antrag für den Forschungs- und Entwicklungsplan des Oberstufen-Kollegs

GÜNTHER-BOEMKE, G., 1998, *Selbstevaluation im Studiengang Gesundheitswissenschaften Teil 2 (Experten-Evaluation)*, interner Antrag für den Forschungs- und Entwicklungsplan des Oberstufen-Kollegs

GÜNTHER-BOEMKE, G., 2001, *Qualitätssicherung durch Selbstevaluation im Studiengang Gesundheitswissenschaften, Teil 1 + 2*, interner Antrag für den Forschungs- und Entwicklungsplan des Oberstufen-Kollegs

GÜNTHER-BOEMKE, G., KOBUSCH. A.-B., QUENTIN, G., SCHNEIDER, A., 1999, *Abschlußbericht zur Evaluation des Curriculums Gesundheitswissenschaften*, unveröffentlicht, Bielefeld, Oberstufen-Kolleg Universität Bielefeld

HABEL, W., METZ-GÖCKEL, S.,(Hrsg.), 1987, *Blockierte Zukunft*, Weinheim

HABEL, E., 1995, *Wege zur Verbesserung von Lehre und Studium – Reformanspruch und Hochschulwirklichkeit,* in: MWF 1995, a.a.O., S.871-877

HABEL, E.,1998, *Qualitätssicherung an nordrhein-westfälischen Universitäten. Aktivitäten und Perspektiven,* in: Evaluation und Qualitätssicherung an den Hochschulen in Deutschland. Stand und Perspektiven. Bonn: Hochschulrektorenkonferenz (1998) S. 175-180, Beiträge zur Hochschulpolitik,1998,6

HACKENBROCH-KRAFFT, I., JUNG-PAARMANN, H., OBST, G., KROEGER, H., SCHWARZ, H.-H., STOCKEY, A. (Hrsg.), 2001, *Auf dem Weg zur Facharbeit – Erfahrungen und Beispiele aus verschiedenen Fächern,* Ambos 48, Oberstufen-Kolleg an der Universität Bielefeld, Bielefeld

HAENISCH, H., 1989, *Gute und schlechte Schulen im Spiegel der empirischen Forschung,* in: Tillmann, K.-J., (Hrsg.), 1989, a.a.O., S. 32-46

HAENISCH, H., KUHLE, C., 1999, *Wie Schulen die Qualität ihrer Arbeit entwickeln und sichern können*; in: Brügelmann, H., (Hrsg.), 1999, a.a.O., S. 100-111

HAENISCH, H., KINDERVATER, C., 1999, *Evaluation der Qualität von Schule und Unterricht. EU-Pilotprojekt zur Selbstevaluation: Ergebnisse der deutschen Projektschulen,* Bönen/Westfalen

HÄNSEL, D., 1997, *Handbuch Projektunterricht,* Weinheim

HARTUNG, B, 1998, *Diskussionsbeitrag,* in: Hochschulrektorenkonferenz 5/98, a.a.O., S.132-133

HECKHAUSEN, H., 1975, *Bessere Lernmotivation und neue Lernziele,* in: Weinert, F.E., Graumann, C.F., Heckhausen, H., Hofer, M. u.a., (Hrsg.), 1975, a.a.O., S.575-604

HECKHAUSEN, H., 1987, *„Interdisziplinäre Forschung" zwischen Intra-, Multi- und Chimären-Disziplinarität,* in: Kocka, J., 1987, a.a.O., S.129-145

HEIN, E., PASTERNACK, P., 1998, *Effizienz und Legitimität – Zur Übertragbarkeit marktwirtschaftlicher Anreiz- und Steuerungsmechanismen auf den Hochschulsektor,* in: Das Hochschulwesen 1998/3, S.141-146

HEINER, M., 1988: *Praxisforschung in der sozialen Arbeit,* Freiburg

HELMKE, A., 1989, *Unterrichtsqualität und Schulleistungen – Ergebnisse eines empirischen Forschungsprojekts,* in: Tillmann, K.-J., (Hrsg.), a.a.O., 1989, S.77-94

HENECKA, H.P., 1996, *Studienabbruch bei Lehramtsstudenten,* in: Das Hochschulwesen 1996/4, S.261–267

HENTIG, H. v., 1966, *Das Böse und die heile Welt*, in: Spielraum und Ernstfall, a.a.O.

HENTIG, H. v., 1969, *Spielraum und Ernstfall. Gesammelte Aufsätze zu einer Pädagogik der Selbstbestimmung*, Stuttgart

HENTIG, H. v., 1970, *Curriculum-Reform als Gegenstand der Schule*, in: Wirtschaft und Wissenschaft, Januar/Februar 1970

HENTIG, H. v., HUBER, L., MÜLLER, P., (Hrsg.), 1970, *Wissenschaftsdidaktik*, 5. Sonderheft der Neuen Sammlung, Göttingen

HENTIG, H. v., 1970 a, *Wissenschaftsdidaktik*, in: Hentig, H. v., Huber, L., Müller, P., (Hrsg.), 1970, Wissenschaftsdidaktik, 5. Sonderheft der Neuen Sammlung, Göttingen, S.13 – 40

HENTIG, H.v., 1971, *Das Bielefelder Oberstufen-Kolleg*, Stuttgart

HENTIG, H. v., 1972a, *Magier oder Magister? Über die Einheit der Wissenschaft im Verständigungsprozeß*, Stuttgart

HENTIG, H. v. 1972b, *Curriculum-Reform als Gegenstand der Schule*, in: Stifterverband für die Deutsche Wissenschaft (Hrsg.), 1972, S.170 – 182

HENTIG, H. v., 1973, *Schule als Erfahrungsraum*, Stuttgart

HENTIG, H. v., 1977, *Was ist eine humane Schule?* München

HENTIG, H. v., 1980, *Die Krise des Abiturs und eine Alternative*, Stuttgart

HENTIG, H. v., 1982, *Erkennen durch Handeln*, Stuttgart

HERTZ, H.., HUBER, L., KELBER, G., RACH, L., SCHRAMM, W., 1979, *Aspekte der Studienreform II – Entwicklung von Studiengängen / Planung für Lernsituationen*, Hamburg

HERZOG, W., 2001, *Von der Persönlichkeit zum Selbst*, in: Die Deutsche Schule 93. Jg., 2001, H.3, S.317-331

HESSE, A., JOSCZOK, D., 1999, TIMSS, *Die Medien – und die Schule?*, in: Gewerkschaftliche Bildungspolitik 7/8 1999, S.31

HOCHSCHULREKTORENKONFERENZ (Hrsg.), *Hochschulen der Zukunft – Erneuert oder zweite Wahl*, Dokumente zur Hochschulreform 76/1992, Bonn

HOCHSCHULREKTORENKONFERENZ (Hrsg.), 1994, *Hochschulen im Wettbewerb*, Dokumente zur Hochschulreform 96/1994, Bonn

HOCHSCHULREKTORENKONFERENZ (Hrsg.), 5/1998, *Qualitätsmanagement in der Lehre –*

TQL 98, Beiträge zur Hochschulpolitik 5/1998

HOCHSCHULREKTORENKONFERENZ (Hrsg.), 6/1998, *Evaluation und Qualitätssicherung an den Hochschulen in Deutschland – Stand und Perspektiven*, Beiträge zur Hochschulpolitik, Bonn

HOCHSCHULREKTORENKONFERENZ (Hrsg.), 1/1999, *„Qualität an Hochschulen"*, Beiträge zur Hochschulpolitik, Bonn

HOCHSCHULREKTORENKONFERENZ, (Hrsg.), 3/1999 *Qualitätssicherung im Hochschulbereich*, Beiträge zur Hochschulpolitik 3/99, Bonn

HOCHSCHULREKTORENKONFERENZ (Hrsg.) 4/1999, *„Viel Lärm um nichts?" Evaluation von Studium und Lehre und ihre Folgen*, Beiträge zur Hochschulpolitik, Bonn

HOCHSCHULREKTORENKONFERENZ (Hrsg.), 8/1999, *Beiträge zur Hochschulpolitik Ziele, Wege und Erfahrungen bei der Qualitätsverbesserung in Lehre und Studium*, Informationsveranstaltung der Universität Ulm und der Hochschulrektorenkonferenz Ulm, 30. Juni 1999, Projekt Qualitätssicherung, Bonn, Oktober 1999

HOCHSCHULREKTORENKONFERENZ (Hrsg.), 9/2000, *Im Aufbruch – Evaluation an Hochschulen*, Beiträge zur Hochschulpolitik, Bonn

HÖDL, E., 1996, *Rede zur Eröffnung des Bildungstages NRW*, in: Gewerkschaft Erziehung und Wissenschaft (Hrsg.), Dokumentation zur Veranstaltung "Haus des Lernens" am 4. Oktober 1996 in Wuppertal, Essen 1997

HOFMANN, W., SCHWARTZ, F.W., 1992, *Public Health: Gesundheitspolitik und akademische Disziplin, Entwicklung in den alten Bundesländern*, in: Abholz, H.-H., 1992, a.a.O., S.6-24

HOFFMANN-MARKWALD, A., RESCHAUER, G., VON TROSCHKE, J., 1994, *Who is Who in Public Health? – Wer ist Wer in den Gesundheitswissenschaften?*, Freiburg

HOPF, A., WINTER, K., (Hrsg.), 1991, *Professionalisierung von Lehrern in einer veränderten Gesellschaft*, Oldenburg

HOPFENMÜLLER, M, 1999a, *TQM im chronologischen Überblick*
http://www.fh-regensburg.de/wir/qualitaet/2_tqm_chronologie.pdf

HOPFENMÜLLER, M., 1999b, *Ausbildung von TQM Assessoren an der FH Regensburg*,
http://www.fh-regensburg.de/techno_transfer/4_TQM-Assessoren.pdf.

HORNBOSTEL, St., 1999, *Evaluation und Ranking. Führen sie zu mehr Transparenz und Vergleichbarkeit?*, in: Hochschulrektorenkonferenz (Hrsg.) 4/1999, a.a.O., S.81-95

HUBER, L., 1970a, *Forschendes Lernen. Bericht und Diskussion über ein hochschuldidaktisches Prinzip.* Neue Sammlung, 3, S.227-244

HUBER. L., 1970b, *Hochschuldidaktik*, in: Hentig, H. v., Huber, L., Müller, P., (Hrsg.), 1970, Wissenschaftsdidaktik, 5. Sonderheft der Neuen Sammlung, Göttingen, S.41 - 82

HUBER, L., 1978, *Zwischen „Unterrichtskritik" und „Selbstevaluation von Lehrveranstaltungen"*, in: Huber, L., Bürmann, I., Francke, R., Schmidt, W. (Hrsg.), 1978, a.a.O.

HUBER, L., 1979, *Arbeitsschwerpunkte der Hochschuldidaktik*, in: Berendt, B., u.a., 1979, a.a.O., S.9-18

HUBER, L., 1979a, *Planung für Lernsituationen*, in: Hertz, H., u.a., 1979, a.a.O., S.99-185

HUBER, L., 1985, *Lehren und Studieren für die Zukunft*, in: Neue Sammlung 1985, 25, 1, S. 42-59

HUBER, L., 1991, *Sozialisation in der Hochschule*, in: Hurrelmann, K., Ulich, D. (Hrsg.), 1991, a.a.O., S.417-441

HUBER, L., OLBERTZ, J.H., WILDT, J., 1994, *Auf dem Wege zu neuen fachübergreifenden Studien*, in: HUBER, L., OLBERTZ, J.H., RÜTHER, B., WILDT, J., (Hrsg.), 1994, a.a.O., S.9-47

HUBER, L., OLBERTZ, J.H., RÜTHER, B., WILDT, J., (Hrsg.), 1994, *Über das Fachstudium hinaus*, Weinheim

HUBER, L., 1998 (1), *Forschendes Lehren und Lernen – eine aktuelle Notwendigkeit*, in: Das Hochschulwesen, 1998/1, Neuwied

HUBER, L., 1998 (2), *Forschung und Entwicklung am Oberstufen-Kolleg, Bericht über die 9.Tagung des Wissenschaftlichen Beirats vom 31.8. und 1.9.1998*, in: OS-Extrablatt Nr.74 vom 14.9.1998, Oberstufen-Kolleg, Bielefeld

HUBER, L., 1998 (3), in: *Kollegleitung* (Hrsg.), OS-Extrablatt Nr.74 vom 14.9.98, Oberstufen-Kolleg, Bielefeld

HUBER, L., 1998, (4), *Allgemeine Studierfähigkeit, basale Fähigkeiten, Grundbildung. Zur aktuellen Diskussion um die gymnasiale Oberstufe*, in: Messner, R. u.a., 1998, S.150-182

HUBER, L., 1998, *Sozialisation in der Hochschule*, in: Hurrelmann, K., u.a., 1998, Handbuch der Sozialisationsforschung. Weinheim, S. 417-441

HUBER, L., ASDONK, J., JUNG-PAARMANN, H., KROEGER, H., OBST, G., (Hrsg.), 1999,

Literaturverzeichnis

Lernen über das Abitur hinaus, Seelze (Velber)

HUBER, L., 1999, *Allgemeinbildung und Wissenschaftspropädeutik. Oder: Warum und Wozu ein Oberstufen-Kolleg?,* in: Huber, L. u.a., 1999, S.42-51

HUBER, L., 2000, *Selbständiges Lernen als Weg und Ziel – Begriff, Gründe und Formen Selbständigen Lernens und ihre Schwierigkeiten,* in: Landesinstitut für Schule und Weiterbildung (Hrsg.), a.a.O., S.9-37

HUBER, L., 2000a, *Learning Through Research, Contribution to the Opening Session, 25th International Conference „Improving University Teaching",* Frankfurt / M, 17. Juli 2000

HURRELMANN, K., ULICH, D. (Hrsg.), 1991, *Neues Handbuch der Sozialisationsforschung,* Weinheim und Basel

HURRELMANN, K., LAASER, U., (Hrsg.), 1993, *Gesundheitswissenschaften – Handbuch für Lehre, Forschung und Praxis,* Weinheim und Basel

HURRELMANN, K., LAASER, U., 1993a, *Gesundheitswissenschaften als interdisziplinäre Herausforderung,* in: Hurrelmann, K., Laaser, U., (Hrsg.), 1993, a.a.O., S.3-25

HURRELMANN, K., KOLIP, P., 1995, *Zusatzstudiengang Gesundheitswissenschaften,* Fakultät für Gesundheitswissenschaften, Universität Bielefeld, Broschüre

HURRELMANN, K., LAASER, U., (Hrsg.), 1998, *Handbuch Gesundheitswissenschaften,* Weinheim

HURRELMANN, K., (Hrsg.), 1999, *Gesundheitswissenschaften,* Berlin-Heidelberg-New York

HURRELMANN, K., 1999, *Die Arbeitsschwerpunkte der Gesundheitswissenschaften,* in: Hurrelmann, K., (Hrsg.), 1999, a.a.O., S.1-8

JÄGER, O., 1998, *Die Projektwoche,* Neuwied

JENTSCH, M., LEHMPFUHL, U., ROTERMUND, M., 2001, *Studienverhalten und Qualität der Lehre am Institut für Pädagogik der Ruhr-Universität Bochum – Methoden und Ergebnisse einer Studierendenbefragung,* in: Erziehungswissenschaft, 2001, Heft 1, S.45-57

KALAIAN, H.A., MULLAN, P.B., KASIM, R.M., 1999, *What Can Studies of Problem-Based Learning Tell Us? Synthesizing and Modeling PBL-Effects on National Board of Medical Examination Performance: Hierarchical Linear Modeling Meta-Analytic Approach,* in: Advances in Health Sciences Education 4: S. 209-221, 1999

KÄLBLE. K., TROSCHKE, J. v., 1997, *Aus- und Weiterbildung in den*

Gesundheitswissenschaften / Public Health, Freiburg

KAHLKE, W., KAIE, A., KAISER, H., KRATZERT, R., SCHÖNE, A., KIRCHNER, V., DEPPERT, K., 2000, *Problemorientiertes Lernen: Eine Chance für die Fakultäten*, in: Deutsches Ärzteblatt Jg. 97, Heft 36, 8. September, S.1745-1749

KLARE, A., KOERNER, S., NÖTZOLD, W., ROGGE, K.I., WICHMANN, U., 1997, *Das Gold in den Köpfen – Ein Projekt der AWO zur Selbstevaluation und Qualitätsentwicklung in der Weiterbildung*, Hg.: Landesinstitut für Schule und Weiterbildung, Soest, und Landesarbeitsgemeinschaft Familienbildung und Weiterbildung der Arbeiterwohlfahrt NRW, Bönen

KARDORFF, v. E, 2000, *Qualitative Evaluationsforschung*, in: Flick, U., Kardorff, v. E., Steinke, I., (Hrsg.), 2000, a.a.O., S.238-250

KAUFMAN, D. M., MANN, K. V., 1999, *Achievement of Students in a Conventional and Problem-Based Learning (PBL) Curriculum*, in: Advances in Health Sciences Education 4: S.245-260, 1999

KELLE, U., ERZBERGER, C., 2000, *Qualitative und quantitative Methoden: kein Gegensatz*, in: Flick, U., Kardorff, v. E., Steinke, I., (Hrsg.), 2000, a.a.O., S. 299-309

KIERSTEIN, H., 1999, *Das EFQM-Modell soll wachsen*, in: Qualität und Zuverlässigkeit Jahrg.44 (1999) 1, S.11-17

KIERSTEIN H., 2000, Internet-Artikel „*Die Grundlagen des EFQM-Modells*", http://www.deutsche-efqm.de/efqm/modellgrund-1.html

KLAFKI, W., 1996, *Neue Studien zur Bildungstheorie und Didaktik*, Weinheim und Basel

KLOCKNER, C., BARZ, A., 1995, *Qualitätssicherung in der Lehre*, in: Müller-Böling, D., (Hrsg.), 1995, a.a.O., S.119-123

KLOCKNER, C., 1999, *Qualitätssicherung durch Evaluation als Aufgabe der Hochschulen*, in: Hochschulrektorenkonferenz 1/1999, a.a.O., S.15-25

KLÜVER, J., 1979, *Wissenschaftsdidaktik als Wissenschaftskritik am Beispiel der Naturwissenschaften*, Hamburg

KOCH, U., WITTMANN, W. W. (Hrsg.), 1990: *Evaluationsforschung. Bewertungsgrundlage von Sozial- und Gesundheitsprogrammen*. Berlin

KOCH-PRIEWE, B., 2000, *Schulpädagogisch-didaktische Schulentwicklung: Professionalisierung von LehrerInnen durch interne Evaluation als erziehungswissenschaftliche Theorie-Praxis-Reflexion am Beispiel des Oberstufen-*

Kollegs Bielefeld. Hohengehren

KOCKA, J., (Hrsg.), 1987, *Interdisziplinarität*, Frankfurt Main

KOHLER, B., 1998, *Problemorientierte Gestaltung von Lernumgebungen*, Weinheim

KOLIP, P., Schott, T., 1994, *Qualifizierungsziele der Public Health Studiengänge an deutschen Universitäten*, in: Moers, M., u.a. 1994, a.a.O., S.203

KOHL, M., PORTELE, G., 1992, *Lernen in der Praxis – Das Projekt „Psychosoziale Beratung Eidelstedt" im Psychologiestudium*, Alsbach/Bergstr.

KOHLER, B., 1998, *Problemorientierte Gestaltung von Lernumgebungen. Didaktische Grundorientierung von Lerntexten und ihr Einfluss auf die Bewältigung von Problemlöse- und Kenntnisaufgaben.* Weinheim

KONRAD, K, 1996a, *Selbstgesteuertes Lernen an der Hochschule. Untersuchung von situativen und personalen Korrelaten,* in: Zeitschrift für pädagogische Psychologie, 10 (1996) 1, S. 39-47

KONRAD, K., 1996b, *Selbstgesteuertes Lernen und Autonomieerleben bei Studierenden. Theoretische Grundzüge und erste empirische Befunde.* In: Empirische Pädagogik, 10 (1996) 1, S. 49-74

KRAPP, A., 1993, *Die Psychologie der Lernmotivation*, in: Zeitschrift für Pädagogik, 39. Jg., Nr.2, S. 187-206

KRAPP, A., 1998, *Entwicklung und Förderung von Interessen im Unterricht*, in: Psychol., Erz., Unterr., 44. Jg., S.185-201

KRAUSE, K., 1998, *Studienführer Pflege- und Gesundheitswissenschaften*, Hagen

KRAUSE-ISERMANN, U., KUPSCH, J., SCHUMACHER, M., (Hrsg.),1994, *Perspektivenwechsel – Beiträge zum fächerübergreifenden Unterricht für junge Erwachsene*, Bielefeld

KROATH, F., 1991, *Lehrer als Forscher: Fallstudien zur Evaluation*, München

KROMREY, H., 1993, *Lehrevaluation darf nicht auf Umfragen reduziert werden. Zur Aussagekraft von Lehrveranstaltungs-Befragungen,* in: Mitteilungen des Hochschulverbandes, 41, 4, S. 268-271

KROMREY, H., 1994, *Wie erkennt man "gute Lehre"? Was studentische Vorlesungsbefragungen (nicht) aussagen*, in: Empirische Pädagogik, 8 (1994) 2, S. 153-168

KROMREY, H. 1995, *Wie erkennt man gute Lehre*, in: MWF, 1995, S.812-816

KRÜSSEL, H., 1995, *Die konstruktivistische Betrachtungsweise in der Didaktik*, in: Landesinstitut für Schule und Weiterbildung, 1995, a.a.O., S.116-142

KUCKARTZ, U., 1999, *Computergestützte Analyse qualitativer Daten*, Opladen / Wiesbaden

KÜNZEL, R., 1997, *Qualitätssicherung in Lehre und Studium – Niedersächsische Erfahrungen im internationalen Vergleich – Tagung der Zentralen Evaluationsagentur der Niedersächsischen Hochschulen, 22./23. Mai 1997*, Universität Hannover, http://www.uni-osnabrück.de/praesident/qualitaet220597.html

KUPSCH, J, SCHUMACHER, M., 1994, *Didaktische Annäherungen an den Perspektivenwechsel*, in: Krause-Isermann, U., Kupsch, J., Schumacher, M., (Hrsg.)1994, a.a.o, S.39-62

LAASER, U., WOLTERS, P., KAUFMANN, F.X. (Hrsg.) 1990, *Gesundheitswissenschaften und öffentliche Gesundheitsförderung. Aktuelle Modelle für eine Public-Health-Ausbildung in der Bundesrepublik Deutschland*. Berlin und Heidelberg

LAASER, U., WOLTERS, P., 1990, *Grundsätze eines Public-health-Studiums in Bielefeld*, in: Laaser, U., Wolters, P., Kaufmann, F.X. (Hrsg.) 1990, a.a.O., S.137-160

LAASER, U., LEEUW, E. d., STOCK, C., (Hrsg.), 1995, *Scientific Foundations for a Public Health Policy in Europe*, München

LADENTHIN, V.,1995, *Wissenschafts- und erfahrungsanaloger Unterricht*, in: Regenbrecht, A., Pöppel, K.G., (Hrsg.), 1995, a.a. o., S.15-29

LANDESINSTITUT FÜR SCHULE UND WEITERBILDUNG, (Hrsg.), 1995, *Evaluation und Schulentwicklung. Ansätze, Beispiele und Perspektiven aus der Fortbildungsmaßnahme Schulentwicklung und Schulaufsicht*. Bönen / Westfalen

LANDESINSTITUT FÜR SCHULE UND WEITERBILDUNG (Hrsg.), 1995a, *Lehren und Lernen als konstruktive Tätigkeit*. Bönen / Westfalen

LANDESINSTITUT FÜR SCHULE UND WEITERBILDUNG (Hrsg.), 1999, *Praxishandbuch Evaluation*, Berlin (Autoren: Burkard, C., Eikenbusch, G.)

LANDESINSTITUT FÜR SCHULE UND WEITERBILDUNG (Hrsg.), 2000, *Förderung selbständigen Lernens in der gymnasialen Oberstufe – Erfahrungen und Vorschläge aus dem Oberstufen-Kolleg Bielefeld*, Soest

LANDFRIED, K., 4/1999, *Bedingungen für eine erfolgreiche Qualitätssicherung in Studium und Lehre*, in: Hochschulrektorenkonferenz (Hrsg.), 4/1999, Bonn, a.a.O., S.25-29

LANDFRIED, K., 9/2000, *Begrüßung,* in: Hochschulrektorenkonferenz (Hrsg.), 9/2000, a.a.O., S.7-11

LANG, H., 2001, *Modernes Management von Bildungseinrichtungen nach dem Modell der European Foundation for Quality Management (EFQM),* Diplomica GmbH - Diplomarbeiten Agentur diplom.de - Hermannstal 119 k - 22119 Hamburg

LAVE, J., WENGER, E., 1991, *Situated Learning: Legitimate Peripheral Participation,* Cambridge

LAZARUS, R.S., 1981, *Streß und Streßbewältigung – ein Paradigma,* in: S.-H. Filip, 1981,(Hrsg.), a.a.O., S.198-232

LEEUW, E. d., 1995, *The Association of Schools of Public Health in the European Region (ASPHER): Facing European Unification and Diversity,* in: Laaser, U. u. a., a.a.O.1995, S.173-178

LEEUW, E. d., 1997, *Public Health Training in Europe,* in: Kälble. K., Troschke, v. J., 1997, a.a.O., S.172-182

LENZEN, D., 1991, *Krankheit als Erfindung,* Frankfurt / Main

LIEBAU, E., HUBER, L., 1985, *Die Kulturen der Fächer,* Neue Sammlung 25, 1985, 3, S.314-339

LIEBIG, V., 9/2000, *Organisatorische, rechtliche und psychologische Aspekte von Evaluationsprozessen an Hochschulen,* in: Hochschulrektorenkonferenz 9/2000, a.a.O., S.15-26

LIESSMANN, K.P., 1996, *Das Symptom als Therapie – oder: Welches Problem löst die Hochschuldidaktik?,* in: Brinek, G., Schirlbauer, A. (Hrsg.), 1996, a.a.O., S. 13-26

LIND, G. , 2003, http://www.uni-konstanz.de/ag-moral/evaluieren/k_eva_theorie.htm (im Aufbau, nicht zitierfähig)

LISOP, I., 1998, *Autonomie – Programmplanung – Qualitätssicherung,* Frankfurt/Mn

LITTLER, D., 1999, *Quality Assurance in Higher Education – Experiences from the UK,* in: Hochschulrektorenkonferenz, Qualität an Hochschulen, Beträge zur Hochschulpolitik 1/99, S.45-54

LOMPSCHER, J., MANDL, H., 1996, *Lehr- und Lernprobleme im Studium,* Bern

LÜTHJE, J., 1992, *Selbststeuerung oder staatliche Lenkung der Hochschulen in Deutschland,* in: Das Hochschulwesen 1992/4, S.161-164

MANDL, H., Gruber, H., RENKL, A., 1993, *Neue Lernkonzepte für die Hochschule,* in: Das

Hochschulwesen 1993 /, 41. Jahrgang, S.126-130

MANDL, H., BRUCKMOSER, S., KONSCHAK, J., 1999, *Problemorientiertes Lernen im Münchner Modell der Medizinerausbildung – Evaluation des kardiovaskulären Kurses*, Forschungsbericht 105, Lehrstuhl für Empirische Pädagogik und Pädagogische Psychologie, Universität München

MANDL, H., GERSTENMAIER, J.. (Hrsg.), 2000, *Die Kluft zwischen Wissen und Handeln – Empirische und theoretische Lösungsansätze*, Göttingen-Bern-Toronto-Seattle

MANDL, H., REINMANN-ROTHMEIER, G., 2000, *Vom Qualitätsbewusstsein über Selbstevaluation und maßgeschneidertes Vorgehen zur Transfersicherung*, in: Schenkel. P., u. a, 2000, S.89-105

MARKOWITSCH, H. J., 1992, *Neuropsychologie des Gedächtnisses*, Göttingen-Toronto-Zürich

MARKSTAHLER, J., STEFFENS, U., 1997, *Von der bürokratisch organisierten zur teilautonomen Schule – zur Qualitätsevaluation und Qualitätsentwicklung der Schule in der Bundesrepublik Deutschland*, in: Altrichter, H., Posch, P., 1997 a.a.O., S.205 – 262

MARTON, F., DALL`ALBA, G., BEATY, E., 1993, *Conceptions of Learning*, in: International Journal of Educational Research, 17 (3), S.277-300

MARTON, F., SÄLJÖ, R.,1976 a, *On Qualitative Differences in Learning: I – Outcome and Process*. British Journal of Educational Psychology, 46, S.4-11

MARTON, F., SÄLJÖ, R.,1976 b, *On Qualitative Differences in Learning: II – Outcome as a Function of the Learner's Conceptions of the Task*. British Journal of Educational Psychology, 46, S.115-127

MARTON, F., SÄLJÖ, R., 1984, *Approaches to Learning*. In: Marton, F., Hounsell, Entwistle, N.J., 1984, a.a.O., S.36-55

MARTON, F., HOUNSELL, D.J., ENTWISTLE, N.J., (Hrsg.),1984, *The Experience of Learning*, Edinburgh

MAYRING, Ph., 1996, *Einführung in die qualitative Sozialforschung*, München

MAYRING, Ph., 1997, *Qualitative Inhaltsanalyse*, Weinheim

MAYRING, Ph., 2001, Februar, *Kombination und Integration qualitativer und quantitativer Analyse* [31 Absätze] in: Forum Qualitative Sozialforschung / Forum Qualitative Social Research (Online-Journal), 1 (3). Verfügbar über: http://www.qualitative-research.net/fqs/fqs.htm

MCKEOWN, T., 1982, *Die Bedeutung der Medizin*, Frankfurt a.M.

MEINHOLD, M., 9/2000, *Von der Evaluation zum Qualitätsmanagement*, in: Hochschulrektorenkonferenz, 9/2000, a.a.O., S.77-88

MERKENS, H., 2000, *Auswahlverfahren, Sampling, Fallkonstruktion*. In: Flick, U., u. a., (Hrsg.), 2000, Qualitative Forschung. Ein Handbuch, S. 286-299.

MESSNER, R., WICKE, E., BOSSE, D., 1998, *Die Zukunft der gymnasialen Oberstufe*, Weinheim und Basel

MESSNER, R., 1998, *Gymnasiale Bildung und Wissenschaft*, in: Messner, R., Wicke, E., Bosse, D., 1998, a.a.O., S.59-80

MEYER, W.-U, 1973, *Leistungsmotiv und Ursachenerklärung von Erfolg und Mißerfolg*, Stuttgart

MEYER-ALTHOFF, M., (Hrsg.), 1978, *Versuche und Erfahrungen mit Selbstevaluation*, Interdisziplinäres Zentrum für Hochschuldidaktik (IZHD) d. Univ. Hamburg

MINISTERIUM FÜR SCHULE, WEITERBILDUNG, WISSENSCHAFT UND FORSCHUNG (MSWWF), (Hrsg.), 1999, *Sozialwissenschaften Sekundarstufe II*, Düsseldorf

MITTELSTRAß, J., 1996, *Vom Elend der Hochschuldidaktik*, in: Brinek, G., Schirlbauer, A., 1996, a.a.O., S.59-76

MITTER, W., WEISHAUPT, H. (Hrsg.), 1979, *Strategien und Organisationsformen der Begleitforschung – Fallstudien über Begleituntersuchungen im Bildungswesen*, Weinheim

MÖLLER, J., 1999, *Das europäische Modell für Qualität – was jeder über EFQM wissen sollte*, in: Krankenhaus Umschau Sonderheft (ku-Sonderheft) 9 / 1999, S.9-11

MOERS, M., ROSENBROCK, R., SCHAEFFER, D., 1994, *Public Health und Pflege: zwei neue gesundheitswissenschaftliche Disziplinen*, Berlin

MOHLER, P. Ph., 1994, *Universität und Lehre: ihre Evaluation als Herausforderung an die empirische Sozialforschung*, Münster

MOHN, R., 1997, *Was hat die Denkschrift ins Rollen gebracht?*, in: Gewerkschaft Erziehung und Wissenschaft, (Hrsg.), 1997 Dokumentation zur Veranstaltung "Haus des Lernens" vom 4. Oktober 1996, Essen, S.23

MOSER, H., 1975, *Aktionsforschung als kritische Theorie der Sozialwissenschaften*, München

MOSER, H., 1995, *Forschende Lehrer – eine realistische Handlungsperspektive?*, in:

Schweizer Schule, Heft 5, 1995, S.29-35, Basel; und: http://www.schulnetz.ch/unterrichten/fachbereiche/medienseminar/lehrerfo.htm

MÜLLER, P., 1970, *Interdisziplinäre Integration und Praxisbezug als Kriterien einer Neuordnung der Studiengänge*, in: Hentig, H. v., u.a., 1970, a.a.O.

MÜLLER-BÖLING, D., 1994, *Leistungsbemessung – Leistungstransparenz – Leistungsfolgen*, in: Hochschulrektorenkonferenz, 96/1994, a.a.O., S.53 – 63

MÜLLER-BÖLING, D., (Hrsg.), *Qualitätssicherung an Hochschulen. Forschung - Lehre - Management*, Gütersloh 1995

MSWWF (Ministerium für Schule, Weiterbildung, Wissenschaft und Forschung), (Hrsg.) 1999, *Sekundarstufe II – Gymnasium / Gesamtschule – Sozialwissenschaften*, Frechen

MSWWF (Ministerium für Schule, Weiterbildung, Wissenschaft und Forschung), (Hrsg.), 1999, *Qualitätspakt mit den Hochschulen*, Düsseldorf

MSWWF (Ministerium für Schule und Weiterbildung, Wissenschaft und Forschung des Landes Nordrhein-Westfalen), 12/1999, *Evaluation – eine Handreichung*, Düsseldorf

MSWWF (Ministerium für Schule, Weiterbildung, Wissenschaft und Forschung), (Hrsg.), 1999, *Sozialwissenschaften Sekundarstufe II*, Düsseldorf

MSWWF (Ministerium für Schule, Weiterbildung, Wissenschaft und Forschung des Landes Nordrhein-Westfalen), (Hrsg.), 4/2000, *Gesetz über die Hochschulen des Landes Nordrhein-Westfalen vom 14.März 2000*

MWF (Ministerium für Wissenschaft und Forschung) (Hrsg.), 1995, *Evaluation von Lehre und Studium*, Reihe „Wir im Gespräch", Düsseldorf

NEBER, H., (Hrsg.),1973, *Entdeckendes Lernen*, Weinheim

NEEF, W., Hamann, M., 1983, *Projektstudium in der Ausbildung von Ingenieuren, Wirtschafts- und Naturwissenschaftlern*, Alsbach / Bergstr.

NEUE DEUTSCHE SCHULE Nr.8, 1999, Gewerkschaft Erziehung und Wissenschaft (Hrsg.), Essen

NEUWEILER, G., 1997(4), *Die Einheit von Forschung und Lehre heute: eine Ideologie*, in: Das Hochschulwesen 1997/4, S.197-200, Neuwied

NIKETTA, R., LÜPSEN, S., 1998, *Der Blick über den Tellerrand des eigenen Faches*, Weinheim

NITSCH, W., BJERG, J., SILBERBRANDT, H., DRECHSEL, W. U., VOIGT, B., 1982, *Reform-Ruinen*, Hamburg

NORMAN, G. R., SCHMIDT, H.G., 1992, *The Psychological Basis of Problem-Based Learning: A Review of the Evidence*, in: Academic Medicine, Vol.67, Nr.9, Sept.92, S.557-565

NUISSL VON REIN, E., 2001, *Weiterbildungspolitik im Wandel*. In: Literatur- und Forschungsreport Weiterbildung, (2001) 47, S. 8-16

OBERSTUFEN-KOLLEG, Universität Bielefeld, *Forschungs- und Entwicklungsplan 1996-1998 und 1998 – 2000*, Bielefeld

OECD, 1991, *Schulen und Qualität, ein internationaler OECD-Bericht*, Frankfurt am Main

O'NEILL, P., 1983: *Health Crisis 2000*, WHO, dt. Ausgabe: Gesundheit 2000, Berlin 1984

PAPENKORT, U., 1995, *Fachwissenschaft – ein fragwürdiger Begriff?*, in: Papenkort, U., Idee und Wirklichkeit des Studium generale, Regensburg, S.10-27

PASTERNACK, P., 2000, *Die Hochschulqualitätsdebatte*, in: Das Hochschulwesen 2/2000, S.38-43

PAULUS, P., 1982, *Zur Erfahrung des eigenen Körpers. Theoretische Ansätze, therapeutische und erziehungswissenschaftliche Aspekte sowie ein empirischer Bericht*. Weinheim

PEKRUN, R., 1992, *Kognition und Emotion in studienbezogenen Lern- und Leistungssituationen: explorative Analysen*. In: Unterrichtswissenschaft 1992, S.308-324

PEKRUN, R., 1998, *Schüleremotion und ihre Förderung*, in: Psychol., Erz., Unterr. 44. Jg., S.230-248

PIAGET, J., 1983, *Meine Theorie der geistigen Entwicklung*, Frankfurt / Main

PORTELE, G., 1981, *Entfremdung bei Wissenschaftlern – Soziale Vorstellungen von Wissenschaftlern verschiedener Disziplinen über „Wissenschaft" und „Moral"*, Frankfurt am Main

PORTELE, G., 1985, *Habitus und Lernen*, Neue Sammlung (1985), 25, 3, S. 298-313

POSCH, P. 1996, *Entwicklungstendenzen der Kultur des Lehrens und Lernens*, in: Specht, W., Thonhauser, J., (Hrsg.), 1996, a.a.O., S.38-55

POSCH, P., ALTRICHTER, H., 1997, *Möglichkeiten und Grenzen der Qualitätsevaluation und Qualitätsentwicklung im Schulwesen.* Innsbruck-Wien

PRELL, S. 1984, *Handlungsorientierte Schulbegleitforschung,* Frankfurt am Main

PRELL, S., 1991: *Evaluation und Selbstevaluation,* in: Roth. L. (Hrsg.), 1991, Pädagogisches Handbuch für Studium und Praxis, München, S.865-879

PRENZEL, M., 1996, *Bedingungen für selbstbestimmt motiviertes und interessiertes Lernen im Studium,* in: Lompscher, J., Mandl, H., 1996, a.a.O., S.11-22

PREUSS-LAUSITZ, U., 1999, *Demokratische Selbstvergewisserung anstelle von Black-box-Messungen,* in: Brügelmann, H., (Hrsg.), 1999, S.77-82

PREUSS-LAUSITZ, U., 2000, *Die – fast automatischen – Mißbrauchsmöglichkeiten der Black Box Forschung und die Publikationsformen der Forscher.* In GEW Bund (Bildungs- und Förderungswerk der GEW): Was leisten Leistungsvergleiche (nicht)? Frankfurt, S. 9-15

PRONDCZYNSKY, A. v., 2001, *Erziehungswissenschaft als Berufswissenschaft für Lehrerinnen und Lehrer?,* in: Die Deutsche Schule 93 Jg., 2001, H.4, S.305-410

PÜTZ, H.-G., 2000, *Junge Menschen entdecken gesellschaftliche Strukturen,* in: Landesinstitut für Schule und Weiterbildung (Hrsg.), Förderung selbständigen Lernens in der gymnasialen Oberstufe – Erfahrungen und Vorschläge aus dem Oberstufen-Kolleg Bielefeld, a.a.O., S.84-96

RAU, J., *Eine Idee setzt sich durch. Absicht der Denkschrift und politische Handlungsperspektiven anläßlich des GEW-Bildungstages Nordrhein-Westfalen,* in: Gewerkschaft Erziehung und Wissenschaft (Hrsg.), 1997: Dokumentation zur Veranstaltung "Haus des Lernens", Essen, S.15

RAUCHFLEISCH, U., 1980, *Testpsychologie,* Göttingen

REGENBRECHT, A., PÖPPEL, K. G., (Hrsg.), 1995, *Erfahrung und schulisches Lernen,* Münster

REGENBRECHT, A., 1995, *Erfahrung und Unterricht,* in: RegenbRecht, A., Pöppel, K. G., (Hrsg.), 1995, a.a.O., S.1-14

REINHARDT, S., 1997, *Didaktik der Sozialwissenschaften.* Opladen

REINMANN-ROTHMEIER, G., MANDL. H., ERLACH, C., NEUBAUER, A., 2001, *Wissensmanagement lernen,* Weinheim und Basel

REISSERT, R., 1995, *HIS-Aktivitäten auf dem Gebiet der Evaluation,* in: MWF, 1995, a.a.O., S.866 – 870

RENKL, A., GRUBER, H., MANDL, M. (1996). *Kooperatives problemorientiertes Lernen in der Hochschule*, in: Lompscher, J., Mandl, H., (Hrsg) a.a.O.,. S. 131-147. Bern

RESCHAUER, G., KÄLBLE, K., 1997, *Postgraduiertenstudiengänge an Universitäten*, in: Kälble, K. Troschke, J. v., 1997, a.a.O. S.56-67

RHEINBERG, F., *Motivation*, Stuttgart [u.a.], 1997

RICHTER, R., 1994, *Selbststeuerung und Qualitätsevaluation an Hochschulen – Die zwei Seiten einer Medaille*, in: Das Hochschulwesen 1994/5, S.225-229, Neuwied

RIEGER, G., 2000, *Schulentwicklung kontrovers*, Aarau

RITTER, U. P., (Hrsg.), 1990, *Teilzeitarbeit - Teilzeitstudium - Der neue Trend. Ursachen und Auswirkungen zunehmender studentischer Erwerbstätigkeit, untersucht am Beispiel Wirtschaftswissenschaften*. Alsbach.

ROGERS, C. R., 1976, *Entwicklung der Persönlichkeit*. Stuttgart

ROLFF, H.-G., 1993, *Wandel durch Selbstorganisation. Theoretische Grundlagen und praktische Hinweise für eine bessere Schule*. Weinheim, München

ROLFF, H.-G., 1995, *Autonomie als Gestaltungs-Aufgabe. Organisationspädagogische Perspektiven*. In: Daschner, P., Rolff, H-G., Stryck, T., S. 44-54, a.a.O.

ROMPELTIEN, B., 1994, *Germanistik als Wissenschaft – Zur Ausdifferenzierung und Integration einer Fachdisziplin*, Opladen

ROSEMANN, B., SCHWEER, M., 1996, *Sisyphos in der Hochschule: Von der Fiktion, es allen recht machen zu können*, in: Brinek, G., Schirlbauer, A. (Hrsg.), 1996, a.a.O., S.77-100

ROTH. L. (Hrsg.), 1991, *Pädagogisches Handbuch für Studium und Praxis*, München

ROTHSCHUH, K.E., 1978, *Konzepte der Medizin in Vergangenheit und Gegenwart*, Stuttgart

RÜHL, J., 1998, *Internationales Technisches Entwicklungszentrum der Adam Opel AG: ISO 9000 – Erfahrungsbericht aus einem technischen Entwicklungszentrum*, in: Hochschulrektorenkonferenz 5/98, a.a.O., S.21-46

RUMPF, H., 1998, *Lernen, sich auf etwas einzulassen*, in: Fritsch, U., Maraun, H.-K., (Hrsg.), 1998, a.a.O., S.15-27

RUSCH, G., 1999, (Hrsg.), *Wissen und Wirklichkeit. Beiträge zum Konstruktivismus*. Heidelberg

RUSCh, G., 1999, *Konstruktivismus mit Konsequenzen*, in: Rusch, G., 1999, (Hrsg.), a.a.O., S.9

RUTTER, M., 1979, *Fifteen Thousand Hours*, London

RUTTER, M., MAUGHAN, B., MORTIMORE, P., OUSTON, P., 1980, *Fünfzehntausend Stunden*, Weinheim und Basel

RUTZ, M., 1997, *Aufbruch in der Bildungspolitik: Roman Herzogs Rede und 25 Antworten*, München

SCHAEFFER, D., MOERS, M., ROSENBROCK, R., (Hrsg.) 1994, *Zum Verhältnis von Public Health und Pflege*, Berlin

SCHAEFFER, D, 1994, *Zur Professionalisierbarkeit von Public Health und Pflege*, in: Schaeffer, D., u.a. , 1994, a.a.O., S.103-126

SCHAEPER, H., 1997, *Lehrkulturen, Lehrhabitus und die Struktur der Universität*, Weinheim

SCHEIN, E.H. 1990: *Organisationsberatung: Wissenschaft, Technologie oder Philosophie?*, in: Fatzer, G., Eck, K. D., (Hrsg.), 1990: Supervision und Beratung. Ein Handbuch. Köln, S.409-419

SCHEICH, H., 2001, *Lernkonzepte aus der Sicht der Hirnforschung*. Aus: Ambos, Ingrid (Hrsg.) u.a.: DIE-Workshop Forschung zur Erwachsenenbildung 11. - 13. Januar 2001 in der Evangelischen Akademie Hofgeismar. Frankfurt, Main: DIE (2001) Bl. 109-112

SCHENKEL. P., TERGAN, S.-O., LOTTMANN, A., 2000 (Hrsg.), *Qualitätsbeurteilung multimedialer Lern- und Informationssysteme – Evaluationsmethoden auf dem Prüfstand*, Nürnberg

SCHIEFELE, U., *Motivation und Lernen mit Texten*, Göttingen [u.a.], 1996

SCHIEFELE, U., Wild, K.-P., 2000, *Interesse und Lernmotivation. Untersuchungen zu Entwicklung, Förderung und Wirkung*, Münster – New York – München – Berlin

SCHMIDT, A., JAHN, E., SCHARF, B., (Hrsg.), 1987, *Die solidarische Gesundheitssicherung der Zukunft*, Köln

SCHNABEL, P.-E., 1993, *Zur Konsolidierung der Gesundheitswissenschaften. Ein Bericht über die Entwicklung von Lehre und Forschung und dem Aufbau einer Fakultät (Schools of Public Health) an der Universität Bielefeld*, in: Zeitschrift für Gesundheitswissenschaften, Heft 2, 1993

SCHNEIDER, A., 1992, *Ergebnisse des Modellversuchs in bezug auf spezifische*

Evaluationsfragen, in: Göpel, E., u.a.., 1992, a.a.O., S.96-100,

SCHNEIDER, A., 1998, *Gesundheit lehren und lernen – Entwicklung und Evaluation eines Curriculums Gesundheitswissenschaften am Oberstufen-Kolleg*, Dissertation Universität Bielefeld, Fakultät für Gesundheitswissenschaften

SCHNEIDER, A., 1999: *AbsolventInnenbefragung der Jahrgänge 1987-1994 des Studiengangs Gesundheitswissenschaften, Forschungs- und Entwicklungsplan des Oberstufen-Kollegs des Landes NRW an der Universität Bielefeld, 1988-1999*, Bielefeld (interner Evaluationsbericht)

SCHNEIDER, F.J., 2001, *Zur Professionalisierung des Lehrerberufs*, in: Schulmanagement (32. Jg.), H.2/2001, S.34-42

SCHOTT, Th., KOLIP, P., 1993, *Qualifizierungsziele der Public Health-Studiengänge an deutschen Universitäten*, in: Schaeffer, D., Moers, M., Rosenbrock, R., 1993, a.a.O., S.203-225

SCHRATZ, M., 1992, *Hochschullehre unter der Lupe - auf dem Weg zur professionellen Selbstevaluation*, in: Altrichter, H., Schratz, M. (Hrsg.), 1992, Qualität von Universitäten, a.a.O., S. 227-255.

SCHRATZ, M., IBY, M., RADNITZKY, E., 2000, *Qualitätsentwicklung: Verfahren, Methoden, Instrumente*, Weinheim

SCHWAN, R., KOHLHAAS, G., u.a., 2002, *Qualitätsmanagement in Beratungsstellen. Selbstbewertung nach dem EFQM-Excellence Modell am Beispiel Studienberatung*, Weinheim

SCHWARTZ, F.W., WALTER, U., 1996, *Public Health in Deutschland*, in: Walter, U., Paris, W., 1996, a.a.O., S.2-12

SCRIVEN, N., 1972, *Die Methodologie der Evaluation*, in: Wulf, C., (Hrsg.), Evaluation, München

SEIDL, P., 1979, *Fallstudien von Organisationsmustern und Forschungsperspektiven wissenschaftlicher Initiativen für Reformen der Sekundarstufe II*, in: Mitter, W., Weishaupt, H., a.a.O.

SELBMANN, H.-K., 1999, *EFQM – Ein finales Qualitätsmodell? Qualitätsmanagement aus der Sicht der Gesundheitspolitik*, in: Krankenhaus Umschau Sonderheft (ku-Sonderheft) 9/1999, S.4-8

SELYE, H., 1984, *Streß – Mein Leben*, Frankfurt a. M.

SENGE, P. M., 1996, *Die fünfte Disziplin. Kunst und Praxis der lernenden Organisation*,

Stuttgart

SENGE, P. M., 1997, *Das Fieldbook zur Fünften Disziplin*, Stuttgart

SHIN, J. H., HAYNES, R. B., JOHNSTON, M. E., 1993, *Effect of Problem-based, Self-directed Undergraduate Education on Life-long Learning*, in: CAN MED ASSOC J 1993, 148 (6), S.969-976

SMITH, C. A., POWELL, S.C., WOOD, E.J., 1995, *Problem-based Learning and Problem-solving Skills*, in: Biochemical Education 23 (3), S.149-152

SPECHT, W., THONHAUSER, J., (Hrsg.), 1996, *Schulqualität: Entwicklungen, Befunde, Perspektiven*; Innsbruck

SPIEGEL, Hiltrud von, 1993: *Aus Erfahrung lernen – Qualifizierung durch Selbstevaluation*, Münster

STAKE, R.E., 1972, *Verschiedene Aspekte pädagogischer Evaluation*, in: Wulf, C., a.a.O., S.92-112

STARK, R., MANDL, H., 2000, *Konzeptualisierung von Motivation und Motivierung im Kontext situierten Lernens*, in: Schiefele, U., Wild, K.-P., (Hrsg.), 2000, a.a.O., S.95-114

STAWICKI, M., 5/1998, *Ansätze zum Qualitätsmanagement in der Lehre. Grundsätzliche Überlegungen zu Möglichkeiten, Nutzen und Problemen*, in: Hochschulrektorenkonferenz 5/1998, a.a.O., S.67-78

STEFFENS, U., BARGEL, T., 1993, *Erkundungen zur Qualität von Schule*, Neuwied

STEIN, R., 1992, *Wissenschaft für die Gesundheit*, Tagesspiegel, Berlin, 15.5.1992

STEINKE, I., 2000, *Gütekriterien qualitativer Forschung*, in: Flick, U., Kardorff, v. E., Steinke, I., (Hrsg.), 2000, a.a.O., S.319-331

STENHOUSE, L., 1975; *An Introduction to Curriculum Research and Development*. London

STICHWEH, R., 1984, *Zur Entstehung des modernen Systems wissenschaftlicher Disziplinen – Physik in Deutschland 1740-1890*, Frankfurt am Main

STICHWEH, R., 1994, *Wissenschaft, Universität, Professionen – soziologische Analysen*, Frankfurt am Main

STIFTERVERBAND FÜR DIE DEUTSCHE WISSENSCHAFT (Hrsg.), 1972, *Schulreform durch Curriculumrevision*, Stuttgart

STRAKA, G. A., 2001, *Selbstgesteuertes akademisches Lernen und die Qualität der Lehre*, in: Empirische Pädagogik, 15 (2001) 2, S. 305-322

STRITTMATTER, A., 1999, *Selbstevaluation: jenseits von Nabelschau und Kontrolltheater*, in: Päd. Forum. Pädextra & Päd. Forum, Zeitschrift für soziale Probleme, pädagogische Reformen und alternative Entwürfe, 1999, J. 27/12, Nr. 3, S.227-236

STRITTMATTER-HAUBOLD, V., (Hrsg.), 2000, *Konzepte und Tools für das Training der Zukunft*, Weinheim

STRITTMATTER-HAUBOLD, V., (Hrsg.), 2000, *Habilitandinnen und Habilitanden qualifizieren ihre Lehre – Zum Konzept des Heidelberger Hochschuldidaktischen Kurses*, in: Strittmatter-Haubold, V., (Hrsg.), 2000, S.77-88

STROBL, G., STÜCKRATH, J., 2000, *Hinführung zur Facharbeit*, in: Landesinstitut für Schule und Weiterbildung, a.a.O., S.120-133

STÜCKRATH, J., 1993, *Der verborgene ‚böse Wolf'. Anregungen zum Lesen und Schreiben von Sachtexten*, in: Diskussion Deutsch, H.134 / 1993, S.451 ff

STUFFLEBEAM, D.L., 1972, *Evaluation als Entscheidungshilfe*, in: Wulf, C., a.a.O., S.113-145

TEICHLER, U., 1987, *Arbeitsmarkt, Hochschulausbildung und Perspektiven der Studenten*, in: Habel, W., Metz-Göckel, S., (Hrsg.), S.11-27, a.a.O.,

TEICHLER, U., 1992, *Evaluation von Hochschulen auf der Basis von Absolventenstudien– Erfahrungen und Überlegungen aus der Bundesrepublik Deutschland*, in: Altrichter, H., Schratz, M., (Hrsg.), 1992 , a.a.O., S. 79-102

TENBERG, R., 2001, *Problemanalyse in der wissenschaftlichen Begleitung eines Modellversuchs. aus der Anfangsphase des Modellversuchs Qualitätsentwicklung in beruflichen Schulen (QUABS)*, in: Zeitschrift für Berufs- und Wirtschaftspädagogik, Bd. 97, N. 1, S. 6-13

Tenberg, R., 2002, *Unterstützung pädagogischer Schulentwicklung durch wirtschaftliche Qualitätsmanagement-Instrumente. Erkenntnisse in der Endphase des Modellversuchs QUABS*, http://www.lrz-muenchen.de/Etenbergpublikationen/htm/tenberg2002d.htm

TERGAN, S.-O., SCHENKEL, P., LOTTMANN, A. (Hrsg.); 2000, *Qualitätsbeurteilung multimedialer Lern- und Informationssysteme. Evaluationsmethoden auf dem Prüfstand*. Nürnberg

TERGAN, S.-O., 2000, *Grundlagen der Evaluation: ein Überblick*, in: Tergan, S.-O., u.a., 2000, a.a.O., S.22-51

THONHAUSER, J., 1996, *Neuere Zugänge der Forschung zur Erfassung von Schulqualität*, in: Specht, W., Thonhauser, J., (Hrsg.), 1996, S.394-425

THOMAS, K., 1998(4), *Forschen – Lernen – Pauken*, in: Das Hochschulwesen 1998/4, S.223-226, Neuwied

TILLMANN, K.J., (Hrsg.), 1989, *Was ist eine gute Schule?*, Hamburg

TILLMANN, K.J., 1995, *Schulentwicklung und Lehrerarbeit. Nicht auf bessere Zeiten warten.* Hamburg

TILLMANN, K. J., WISCHER, B. (Hrsg.), 1998, *Schulinterne Evaluation an Reformschulen: Positionen, Konzepte, Praxisbeispiele*, Bielefeld: Laborschule Bielefeld (Impuls 30)

TILLMANN, K.-J., 1999, *„Schulqualität sichern" – erziehungswissenschaftliche Anmerkungen zur aktuellen bildungspolitischen Diskussion*, in: Brügelmann, H., (Hrsg.), 1999, a.a.O., S.77-82

TRÖSTER, H., GUNDLACH, G., MOSCHNER, B., 1997, *Was erwarten Studierende der Psychologie von ihrer Diplomarbeit?*, in: Zeitschrift für Pädagogische Psychologie, 11, 109-122.

TROSCHKE, v. J., RESCHAUER, G., HOFFMANN-MARKWALD, A., (Hrsg.), 1996, *Die Bedeutung der Ottawa-Charta für die Entwicklung einer New Public Health in Deutschland*, Freiburg

TROSCHKE, v. J., 1996, *Einleitung*, in: Troschke, v. J., u.a., (Hrsg.), 1996, a.a.O., S.9-20

URBAN 1993, *Interesse und Studienfachwahl*, CD-ROM der Pädagogik, Ausgabe 1996, Hohengehren

VERBEEK, D., BALOGH, H., (Redaktion) *Evaluation der Lehre: Ziele – Akzeptanz – Methoden*, 1995, Stuttgart

VIEBAHN, P., 1990, *Psychologie des studentischen Lernens*, Weinheim

VOHMANN, H. D., 1984, *Das Bielefelder Oberstufen-Kolleg – zwischen Schulrecht und Hochschulrecht*, in: Recht der Jugend und des Bildungswesens. Zeitschrift für Schule, Berufsbildung und Jugenderziehung, J. 32, H. 6, S. 433-447

VOLLMERS, B., 1997, *Learning by Doing – Piagets konstruktivistische Lerntheorie und ihre Konsequenzen für die pädagogische Praxis*, in: International Review of Education 43 (1), S.73-85

VROEIJENSTEIJN, A.I., 1995, *Fünf Jahre Erfahrungen mit der externen Qualitätsbeurteilung der Lehre an niederländischen Universitäten (1988-1993)*, in: Ministerium für Wissenschaft und Forschung, Evaluation von Lehre und Studium,

Fachtagung am 9.6.1994 in Bochum, Reihe "Wir im Gespräch", o.O., o.J., Düsseldorf 1995, S. 827-840

WAGEMANN, C.-H., 1998, *Die Botschaft überbringen: Gedanken über Fachunterricht an Hochschulen,* Weinheim

WAHL, D., 2000, *Ein theoretisches Konzept zur grundsätzlichen Gestaltung von „Train-the-trainer"-Kursen,* in: Strittmatter-Haubold, V., (Hrsg.), a.a.O., S.11-20

WALTER, U., PARIS, W., 1996, (Hrsg.), *Public Health – Gesundheit im Mittelpunkt,* Bozen

WEBLEr, W.-D., OTTO, H.-U., 1991, *Der Ort der Lehre in der Hochschule,* Weinheim

WEBLER, W.-D., 1992, *Qualität der Lehre – Zwischenbilanz einer unübersichtlichen Entwicklung,* Das Hochschulwesen 1992/4, S.153-161 und S.169-176

WEBLER, W.-D., 1993a, *Evaluation als geeigneter Anstoß zur Reform?,* in: Berendt, B., Stary, J., a.a.O., S.31-42

WEBLER, W.-D., 1993b, *Professionalität an Hochschulen – Zur Qualifizierung des wissenschaftlichen Nachwuchses für seine künftigen Aufgaben in Lehre, Prüfung und Selbstverwaltung,* in: Diskussionsbeiträge zur Ausbildungsforschung und Studienreform Heft 2 / 1993, Interdisziplinäres Zentrum für Hochschuldidaktik, Bielefeld (Hrsg.)

WEBLER, W.-D., DOMEYER, V., SCHIEBEL, B., 1993, *Lehrberichte,* Hg.: Bundesminister für Bildung und Wissenschaft, Bad Honnef

WEBLER, W.-D., 1998, *Das Bielefelder Modell zur Evaluation der Lehre als Organisationsberatung durch Hochschulforscher,* in: Hochschulrektorenkonferenz 6/98, S.189-196

WEBLER, W.-D., 2000, *Institutionalisierungsmöglichkeiten der Hochschuldidaktik,* in: Das Hochschulwesen 2 / 2000, S.44-49

WEINERT, F.E., GRAUMANN, C.F., HECKHAUSEN, H., HOFER, M. u.a., (Hrsg.), 1975, *Pädagogische Psychologie,* Frankfurt am Main

WELTGESUNDHEITSORGANISATION 1976, *Gesundheit für alle im Jahr 2000,* Präambel der Satzung der Weltgesundheitsorganisation, Genf

WENIGER, E., 1979, *Theorie und Praxis der Erziehung,* Westermanns Pädagogische Beiträge 31, S.212-218

WENZEL, E., 1986, *Die Ökologie des Körpers,* Frankfurt a.M.

WESTERHOFF, K. J., 1991, *Untersuchungen zur Effektivität des Unterrichts als Beitrag zur Professionalisierung des Lehrerberufs*, in: Hopf, A., Winter, K., (Hrsg.), 1991, a.a.O., S.32-49

WEULE, H., *Ein Schritt in die Zukunft, Qualitätssicherung im Hochschulbereich*, in: Hochschulrektorenkonferenz, Beiträge zur Hochschulpolitik 3/99, a.a.O..

WILDENHAIN, G., 1999, *Zur Praxis der Evaluation von Studium und Lehre*, in: Hochschulrektorenkonferenz (Hrsg.), 4/1999, a.a.O., S.15-18

WILHELMER, H., 1989, *Mündliche Prüfungen im Deutschunterricht – eine Fallstudie*, in: Altrichter u.a. 1989, S.29-59

WINKLER, H., 1995, in: MWF (Hrsg.), 1995, *Evaluation von Lehre und Studium*, a.a.O., S.854-859

WINTELER, A., 2000, *Zur Bedeutung der Qualität der Lehre für die Lernmotivation Studierender*, in: Schiefele, U., Wild, K.-P. (Hrsg.), a.a.O., S.133-144

WINTELER, A., 2002, *Lehrqualität = Lernqualität? Über Konzepte des Lernens und die Qualität des Lernens (Teil 1)*, in: Das Hochschulwesen, 2/2002, S.42-49

WINTER, F., 2002 a, *Portfolio und Leistungsbewertung*, in: Informationen zur Deutschdidaktik, 26 (2002) 1, S. 91-98

WINTER, F., 2002 b, *Alternative: Portfolio,* in: Die Grundschulzeitschrift, 16 (2002) 156, S. 4

WOTTAWA, H., 1998, *Lehrbuch Evaluation*, Bern-Göttingen-Toronto-Seattle

WRIGHT, G.H. von, 1974, *Erklären und Verstehen*, Frankfurt / Main

WULF, C., (Hrsg.), 1972, *Evaluation*, München

ZINK, K.J., (Hrsg.), 1997, *Qualitätswissen: Lernkonzepte für moderne Unternehmen*, Berlin-Heidelberg-New York

ZINK, K.J., 1999, *Qualitätsmanagement – ein Überblick*, in: Hochschulrektorenkonferenz 1/1999, a.a.O., S.27-37

Anhang zu 5.1.3:

Ankerbeispiele für die Auswertung der Minifacharbeiten

Folgende Ankerbeispiele aus den Minifacharbeiten (angegeben ist die Nr. der Arbeit) können die Operationalisierung der Indikatoren verdeutlichen. Sie werden jeweils am Ende kurz eingeschätzt und geben die Bewertung des Indikators wieder. Das heißt:

- Wird das Bio-Psycho-Soziale Modell verwendet, werden für die Auswertung die Buchstaben BPS vergeben, oder entsprechend nur einzelne Buchstaben,
- Wird das Problem mit Blick auf Individuum, Gruppe und Bevölkerung beschrieben, werden die Buchstaben I G B vergeben, oder entsprechend nur einzelne Buchstaben,
- Werden Sozial- und Naturwissenschaftliche Ansätze dargestellt, werden die Buchstaben S und N vergeben,
- Werden Lösungsansätze relativiert oder kritisch betrachtet, werden die Buchstaben k oder r vergeben.

Wird ein Merkmal nur erwähnt und nicht ausgeführt, wird der Buchstabe in Klammern gesetzt (Tabelle 50).

Tabelle 1: Ankerbeispiele zu den Indikatoren der Fachsystematik[1]

Kategorie	Nr.	Ankerbeispiele zum Thema: "Das Fehlen einer offenen Auseinandersetzung mit AIDS"	Erläuterung/Kriterien
Bio-Psycho-Soziales Modell bei der Problembe	3	Problemsicht: AIDS als biomedizinisches Problem, als soziales Problem (viele Kampagnen, Isolation von AIDS-Kranken), letztlich als psychisches Problem wegen der fehlenden offenen Auseinandersetzung (Kom-	Die Kriterien (unterstrichen) werden in der Einleitung erwähnt, ausgeführt wird die

---

[1] Es werden stichwortartig die Aussagen aus den Texten ausgeführt, wenn nötig werden die als kriterien-relevant betrachteten Aussagen unterstrichen und zum Teil erläutert.

beschrei-bung		munikationsproblem) als besonderes Problem jüngerer Menschen wegen Ablehnung des Kondoms.	These zur Kommunikation. Bewertung: BPS
Individuum-Gruppe-Bevölkerung bei der Problemanalyse	3	Problemebenen: Gesellschaftliche Erkenntnis: es kann jeden treffen, Gruppenbezug: Problem der Isolierung von Randgruppen, dyadische Kommunikation: Mut zum Gespräch über Schutzmaßnahmen in Paarbeziehungen	Die Ebenen werden getrennt, und es wird jeweils die Schwierigkeit der Kommunikation behandelt. Bewertung: IGB
Sozial- und / oder naturwissenschaftliche Ansätze zur Erklärung	3	Erklärungsansätze: Ergebnisse der Einstellungsforschung: Sexualität und Sucht als Tabu; AIDS als Verdrängung von Krankheit und Tod; Ergebnisse medizinischer Forschung: noch kein Medikament zur wirksamen Behandlung;	Naturwissenschaftliche Erklärungsansätze sind für die Arbeit nicht vorgegeben worden, die Aussage wurde zwar erwähnt, aber nicht ausgeführt. Bewertung: S (N)
Beurteilung der Lösungsansätze	3	Lösungsansätze: Gelingende Kommunikation als Weg zum Ziel sei der Anfang für eine erfolgreiche Prävention, aber eben nur der Anfang	Wesentlich ist hier die Einschränkung auf den Anfang. Bewertung: r

Einschätzung:
Die Problemdefinition bezieht vor allem psychosoziale Aspekte ein, bei der Problemanalyse werden die drei Bezugsebenen gesehen, Ansätze zur Erklärung beziehen medizinische Forschung mit ein, die Beurteilung des Lösungsansatzes bleibt beschränkt auf die Bedeutung der gelingenden Kommunikation, die aber relativiert wird.

Kategorie	Nr.	Ankerbeispiele zum Thema AIDS: "Gelingende Kommunikation bei homosexuellen Paaren"	Erläuterung/Kriterien
Bio-Psycho-	12	Problemsicht: die biomedizinische Seite wird erwähnt und als bekannt	Die medizinische Information wird

Soziales Modell der Problembeschreibung		vorausgesetzt (Ansteckungsgefahr, Übertragungswege), die <u>psychische</u> Seite des Problems wird betont (gelingende offene Kommunikation auf der Beziehungsebene zwischen 2 Sexualpartnern, Homosexuellen), die soziale Seite wird erwähnt (individuelles verantwortliches Handeln)	vorausgesetzt, der Schwerpunkt liegt auf der Aufklärung zum „safer sex". Bewertung: BP
Individuum-Gruppe-Bevölkerung bei der Problemanalyse	12	Problemebenen: Die Problemlösung auf der <u>individuellen</u> Ebene heißt, dass Kommunikation in intimen Situationen gelernt werden muss; auf verschiedene <u>Zielgruppen der Gesellschaft</u> bezogen muss Aufklärung spezifisch erfolgen, dies wird aber nicht mehr ausgeführt.	Die Bevölkerung wird in Zielgruppen, das Individuum im Vordergrund gesehen. Zu Zielgruppen wird nichts mehr gesagt. Bewertung: IG
Sozial- und / oder naturwissenschaftliche Ansätze zur Erklärung	12	Erklärungsansätze: Drei Faktoren aus der <u>soziologischen Forschung</u> werden benannt für die Umsetzung von „safer sex": Aufklärung und Wissensstand, emotionale Betroffenheit und Risikokalkulation, und Verfügung über soziale Handlungsmuster. Zum letzteren wird die Fähigkeit gezählt, in intimen Situationen die eigenen Bedürfnisse zu verbalisieren.	Bewusst wird von der Autorin vorausgesetzt, dass die medizinischen Informationen über Übertragungswege und Prävention bekannt sind. Bewertung: S
Beurteilung der Lösungsansätze	12	Lösungsansätze: Als Hauptgesichtspunkt wird die o.g. Aufklärung herausgestellt, da nur sie eine offene <u>Kommunikation</u> fördert, in der die Betroffenen über ihre Bedürfnisse und Wünsche reden können und aufeinander eingehen können. Kommunikationsstörungen sollen durch Me-	Metakommunikation zu lernen wird als ein Ansatz zur Lösung von Kommunikationsproblemen verabsolutiert. Bewertung: ---

		tadiskussion gelöst werden.	

Einschätzung:
Nr. 12 setzt einen Schwerpunkt im psychischen Wohlbefinden, biologische und soziale Aspekte treten in den Hintergrund. Die Problemebene „individuelles Verhalten" wird hervorgehoben, allerdings zielgruppenspezifisch. Der Erklärungsansatz bezieht sich auf Kognitionen. Aufklärung und offene Kommunikation wird primär für Individuen und besondere Zielgruppen gefordert, der Ansatz wird nicht relativiert.

Kategorie	Nr.	Ankerbeispiele zum Thema "Beeinträchtigung des Wohlbefindens durch Kommunikationsprobleme am Beispiel einer jugendlichen Ausreißerin"	Erläuterung/Kriterien
Bio-Psycho-Soziales Modell bei der Problembeschreibung	22	Problemsicht: Es wird direkt Bezug genommen auf die gesundheitswissenschaftliche Problemdefinition: Beeinträchtigung des <u>körperlichen</u> und <u>seelischen</u> Wohlbefindens, der Leistungsfähigkeit und der Selbstverwirklichung (der bio-psychische Aspekt), wobei die Ursache in Kommunikationsproblemen gesehen wird, insbesondere in der gewalttätigen Handlung als auswegloser Kommunikation. Soziale Bezüge werden nicht erwähnt.	Die sozialen Aspekte des gesundheitlichen Problems werden nicht erwähnt. Bewertung: BP
Individuum-Gruppe-Bevölkerung bei der Problemanalyse	22	Problemebenen: Das <u>Individuum</u> steht im Vordergrund, Verhaltensweisen werden analysiert und erklärt, aber immer in bezug zur <u>sozialen Gruppe</u> (der Familie): dem Druck des Vaters, seinen verbalen und körperlichen Attacken nicht mehr standhalten zu können, von der Mutter keine Unterstützung zu erhalten und deshalb kein Vertrauen zu haben.	Der Bezug zur Bevölkerung, zur sozialen Lage wird nicht explizit erwähnt. Bewertung: IG

Anhang

Sozial- und / oder naturwissenschaftliche Ansätze zur Erklärung	22	Erklärungsansätze: Sie werden aus der Gesundheits-Psychologie und der Soziologie gewählt (Selbstwertgefühl, Leistungsangst, soziale Angst, Gewalt).	Naturwissenschaftliche Ansätze können in dieser Arbeit nicht sinnhaft verwendet werden. Bewertung: S
Beurteilung der Lösungsansätze	22	Lösungsansätze: Verbesserung der Kommunikation wird nicht als einzige Lösung gesehen, sondern auch Aufklärung von Eltern über wesentliche Faktoren der Selbstwertentwicklung der Kinder	Hier wird eine Doppelstrategie der Lösungsansätze favorisiert (psychologische und pädagogische Einflussnahme). Bewertung: (r)

Einschätzung:
Die psycho-physiologischen Aspekte der Gesundheit des einzelnen Individuums stehen im Vordergrund. Die Familie ist als Bezugsgruppe von Bedeutung, eine Verallgemeinerung auf Gruppen der Bevölkerung oder ihre soziale Lage findet nicht statt. Es werden verschiedene sozialwissenschaftliche Erklärungsansätze sinnvoll verwendet, ein Versuch der Relativierung einer einzelnen disziplinorientierten Lösungsstrategie ist erkennbar.

Diese Ankerbeispiele verdeutlichen, wie die Analyse der Minifacharbeiten erfolgte. In der Tabelle unten sind die Bewertungen der Indikatoren aufgeführt, die jeweils den Arbeiten zugeordnet wurden:

Anhang

Tabelle 2: Zusammenfassung der Auswertung (Auflistung der Merkmale durch Großbuchstaben und Fettmarkierung dargestellt, in (...) heißt, Merkmal wird nur erwähnt)

Nr.	**B**io-**P**sycho-**S**oziales Modell	**I**ndividuum-**G**ruppe-**B**evölkerung	**S**ozial-(soziologische, psychologische) und **N**aturwissenschaftliche Ansätze	Lösungsansätze **r**elativiert oder **k**ritisch betrachtet
1	BPS	IGB	S	--
2	PS	GB	S (N)	--
3	BPS	IGB	S (N)	r
4	BS	GB	S	--
5	BPS	IG	S	--
6	PS	IB	S	--
7	BPS	IGB	S	--
8	PS	IGB	S	k
9	BPS	IB	S	--
10	PS	G	S	r
11	BPS	IG	S (N)	--
12	BP	IG	S	--
13	BPS	IG	S (N)	--
14	P	IG	S	--
15	PS	IGB	S + N	--
16	BPS	IGB	S + N	--
17	BPS	IGB	S + N	--
18	PS	IG	S + N	
19	BP	IG	S	--
20	BPS	IGB	S	--
21	BPS	IG	S	--
22	BP	IG	S	(r)
23	PS	IG	--	--
24	PS	IG	S	--
25	BPS	I	S	--
26	PS	IG	S	--

Nr.	Bio-Psycho-Soziales Modell	Individuum-Gruppe-Bevölkerung	Sozial- (soziologische, psychologische) und Naturwissenschaftliche Ansätze	Lösungsansätze relativiert oder kritisch betrachtet
27	PS	IG	S	--
28	BP	I	S	--
29	BPS	IGB	S	K